1일 1페이지 영어 어원
365

ENGLISH

1일 1페이지 영어 어원 365

언어학자와 떠나는 매혹적인 어원 인문학 여행

· 김동섭 지음 ·

현대
지성

추천의 글

✠

저는 중학교 때부터 다양한 분야의 책을 다독해왔습니다. 방학이 되면 새벽 4시에 일어나 옛날 경기고등학교 자리에 지어진 정독도서관에 가서 공부를 시작했습니다. 보통 점심을 먹고 오후까지 공부했는데, 오후 3시나 4시부터는 도서관 열람실에 꽂혀 있는 수많은 책을 읽었습니다. 그때 책 속에서 영어 단어의 어원을 설명하는 내용이 나오면 흥미로워 특히 눈여겨보았습니다. 가능하면 잊지 않으려고 내용을 머리에 새겨두려고 했습니다.

서구에서 어원학(etymology)이 본격적으로 발전하게 된 계기가 있었습니다. 동로마제국이 오스만튀르크에 패망하면서 동로마의 수많은 인재가 이탈리아반도를 중심으로 한 서로마로 대거 이주했습니다. 이러한 인재의 대이동을 통해 서구는 중세의 암흑에서 벗어나 찬란한 문예부흥의 태동기를 맞이했고, 이때부터 서구에서는 자신들이 사용하던 단어의 뿌리를 찾는 작업도 활발하게 진행했지요.

그런데 어원을 공부한다는 것은 단순히 언어의 뿌리만 찾는 것이 아닙니다. 그 단어와 관련된 역사, 문화, 신화 등을 통해 다시금 우리의 인생을 돌아보고 성찰할 기회를 얻는 것입니다. 그래서 저도 어원을 다루는 책을 읽는 시간은 지난하고 힘든 학업 중에 다디단 열매를 맛보듯 즐거움과 휴식을 누리는 시간이 되었습니다.

저는 이 책『1일 1페이지 영어 어원 365』의 추천사를 쓰기 전 한참을 고민했습니다. 저자 김동섭 교수님이 어원 분야의 탁월한 전문가이신데 제 추천사가 필요할까 의문이 들었기 때문입니다. 그 외에는 제가 추천을 고민할 이유가 없었습니다.

이 책은 매우 흥미롭고 유익한 내용으로 가득합니다. 일력처럼 365개 영어 단어의 어원과 그에 얽힌 역사, 문학, 신화, 경제, 과학, 종교, 예술, 음식, 스포츠 등 다양한 히스토리를 하루에 하나씩 한 페이지 분량으로 소개하고 있습니다. 이렇게 일목요연하게 어원을 정리한 훌륭한 책은 지금까지 본 적이 없습니다. 김동섭 교수님께서 보기 좋고 알기 쉽게 설명해주신 책을 만나니 무척 반가웠고 교수님의 노고에 진심으로 감사했습니다. 진작 이 책을 가지고 있었다면 들고 다니며 닳도록 읽었을 것입니다.

이 책은 중고등학교 학생들은 물론이고 계속해서 언어 공부를 해야 하는 성인들까지 남녀노소 누구나 어원으로 두뇌의 피로를 풀어주는 청량제 같은 책이 될 것입니다. 제 개인적인 경험에 따르면, 언어를 공부하면서 얻는 인문학적 소양을 비롯해 풍부한 상상력과 영감이 계속해서 호기심을 자극해 제가 하는 공부나 연구에 큰 도움이 되었습니다. 여러분에게도 이 책이 아주 유용할 것이라 믿습니다.

한동일,『라틴어 수업』저자

들어가며

✣

19세기에 말레이반도에 진출한 영국인들은 현지 음식에도 관심이 많았다. 어느 날 영국 신사 한 명이 중국 식당에 들렀다. 요리를 주문해 먹고 있는데 낯선 소스가 눈에 들어왔다. 생선을 발효시킨 소스 같았다. 이 소스를 요리에 살짝 뿌려 먹었더니 맛이 좋았다. 영국 신사는 주인에게 물었다. "이 소스 이름이 뭐죠?" 그러자 주인은 '꾸에찌입'이라고 알려주었다. 생선 즙을 뜻하는 한자 규즙鮭汁을 중국식으로 발음한 것이다. 훗날 영국인들은 생선은 빼고 토마토를 베이스로 소스를 만들었는데, 그 이름을 '케첩ketchup'이라고 불렀다.

중세 유럽의 군인들이 착용하던 무구武具 중에 팔 보호대를 프랑스어로 브라시에르brassière라고 불렀다. 프랑스어로 브라bras는 '팔'을 의미한다. 현대 프랑스어에서 브라시에르는 아이들이 입는 조끼나 해양 구명조끼를 가리킨다. 그런데 이 말이 영어로 들어가서는 여성 속옷인 '브래지어brassiere'로 재탄생한다. 브래지어와 구명조끼를 착용하는 모습이 비슷하다는 것을 연상하면 의미의 연결 고리를 이해할 수 있다. 그런데 이 말을 제공한 프랑스어에는 여성 속옷이라는 의미가 없다. 언어는 상황에 따라 각자의 길을 가는 것이다.

'샴푸shampoo'라는 말의 어원도 흥미롭다. 샴푸는 인도의 고어인 산스크리트어 샤파티chapati에서 나왔다. '누르다' '주무르다' '완화시키다' 같은 뜻을 가진 단어다. 현대인이 미장원에서 머리를 감을 때 느끼는 시원하고 부드러운 촉감이 샴푸의 어원인 셈이다.

『1일 1페이지 영어 어원 365』는 이처럼 다양한 어원 이야기를 모아놓은 책이다. 365개의 어원 이야기 중에서 세 개만 맛보기로 소개해보았다. 이 책에는 역사, 문학, 신화, 사회, 경제, 음식, 과학, 종교 등 인류가 지금까지 일구어온 여러 분야에서 특히 독자 여러분이 익숙하게 사용하면서도 지적 호기심을 불러일으킬 만한 단어들을 엄선해 수록했다. 이 단어들이 특정한 의미를 지니기까지 어떤 과정을 거쳐왔는지 그 흥미로운 이야기를 스토리텔링 방식으로 펼쳐보았다.

물론 이 책을 쓰면서 365개의 단어를 선정하고 어원을 찾아가는 탐험은 생각보다 쉬운 과정이 아니었다. 아무리 단어 안에 흥미로운 이야기가 숨어 있다고 해도, 대부분의 언어는 우리에게 자신의 겉모습만 보여줄 뿐 속내를 드러내지 않기 때문이다. 그럼에도 일단 언어 속으로 파헤쳐 들어가면 해당 언어 사용자들의 정신세계뿐만 아니라 그들이 만들어낸 다양한 역사와 문화가 마치 숨겨져 있던 보물이 나타나듯 눈앞에 모습을 드러낸다. 이때 어원의 비밀을 발견하는 기쁨은 아르키메데스의 "유레카!"에 버금간다. 독자 여러분도 이 책을 읽으며 어원의 비밀이 풀렸을 때 필자가 느꼈던 환희를 함께 만끽하시길 바란다.

자, 이제 하루에 하나씩 365개의 영어 단어를 통해 인류가 만들어놓은 매혹적이고 흥미진진한 세계로 즐거운 지식 여행을 떠나보자.

2023년 가을에 연구실에서
저자 김동섭

차례

추천의 글···8   들어가며···10

1월

1일	January	1월
2일	Reconquista	레콘키스타
3일	Win brownie points	환심을 사다
4일	Economy	경제
5일	Computer	컴퓨터
6일	Referee/Umpire	심판
7일	Tattoo	타투
8일	Hair of the dog	해장술
9일	Tire	타이어
10일	Coward	겁쟁이
11일	Toast	건배
12일	Aleatory	요행을 노리는
13일	Adolescent	청소년
14일	Maginot Line	마지노선
15일	Inveigle	감언이설
16일	Rehearsal	리허설
17일	Vaccine	백신
18일	Adultery	간통
19일	Ambrosia	암브로시아
20일	Brassiere	브래지어
21일	Amazon	아마존
22일	Pie	파이
23일	Attorney	변호사
24일	Queen consort	왕비
25일	Average	평균
26일	Australia	오스트레일리아
27일	Bull and Bear	황소와 곰
28일	Blaspheme	신성모독
29일	Carnivore	육식동물
30일	Book	책
31일	Deadline	데드라인

2월

1일	Feburary	2월
2일	Symposium	심포지움
3일	Printing	인쇄술
4일	Veronica	베로니카
5일	Blow hot and cold	변덕이 심하다
6일	Tulipe mania	튤립 광풍
7일	Red-letter day	빨간 날
8일	King's evil	연주창
9일	Maroon	마룬
10일	Bowel	창자
11일	Carat	캐럿
12일	Character	캐릭터
13일	Nicotine	니코틴
14일	Cliché	클리셰
15일	Mile	마일
16일	Clue	실마리
17일	Cognate	어원이 같은 말
18일	Data	데이터
19일	Read the riot act	호되게 꾸짖다
20일	Consul	영사
21일	Derby	더비
22일	Devil	악마
23일	Juggernaut	저거너트
24일	Slogan	슬로건
25일	Dream	꿈
26일	Issue	이슈
27일	Egregious	지독한
28일	Napkin	냅킨

3월

일	영어	한국어
1일	Spring	봄
2일	Bite the dust	흙을 씹다
3일	Fee	수수료
4일	Galaxy	은하수
5일	Gay	게이
6일	Glamour	글래머
7일	Birdie	버디
8일	Cohort	코호트
9일	Palace	팰리스
10일	Helpmate	배우자
11일	Queer	퀴어
12일	Avocado	아보카도
13일	Assassination	암살
14일	Man	남자
15일	Et tu, Brute!	부르투스, 너마저!
16일	Hippopotamus	하마
17일	Hobby	취미
18일	Host	호스트
19일	Humble pie	굴욕
20일	Smell of the lamp	연습깨나 했군
21일	Village idiot	마을 바보
22일	Chauffeur	자가용 운전기사
23일	Boycott	보이콧
24일	Internecine war	내전
25일	Island	섬
26일	Auction	경매
27일	Jubilee	주빌리
28일	Ignition	점화
29일	Taboo	금기
30일	Encyclopedia	백과사전
31일	Macho	마초

4월

일	영어	한국어
1일	April fools' day	만우절
2일	Turn a blind eye	모르는 척하다
3일	Giga	기가
4일	Dollar	달러
5일	Easter Island	이스터섬
6일	Fury	분노
7일	Cross	십자가
8일	Imsomnia	불면증
9일	Cousin	사촌
10일	Lethal	치명적인
11일	Mall	몰
12일	Metaverse	메타버스
13일	Hygiene	위생
14일	Fiancé	피앙세
15일	Nickname	별명
16일	Narcissism	자아도취
17일	Diet	다이어트
18일	Nice	나이스
19일	Mass	미사
20일	Omen	징조
21일	Migraine	편두통
22일	Gymnasium	실내 체육관
23일	Quixotic	공상적인
24일	Disaster	재앙
25일	America	아메리카
26일	Moon	달
27일	Candidate	입후보자
28일	Investment	투자
29일	Electricity	전기
30일	Cajun	케이준

5월

1일	Love Day	사랑의 날
2일	Lunch	점심
3일	Green-eyed	질투가 심한
4일	Don't count your chickens	김칫국부터 마시지 말라
5일	Panic	패닉
6일	Swiss mercenaries	스위스 용병
7일	Homo Sapiens	호모사피엔스
8일	Medium	미디엄
9일	Handicap	핸디캡
10일	Sour grapes	신 포도
11일	Circus	서커스
12일	Menu	메뉴
13일	Curriculum	커리큘럼
14일	Absolute monarchy	절대왕정
15일	Realty	부동산
16일	Lingerie	란제리
17일	Alibi	알리바이
18일	Sphinx	스핑크스
19일	Manuscript	필사본
20일	Pardon	용서
21일	Bacon	베이컨
22일	Baptism	세례
23일	Monster	괴물
24일	Thermometer	온도계
25일	Iris	아이리스
26일	Expedition	탐험
27일	Agenda	어젠다
28일	Eclipse	일식
29일	Fumade	훈제 청어
30일	Pomade	포마드
31일	Prince of Wales	웨일스공

6월

1일	Salad days	철부지 시절
2일	Picnic	소풍
3일	Capital	수도
4일	Acre	에이커
5일	Subject	신하
6일	Zero	제로
7일	Providence	섭리
8일	Anorexia	거식증
9일	Patient	환자
10일	Terror	공포
11일	Gothic	고딕
12일	Experiment	실험
13일	Epicurean	쾌락주의자
14일	Census	센서스
15일	Flour	밀가루
16일	Deicide	신을 죽임
17일	Rex	왕
18일	Meteorology	기상학
19일	Aqueduct	송수로
20일	Extraterrestrial	외계인
21일	Execution	처형
22일	Alto	알토
23일	Pope	교황
24일	Inebriation	만취
25일	Petroleum	석유
26일	Oracle	신탁
27일	Sponge	해면
28일	Thumb	엄지손가락
29일	Ketchup	케첩
30일	Liberal	교양

7월

1일	Novel	소설
2일	Annunciation	수태고지
3일	Rara avis	보기 드문 것
4일	Shambles	엉망진창
5일	Parasite	기생충
6일	Utopia	유토피아
7일	Pattern	패턴
8일	Penthouse	펜트하우스
9일	Person	인물
10일	Omnipotence	전능
11일	Protocol	의전
12일	Quicksilver	수은
13일	Sell down the river	배신하다
14일	Revolution	혁명
15일	Pigeon	비둘기
16일	Planet	행성
17일	Plumber	배관공
18일	Pretext	구실
19일	Lesbian	레즈비언
20일	Plot	음모
21일	Atlas	아틀라스
22일	Conquest	정복
23일	Fascism	파시즘
24일	Sycophant	아첨꾼
25일	Andrew	앤드루
26일	Cancer	암
27일	Germany	독일
28일	Salary	급여
29일	Senate	상원
30일	Silhouette	실루엣
31일	Porcelain	도자기

8월

1일	August	8월
2일	Quintessence	정수
3일	Maverick	매버릭
4일	Siren	사이렌
5일	Slave	노예
6일	Shampoo	샴푸
7일	Stamina	스태미나
8일	Stentorian	목소리가 우렁찬
9일	Canada	캐나다
10일	Dog days	삼복더위
11일	Propaganda	프로파간다
12일	Steward	집사
13일	Scandal	스캔들
14일	Brand	브랜드
15일	Stomach	위
16일	Target	타깃
17일	Test	테스트
18일	Treasure	보물
19일	Tuxedo	턱시도
20일	Epic	서사시
21일	Whiskey	위스키
22일	Surgeon	외과 의사
23일	Golden age	황금기
24일	Rice	쌀
25일	Benjamin	벤저민
26일	Cenacle	최후의 만찬
27일	Holocaust	홀로코스트
28일	Hierarchy	위계
29일	Phoenix	불사조
30일	Bed of Procrustes	프로크루스테스의 침대
31일	Exodus	탈출

9월

1일	Furlough	일시해고
2일	Speak well of the dead	고인을 칭찬하라
3일	Fly in the ointment	옥에 티
4일	Genericide	일반명이 되는 과정
5일	Sabbath	안식일
6일	Lesser evil	차악
7일	Indian Summer	인디언 서머
8일	Misanthrope	사람을 싫어하는 사람
9일	Anglo-Saxon	앵글로색슨
10일	Eleventh-hour	마지막 순간
11일	Ground zero	그라운드 제로
12일	Croissant	크루아상
13일	Poor as Job	매우 가난한
14일	Archaeology	고고학
15일	Cosmos	우주
16일	Calligraphy	서예
17일	Hemophilia	혈우병
18일	Democracy	민주주의
19일	Metropolis	대도시
20일	Crocodile tears	악어의 눈물
21일	Knot	노트
22일	Idiom	숙어
23일	Theology	신학
24일	Ergonomics	인체 공학
25일	Cyber	사이버
26일	Volume	볼륨
27일	Hostage	인질
28일	Astronaut	우주 비행사
29일	Heroin	헤로인
30일	Bill of exchange	환어음

10월

1일	Ballista	발리스타
2일	Bear	곰
3일	Heart of stone	매몰찬 사람
4일	Devil's advocate	악마의 변호인
5일	Quiz	퀴즈
6일	Dunce	둔재
7일	Pension	연금
8일	Berserk	난폭한
9일	Nightmare	악몽
10일	Groggy	몸을 가누지 못하는
11일	Genuine	진품의
12일	Bibulous	술고래
13일	When pigs fly	손에 장을 지지다
14일	Cue	큐
15일	Hazard	위험
16일	Euthanasia	안락사
17일	Wild-goose chase	헛수고
18일	Zenith	정점
19일	Design	디자인
20일	Windfall	횡재
21일	Admiral	제독
22일	Purple	자주색
23일	Nostalgia	향수
24일	Usurer	고리대금업자
25일	Thursday	목요일
26일	Peter Pan	피터팬
27일	Malaria	말라리아
28일	Bidet	비데
29일	Entrepreneur	앙트레프레너
30일	Onomatopoeia	의성어
31일	Halloween	핼러윈

1일	Jargon	전문 용어
2일	Knock on wood!	부정 타지 않게 해주세요!
3일	Spill salt	소금을 쏟다
4일	It's all Greek to me!	하나도 모르겠어!
5일	Ostracism	도편추방제
6일	Will	의지
7일	Gordian knot	고르디우스의 매듭
8일	Cynic	냉소주의자
9일	Coup d'État	쿠데타
10일	Thorn in my side	골칫거리
11일	Chapel	예배당
12일	Etymology	어원
13일	Moratorium	모라토리엄
14일	Mayonnaise	마요네즈
15일	Misogynist	여성을 혐오하는 남자
16일	Analogue & Digital	아날로그와 디지털
17일	Wool	양모
18일	Decoupling	디커플링
19일	Tragedy	비극
20일	Muscle	근육
21일	Balloon	풍선
22일	Original	오리지널
23일	Xenophobia	외국인 혐오
24일	Oxymoron	모순어법
25일	Humor	유머
26일	Guarantee	보증
27일	Villain	빌런
28일	Haven asset	안전 자산
29일	Parachute	낙하산
30일	Melancholy	멜랑콜리

1일	Dutch courage	객기
2일	Lion's share	알짜
3일	Ammonia	암모니아
4일	Album	앨범
5일	Bless	축복을 빌다
6일	Slush fund	비자금
7일	Breakfast	아침 식사
8일	Fan	팬
9일	Rankle	괴롭히다
10일	Dynamite	다이너마이트
11일	Accord	합의
12일	Restaurant	레스토랑
13일	Gossip	가십
14일	Blue	파란색
15일	Mummy	미라
16일	Grand Slam	그랜드슬램
17일	Deuce	듀스
18일	Obsession	강박관념
19일	Entrée	앙트레
20일	Malice	악의
21일	Jovial	아주 쾌활한
22일	Tense	시제
23일	Grease one's palm	뇌물을 쓰다
24일	Buffet	뷔페
25일	Hooligan	훌리건
26일	Crew	승무원
27일	Hieroglyph	상형문자
28일	Kinesitherapy	운동 요법
29일	Irony	아이러니
30일	Weird	기이한
31일	Hyperborea	하이퍼보레아

1월

January

1월은 한 해의 시작을 알리는 달이자 12월의 뒷모습을 지켜보는 달
이다. January는 로마신화에서 공간과 시간의 이동을 관장하는 신
야누스Janus의 이름에서 나온 말이다. 머리가 붙은 샴쌍둥이 야누
스처럼 January는 가는 해와 오는 해를 동시에 보고 있다.

1월 1일 | **January** 1월

신화

고대 로마인들은 그리스 문화를 철저히 벤치
마킹했다. 특히 신화는 그 정도가 심했다. 제우
스는 주피터에 해당하고 헤라는 유노와 상응
한다. 그리스신화의 아폴론은 거의 이름을 바
꾸지 않고 로마의 아폴로가 되었다. 하지만 로
마신화에만 존재하는 신도 가끔 있다. 그중 대
표적인 신이 야누스Janus다.

✝두 얼굴을 가진 야누스

일단 야누스는 모습이 특이하다. 머리가 붙
은 샴쌍둥이처럼 두 남자의 뒷머리가 붙어 있
다. 그러다 보니 각자 정반대편을 응시하고 있
어 같은 방향을 볼 수 없다. 그렇다면 야누스의 임무는 무엇일까? 야누스는 공
간과 시간의 이동을 관장하는 신이다. 로마인들은 문 위에 야누스의 머리를 새
겨 넣고 들어오는 자와 나가는 자를 살피는 임무를 이 신에게 맡겼다. 그래서인
지 야누스를 수식하는 말 중에는 '여는 자'와 '닫는 자'가 있다. 로마인들은 야누
스를 '문의 신'이라고도 불렀는데, 우리가 문을 통해 안에서 밖으로 나가고, 밖
에서 안으로 들어오기 때문이다. 전쟁이 일어나면 로마인들은 야누스신전의 문
을 열어놓고, 평화로울 때는 그 문을 닫아놓았다. 하지만 로마 역사상 야누스신
전의 문이 닫혀 있었던 때는 단 두 번밖에 없었다고 한다.

야누스는 시간의 시작과 끝도 관장한다. 하루의 시작인 새벽과 한 달의 시
작인 초하루도 야누스가 관장한다. 1년의 시작인 1월January에 야누스의 이름
이 들어간 것도 한 해가 끝나는 12월과 새해가 시작하는 1월을 동시에 보고 있
어서다. 야누스에 대한 평판은 고대 로마와 근대 유럽에서 상반된다. 고대 로마
의 병사들은 야누스신전에 새겨진 신의 얼굴을 보면서 행운을 빌었다. 하지만
18세기 유럽인들은 두 얼굴을 가진 야누스에게 '이중적인 위선자'라는 의미를
덧씌워 부정적인 이미지로 받아들였다.

스페인에는 수많은 문화유산이 산재해 있다. 그 중 스페인 남부 안달루시아 지방에 있는 도시 그라나다의 알람브라 궁전이 유명해 해마다 관광객으로 인산인해를 이룬다. 그런데 이 궁전의 이름은 어쩐지 서양어처럼 보이지 않는다. 알람브라는 아랍어로 '붉은 것'이라는 의미를 지니고 있다. 그렇다면 왜 스페인 남부에 아랍어 이름을 가진 멋진 궁전이 자리하고 있는 걸까?

1469년 이베리아반도에서 경쟁자였던 카스티야의 이사벨라 여왕과 아라곤의 페르디난도 2세는 정략결혼을 통해 두 왕국을 하나로 통합했다. 이제 두 군주의 과업은 남부 지방에 있는 그라나

✛ 페르디난도 2세와 이사벨라 여왕

다 왕국을 정복해 이베리아반도에서 이슬람 세력을 축출하는 것이었다.

1492년 1월 2일 마침내 스페인 연합군은 그라나다 왕국의 마지막 왕 보압딜의 항복을 받아냈다. 성을 함락한 두 군주는 그라나다에 살던 유대인에게 기독교로 개종하지 않으면 추방하겠다는 최후통첩을 보냈다. 하지만 이 명령은 보압딜과 맺은 항복 조건을 위반하는 조치였다. 결국 16만 명의 유대인이 그라나다에서 북아프리카 등지로 피난을 떠났다. 이슬람교도의 운명도 마찬가지였다. 1499년 톨레도의 대주교가 이슬람교도에게 기독교 개종을 강제 명령했다. 스페인 정복자들은 광장에 모인 그라나다 주민들의 머리 위에 성수를 뿌렸다. 일종의 세례식이었다. 세례식을 거부하는 자는 기독교로 개종할 의향이 없는 것으로 여겨져 도시에서 쫓겨났다. 이렇게 수백 년 동안 이슬람 세계였던 그라나다는 다시 기독교 세계로 돌아왔다.

스페인 역사에서 1492년은 이베리아반도에서 최후의 이슬람 왕국을 축출하고 완전한 기독교 왕국을 수복한 해다. 이 사건을 레콘키스타Reconquista라고 부르는데, '다시 정복하다'라는 뜻이다. 영어로는 reconquest가 된다.

케이크 전문점에서 만날 수 있는 티라미수 케이크는 이탈리아어로 '나를 위로 당겨줘' '정신력을 올려줘' '내게 기운을 줘'라는 의미를 지니고 있다. 이 케이크를 먹으면 기분이 좋아진다는 말이다. 브라우니brownie도 디저트로 즐겨 먹는 달콤한 초콜릿 케이크다. 그럼 브라우니라는 단어는 무슨 뜻을 지니고 있을까?

❖ 스코틀랜드 전설에 나오는 요정 브라우니

흥미롭게도 브라우니는 스코틀랜드 전설에 나오는 작고 부지런한 요정의 이름이다. 이 요정은 집주인이 일을 마치고 방으로 들어가면 나타나서 남몰래 집안일을 도와주는 착한 요정이다. 하지만 집안일을 도와줄 때는 다소 소란을 피우기도 한다. 그런 탓에 집주인은 브라우니가 좋아하는 크림이나 빵, 우유를 부엌에 준비해놓아야 한다. 여기서 브라우니 케이크의 레시피가 만들어졌을 것이다.

한편, 브라우니는 패션에도 관심이 많다. 집주인이 브라우니가 좋아하는 옷을 준비하면 그 옷을 입고 사라진다고 한다. 작가들은 브라우니를 신장 1미터도 안 되는 난쟁이로 묘사하고 있다. 브라우니의 얼굴을 보면 코가 없고 온몸은 털로 덮여 있으며 커다란 파란 눈을 가지고 있다.

스코틀랜드인들은 착한 요정 브라우니에게 환심을 사면 복이 온다고 믿었다. 그래서 만들어진 영어 표현이 win brownie points이다. 글자 그대로 번역하면 '브라우니에게 점수를 따다'라는 뜻이다. 영어에서 "If you send her a present, you win brownie points with your girlfriend"라는 문장은 "여자친구에게 선물을 보내면 넌 점수를 딸 거야"라고 번역할 수 있다.

현대사회에서 경제는 주요한 분야 중 하나다. 그렇다면 '경제'를 의미하는 economy의 어원은 무엇일까? 서양 문명의 뿌리가 그리스와 로마에 닿아 있듯이 경제라는 용어도 고대 그리스에서 기원을 찾을 수 있다. 고대 그리스인들은 인간의 영역을 사적 영역인 오이코스oikos와 공적 영역인 폴리스polis로 구분했다. 오이코스는 동일한 공간에서 살고 있는 구성원 전체와 그들이 소유한 재산을 총칭하는 말이다. 오이코스는 여러 세대의 가족과 그들이 소유한 노예, 그리고 경작지와 공방에서 생산하는 모든 생산물을 가리켰다.

✛ 도자기에 묘사된 그리스의 여성

여기에 경영, 지배를 의미하는 노모스nomos가 붙어 economy라는 말이 만들어진 것이다.

오이코스의 구성원에게는 각자의 역할이 주어졌다. 오이코스의 정점에는 남자들이 있었는데, 이들의 임무는 공적 공간인 폴리스에서 자신의 가계, 즉 오이코스의 여자들과 자녀들을 지키는 것이었다. 남자들이 폴리스에서 공적인 활동을 한 것에 비해, 오이코스의 여성들은 그 지위가 보잘것없었다. 여성들은 법적인 결혼을 통해 태어났지만 도시를 구성하는 시민으로 인정받지는 못했다.

호메로스의 『오디세이아』를 보면 오디세우스가 트로이전쟁이 끝나도 돌아오지 않자, 그의 왕위를 찬탈하려는 사람들이 수천 마리의 가축을 소유한 오디세우스의 오이코스를 차지하고자 혈안이 되어 있었다. 오이코스가 경제 활동의 단위라는 사실을 잘 보여주고 있다.

19세기의 독일 출신 동물학자 에른스트 헤켈은 생태 환경을 연구하는 학문에서 새로운 용어를 만들어냈다. 현대사회에서 생명체의 주거 환경이나 생태학을 의미하는 에콜로지ecology 역시 오이코스에서 만들어진 말이다.

고대 문명사회에서 인류는 다양한 도구를 사용해 셈을 했다. 먼저 10개의 손가락은 항상 휴대하고 다니는 계산기와 마찬가지였다. 10진법은 이렇게 해서 생겨났다. 하지만 손가락만 가지고는 큰 수를 표시하기가 어려웠다. 그래서 인류는 여러 기호를 만들어냈다.

고대 이집트에서 막대기는 1, 발뒤꿈치 뼈는 10, 감아놓은 밧줄은 100, 연꽃 줄기는 1,000, 손가락은 1만, 올챙이 또는 개구리는 10만, 두 손을 위로 올린 남자는 100만을 나타냈다. 아래에 보이는 상형문자는 이집트 카르낙에서 발견된 수의 조합으로 4,622를 의미한다.

한편 고대 로마인들은 알파벳을 사용해 수를 표시했다. 지금도 시계 판에 I, V, X 등이 사용되고 있고, 이외에도 L은 50, C는 100, D는 500, M은 1,000을 나타낸다. 이런 방법은 그리스에서 수입한 것이다. 2023을 로마식 수로 표시하면 MMXXIII이 된다.

고대 문명에서 수를 셀 때 가장 많이 사용한 도구는 조약돌이었다. 라틴어로 조약돌은 calculus라고 부르는데, 영어로 '계산하다'라는 calculate가 여기서 나왔다. 또한 라틴어로 '셈하다'라는 동사 computare에서 컴퓨터computer가 만들어 졌다. 영어로 '셈하다'라는 동사 count는 중세 프랑스어 conter에서 온 단어다. 물론 중세 프랑스어 conter도 라틴어 computare에서 나온 말이다.

현대인들은 스포츠에 열광한다. 물론 고
대 로마인들도 검투극과 전차 경주의 광
팬이었다. 영어에는 스포츠 심판을 의미
하는 단어로 referee와 umpire가 있다. 축
구 심판은 referee라고 부르지만, 야구 심
판은 umpire라고 한다. 그렇다면 두 단어
의 차이는 무엇일까?

쉬운 비유를 들어보자. 영어에서 기르
는 양은 sheep이라고 하고, 먹는 양고기는
mutton 또는 lamb이라고 한다. 하지만 프

✢ 두 검투사와 심판(가운데)

랑스어에서는 양과 양고기를 동일하게 mouton무통이라고 말한다. 본래 단어는
주변의 단어와 맺고 있는 관계에 따라 의미가 정해진다. 영어의 경우 기르는 양
을 가리키는 단어가 존재하고, 먹는 양고기를 가리키는 단어는 따로 있으므로,
이 두 단어는 구별해 사용해야 한다. 하지만 프랑스어에는 그런 구분이 없다.

다시 심판 이야기로 돌아오자. 한국어에는 스포츠의 심판을 구분하지 않고 부
르지만, 영어에는 sheep과 mutton을 구분하는 것처럼 심판도 운동 종목에 따라
구분해 부른다. 축구 심판 referee는 선수와 함께 뛰면서 경기의 운영을 조율하
는 사람을 가리키고, 야구 심판 umpire는 정해진 자리에서 판정을 전담하는 사
람을 가리킨다. 야구의 심판을 umpire라고 부르는 이유가 여기에 있다.

referee는 프랑스어에서 '의뢰하다'를 의미하는 동사 référer레페레에서 나온 말
이다. 영어에서 '피고용인'을 의미하는 employee가 프랑스어로 '고용을 당한 사
람'을 의미하는 employé에서 나왔듯이, référée의 뜻은 '의뢰를 받은 사람'이라
는 뜻이다. umpire 역시 중세 프랑스어 nonper에서 왔는데, 구조를 분석하면
um(=not)과 per(=equal)로 이루어져 있다. 즉 경기 당사자와 동일한 사람이 아닌
제삼자를 가리킨다. 그러므로 umpire는 경기를 객관적으로 심판하는 사람을 의
미한다.

| 1월 7일 | **Tattoo** 타투 | 문화  |

1991년 10월, 오스트리아와 이탈리아 사이에 있는 오찰 알프스에서 활과 화살, 청동 도끼를 가진 사냥꾼이 냉동된 상태로 발견되었다. 사냥꾼은 기원전 3300년경에 죽은 것으로 보인다. 사냥꾼 몸에는 점이나 선의 형태를 지닌 단순한 무늬의 문신이 58개나 새겨져 있었다.[1] 이것만 봐도 문신의 역사가 선사시대부터 시작되었다는 사실을 알 수 있다.

요즘 젊은이들에게 문신은 자신의 개성을 드러내는 일상적인 표현 방식이 되었다. 하지

✛ 얼굴에 타투를 새긴 마오리족

만 과거에는 문신에 대한 부정적인 시선이 있었던 것도 사실이다. 인류학자 클로드 레비스트로스는 뉴질랜드의 원주민 마오리족의 문신을 다음과 같이 설명한다. "마오리족은 종교적인 분위기 속에서 얼굴과 몸에 치장을 한다. 문신은 단순한 장식이 아니다. 문신은 가문을 상징하는 그림이고, 귀족의 표시이며, 서열의 표시일 뿐만 아니라, 정신적인 의미가 깃들어 있는 전언이고 계율이기도 하다. 마오리족의 문신은 살갗에만 새겨지는 것이 아니라, 정신 속에 종족의 모든 전통과 사상을 심어놓는 것이다."[2] 문신에는 해당 집단의 문화적 요소가 모두 들어 있다는 말이다.

영어의 tattoo는 폴리네시아인들의 언어에서 유래했다. 1769년 이 지방을 탐험하던 영국의 탐험가 쿡의 기록에 등장하는 tattoo는 타이티와 사모아 원주민들이 뾰족한 것으로 몸에 무늬를 넣는 것을 의미했다. 영어 사전을 찾아보면 tattoo에는 문신과는 전혀 다른 의미도 있다. 군사 훈련의 하나인 분열 행진을 tattoo라고 부르는데, 이 말은 네덜란드어에서 나왔고 뿌리 자체가 다른 말이다.

1월 8일 | **Hair of the dog** 해장술

음식

술은 적당히 마시면 좋지만, 인간은 가끔씩 욕망을 절제하지 못하는 존재이므로 술 때문에 크고 작은 사고가 끊이지 않는다. 유대인의 경전 『탈무드』를 보면 악마가 사람들을 매번 쫓아다니기에 너무 바쁠 때는 술을 대리자로 보낸다고 한다. 이쯤 되면 술은 악마의 전령인 셈이다.

✣ 술을 따르는 고대 유대인

유대인들은 술의 기원을 다음과 같이 설명한다. 이 세상 최초의 인간이 포도나무를 심고 있었다. 이때 악마가 찾아와 무엇을 하고 있느냐고 물었다. 인간은 "나는 지금 굉장한 식물을 심고 있지"라고 대답하면서 이 나무의 열매로 만든 음료를 마시면 아주 행복해진다고 말했다. 그러자 악마는 자기도 나무를 키우는 데 도움을 줄 수 있도록 불러달라고 부탁했다. 시간이 흘러 악마는 양, 사자, 원숭이, 돼지를 데려와 죽인 다음 나무에 거름으로 주었다. 이렇게 해서 나무의 열매로 빚은 포도주가 세상에 태어났다. 술을 처음 마시기 시작할 때 인간은 양처럼 온순하지만, 조금 뒤에는 사자처럼 포악해지고, 원숭이처럼 춤을 춘다. 마침내는 돼지처럼 취해 바닥을 뒹군다.

동서양을 막론하고 애주가들은 해장술을 찾는다. 술로 망가진 몸은 술로 풀어야 한다는 것이 이들의 주장이다. 영어에서 해장술을 의미하는 hair of the dog이라는 표현이 있다. 그런데 개의 털이 왜 해장술을 의미하게 되었을까? 이 말과 관련해 다음과 같은 속설이 전해진다. 지금은 광견병이 희귀한 병이지만 과거에는 인간의 생명을 앗아가는 무서운 병이었다. 그래서 백신이나 치료제가 없던 시절에 광견병에 걸린 개에게 물릴 경우 상처에 그 개의 털을 바르면 낫는다는 믿음이 있었다. 독을 독으로 다스리는 것이다. 그나저나 정말 개의 털이 일종의 만병통치약처럼 숙취에도 좋을까?

역사상 최초의 바퀴는 지금으로부터 약 6,000년 전에 메소포타미아 지방에서 발명되었다. 인류 최초의 문자가 발명된 곳도 이 지방이므로 가히 인류 문명의 배꼽이라 부를 만하다. 최초의 바퀴는 나무를 둥글게 만들고 중앙에 바퀴 축을 끼울 수 있는 홈을 팠다. 그 뒤에 '바큇살 바퀴'로 진화해 전체 무게를 줄였다. 자동차 바퀴도 공기 주입식 타이어가 발명되기 전까지는 비슷한 과정을 거쳤다. 지금의 공기 주입식 타이어는 우연한 기회에 발명되었다.

✤ 존 던롭이 발명한 공기 주입식 타이어

1886년 스코틀랜드 출신으로 아일랜드의 벨파스트에 살던 수의사 존 던롭에게는 걱정이 하나 있었다. 아들이 자전거를 탈 때 자주 넘어져 무릎이 성한 날이 없었던 것이다. 당시까지 자전거 바퀴는 통고무 바퀴라 질겼지만 승차감은 너무 좋지 않았다. 그때 그는 고무 호스를 보고 아이디어를 하나 떠올린다. 바퀴에 호스를 두른 다음 공기를 불어 넣어보았다. 공기 주입식 타이어는 이렇게 태어났다. 그리고 1895년 프랑스의 미슐랭 형제는 세계 최초로 공기 주입식 타이어를 '번개'라는 자동차에 장착하고 파리-보르도 구간을 달렸다. 참고로 이 형제는 1900년부터 프랑스 관광 가이드 책도 함께 펴냈다. 오늘날 우리에게 잘 알려진 미슐랭 별표 식당은 이렇게 탄생했다.

영어 tire가 처음으로 등장한 때는 15세기 말인데, 당시에는 마차의 바퀴 테두리를 이루고 있는 철판을 뜻했다. 이 단어는 의복을 의미하는 attire가 줄어든 말인데, 바퀴 테두리를 치장한다는 의미에서 만들어졌다고 한다. 또 다른 설에 따르면, '당기다'라는 뜻의 프랑스 동사 티레tirer에서 나왔다는 이야기도 있다. 바퀴의 살들을 당겨서 중심에 모은다는 의미에서 나온 말이다.

1월 10일 | **Coward** 겁쟁이

영국 중세사에서 가장 소심하고 비열한 왕을 꼽으라면 헨리 2세의 막내아들 존 왕(재위 1199~1216년)을 들 수 있다. 존은 플랜태저넷 왕조의 시조인 헨리 2세의 막내아들로 태어났다. 맏형인 윌리엄은 어린 나이에 죽었고, 둘째 형은 '청년왕' 헨리, 셋째 형은 '사자심왕' 리처드, 마지막 넷째 형은 제프리였다. 이렇게 형이 많다 보니, 존에게 돌아갈 영지는 하나도 남아 있지 않았다. 그래서 생긴 존의 별명이 '영지가 없는 존'이었다.

✛ 겁쟁이로 알려진 영국의 존 왕

존은 사자심왕 리처드가 십자군 원정에 나서자 형의 왕좌를 노렸다. 존은 리처드가 잉글랜드를 떠날 때 제발 형이 살아 돌아오지 않았으면 하고 기도를 올렸다고 한다. 존의 성품이 그대로 드러나는 대목이다. 존 왕이 욕을 먹는 또 다른 이유는 그가 쓸데없이 잔인한 군주였다는 사실이다. 적을 포로로 잡아 목숨을 빼앗거나 몸값을 받는 것은 중세 전쟁에서 흔히 볼 수 있는 광경이었다. 그런데 존은 포로로 잡은 적을 성의 감옥에 가두고 잔인하게 굶겨 죽였다고 한다.

존이 정말 겁쟁이였는지 확실하지는 않지만, 역사 기록을 보면 소심하고 파렴치한 인물이었던 건 확실해 보인다. 영어에서 겁쟁이를 의미하는 coward는 cow와 -ard로 구성되어 있는데, '위협하다'를 의미하는 cow와는 전혀 상관이 없는 말이다. 마찬가지로 '겁을 먹고 몸을 웅크리다'라는 뜻의 cower와도 관계가 없다. coward의 뒤에 붙은 -ard는 '~하는 사람'이라는 게르만어에서 유래했다. coward의 co는 중세 프랑스어 coe 또는 cow에서 왔는데, 이 말의 뿌리는 라틴어로 꼬리를 의미하는 cauda가 원형이다. 개 한 마리가 잔뜩 겁에 질려 꼬리를 내리고 슬슬 뒷걸음치는 장면이 떠오른다.

국가 원수들이 참석하는 만찬에서 건배는 빼놓을 수 없는 의전과도 같다. 공식적인 자리뿐만 아니라 가까운 지인들과 술자리를 가질 때도 잔을 부딪치며 상대방에게 덕담을 건넨다. 이 건배 의식은 역사가 꽤 오래되었다. 멀리 로마 시대까지 거슬러 올라간다.

로마는 지중해를 제패한 카르타고와 국운을 걸고 수차례 전쟁을 벌였다. 이 포에니전쟁에서 로마는 카르타고를 멸망시키고 새로운 지중해의 패자가 되었다. 그런데 카르타고인들은 전쟁 중에 로마인들이 좋아하는 포도

✛ 술의 신 바쿠스

주에 독을 탔다고 한다. 그래서인지 로마인들은 와인을 마실 때 상대방의 잔에 자신의 잔을 부딪친 다음 와인을 마셨다고 한다. 잔을 부딪치면 서로의 와인이 섞여 안심하고 마실 수 있었기 때문이다. 이것이 건배의 기원설 중 하나다.

영국인들은 건배를 토스트toast라고 부른다. 그런데 우리가 잘 알고 있는 구운 빵 토스트toast와 철자가 우연히 같은 것일까? 15세기 영국에서는 불에 구운 빵을 토스트라고 불렀다. 그리고 이 빵을 담가 먹는 와인이나 맥주 같은 음료도 토스트라고 부르게 되었다. 언어는 이렇게 하나의 대상을 가리키다가 그 대상과 연결되는 새로운 대상에도 그 의미가 남는다. 실제로 토스트는 셰익스피어의 희곡 『윈저의 즐거운 아낙네들』에도 나오는데, 주인공은 와인에 구운 빵 한 조각을 넣어달라고 부탁한다.[3] 이후 18세기 초반에는 토스트에 '건배를 제안하다'라는 의미가 새롭게 생겨났다.

영어의 토스트는 중세 프랑스어로 '굽다'를 의미하는 toster토스테에서 나온 말인데, 프랑스어는 라틴어의 tostare토스타레에서 그 어원을 찾을 수 있다. 라틴어 tostare의 본래 의미는 '바싹 마르게 하다'였다.

1월 12일 | **Aleatory** 요행을 노리는

고대 로마에는 수많은 영웅이 등장한
다. 그중 지금의 프랑스와 벨기에 지방
인 '갈리아'를 정복한 율리우스 카이사
르는 불세출의 영웅이었다. 로마에서
카이사르의 인기는 하늘을 찌를 정도
였다. 하지만 당시 로마의 정치체제는
공화정이었다. 특정 인물에게 권력이

✢ 루비콘강을 건너는 카이사르

집중된다면 공화정 자체가 흔들릴 수 있었다. 카이사르와 공화파의 대립이 본격
화된 것은 이때부터다.

기원전 50년, 카이사르의 정적 폼페이우스가 주도하는 원로원은 갈리아에 주
둔하고 있던 카이사르에게 집정관 임기가 만료되었으므로 군대를 해산하고 로
마로 귀환할 것을 명령한다. 이럴 경우 전통적으로 국외에 주둔하고 있는 로마
군단은 무장을 해제하고 귀국해야만 한다. 만약 카이사르가 갈리아를 정복한 군
단을 데리고 로마에 입성하면, 이는 쿠데타를 의미했다. 그런데 카이사르는 1개
군단을 이끌고 로마에 입성하고자 마음먹는다.

기원전 49년 1월 12일 카이사르는 10개 대대 4,500명의 군대를 이끌고 로마
의 동북부에 위치한 루비콘강에 도달했다. 카이사르는 고민에 빠졌다. 무장을
해제하고 강을 건너 원로원에 굴복할 것인가, 아니면 자신의 야망을 실현할 것
인가? 자신이 강을 넘으면 온 세상이 혼란에 빠질 것이고, 그렇지 않으면 자신
이 파멸할 것이라는 사실을 잘 알고 있었다.

카이사르는 결단의 명령을 내린다. "Alea iacta est!주사위는 던져졌다!" 그는 로마
에 입성해 전권을 인수한다. 하지만 곧 반대파인 공화파에게 암살당하고 만다.
카이사르가 말한 '주사위'는 라틴어로 alea알레아라고 부른다. 여기서 영어의 여러
단어와 표현이 파생되었는데, aleatory는 '요행을 노리는', aleatorism은 '우연성',
aleatory contract는 '사행성 계약'을 의미한다.

1월 13일 | **Adolescent** 청소년

사회

＋고대 로마의 놀이하는 소년들

청춘은 인생의 황금기다. 하지만 막상 청소년들은 자신이 황금기에 있다는 사실을 자각하지 못하는 경우가 많다. 현실에서 맞닥뜨리는 짐들이 그만큼 많기 때문이리라. 그렇다면 인류 문명에서 청소년을 부르는 단어에는 무슨 의미가 담겨 있었을까?

고대 로마인들은 인생의 시기를 일곱 개로 구분했다. 그중 몇 개를 소개해본다. 먼저 소년기는 puer푸에르라고 불렀다. 영어로 '유치한'을 뜻하는 puerile이 여기서 나왔다. 소년기 다음에 청소년기(14~21세)가 오는데, 청춘의 시기가 이때 시작된다. 로마인들은 이 시기를 adolescent아돌레스켄트라고 불렀다. 이 말은 '자라다' '키우다'라는 의미를 지닌 동사 adolescere아돌레스케레에서 파생된 현재분사형이다. 즉, 로마인들은 청소년기를 인간이 한창 성장하는 시기로 본 것이다. 이동사의 과거 분사형은 adultus아둘투스인데 성인을 의미하는 영어 adult가 여기서나왔다. 그러니 adult는 이미 다 자랐다는 뜻이다.

청소년기가 지나면 청년기가 이어진다. 로마인들은 이 시기를 iuvenis유베니스라고 불렀다. 영어 junior의 어원이다. 유베니스는 21세부터 35세까지의 젊은이를 가리킨다. 청년기는 노년기로 이어진다. 로마인들은 49세부터 63세까지의 노인을 senior세니오르라고 불렀다. 영어 senior는 상급자, 연장자 등을 뜻한다. 끝으로 가장 나이가 많은 계층은 senex세넥스라고 불렀다. 63세부터 98세까지의 노인을 가리킨다. 여기서 나온 영어는 '노쇠'를 의미하는 senescence와 '상원의원'을 뜻하는 senator가 있다. 본래 senator는 로마에서 원로원 의원을 가리키는 말이었다. 원로원 의원은 많은 경험과 지식을 겸비한 노인을 가리켰다. 한편, 영어로 '늙은'을 의미하는 old는 라틴어와는 관련 없는 고유어다. 고대 영어의 ald 또는 eald가 변한 이 단어는 라틴어의 adultus처럼 '성장이 다 끝난'이라는 뜻이다.

1월 14일 | **Maginot Line** 마지노선

전쟁

ᒲᒲᒲ

✛ 프랑스의 전쟁장관 앙드레 마지노

1930년 1월 14일 당시 프랑스의 전쟁장관 앙드레 마지노André Maginot는 의회에 법안을 하나 제출했다. 법안의 주요 골자는 독일의 군사적 위협이 고조되고 있던 동북부 지방에 군사 요새를 건설하는 것이었다. 독일과 국경을 맞대고 있는 알자스로렌 지방에 집중적으로 건설해 독일 기갑 부대의 침략을 저지하는 것이 요새의 목적이었다. 당시 돈으로 160억 프랑이라는 엄청난 재원을 쏟아부어 건설한 마지노 요새는 결과적으로 독일 기갑 부대를 저지하지 못해 비웃음의 대상이 되었다. 하지만 당시 여론은 요새 건설에 꽤 호의적이었다.

제1차 세계대전 당시 참호 속에서 독일군과 싸워 승리했으니 이번에도 승리하리라 맹신한 것이다. 하지만 독일군은 벙커 밭인 북동부 지방을 우회해 벨기에 지방을 통해 프랑스 북서부 지방으로 쳐들어갔다. 마지노 요새는 이렇게 무용지물이 되어 역사 속으로 사라졌다. 이후 프랑스는 6주 만에 나치 독일에 항복하는 치욕을 겪는다. 독일은 제1차 세계대전의 패배를 앙갚음한 것이다.

마지노선은 이후 영어와 프랑스어에서 배수진背水陣 또는 최후의 보루라는 의미로 사용되었다. 예를 들어, "여야는 모월 모일을 마지노선으로 정하고 협상에 들어갔다"라는 문장에서 마지노선은 양보할 수 없는 최후의 보루를 가리킨다. 증시 전문가가 "Experts see 1,500 points as the Maginot Line of the stock market"이라고 말한다면, "1,500포인트는 증시를 떠받칠 수 있는 최후의 보루"라고 번역할 수 있다.

역사에는 한 인물의 이름이 명예롭게 남을 수도 있고 치욕적으로 남을 수도 있는데, 앙드레 마지노는 아무래도 후자가 아닐까.

백년전쟁은 영국과 프랑스가 왕조의 사활을 걸고 대결한 전쟁이다. 하지만 이 전쟁의 최대 피해자는 인구의 절대다수를 차지하는 농민이었다. 결국 양국의 농민들은 대규모 반란을 일으킨다. 농민반란은 프랑스에서 먼저 일어났다. 백년전쟁이 발발한 지 약 20년 되던 해였다. 역사에서는 이 반란을 '자크리의 난'이라 부른다.

✛ 와트 타일러의 처형

귀족들이 세금을 더 무겁게 물리자 농민들이 반란을 일으킨 것이다.

1381년 리처드 2세 때 일어난 '와트 타일러의 난'은 대표적인 영국의 농민반란이다. 흑사병과 백년전쟁으로 온 국토가 황폐해지고 경제는 엉망이 된 상황에서 귀족들은 세금을 더 올렸고 농민들의 불만은 결국 폭발하고 말았다. 와트 타일러를 따르는 농민군은 왕의 거처인 런던탑까지 정복한다. 그러자 14세의 어린 리처드 2세는 농민들의 요구에 따라 인두세를 폐지하고 비리 관료들을 처형하겠다는 감언이설로 반란군을 잠재운다. 하지만 리처드 2세는 자신의 약속을 지키지 않았다. 오히려 런던탑에 있던 와트 타일러를 처형해 반란의 종지부를 찍는다. 그러나 인과응보라는 말이 있듯이, 18년 뒤에 리처드 2세는 사촌 동생인 볼링브로크의 헨리가 일으킨 반란으로 생을 마감한다.

영어 동사 inveigle은 '감언이설로 남을 속이다'라는 뜻이다. 리처드 2세가 와트 타일러에게 했던 감언이설이 inveigle이다. 본래 이 말은 라틴어의 ab oculis에서 나왔는데 '눈으로 볼 수 없는' '눈이 먼'이라는 뜻이다. 영어 inveigle과 뿌리가 같은 프랑스어는 aveugle아뵈글인데 '맹인'을 가리킨다. 이후 영어에서는 15세기에 '눈먼 판단'이라는 의미가 생겨났고, '눈이 멀었으니 감언이설에 속다'라는 뜻이 만들어졌다.

1월 16일 | **Rehearsal** 리허설

예술

1558년 9월 21일, 신성로마제국의 황제이자 스페인 국왕인 카를 5세가 세상을 떠났다. 신성로마제국에는 독일을 비롯한 보헤미아(체코), 북이탈리아, 스위스, 네덜란드, 벨기에 등 프랑스를 제외한 대부분의 서유럽 제국諸國과 제후국들이 포함되어 있었다. 게다가 어머니인 광녀 후안나로부터 스페인 왕국도 물려받았고, 광대한 아메리카 식민지를 더하면 카를 5세의 제국은 말 그대로 해가 지지 않는 제국이었다.

✛ 신성로마제국의 황제 카를 5세

독실한 가톨릭 신자로 유럽 개신교 세력과 맞서 싸운 황제는 노년에 접어들자 통풍을 비롯한 각종 질병에 시달렸다. 그래서인지 황제는 죽기 2년 전인 1556년 스스로 퇴위를 결정한다. 부모로부터 받은 스페인 왕위는 아들 펠리페 2세에게 양위하고, 조부인 막시밀리언 황제로부터 물려받은 신성로마제국은 동생인 페르디난트 1세에게 물려준다고 전격적으로 선언한다.

황제는 양위를 선언하고 마드리드 서쪽으로 200킬로미터 떨어진 시골로 내려갔다. 황제가 찾은 곳은 조그마한 유스테 수도원이었다. 특이하게도 황제의 침대 맞은편 벽에는 출입구가 있었다. 황제는 문을 통해 수도원 예배당의 제단을 볼 수 있었다. 말년에 통풍으로 심하게 고생하던 황제는 누워서라도 미사를 지켜보고 싶었다. 또한 자신의 장례식 리허설도 지켜보았다. 온 천하를 호령하던 황제는 이렇게 죽음을 준비하고 있었다.

영어의 리허설rehearsal은 일단 단어의 철자가 복잡하다. 대개 프랑스어에서 온 말들이 그런 경향이 있다. 리허설은 중세 프랑스어로 '반복하다' '말하다' '이야기하다'라는 뜻의 동사 rehearser르아르세에서 나온 말이고 rehearsal르아르살이 명사형이다. 동사 rehearser의 명사가 rehearsal이 된 것은 arrive와 arrival의 관계를 보면 쉽게 이해할 수 있다. 여기서 '-al'은 프랑스어에서 명사를 만드는 접미사다.

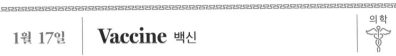

1월 17일 | **Vaccine** 백신

✛백신을 접종하는 에드워드 제너

최근 코로나19가 모든 생활을 송두리째 바꾸어놓은 이후, 단연 화두는 백신 vaccine에 모아졌다. 백신이라는 말을 처음 사용한 사람은 영국의 의사 에드워드 제너. 그는 고향 마을에서 의사로 일하고 있었는데, 천연두를 한번 앓은 사람은 다시 천연두에 걸리지 않는다는 사실에 주목했다. 제너는 이 사실을 근거로 8살 소년의 양팔에 상처를 내고 소젖을 짜는 여성의 손에 난 물집에서 뽑아낸 고름을 소년의 상처에 주입했다. 그러자 소년은 며칠 앓다가 회복했고, 제너는 6주 뒤에 다시 천연두 고름을 주입해 마침내 우두법牛痘法의 효능을 확인했다. 천연두 백신 실험이 최초로 역사에 기록되는 순간이다. 이렇게 백신을 인체에 접종하는 종두법種痘法이 탄생했다. 하지만 종두법은 이미 수백 년 전부터 이슬람 세계에서 사용되던 처방법이었다.

그렇다고 종두법이 처음부터 환영받은 것은 아니다. 사람들 대다수는 이 임상 실험에서 천연두에 걸려 죽을지도 모른다고 생각했기 때문이다. 실제로 최초의 실험 대상은 빈민층이었고, 이후에 귀족과 왕족에게 확대되었다. 백신은 라틴어로 암소를 뜻하는 vacca바카에서 나왔다. 천연두를 사라지게 해준 암소의 이름이 백신에 남게 된 것이다.

코로나19로 백신 접종자라는 말이 우리에게 친숙해졌다. 백신 접종자는 영어로 vaccinee라고 하는데, 이 말은 vaccin에 프랑스어 접미사 -ee가 붙어 만들어졌다. 이 접미사는 영어로 치면 -ed 같은 동사의 과거형 접미사로, 백신주사를 맞은 사람을 가리킨다. 앞서 소개한 피고용인 employee도 동일한 방식으로 만들어진 단어다.

1월 18일 | **Adultery** 간통

프랑스어로 알리에노르Aliénor, 영어로는 엘리너Eleanor라는 이름은 12세기 중세 유럽인들에게 남프랑스 기사도 문학의 후견자이자, 프랑스와 영국의 왕비로 깊이 각인된 이름이다. 기사도 연애담에 심취한 왕비는 남자처럼 사냥도 배우고, 음악과 문학에도 조예가 깊었다. 게다가 당시 교양어인 라틴어까지 구사하는 보기 드문 재원이었다.

✛ 프랑스와 영국의 왕비 알리에노르

그녀는 프랑스의 루이 7세와 결혼했다. 하지만 신앙심이 독실한 루이 7세와 자유분방한 성격의 알리에노르는 처음부터 어울리지 않는 부부였다. 결국 부부간의 갈등은 십자군 원정에서 폭발하고 만다. 갈등의 표면상 이유는 십자군전쟁의 실패, 루이 7세의 지나친 신앙심이라고 연대기 작가들은 기록하고 있다. 그러나 결정적인 파국은 알리에노르가 루이 7세와 함께 시리아의 안티오키아에 들렀을 때, 숙부인 레이몽 드 푸아티에를 만나면서 시작되었다고 한다. 프랑스를 떠난 루이 7세의 십자군은 1148년에 시리아의 안티오키아에서 열흘간 머문다. 숙부인 레이몽은 조카 부부를 반갑게 맞이해주었다. 그런데 숙부와 질녀의 관계가 예사롭지 않다는 말이 나돌기 시작했다. 결국 루이 7세는 먼저 프랑스로 돌아가고, 부부는 이 간통 사건으로 파경을 맞는다. 이후 여걸 알리에노르는 영국의 헨리 2세와 재혼하는데, 그 유명한 사자심왕 리처드가 그녀의 아들이다.

영어에서 '간통'을 뜻하는 단어는 adultery다. 언뜻 보면 성인成人을 의미하는 adult와 유사해 보이지만 뿌리는 엄연히 다르다. 라틴어 adulterare아눌테라레가 그 뿌리이며 '오염시키다' '더럽히다'를 뜻한다. 즉, '신성한 결혼을 더럽히다'라는 뜻이다. 중세 영국에서 미혼자와 저지른 간통은 single adultery라고 불렸고, 기혼자와 저지른 간통은 double adultery라고 불렸다.

그리스신화의 영웅 아킬레우스가 불사신
이 되지 못한 까닭은 이러하다. 어머니 테
티스 여신이 아들을 불멸의 존재로 만들
려고 저승의 강 스틱스에 아들의 몸을 담
갔는데, 발목을 잡고 거꾸로 강에 담그는
바람에 발목이 치명적인 약점이 되었다.
'아킬레스건'이라는 말이 여기서 나왔다.
그런데 다른 버전도 있다. 아들을 불멸의
존재로 만들려고 테티스는 아들에게 신들
의 음식인 암브로시아를 발라주고 있었

÷암브로시아를 먹는 그리스 신들

다. 그런데 이 장면을 본 남편 펠레우스가 기겁하며 당장 그만두라고 말한다. 결
국 테티스는 아들의 발목에만 암브로시아를 발라주지 못해 결국 아킬레우스는
불멸의 영웅이 되지 못했다.

호메로스의 『일리아스』에도 암브로시아가 등장한다. 주인공 오디세우스가 고
향으로 돌아가는 도중 오기기아섬 근처에서 배가 뒤집히는 사고를 당한다. 이
때 섬에 살고 있던 칼립소라는 요정이 오디세우스를 보자마자 첫눈에 반하고
만다. 요정은 암브로시아와 함께 신들의 음료인 넥타르를 제공했는데 오디세우
스는 입에도 대지 않는다. 오디세우스가 암브로시아를 먹었다면 신들처럼 영생
을 얻었을 테지만 스스로 인간으로 남기를 선택했다. 언젠가 죽는 날이 오더라
도 인간으로서 거룩한 일을 수행하며 사는 것이 자신의 운명이라고 생각한 것
이다.

신들의 음식인 암브로시아Ambrosia는 그리스어로 '불멸'을 뜻하는데, 접두
사 a-는 부정을 의미하고 mbrotos는 '죽음'을 의미한다. 신들의 음료인 넥타르
Nectar도 비슷한 구조를 지닌 말이다. nec는 '죽음'을, tar는 '이겨내다'라는 뜻이
다. 세포 조직의 '괴사'를 가리키는 necrosis가 여기서 나왔다. 오늘날 영어에서
암브로시아는 '산해진미'를 뜻하는 단어로 사용된다.

1월 20일 | **Brassiere** 브래지어

오늘날 브래지어는 여성의 속옷을 말한다. 이 말이 영어에 처음으로 등장한 때는 1893년으로 기록되어 있고, 우리말에서는 '브라자'라는 일본식 발음으로 정착한 것을 보아 개화기나 일제강점기에 우리나라에 들어온 것 같다. 그런데 이 단어는 어떻게 지금처럼 여성의 속옷을 가리키게 되었을까? 먼저 단어의 형태와 발음에서 프랑스어 냄새가 난다. 사실 브래지어는 프랑스어 brassière브라시에르에서 왔는데, 18세기에는 지금처럼 여성의 속옷을 의미했다. 그러나 현대 프랑스어에서는 우리가 알고 있는 지금의 브래지어와 다르다.

✢ 로마 시대의 여성 속옷

현대 프랑스어 brassière는 팔을 의미하는 bras에서 나왔다. 그래서 이 단어는 유아의 소매 달린 조끼나 해양 구명조끼를 가리킨다. 브래지어나 구명조끼 모두 팔을 넣어 착용하는 모습이 비슷하므로 의미의 고리를 연상할 수 있다.

brassière의 어원을 더 거슬러 올라가면 멀리 중세의 병사들이 착용하던 무구武具에 닿는다. 당시 brassière는 전투할 때 팔을 보호하는 팔 보호대를 가리켰다. 이제야 팔을 의미하는 뜻과 일맥상통한다. 프랑스어 bras는 라틴어 bracchium브라키움에서 나온 말이고, 이 말은 다시 그리스어 brakhion브라키온이 그 어원이다. 영어에서 팔찌를 가리키는 bracelet도 bras에서 나온 말이다. 한 가지 흥미로운 사실은 영어에 브래지어를 제공한 프랑스어에서는 브래지어 대신에 soutien-gorge수티엥고르주라는 단어를 사용하고 있다. 이 단어는 '가슴을 받쳐주는 속옷'이라는 뜻을 지닌다.

21세기는 온라인 전자 상거래의 시대라고 불러도 손색이 없다. 코로나19 이후 온라인 상거래는 더욱 폭발적으로 증가하고 있다. 미국의 거대 온라인 전자 상거래 기업인 아마존은 일단 그 이름부터 인터넷 이용자들에게 친숙하다. 지금부터 이 아마존의 어원을 알아보자.

세계에서 두 번째로 긴 강인 브라질의 아마존강은 16세기 스페인의 정복자 프란시스코 데 오레야나가 이 지역을 탐사하다가 원주민 여인들의 공격을 받은 데서 유래한 이름이다. 본래 아마존은 그리스신화에 등장하는 여인들

✢아마존의 여왕 히폴리테

을 가리켰다. 그리스 역사가 헤로도토스는 이들을 '남자를 죽이는 자'라는 안드록토네스Androktones라고 불렀다. 헤로도토스의 『역사』에 따르면, 아마존 부족은 여자로만 이루어져 있는데, 아이를 갖기 위해 남자들을 납치한 뒤에 목적을 이루면 죽였다고 한다. 게다가 태어나는 아이가 남자면 죽이거나 평생 노예로 삼았다고 한다. 오늘날 우리에게 친숙한 아마존의 유래가 생각보다 잔혹하다.

민간에서 전해지는 아마존Amazon의 어원을 살펴보면, 그리스어 a-는 '~이 없다'를 뜻하고, mazon은 mazos에서 온 말로 '젖가슴'을 의미한다. 따라서 아마존은 '젖가슴이 없다'라는 뜻이 된다. 아마존 전사들은 활을 쏠 때 여자의 경우 젖가슴이 방해되므로 한쪽 유방을 도려내거나 불로 지졌다고 한다. 이들은 신분에 따라 무기가 달랐다. 신분이 높은 여자는 활을 사용하기 위해 오른쪽 가슴을 잘랐고, 신분이 낮은 여자는 단검과 방패를 들기 위해 왼쪽 가슴을 잘랐다고 한다. 아마존은 헤라클레스의 '12가지 과업'에도 등장하는데, 아홉 번째 과업이 아마존 여왕 히폴리테의 허리띠를 가져오는 것이었다. 여기서 허리띠는 정절을 상징한다. 이 신화에서 허리띠를 가져오라는 말은 여성의 정절을 빼앗은 증거를 가져오라는 것이다.

파이는 주로 미국인들이 즐겨 먹는 음식
으로 알려져 있지만, 그 역사는 멀리 고
대 이집트까지 거슬러 올라간다. 이집트
의 파라오 람세스 2세의 무덤 벽에 파이
가 등장하기 때문이다.

◈ 고대 이집트의 파이

고대 그리스인들도 파이 애호가였다.
기원전 5세기에 활동한 희곡 작가 아리스
토파네스의 작품을 보면 일종의 파이가 나오는 것을 확인할 수 있다. 페이스트
리 반죽으로 빵을 만들고, 속은 과일들로 가득 채웠다. 미국인들이 좋아하는 애
플파이의 원조인 셈이다.

고대 로마인들도 파이를 즐겨 먹었다. 이들은 밀가루에 기름과 물을 섞어 반
죽을 빚고 속에는 고기를 채웠다. 부유한 로마인들은 홍합이나 해산물을 넣은
파이를 즐겼다고 한다. 이후 파이는 고대 로마의 발달한 도로망을 타고 온 유럽
으로 퍼져 나갔다. 추운 북유럽에서는 파이가 여행하는 사람들과 노동자들의 필
수 식량으로 자리를 잡는다.

중세로 넘어오면서 파이의 재료와 맛도 바뀐다. 중세 유럽인들은 쇠고기, 양
고기, 오리고기 등으로 속을 채우고 후추, 건포도, 대추 등을 넣어 짭짤한 고기
파이를 즐겨 먹었다. 중세 유럽의 음식들은 향신료와 소금을 많이 넣어 짠맛이
강했는데, 파이도 예외는 아니었다. 파이의 어원은 라틴어 pica피카에서 찾을 수
있다. pica는 '까치'를 의미한다. 파이가 까치에서 나온 이유는 까치가 자기 둥지
에 이것저것 물어다가 넣는 것처럼, 파이 속에도 과일이나 고기 같은 여러 재료
를 가득 넣기 때문이다.

1월 23일 | **Attorney** 변호사

셰익스피어의 희극 『뜻대로 하세요』는 두 남녀의 사랑을
그린 작품이다. 여주인공 로잘린드는 남주인공 올란도와
사랑에 빠진다. 하지만 로잘린드는 친구 셸리아의 아버지
프레드릭 공작의 눈 밖에 나서 남장을 하고 숲에서 지내
게 된다. 이런 사정으로 올란도는 로잘린드를 눈앞에 두
고도 알아보지 못한다.

✢ 로잘린드와 올란도

> 로잘린드: 당신의 간청을 막을 순 없지만 당신의 사랑
> 을 막을 순 있죠. 내가 당신의 애인 로잘린드가 아니던가요?
> 올란도: 그렇게 부르는 것만으로도 기쁘오. 어쨌든 로잘린드 이야기를 하고 있
> 는 것이 될 테니까.
> 로잘린드: 그럼 그녀를 대신해 거절하겠습니다.
> 올란도: 그렇다면 난 당사자로서 죽을 수밖에 없소.
> 로잘린드: 안 됩니다. 죽는 건 대리인을 시켜 대신 죽게 하세요. 이 불쌍한 세계
> 는 시작된 지 거의 6,000년이 다 되었지만, 그 긴 세월 동안 당사자가 죽은 경
> 우는 단 한 번도 없단 말이에요.[4]

　위 대화에서 올란도가 스스로 죽겠다고 하자, 로잘린드는 사랑하는 애인을 죽
게 놔둘 수 없어 올란도에게 대리자가 대신 죽게 하라고 말한다. 이 대화에서
'대리인'을 의미하는 attorney라는 단어가 나온다.

　현대 영어에서 attorney는 '변호사'를 의미하는데, '대리인'이라는 뜻도 지니
고 있다. 이 단어는 중세 프랑스어 atorné아토르네에서 들어온 말이다. atorné에
서 a는 영어의 to이고 torné토르네는 to turn이라는 뜻이다. 즉 '~로 향하다' 또
는 '임명하다'라는 의미를 지닌다. 13세기에는 attorney가 변호사보다는 대리
인이라는 뜻으로 더 많이 사용되었다. 참고로 미국에서는 변호사를 가리킬 때
attorney와 lawyer를 구분하지 않고 혼용하지만, 영국에서는 하급 법원의 변호사
는 solicitor, 상급 법원의 변호사는 barrister를 사용한다.

1월 24일 │ **Queen consort** 왕비

2022년 9월에 세상을 떠난 영국의 엘리자베스 2세는 입헌군주제에서 통치권은 없지만 영국을 상징하는 군주로서 국민들의 많은 사랑을 받았다. 그녀는 명실상부한 영국의 '여왕'이었다. 그런데 군주가 여성이 아닌 남성일 경우 배우자는 Queen consort라고 부른다. 우리말로 번역하면 '왕비'가 된다. 그런데 여왕의 아들 찰스 3세가 왕위를 계승하면서 배우자 파밀라의 호칭이 왕실의 큰 고민거리였다고 한다. 찰스 3세가 왕세자 시절에 저지른 불륜의 중심에 파밀라가 있었고, 결국 찰

✣ 헨리 6세의 왕비 마르그리트 당주

스의 불륜이 다이애나비를 죽음으로 몰고 갔다고 영국인들은 믿고 있었기 때문이다. 하지만 생전에 엘리자베스 2세는 찰스가 왕위를 계승하면 파밀라를 '왕비'로 부를 것을 주위에 권유했다고 한다.

영국 왕조 역사상 가장 불행한 왕비를 꼽으라면 헨리 6세의 왕비 마르그리트 당주일 것이다. 프랑스 출신인 마르그리트는 결혼 후 처음에는 영국 민중의 찬사를 한 몸에 받았다. 그녀는 자신이 몸담고 있는 왕조를 계승할 자식도 낳아주었다. 하지만 남편 헨리 6세에게 정신병이 찾아왔고, 섭정을 맡게 된 그녀는 귀족들의 타도 대상이 되었다. 결국 마르그리트와 헨리 6세는 국외로 쫓겨난다. 불행은 거기서 끝나지 않는다. 그녀의 아들이 반란군과 맞서 싸우다가 전장에서 목숨을 잃고 만다. 남편도 또다시 투옥되고 며칠 뒤에 목이 졸려 살해된다.

왕비를 의미하는 Queen consort에서 consort는 중세 프랑스어로 '파트너'를 의미하는 consort콘소르에서 온 말이다. 프랑스어 역시 라틴어가 뿌리인데 라틴어 consortem콘소르템은 파트너, 동료, 남녀형제 등을 가리킨다. 두 번째 음절의 sor-는 몫, 분배를 뜻한다. 따라서 여기서 consort는 왕과 동등한 지위를 가진 배우자를 말한다. 영어에서 sort도 무언가를 적당히 분배하고 배열한다는 뜻을 지니고 있다.

1월 25일 | **Average** 평균

흔히 중세를 '암흑 시대'로 부르지만, 중세 유럽의 제국諸國은 서로 활발한 교역을 하고 있었다. 역사적으로 영국 왕의 영지였던 보르도 지방의 포도주 무역은 영국 왕실의 주요 수입원이었다. 플랑드르 지방은 영국의 양모를 수입해 모직품을 생산하고 유럽 전역에 판매했다. 베네치아 같은 이탈리아의 도시들은 동방에서 값비싼 사치품을 수입해 막대한 이윤을 남겼고, 스칸디나비아 3국의 상선들은 발트해를 중심으로 해산물, 청어, 모피 등을 서유럽제국과 교역했다.

✤ 중세 시대의 상인들(한자동맹)

1453년 오스만제국이 콘스탄티노플을 점령하자 유럽은 동방의 향신료를 찾아 대양으로 눈을 돌렸다. 인도 루트를 개척한 포르투갈은 향신료 무역으로 빠르게 성장해 해상 제국帝國이 되었고, 아메리카 대륙을 정복한 스페인도 엄청난 양의 은이 들어왔다. 이렇게 대항해시대를 기점으로 서양은 동양을 추월할 수 있었다.

해양 무역을 하다 보면 상품이 손상되는 일이 자주 발생한다. 중세 프랑스어 avarie아바리는 이탈리아어에서 수입한 말인데, 뿌리는 아랍어 awārīyah아와리아로 그 뜻은 손상을 입은 상품이다. 지금도 프랑스어에서는 해상 운송 중 일어난 손상을 avarie아바리라고 부른다. 영어는 이 단어를 조금 다른 뜻으로 받아들였다. avarie를 항해 중에 발생한 배와 화물의 손상 금액에 대한 평균값으로 사용한 것이다. 예를 들어, 항해 중에 선박의 안전을 위해 돛대를 제거하거나, 상품을 바다에 던질 경우 선박 주인과 상품의 소유주는 모두 손실을 입는다. 그런데 돛대를 사용하지 못하게 된 비용과 버린 상품의 가격은 차이가 날 수밖에 없다. 이런 경우는 총 손실을 공평하게 나누어 부담하는 것이 타당하다. 이렇게 영어의 average는 손상을 입은 재화의 평균값으로 그 의미가 진화했다.

오스트레일리아는 섬이 아니라 대륙이다. 면적은 한반도의 무려 35배에 달한다. 본래 오스트레일리아를 처음 발견한 나라는 포르투갈이었다. 1770년 영국의 탐험가 제임스 쿡은 이 섬(처음에는 섬이라고 불렀다)을 발견하고 뉴사우스웨일스라고 명명했다. 이 무렵 영국은 북미의 13개 식민지를 상실하고 새로운 영토를 찾고 있었다. 특히 죄수와 유형수流刑囚를 보낼 새로운 식민지가 필요했다. 이런 면에서 미개척지인 오스트레일리아는 영국 정부가 원하던 땅이었다.

✤영국의 선장 아서 필립

1787년 5월 13일, 13척의 배가 영국의 포츠머스 항구를 떠났다. 선장의 이름은 아서 필립이었고, 191명의 선원 외에도 717명의 유형수가 타고 있었다. 그중 여자들도 180명이 있었다. 하지만 이날 떠난 사람 중에 농부는 단 한 명도 없었다고 한다. 미지의 세계에서 그들을 기다리고 있을 기아의 모습이 눈앞에 생생하게 보이는 듯하다.

배는 8개월 동안 항해했다. 아프리카 남단의 희망봉을 지나 브라질의 리우데자네이루를 경유한 배는 마침내 오스트레일리아의 동부 해안에 도착했다. 지금의 보터니만을 지나 북쪽으로 올라가 닻을 내렸다. 1788년 1월 26일의 일이었다. 이곳을 포트 잭슨이라고 불렀다. 훗날 오스트레일리아의 최대 도시인 시드니가 되는 곳이다.

필립 선장은 영국을 떠나오면서 새로 정착할 남쪽의 나라에는 노예제도가 없을 것이라는 신념을 가졌다. 하지만 원주민과 공생할 의향은 없었다. 영국인들은 최대 300만 명에 이르는 원주민을 내륙으로 내몰았다. 오스트레일리아라는 지명은 라틴어로 '남쪽'을 뜻하는 australis아우스트랄리스에서 온 말이다. 즉 '남쪽의 나라'라는 뜻이다. 참고로 라틴어로 '동쪽'은 orientalis오리엔탈리스이고 '서쪽'은 occidentalis오키덴탈리스라고 부른다.

1월 27일 | **Bull and Bear** 황소와 곰

경제

세계 금융의 중심지인 뉴욕의 '월스트리트'는 본래 이곳에 처음 정착한 네덜란드인이 인디언의 공격을 막고자 세운 방책에서 나온 이름이다. 월스트리트 뉴욕 증권거래소 근처에는 돌진하는 황소상이 자리잡고 있는데, 왜 하필 황소상이 세워져 있는 걸까?

✛ 월스트리트에 있는 돌진하는 황소상

주식시장은 활황기를 맞을 때도 있고 침체기를 겪을 때도 있다. 1929년 10월 29일 대공황의 서막을 알린 뉴욕 증시의 폭락은 이후 12년 동안 서구권 전체에 대공황을 몰고 왔다. 그렇다고 대공황 직전에 미국 경제가 침체된 것은 아니었다. 역설적으로 미국 증시의 폭락은 1920년대 후반에 일어난 투기적 호황이 빌미를 제공했다.

주식시장은 상승장과 하락장이 반복된다. 영어에서 하락장은 bear market이라고 부른다. 왜 곰이 하락장의 상징이 되었을까? 그 배경에는 영어 속담이 숨어 있다. 17세기 영어에는 "곰을 잡기 전에 곰의 가죽을 팔지 말라Don't sell the skin till you have caught the bear"라는 속담이 있었다. 이 속담은 18세기로 넘어와 속담의 핵심인 곰의 가죽이라는 말이 주식시장의 매도와 자연스럽게 연결되었고, 이후 bear market은 투자가들이 주식을 매도하는 시장, 즉 하락장을 가리키는 용어가 되었다.

그럼 월스트리트의 상징이 된 황소는 왜 상승장의 아이콘이 되었을까? 13세기 무렵 중세 영국에서는 곰과 황소를 싸우게 만들어 도박하는 경기가 유행했다. 이 경기는 16세기 엘리자베스 1세 때 인기가 절정에 이르렀다. 사람들은 경기를 통해 돈을 따거나 잃었는데, 곰이 돈을 잃은 투자가의 상징이었다면 반대편 황소는 돈을 따는 투자가의 상징이었다. 이렇게 해서 bull market에는 상승장이라는 의미가 붙게 되었다.

1월 28일 | **Blaspheme** 신성모독

1483년 8월 15일은 가톨릭의 대축일인 성모 승천일이었다. 이날 로마 바티칸에 있는 시스티나성당이 성모마리아에게 봉헌되었다. '시스티나'라는 명칭은 당시 교황인 식스토 6세의 이름에 따라 붙여졌다. 훗날 피렌체 출신의 화가이

✛ 미켈란젤로의 〈아담의 창조〉

자 조각가인 미켈란젤로는 교황 율리오 2세의 후원을 받아 시스티나성당의 천장에 4년 동안 프레스코 벽화를 그렸다. 천장에 균열이 생기자 그림을 그려 새로 장식하고자 한 것이다. 천장에 그려질 프레스코 벽화의 주제는 '최후의 심판'으로 정해졌다.

미켈란젤로가 그린 프레스코 벽화 중에는 〈아담의 창조〉도 있다. 아담이 비스듬하게 누워 손을 들고 있고, 하느님이 손가락으로 아담의 손가락을 터치하려는 순간을 그린 벽화다. 이 벽화를 본 교황은 충격에 빠졌다. 구약의 십계명에는 야훼 하느님의 이름조차 부르지 말라고 했는데, 하느님의 모습을 그렸으니 이보다 더한 신성모독이 어디 있단 말인가. 심지어 하느님은 얇은 천으로 지은 지극히 평범한 옷을 입고 있었다. 이렇게 신이 지배하던 중세는 인간 중심의 르네상스에 역사의 자리를 넘겨주었다.

영어에서 '신성을 모독하다'라는 말로 blaspheme이라는 동사가 있다. 뿌리가 같은 말 중에 영어의 blame도 있다. 다른 사람을 '비난하다'라는 뜻의 이 말도 사실은 '신성을 모독하다'라는 의미였다. 이 말이 영어에 들어온 과정은 다음과 같다. 먼저 중세 프랑스어 blamer블라메가 영어에 들어가서 blame이 되었는데, 이 무렵에는 '신성을 모독하다'라는 의미가 사라졌다. 그래서 영어는 라틴어 blasphemare브라스페마레에서 본래의 뜻을 지닌 blaspheme을 다시 수입한다. 정리하면, 영어의 blaspheme과 blame은 이란성 쌍둥이인 셈이다.

1월 29일 | **Carnivore** 육식동물

최초의 인류인 오스트랄로피테쿠스('남쪽의 원숭이'라는 뜻)가 아프리카 대륙에 나타난 시기는 약 230만 년 전이라고 한다. 인류는 진화를 거듭해 현생인류인 호모사피엔스사피엔스에 이르고 있다. 그런데 초기의 인류는 무엇을 먹으며 살았을까?

✥ 오스트랄로피테쿠스의 두개골

화석을 보면 초기 인류는 어금니가 크고 깊숙한 모양의 턱뼈를 가지고 있는데, 이는 많은 양의 음식물을 수없이 씹어서 생긴 특징이다. 초식동물이 풀을 먹는 데 많은 시간을 할애하는 것처럼, 인류의 조상도 처음에는 초식을 했다는 증거로 볼 수 있다. 나중에 발견된 인류의 화석을 살펴보면 뼈가 비정상적으로 두꺼워진 것을 알 수 있다. 학자들은 인류가 비타민A를 과다하게 섭취해 뼈에 출혈이 일어난 결과라고 말한다. 비타민A 과다증은 육식동물의 간을 많이 먹으면 나타나는 증상이다. 다시 말해, 초식에서 육식으로 인류의 식사법이 바뀐 것이다.

육식으로 바꾼 인류는 몸과 뇌가 점점 커지기 시작했다. 처음에는 침팬지와 뇌의 크기가 비슷했고 키도 1미터가량밖에 되지 않았는데 지금처럼 커진 것이다. 이제 인류는 동물을 잡아먹을 수 있는 육식동물이 되었다.

영어에서 육식동물은 carnivore라고 한다. carnivore는 라틴어에서 온 말로 carni는 '고기'를 뜻하고, vore는 '먹다'를 의미한다. '사육제'를 의미하는 carnival도 그 어원이 '고기'인 것이다. '풀'을 뜻하는 herbe가 앞에 붙으면 herbivore초식동물가 되고, '모든 것'을 의미하는 omni가 앞에 붙으면 omnivore잡식동물가 된다. 한편, 걸신들린 듯이 먹는 동작을 영어에서는 devour라고 하는데, 라틴어에서 '아래에'를 의미하는 de와 '먹다'를 의미하는 vorare보라레의 합성어다. 음식을 삼키듯이 마구 먹는 동작을 가리킨다.

기독교로 개종하기 이전의 스칸디나비아반도 바이킹들은 서유럽인의 시각으로 보면 이교도이자 야만인이었다. 8세기 말부터 시작된 바이킹의 침탈은 서유럽인들을 공포에 휩싸이게 했다. 서유럽인들은 바이킹의 인신 공양과 같은 풍습에 경악했고 바이킹 전사의 잔혹함에 치를 떨었다. 그렇다고 서유럽인이 생각하는 것처럼 바이킹이 야만족인 것은 아니었다. 자신들만의 신화와 사회제도를 가지고 있었고, 서유럽에 존재하던 농노제는 바이킹 사회에서 찾아볼 수 없었다.

바이킹 문화를 연구하는 사람들은 바이킹의 룬rune문자에 많은 관심을 보인다. 스칸디나비아의 바이킹뿐 아니라 영국으로 이주한 앵글로색슨족도 이 문자를 사용하고 있었다. 룬문자는 종이처럼 부드러운 재질의 용지가 아니라 비석이나 유물 표면에 음각했기 때문에 형태가 모두 직선을 띠고 있다. 흥미로운 사실은 지금도 룬문자의 자취가 현대인의 일상에 남아 있다는 것이다. 우리가 매일 사용하는 스마트폰의 블루투스 로고가 룬문자의 조합이다. 룬문자의 ✱와 ᛒ가 포개져서 만들어졌다.

$$ ✱ + ᛒ = \text{🅱} $$

H   B

영어의 book도 룬문자와 관련 있다. book의 어원인 고대 영어 boc은 '기록이 적힌 문서' 또는 '너도밤나무'라는 의미를 지닌 말이었다. 룬문자를 적을 때 너도밤나무 껍질을 사용했기 때문이다. 하지만 이 의미는 사라졌고 boc에서 만들어진 book에는 '기록된 문서'라는 뜻만 살아남았다. 1200년대 이후에 book은 성경책 또는 베르길리우스의 『아이네이스』 같은 오늘날의 저작물을 가리키는 말이 되었다.

1월 31일 | **Deadline** 데드라인

현대인은 자주 데드라인deadline에 쫓기며 산다. 작가는 원고 마감일이 데드라인이고, 남에게 빚을 진 사람은 원금을 갚아야 날이 데드라인이다. 150년 전 미국에서는 데드라인이 진짜 사람의 목숨을 좌지우지하는 라인이었다. 데드라인을 넘으면 총알이 귓가를 스쳐 가는 무서운 시절도 있었다.

✦ 앤더슨빌 감옥 전경

미국의 남북전쟁이 한창일 무렵이었다. 당시 데드라인은 비유적 표현이 아니라 실제로 선을 넘으면 죽는 공포의 라인이었다. 전쟁 포로가 있는 감옥에 직선을 긋고 선을 한 발자국만 넘으면 즉각 총살에 처했다. 기록에 따르면, 포로로 잡힌 북군 병사들이 남부연합의 앤더슨빌 감옥에 갇혀 있을 때 데드라인을 넘으면 가차 없이 발포했다. 남부 연합군의 장교들은 당시의 상황을 이렇게 묘사했다.

> "포로들은 빠르게 생존의 희망을 포기하고 자신의 생명을 무모하게 다룬다. 정신이 나간 상태에서 떼를 지어 몰려다니기도 하고 일부는 일부러 데드라인을 넘기도 한다. 그렇게 무모하게 생명을 포기한다."[5]

이렇게 만들어진 데드라인은 이제 '시한'을 의미하는 말이 되었지만, 인쇄소에서 이 단어는 다른 의미로 사용되고 있다. 인쇄할 때 활자가 인쇄용지 밖으로 나오지 않도록 하는 가이드라인도 데드라인이라고 부른다. 현대인에게 위압감을 주는 데드라인은 애초의 표현처럼 생사의 갈림길을 나누는 선은 아니지만, 여전히 심리적으로 부담을 주는 선임에는 틀림이 없다.

2월
February

고대 로마력에서 마지막 달인 2월은 정화의 달이다. 새해를 맞이하기 전에 주변의 모든 것을 정리하는 달이었다. 정화의 신 페브루우스Februus에서 이름이 나왔다. 율리우스력으로 바뀌면서 2월을 제외한 모든 달이 30일 또는 31일이 되었다.

고대 문명은 대부분 태음력에 뿌리를 두고 있다. 메소포타미아신화에 등장하는 여러 신 가운데 달의 신 난나는 30이라는 수가 부여되었지만, 태양신 우투에게는 10이 주어졌다. 달의 신의 위상이 태양신보다 우위에 있었던 것이다.

✛정화의 신 페브루우스

고대 로마에서도 태음력을 사용하고 있었다. 그러다가 기원전 46년에 독재관이었던 카이사르가 태음력 대신 태양력을 사용한다는 법안을 공포했다. 새 달력은 1년을 365일로 정하고 4년마다 2월에 윤달을 두었다. 그런데 왜 하필 2월에 윤달을 두었을까? 그것은 카이사르가 1월을 첫 번째 달로 정한 새로운 역법을 적용했기 때문이다. 이전에는 3월이 첫 번째 달이었다. 로마의 신 중 가장 숭배를 받는 전쟁의 신 마르스Mars가 3월에 들어가 있고, 자연의 섭리에 따라 봄이 한 해의 시작이 되는 것이 자연스러워 보인다. 일단 3월부터 번갈아 가면서 31일과 30일을 할당하면 마지막 달인 2월은 28일만 남고 4년마다 하루를 더 받게 된다.

고대 로마에서 2월이 한 해의 마지막이었던 시절에는 해마다 2월 보름에 도시 전체를 정화淨化하는 의식을 거행했다. 이 행사의 목적은 시민의 건강과 다산이었다. 고대 로마인은 이 축제에서 정화의 신 페브루우스Februus를 숭배하며 의식을 거행해 축제의 이름을 페브루아Februa라고 불렀다. 아마도 새 계절을 맞이해 부정한 것을 태우고 주위를 정결하게 만들어 풍요의 계절을 기원하는 것이 의식의 목적이었을 것이다.

페브루아 축제와 같은 시기에 루페르칼리아 축제도 열렸다. 이 축제에서는 늑대를 숭배하는 순서가 이어진다. 로마의 시조인 로물루스와 레무스 형제가 늑대의 젖을 먹고 자란 이야기를 기념하는 것이다.

2월 2일 | **Symposium** 심포지움

심포지움symposium은 전문가 두 사람 이상
이 모여 서로 의견을 발표하고 질문에 답하
는 형식의 토론회를 말한다. 일종의 자유 토
론으로 보면 된다. 반면에 세미나는 학술적
인 토론과 연구를 목적으로 대학교수를 비
롯한 연구자들의 학술 토론을 가리킨다.

✧ 고대 그리스의 심포지움

   고대 그리스인들은 공공장소가 아닌 개인
의 집에 모여 먹고 마시며 열정적인 토론을 벌였다. 주로 철학, 정치, 시 등을 주
제로 삼았는데 모두 남성의 전유물이었다. 심포지움에 참석하는 사람들은 아리
스토이aristoi라고 불리는 상류층이었다. 귀족을 의미하는 영어의 aristocrat가 이
말에서 나왔다. 심포지움은 남성들만의 향연이었지만 예외적으로 여성도 참여
할 수 있었다. 헤타이라이라고 불리는 고급 매춘부다. 이들은 심포지움에 참석
한 남성들에게 춤과 음악을 제공했다.

   심포지움은 한자어인 향연饗宴에서 보듯이 다양한 주제를 놓고 토론을 벌이
는 일종의 'drinking party'였다. 고대 그리스인들은 술과 음식을 즐기면서 철학
과 정치를 논했다. 심포지움에서 술이 나왔던 것은 라틴어 경구인 "술 속에 진리
가 있다in vino veritas"와 같은 맥락으로 볼 수 있지 않을까. 그리스어 symposion심
포지온에서 syn-은 '함께'라는 뜻이다. 함께 소리를 내는 교향악의 symphony 속
에 있는 sym-도 같은 의미다. 두 번째 음절의 posis포시스는 '술을 마시다'라는 뜻
이다.

서양인들은 독일의 구텐베르크를 활판 인쇄술의 발명가로 알고 있다. 물론 1372년에 간행된 고려의 『직지심체요절』이 세계 최초의 금속활자본인 것은 맞지만, 두 인쇄본이 후대에 미친 영향은 사뭇 달랐다. 고려의 금속활자본이 소수의 엘리트층을 위한 인쇄물이었다면, 구텐베르크가 활판 인쇄로 찍은 『성경』은 다수의 대중을 위한 인쇄물이었다.

요하네스 구텐베르크는 14세기 말경에 독일의 마인츠에서 태어났다. 집안이 대대로 금속세공 관리로 일했기 때문에 그는 일찍부터 주

❖ 활판 인쇄술을 발명한 요하네스 구텐베르크

물과 압축, 금속 세공 기술을 익혔다. 구텐베르크가 한창 활동하던 15세기 중엽에는 중세의 끝자락답게 채색 삽화가 그려진 책이 화려한 조명을 받았다. 하지만 채색 삽화가 들어간 필사본은 지식층의 욕구를 충족시키기에 수량이 턱없이 부족했고 가격도 너무 비쌌다.

구텐베르크의 아버지가 정치적 분쟁의 희생양이 되는 바람에 그의 가족은 마인츠에서 쫓겨난다. 새로 자리를 잡은 도시는 슈트라스부르크(프랑스명은 스트라스부르)였다. 슈트라스부르크는 인구가 6,000명 정도에 불과했지만(마인츠는 2만 명이었다), 마인츠처럼 자치도시였다. 구텐베르크는 당시 유럽에서 가장 높은 슈트라스부르크 대성당 근처에 금속 공예 공방을 차렸고, 거기서 인류 역사의 한 획을 긋는 활판 인쇄술을 발명했다. 영어 동사 print는 중세 프랑스어 preinte프랭트가 뿌리인데, '인장 등으로 압인을 하다'라는 뜻이었다. printing은 초기 활판 인쇄에서 압축기로 활판을 눌러 서적을 인쇄하는 장면에서 나온 말이다.

가톨릭에는 예수의 수난과 죽음을 묵상하며 기도를 올리는 '십자가의 길'이라는 기도가 있다. 신도들은 예수가 사형 선고를 받은 뒤 십자가를 메고 골고다로 가는 14개의 장면을 따라 기도를 올린다. 제1처에서 예수는 로마 총독 빌라도의 법정에서 사형선고를 받는다. 이후 예수는 십자가를 지고 골고다로 가지만 무거운 십자가에 눌려 기력을 소진한다. 중간에 예수의 제자 시몬이 십자가를 대신 짊어지지만, 로마 병사의 제지로 뜻을 이루지 못한다.

✛ 성녀 베로니카

그런데 제6처에서 한 여인이 군중 속에서 나타나 피와 땀으로 얼룩진 예수의 얼굴을 수건으로 닦아준다. 이때 기적이 일어난다. 예수의 얼굴이 여인의 수건에 고스란히 남은 것이다. 이 여인의 이름은 베로니카Veronica로 알려져 있다. 라틴어로 '진실'이라는 뜻의 vera베라와 '이미지'를 나타내는 그리스어 iconia이코니아가 합쳐져 만들어진 이름이다. 현대인들이 매일 사용하는 아이콘이 이코니아에서 나왔다. 본래 이코니아는 성인이나 성물의 이미지를 가리키는 말이었다.

'진실된 이미지'라는 뜻의 베로니카는 곧 '예수의 진실된 이미지'를 가리킨다. 라틴어의 vera에서 나온 말 중에는 미국 하버드대학교의 모토인 veritas베리타스가 있다. 이 대학이 추구하는 최고의 목표가 다름아닌 '진리'라는 말이다.

베로니카는 예수의 얼굴이 남은 수건을 로마로 가져왔다. 로마제국의 제2대 황제인 티베리우스가 병이 들었을 때 바로 이 수건으로 치유했다고 한다. 황제는 베로니카가 가져온 수건을 만지기만 했는데도 병이 씻은 듯이 나았다. 지금도 이 수건은 바티칸의 성베드로대성당에 보존되어 있는 것으로 알려진다. 베로니카는 남편과 함께 프랑스의 아키텐 지방으로 이주해 여생을 보냈다고 한다. 매년 2월 4일은 성녀 베로니카의 축일로 기념된다.

Blow hot and cold 변덕이 심하다

✚ 숲의 정령 사티로스와 여행자

이솝우화에 나오는 이야기다. 어느 날 한 여행자가 숲에서 길을 잃고 헤매다가 사티로스를 만나게 된다. 사티로스는 상반신은 인간이고 하반신은 염소의 모습을 한 숲의 정령이다. 사티로스는 이 남자에게 자신의 집에서 안전하게 하룻밤을 머물게 해줄 테니 같이 가자고 제안한다. 절망에 빠졌던 남자는 사티로스의 호의를 흔쾌히 받아들인다.

사티로스는 남자를 집으로 인도하는데, 남자는 연신 입김을 손에 불고 있었다. 이를 이상하게 여긴 사티로스가 물었다. "왜 그렇게 손에 입김을 부느냐?" 그러자 남자는 차가운 손을 따뜻하게 하려고 그런 것이라고 대답했다.

집에 도착하자마자 사티로스는 걸쭉하게 끓인 뜨거운 죽을 식사로 내왔다. 죽을 한술 뜬 남자는 입김을 숟가락에 불기 시작했다. 그러자 사티로스가 또 물었다. "왜 죽에 입김을 부느냐?" 남자는 죽이 너무 뜨거워 식히려고 불고 있다고 대답했다. 그러자 사티로스가 말했다. "도대체 이해할 수가 없구나. 인간은 같은 입김으로 뜨겁게 만들기도 하고 차갑게 만들기도 하니⋯." 여기서 나온 영어 표현이 바로 '변덕이 죽 끓듯 하다blow hot and cold'이다.

1484년 웨스트민스터 사원에서 윌리엄 캑스턴은 이솝우화를 인쇄본으로 찍었다. 콜럼버스가 신대륙을 발견하기 딱 8년 전의 일이다. 이솝에 관해서는 노예 출신이라는 사실 정도 말고는 별로 알려진 바가 없다. 13세기 비잔티움제국의 석학 막심 플라누데스는 이솝을 이렇게 묘사한다. "이솝은 당대 사람들 중 가장 못생긴 데다가 말투도 너무 느려 무슨 말을 하는지 도무지 알아들을 수 없었다." 눌변인 사람이 좋은 글을 쓰는 경우가 간혹 있다고 하는데 이솝이 그런 부류였는지도 모른다.

2월 6일 | **Tulip mania** 튤립 광풍

1637년 2월 6일, 당시 유럽에서 가장 부유한 도시인 암스테르담의 튤립 시장에서 튤립 구근球根의 가격이 폭락했다. 당시 튤립 구근의 가격은 3,000플로린(네덜란드의 화폐 단위)에서 4,200플로린까지 거래되고 있었다. 능숙한 전문 장인의 1년 수입이 300플로린이었으니 튤립 구근의 가격이 어느 정도였는지 짐작할 수 있다. 실제로 1630년 중반에는 구근 하나의 가격이 우리 돈으로 1억 6,000만 원까지 나갔다고 한다. 그것도 꽃이 핀 상태가 아니라 몇 달이 지나야 꽃이 피는 구근의 가격이 그 정도였으니, 지금으로 치면 구근은 주식시장의 선물先物인 셈이다.

✢ 네덜란드의 **튤립 광풍**

　튤립을 대량 재배하기 어렵다는 사실이 알려지자 투기꾼들이 튤립 거래에 몰리기 시작했다. 그런데 문제는 특정 집단뿐 아니라 서민과 농민까지도 작은 중도금만 있으면 선물 거래에 투기꾼처럼 뛰어들었다는 것이다. 이런 식으로 거래가 반복되자 이제는 누가 채무자인지도 알 수 없는 상황이 되었다. 하지만 어느 순간, 천정부지로 뛰어오른 튤립의 구근 가격이 폭락하기 시작했다. 하늘을 뚫을 것같이 폭등하던 튤립이었는데, 하루아침에 아무도 살 사람이 나타나지 않았다. 어음이 부도나고 채권자와 채무자의 다툼이 곳곳에 빈번했다. 빚을 갚지 못한 사람들은 도주하기 바빴다.

　네덜란드의 튤립 파동은 Tulip mania라고 부르는데, mania는 광풍狂風으로 번역하는 것이 나을 듯싶다. 라틴어에서 나온 mania는 '정신이상' '광기'를 의미한다. '과대망상증'을 의미하는 megalomania, '병적 도벽'을 뜻하는 kleptomania(klepto는 그리스어로 '도둑')는 mania가 붙어서 만들어진 말이다. 참고로 튤립의 원산지 튀르키예에서는 튤립을 tülbend틸벤드라고 하는데, 이 말은 페르시아어 dulband둘반드에서 나온 말이다. 두 언어 모두 터반을 의미한다. 즉 튤립은 인도인과 튀르키예인이 머리에 쓰던 터반에서 나온 말이다.

2월 7일 | **Red-letter day** 빨간 날

필자가 유학 시절에 겪은 경험담이다. 중국 유학생과 같이 수업을 들을 기회가 있었는데, 한자로 필담을 통해 의사소통하는 재미가 있었다. 어느 날 이 친구가 내 이름을 한자로 써주겠다고 하더니 붉은색 볼펜으로 쓰기 시작했다. 나는 "잠깐!"이라고 외치고는 내가 가진 검은색 펜을 건

✤ 붉은색 토가를 입은 카이사르

네주었다. 한국 문화에서 붉은색은 망자亡者의 이름에 사용되기 때문이다. 붉은색을 유난히 사랑하는 중국인의 문화 차이에서 빚어진 에피소드다.

　인류 문명에서 붉은색은 권력과 영화榮華의 상징이다. 고대 이집트에서 파라오의 딸은 붉은색으로 입술과 손톱을 칠했다고 한다. 고대 로마인의 정장인 토가 중에서 붉은색 토가는 최고위층의 원로원 의원만 착용할 수 있는 의복이었다. 로마인들이 가장 숭배하던 전쟁의 신 마르스도 붉은색이 상징이었다. 독일의 문호 괴테는 『색채론』에서 "붉은색은 힘 자체다. 힘차고 건강한 사람은 붉은색을 특히 좋아한다"라고 말했다.

　현대인에게 붉은색의 축복은 달력에도 그대로 반영되었다. 일요일과 공휴일이 붉은색으로 인쇄되어 있지 않은가. 영어에서는 이런 날을 red-letter day라고 부른다. 이 전통은 멀리 로마까지 거슬러 올라간다. 고대 로마에서 붉은색은 권력의 상징, 그중에서도 황제의 색을 의미했다. 그러므로 황제의 칙령은 하얀 바탕의 벽에 붉은 글씨로 색을 칠했다. 이후 유럽에서 붉은 잉크는 독자들의 주의를 끌기 위해 책의 제목이나 서문 등에 사용되었다. 지금도 영어의 루브릭rubric이란 말은 책이나 시험지 등에 제시된 지시문을 가리키거나, 교육에서 학습자의 수행 과제 반응을 평가하는 기준 등을 말한다. 루브릭은 라틴어 rubrica루브리카에서 온 말인데, '붉은 흙' 또는 '황토'라는 의미다.

2월 8일 │ **King's evil** 연주창

현대인에게는 생소한 연주창連珠瘡이라는 병은 림프절에 생기는 결핵을 말한다. 과거 우리나라에서는 매우 흔한 질병이었고, 19세기 통계에 따르면 영국인의 약 25%가 이 질환을 앓았다고 한다. 중세에는 이 병이 왜 생기는지 이유를 알 수 없었다. 라틴어로 '씨앗'을 의미하는 scrofa스크로파라고 부르기도 했지만, 왕의 질병으로 번역할 수 있는 king's evil 또는 royal disease로도 잘 알려졌다. 중세 유럽인들은 이 질병의 정체를 잘 모르던 시절에 그저 초자연적인 현상으로 여겼다. 그래서 왕처럼 신적인 존재만이 이 병을 치유할 수 있다고 믿었다.

✛ 연주창을 치료하는 메리 1세

중세에 어떤 질병은 왕의 손길만 닿으면 낫는다는 속설이 있었다. 실제로 프랑스 왕은 신비한 능력의 소유자로 통했다. 샤를 10세는 질병을 치유할 수 있는 능력을 가끔 실행에 옮기기도 했다. 연주창도 마찬가지였다. 중세인은 이 병이 왕의 터치king's touch로 치유된다고 믿었다. 영국에서는 참회왕 에드워드(재위 1042~1066년)부터 앤 여왕(재위 1702~1714년)까지 이 믿음이 존재했다.

유럽에서는 질병 명칭에 외국어를 붙이는 경우가 많다. 대표적인 질병이 매독이다. 영국인은 이 병을 '큐피드의 홍역' 또는 '프랑스 통증'이라고 불렀다. 셰익스피어는 '나폴리 골통骨痛'이라고 불렀다. 그런데 이탈리아인도 이 몹쓸 병을 '프랑스 병Morbus Gallicus'이라고 부른 것으로 보아, 프랑스가 오명을 뒤집어쓴 꼴이다. 프랑스 역시 양보하지 않았다. 프랑스인도 이 병을 '나폴리의 병Mal de Naples'이라며 되받아쳤다.

Maroon 마룬

요즘 K-POP이 전 세계를 뒤흔들고 있다고 해도 과언이 아니다. 하지만 여전히 팝의 메카는 미국이라 할 수 있다. 그중에서도 캘리포니아 출신의 팝 록 밴드인 '마룬Maroon 5'의 인기는 대단하다. 그런데 여기서 이름에 들어가는 maroon은 무슨 뜻일까? 그룹 멤버들도 뜻을 정확히 알려주고 있지 않으니 영어 사전에 실린 마룬의 뜻을 찾아보았다.

먼저 maroon은 고동색을 뜻한다. 마로니에 marronier라는 나무에서 열리는 고동색 열매를 프랑스어로 마롱marron이라고 부르는데, 여기서 나온 말이 maroon이다. 서울 대학로에서 많

❖ 마로니에

이 볼 수 있는 마로니에 나무가 바로 그 나무다. 프랑스 파리에도 마로니에 가로수가 많은데 봄의 시작을 제일 먼저 알려준다. 이 나무의 열매는 밤과 비슷하지만 식용으로는 사용할 수 없고, '인도의 마롱marron d'Inde'이라 부른다. 그런데 우리가 흔히 먹는 밤도 '마롱'이다. 프랑스인들이 겨울에 즐겨 먹는 마롱글라세 marron glacé는 설탕에 졸인 밤을 가리킨다.

maroon의 두 번째 의미는 고동색과는 전혀 관계가 없다. 영어 사전에 나온 maroon의 두 번째 뜻은 수리남 섬이나 서인도제도의 산중에 사는 탈출 노예를 가리킨다. 유래는 이러하다. 이 단어는 '야생'을 의미하는 스페인어 cimarrón시마론에서 나왔다. 특히 플랜테이션 농장이나 가정에서 탈출해 돌아다니는 사람이나 고도孤島에 버려진 사람을 가리키기도 한다. 따라서 앞서 예로 들은 프랑스어 어원의 maroon과는 그 뿌리가 전혀 다르다. 그렇다면 '마룬 5'의 maroon은 전자일까, 후자일까? 아마도 자유로운 영혼을 소유한 팝 록 밴드이니 후자에 더 가깝지 않을까?

인류가 오랫동안 즐겨 먹어온 음식 중에는 소시지가 있다. 소시지의 역사는 고대 로마까지 거슬러 올라간다. 로마인들은 돼지고기를 최고의 고기로 여겨 잔치에서 빠지는 법이 없었다. 중세 유럽인들은 겨울이 찾아오면 가축을 키울지, 아니면 잡아먹을지 선택해야 했다. 겨울에는 가축을 먹일 사료가 없었기 때문이다. 소와 말은 농사와 전쟁에 꼭 필요한 가축이라서 식용으로 사용할 수 없

✛중세 시대의 도축업자

었지만, 돼지는 사정이 달랐다. 해마다 늦가을이 되면 떡갈나무 숲에서 방목하던 돼지를 잡아 주요 부위는 고기로 먹고 나머지는 다양한 소시지로 만들어 먹었다.

고대 로마인들은 소시지를 botulus보툴루스라고 불렀다. 지금처럼 가느다란 형태는 아니고 통이 굵은 소시지를 가리켰다. 라틴어의 botulus는 중세 프랑스어로 들어가 boele보엘이 되었고, 다시 영어로 들어가서 창자를 가리키는 bowel이 되었다. 소시지가 창자로 바뀐 것이다.

그렇다면 라틴어에서 창자를 가리키던 intestinum인테스티눔은 영어에 어떤 파생어를 남겼을까? 본래 이 말은 '내부'라는 뜻의 intestinus인테스티누스에서 나온 말이다. 이 말이 16세기에 영어로 들어가서 '창자'를 뜻하는 intestine이라는 말이 생겨났다. 창자는 내부 장기이므로 '내부'라는 비유적인 의미도 만들어졌다. 영어에서 intestine war는 내란, 즉 civil war를 가리키고, 내적 갈등은 intestine conflict라고 표현한다. 창자를 가리키는 또 다른 영어로는 entrails가 있는데, 정확히 내장을 가리킨다. 이 말의 뿌리는 프랑스어 entrailles앙트라유이고, 역시 라틴어로 내부라는 의미의 interaneus(영어의 interior)가 그 뿌리다.

2월 11일 | **Carat** 캐럿

영국 국왕은 대관식에서 화려한 보석이 박힌 왕관을 머리에 쓴다. 영국 국왕에게는 선대로부터 내려오는 두 개의 왕관이 있는데, 해마다 가을이면 그중 하나인 '제국 왕관'을 쓰고 국회의사당인 웨스트민스터궁으로 이동한다. 이 왕관에는 영국의 영광을 보여주듯 무려 2,868개의 다이아몬드가 박혀 있다.

✣ 조지 1세의 제국 왕관

제국 왕관은 하노버왕조의 시조인 조지 1세의 대관식에서 처음으로 모습을 드러냈다. 그 후 모양이 조금씩 바뀌면서 빅토리아 여왕 때 지금의 모습이 되었다고 한다. 왕관의 무게는 1.1킬로그램인데, 다이아몬드 2,868개를 비롯해 진주 273개, 사파이어 17개, 에메랄드 11개, 루비 5개로 장식되어 있다. 이 왕관에는 보석들의 사연이 숨어 있다. 왕관 제일 위에는 성 에드워드의 사파이어가 장식되어 있다. 1066년 '노르만 정복' 10개월 전에 세상을 떠난 참회왕 에드워드는 영국 왕 가운데 유일하게 사후에 시성된 왕이다. 이 사파이어는 에드워드 왕 생전인 1042년에 만들어졌는데, 1102년 왕의 묘를 이장할 때 무덤에서 발견되었다. 생전에 에드워드 왕은 이 보석이 박혀 있던 반지를 거지에게 주었는데, 훗날 순례자들이 에드워드 왕에게 다시 이 반지를 돌려주었다는 전설이 내려온다. 왕관에 박힌 사파이어 밑에는 '컬리넌 II'라고 불리는 317.40캐럿의 다이아몬드가 박혀 있다. 1905년 남아공의 광산에서 발견된 3,106캐럿의 원석을 가공한 다이아몬드다.

예로부터 보석상들은 보석의 무게를 측정하고자 많은 노력을 기울였다. 이 과정에서 캐럽carob 나무 씨의 무게가 일정하다는 사실을 알아냈고, 그 씨앗을 저울추에 매달아 보석의 무게를 쟀다. 이렇게 생긴 보석 무게의 단위가 캐럽 나무에서 유래한 캐럿carat이다. 1캐럿은 0.2그램에 해당한다.

2월 12일 | **Character** 캐릭터

현대인들에게 캐릭터_{character}라는 말처럼 친숙한 단어도 없을 것이다. 캐릭터는 영화, 소설, 동화, 비디오게임에 나오는 인물을 가리킨다. 영화 속의 등장인물을 세분하면, 먼저 주인공_{protagonist}이 있다. 주인공의 맞은편에는 대립 인물_{antagonist}이 있고, 그 밖에 인물들이 주변에 등장한다. 드라마 〈오징어 게임〉을 예로 들면, 주인공 성기훈이 protagonist이고 끝까지 게임에 남은 조상우가 antagonist이다.

✛ 그리스신화의 괴물 메두사

protagonist에서 pro-는 그리스어로 '첫 번째' 또는 '앞으로'라는 뜻이며, agonist는 '배우'라는 뜻이고, antagonist에서 anta-는 '반대'라는 뜻이다.

스위스 출신 정신분석학자 칼 융_{Carl Jung}은 신화 속에 자주 등장하는 인물을 원형_{原型, archetype}이라고 불렀다. 대표적인 원형으로는 여성 속에 잠재하고 있는 남성성을 아니무스_{animus}라고 불렀고, 반대로 남성 속에 잠재하고 있는 여성성을 아니마_{anima}라고 불렀다. 아니무스의 예는 메두사에서 찾을 수 있다. 그리스 신화에 등장하는 메두사는 본래 아름다운 처녀였지만, 아테나 여신의 저주를 받아 괴물이 되고 만다. 그래서 메두사는 남성보다 더 폭력적인 캐릭터로 등장한다. 다시 말해, 여성 속에도 남성의 폭력성이 잠재적으로 존재한다는 사실을 메두사는 보여주고 있다. 아니마는 정신을 의미하는 라틴어 animus의 여성명사다.

캐릭터라는 말은 그리스어 kharaktēr_{카락테르}에서 나온 말인데, 본래는 '새긴 표시' 또는 '영혼의 상징이나 각인'을 의미하는 말이었다. 그 후 고대 그리스에서 은유적인 표현으로 바뀌어 '자질의 정의' 또는 '개인적 특징'이 되어 지금의 캐릭터와 의미가 비슷해졌다. 라틴어를 통해 영어에 들어온 캐릭터는 14세기 중엽에 신체에 표시된 상징이라는 뜻이 되었고, 15세기에는 마녀들이 사용하는 그림이나 상징이라는 뜻도 생겨났다. 그 후에는 우리에게 익숙한 그래픽 캐릭터라는 의미도 생겼다.

Nicotine 니코틴

1492년 제노바 출신의 크리스토퍼 콜럼버스는 서인도제도를 발견했다. 그는 1차 탐험에서 카리브해의 원주민인 타이노족과 조우하고 그들의 신기한 행동을 기록했다. 원주민들은 말린 나뭇잎을 돌돌 말아 한쪽 끝에 불을 붙여 연기를 마시고 있었다. 담배가 유럽인들에게 최초로 소개되는 순간이었다. 1534년 캐나다를 발견한 프랑스의 자크 카르티에도 이 장면을 감동적으로 그리고 있다. 카르티에의 기행문에 따르면, 남자 원주민들만 목에 가죽주머니를 매달고 다니는데 그 속에는 나뭇잎

✤담배나무

을 빻은 가루가 가득 차 있었다. 그리고 기다란 관의 한쪽에 가루를 얹고 불을 붙여 연기를 마신다. 담배를 의미하는 tabaco는 둥글게 말은 담뱃잎이라는 뜻으로 타이노족의 말에서 나왔다.

1561년 어느 날 장 니코 드 빌맹Jean Nicot de Villemain이라는 젊은 프랑스 외교관이 포르투갈의 리스본에서 친구와 만찬에 참석 중이었다. 그는 사람들에게 담뱃잎을 보여주면서 놀라운 치유력이 있다고 말했다. 파리로 돌아온 니코는 담뱃잎을 당시 섭정이었던 카트린 드 메디시스에게 보냈다. 카트린 드 메디시스는 니코에게, 편두통을 심하게 앓고 있던 아들 샤를 9세에게도 담뱃잎을 보낼 것을 부탁했다. 그 후 담뱃잎 덕분에 샤를 9세의 편두통이 호전됐는지는 모르겠지만, 담배는 삽시간에 파리에서 온 유럽으로 퍼져 나갔다.

이후 프랑스에서는 담배나무에 Herba nicotiana헤르바 니코티아나, 즉 '니코의 풀'이라는 라틴어 학명을 부여했다. 여기서 니코틴이라는 말이 생겨났다. 당시 인기 있는 두통약이었던 니코틴이 이제는 가장 위험한 발암 물질이 되었으니, 이름의 명성도 시대에 따라 변한다고 할 수 있다.

대학생 영준이가 전동 퀵보드를 타다가 작은 사고를 당해 구급차를 타고 인근 병원 응급실에 실려 갔다. 이동 침대에 실려 응급실에 들어간 영준이를 보고 한 여인이 소스라치게 놀라 뛰어왔다.

✛ 활판 인쇄에 사용하는 연판

"아니, 우리 아들 영준이 아니니! 이게 무슨 일이야?"

여러분은 이 여인이 누구라고 생각하는가? 어머니가 응급실에서 치료를 받다가 우연히 아들과 마주친 걸까? 물론 그럴 수도 있다. 그런데 사실 이 여인은 응급실 주치의였다. 영준이 어머니는 의사였다! 이 상황의 함정은 여기에 있다. 물론 지금은 여의사도 많지만 우리 머릿속에 박혀 있는 고정관념에 따르면 의사는 대부분 남자라고 생각하는 경향이 있다. 그런 이유로 응급실에서 만난 모자의 관계에 혼선이 빚어진 것이다.

사람들의 머릿속에는 일종의 고정관념이 들어 있다. 미국인은 모두 애국주의자이고, 프랑스인은 낭만주의자이고, 독일인은 일벌레라는 틀에 박힌 관념들 말이다. 우리는 이를 stereotype이라고 부른다.

이와는 조금 다른 클리셰cliché라는 말도 있다. 작가들이 작품에서 자주 사용하는 '진부한 표현'을 가리키는 클리셰는 영화 속에서도 쉽게 찾아볼 수 있다. 멜로드라마의 해피 엔딩, 액션 영화에 꼭 등장하는 흑인과 백인 파트너, 어김없이 등장하는 조력자들이 흔히 볼 수 있는 클리셰다.

클리셰는 프랑스어 동사 clicher클리셰에서 나온 말인데, 원래 '인쇄판을 뜨다'라는 의미였다. 여기서 만들어진 클리셰cliché는 인쇄에서 '연판鉛版'을 가리키는 말이 되었다. 활판 인쇄에서 연판이 틀에 박힌 인쇄물을 찍어내므로 이런 의미가 생겨난 것이다.

2월 15일 | **Mile** 마일

고대 로마에서 군단을 가리키는 레기오legio는 가장 큰 부대 단위였다. 보통 6,000명의 병사로 이루어진 군단은 라틴어로 '모으다' 또는 '선택하다'라는 동사 legere레게레에서 나온 말이다. 초대 황제 아우구스투스 시대에 군단의 수는 50개가 있었지만, 게르마니아의 토이토부르크숲에서 세 개 군단이 게르만족의 습격으로 몰살당한 이후에는 군단의 수를 25개까지 줄였다.

✛로마의 군인들

로마에서 역사상 가장 유명한 군단은 불세출의 영웅 카이사르가 이끄는 제10군단이었다. 본래 이 군단은 이베리아(지금의 스페인)를 제압하기 위해 기원전 61년에 만들었다. 이 군단이 유명해진 것은 갈리아(지금의 프랑스와 벨기에)를 정복하는 데 혁혁한 공을 세웠기 때문이다. 하지만 이민족에게 공포의 대상이 된 10군단의 모습은 의외로 보잘것없었다. 군인들의 평균 키는 164센티미터에 지나지 않았고, 40킬로그램의 짐을 짊어지고 행군했다. 하지만 군단의 진군 속도는 하루에 약 40킬로미터에 이르렀으며, 숙영을 하는 곳에 매번 새로운 진지를 세웠다.[6] 카이사르가 암살을 당한 뒤에도 10군단의 명성은 그대로 남았다.

그렇다면 10군단이 하루에 행군했던 40킬로미터의 거리를 고대 로마인들은 어떻게 표시했을까? 이들이 사용한 거리 단위 중에는 mille passus밀레 파수스가 있었는데, mille는 1,000을 가리키고 passus는 걸음을 나타낸다. 영어에서 보폭을 뜻하는 pace가 passus에서 나왔다. 그렇다면 로마의 1 mille passus는 1,000걸음을 의미하는데, 로마인들은 오른발로 걸은 길이(즉 두 걸음)를 한 걸음으로 계산했다. 로마의 1 mille passus는 약 4,860피트feet가 된다. 미국과 영국에서 지금도 사용하는 마일은 이렇게 생겨났다. 다만 거리는 나라나 시대마다 달랐다. 중세 영국에서 1마일은 6,610피트였지만 엘리자베스 1세 시대에는 5,280피트로 줄었다고 한다.

그리스 남쪽에 있는 크레타섬의 왕 미노스는 흰 황소가 아닌 다른 황소를 포세이돈에게 바친 죄로 큰 벌을 받는다. 미노스의 왕비 파시파에와 황소 사이에서 몸은 인간이고 얼굴과 꼬리는 황소인 괴물 미노타우로스가 태어난 것이다.

✥ 테세우스와 미노타우로스

미노스는 커가면서 날로 난폭해지는 미노타우로스를 미궁에 가두어버린다. 어느 날 미노스의 아들이 아테네에서 열린 경기에 참가했다가 그만 목숨을 잃는 사고가 일어난다. 이후 미노스는 죽은 아들에 대한 복수의 일환으로 아테네에 매년 일곱 명의 젊은 남녀를 인신 공양으로 바치라는 명령을 내린다. 희생물은 미궁에 갇힌 미노타우로스의 몫이었다. 그런데 이때 영웅 테세우스가 나타나 스스로 희생물이 되겠다고 자원하고 크레타로 향한다.

테세우스가 크레타에 도착하자 그의 미모에 반한 처녀가 있었으니, 바로 미노스 왕의 딸 아리아드네 공주였다. 공주는 테세우스에게 명주실 뭉치를 주면서 미궁에 들어갈 때 실을 풀고 나올 때는 그 실을 감으면서 나오라는 계략을 알려주었다. 덕분에 테세우스는 미노타우로스를 죽이고 무사히 미궁에서 빠져나올 수 있었다. 하지만 그는 영웅답지 않은 행동을 하고 만다. 자신의 목숨을 살려준 아리아드네 공주를 버리고 크레타섬을 떠나버린 것이다.

테세우스가 미궁으로 가져간 실꾸리는 영어로 clew라고 한다. 이 말에서 철자가 바뀐 clue는 범행의 단서 또는 '실마리'라는 의미로 자주 사용된다. 실마리는 감겨 있거나 헝클어진 실의 첫머리이므로, 일이나 사건을 해결할 수 있는 단서를 비유적으로 의미한다.

| **Cognate** 어원이 같은 말

언어

1793년 옥스퍼드대학교 출신 변호사 윌리엄 존스가 인도의 캘커타('콜카타'의 전 이름)에 판사로 파견된다. 동명인 그의 아버지는 수학에서 원주율에 π파이라는 단위를 붙인 유명한 수학자였다. 존스는 어려서부터 언어 천재로 불린 언어학자이기도 하다. 십 대에 이미 영어, 웨일스어, 그리스어, 라틴어, 페르시아어, 아랍어 등을 구사할 수 있었다.

✝언어학자 윌리엄 존스

존스는 인도의 고어古語인 산스크리트어에 깊은 관심을 보였다. 그는 산스크리트어를 비롯한 유럽의 언어들이 하나의 뿌리에서 나왔다는 가설을 제안한다. 어머니를 의미하는 어휘들을 그 예로 들었다. matar(산스크리트어), meter(그리스어), mater(라틴어), mathir(고대 아일랜드어), mat(러시아어), matar(이란어). 이후 학자들은 위에서 소개한 언어들을 인도-유럽어족으로 묶어 부르기 시작했고, 학문 연구를 통해 친족 관계를 입증했다. 현재 동쪽 끝 인도부터 서쪽 끝 아일랜드까지 수십 개의 언어군이 인도-유럽어족이라는 하나의 어족으로 묶여 있다.

영어에서 어원이 같은 말을 cognate라고 부른다. 이 단어는 '함께'를 뜻하는 라틴어 co-와 '태어나다'를 뜻하는 동사의 과거 분사 gnatus가 합쳐져 만들어진 말이다. 라틴어 co-는 영어의 with에 해당하는 전치사 con의 축소 형태로, 영어 콘도미니엄condominium이라는 단어에도 들어 있다. 소유를 의미하는 dominium 앞에 공동을 뜻하는 con이 붙어 '공동 소유'라는 말이 만들어진 것이다. '태어난'이라는 뜻의 gnatus는 첫소리인 g가 탈락해 natus의 형태로 변했고, 이 말에서 natal(출생의), nativity(예수의 탄생) 같은 말들이 나왔다.

라틴어 경구에 "빨리 주면 두 번 준다"라는 말이 있다. 라틴어 원문을 옮겨보면 "Si cito das bis das"인데 우리말로 직역하면 다음과 같다. "Si(만약) cito(빨리) das(네가 준다) bis(두번) das(네가 준다)". 이 경구에서 라틴어 '주다' 동사는 das인데, 이 형태

✥ 고대 로마의 달력

는 '네가 준다'처럼 2인칭 단수의 의미가 들어가 있다. 이 동사의 원형은 dare로, 동사형 명사는 datum이고 그 뜻은 '주어진 것'이다. datum의 복수형은 우리에게 매우 친숙한 data이다. 영어에 들어간 라틴어 중에서 -um으로 끝나는 명사의 복수는 -a가 된다. 예를 들어, 박테리아bacteria의 단수는 bacterium이다.

현대인들은 데이터의 홍수 속에서 살아간다. 흔히 자료로 번역되는 데이터의 본래 의미는 '주어진 것들'이다. 그런 의미에서 하루하루 주어지는 날을 가리키는 영어의 date가 생겨났다. date가 날짜를 가리키게 된 것은 고대 로마에서 날짜를 표시하는 표현에서 유래했다. 가령, 로마인들은 4월 1일을 "나는 로마에게 4월의 칼렌디스(매달 1일)를 주었다"라는 식으로 '주다' 동사인 dare를 사용해 날짜를 표시했다. 나중에는 동사 dare에서 나온 명사 data를 사용했다. 영어의 date는 프랑스어를 거쳐 날짜라는 의미를 갖게 되었다. date에는 시간 약속이라는 뜻도 생겨났고, 20세기에 들어와서는 데이트 약속이라는 의미도 만들어졌다.

한편, 영어에서 대추야자를 의미하는 date palm에서 date는 앞에서 설명한 date와는 전혀 상관없는 말이다. 대추야자에서 date는 그리스어 daktylos닥틸로스에서 왔는데, 그 뜻은 손가락을 의미한다. 야자나무 잎이 손가락처럼 생겼다는 데서 유래한 말이다.

정통성이 부족한 왕조는 늘 폭동이나 반란에 촉각을 곤두세우는 법이다. 영국 하노버왕조가 그랬다. 이전 왕조인 스튜어트왕조는 앤 여왕을 끝으로 명맥이 끊겼지만, 마지막 왕인 앤 여왕에게는 에드워드라는 이복동생이 있었다. 에드워드는 앤 여왕의 부왕인 제임스 2세가 늦게 본 아들이었고 정통성을 가진 왕세자였다. 헨리 8세 이후 가톨릭 신자는 영국의 왕위 계승권자에서 배제되었기 때문에 가톨릭 신자인 에드워드 왕자는 일찌감치 왕위 계승에서 멀어졌다. 그 와중에 독일 하노버 공국의 조지공이 영국의 새 국왕이 된 것이다. 그는 스튜어트왕조의 후손이었으므로 영국 왕이 될 수 있었다.

✤ 폭동법을 제정한 조지 1세

1714년 8월 1일 조지공은 앤 여왕의 뒤를 이어 영국 왕위에 오른다. 영어를 한마디도 못하는 조지공이 왕이 되자 영국 정국은 혼란에 빠졌다. 그를 '독일인 여행객'이라고 비꼬며 민심은 냉랭해지기 시작했다. 조지 1세는 제임스 2세의 적자 에드워드가 살아 있는 한 국내 정세의 안전을 보장받을 수 없었다. 그러자 영국 의회는 조지 1세의 통치가 시작되는 1714년 8월 1일을 기점으로 '1714년 폭동법Riot Act 1714'이라는 법안을 통과시킨다. 이 법안에 따르면 12명 이상의 집회는 불법이며, 폭도들을 효과적으로 해산시키는 것이 법 제정의 취지였다. 현대사회의 계엄령과 유사한 법령이었다. 에드워드 왕자의 추종 세력이 언제든 왕정을 전복할 우려가 있었기 때문에 이런 과격한 법령이 만들어진 것이다.

이후 영어에는 read the riot act라는 표현이 생겨났다. 처음에는 폭동법에 따라 군중에게 엄중한 경고를 내린다는 뜻이었지만, 나중에는 '호되게 꾸짖다'라는 관용어로 전환되었다. "He recently read the riot act to the British economy and business"라는 문장은 "그는 최근에 영국 경제와 산업을 질책했다"라는 뜻이다.

2월 20일 | **Consul** 영사

고대 로마는 왕정에서 시작해 공화정과 제정을 거치며 제국의 판도를 극대화시켰다. 이 세 가지 정체政體 중 로마 정치의 황금기를 꼽으라면 단연 공화정 시기다. 공화정을 의미하는 res publica레스 푸블리카라는 용어도 '민중의 공동 소유물'이라는 말처럼 공화정의 의미를 그대로 드러내고 있다. 공화정이라는 말은 프랑스어 république레퓌블리크

⁘ 로마의 독재관 킨키나투스

를 거쳐 영어의 republic이 되었다.

로마 공화정에는 여러 종류의 정무관이 있지만, 그중 집정관consul은 정무관 가운데 최고의 지위를 가진 직책이다. 집정관은 행정 및 군대의 통수권imperium을 가지며 원로원과 함께 민회를 소집할 수 있는 권한도 지녔다. 그런데 원로원은 두 명의 집정관을 선출해 한 달에 한 명씩 집정관의 임무를 교대로 위임했다. 두 명의 집정권을 선출하는 것은 자칫 잘못하면 공화정이 독재로 흐를 수 있기 때문이었다. 특히 전쟁이 일어날 경우, 임기 중의 집정관은 군대를 통솔하는 사령관의 직책을 수행하고자 전장으로 나간다. 만약 집정관이 발의한 정책이 마음에 들지 않으면 또 다른 집정관은 거부권veto을 행사할 수 있었다. 유엔에서 상임이사국이 행사하는 비토veto가 로마 정치에서 나온 말이다.

로마에는 독재관이라는 정무관도 있었는데, 이 관직은 비상시에 무기한 권한을 부여받는 정무관을 말한다. 기원전 458년 로마가 외침을 받아 위기에 처했을 때, 독재관을 지낸 킨키나투스Cincinnatus가 위기를 해결한 유명한 일화가 지금도 전해온다. 그의 이름은 미국의 신시내티Cincinnati에 지금도 남아 있다.

consul이라는 말은 '원로원으로부터 조언을 구하다'라는 의미에서 만들어진 직책명이다. 라틴어로 '조언하다'인 consulere콘술레르에서 나온 말이다. 현대 영어에서 consul은 대사관에서 비자 발급이나 현지민의 안전을 보호하는 '영사'로 의미가 축소되었다.

현대인들의 스포츠 사랑은 남다르다. 특
히 자신이 응원하는 팀이 라이벌 팀과 경
기를 벌일 때면 폭발적인 응원을 펼친다.
프로 스포츠에서는 같은 지역을 연고지
로 삼고 있는 팀의 맞대결을 더비derby라
고 부른다. 그런데 더비는 원래 영국 중
북부에 있는 도시의 이름이다.

✛ 엡솜 다운스에서 열린 더비

더비는 엡솜 다운스에서 열리는 경마 경주를 가리켰다. 엡솜 다운스 경마장
은 더비 근처에 있었다. 그렇다고 더비라는 이름이 지명에서 유래한 것은 아니
다. 1780년에 이 경주를 창시한 제12대 더비 백작 에드워드 스탠리에서 이 이름
이 나왔다. 이후 더비는 3년생 말들이 달리는 경마를 가리키게 되었고, 나중에
는 말의 종류와 상관없이 열리는 경마로 확대되었다.

영어에 자신의 이름을 남긴 사람을 한 명 더 들자면 영국 샌드위치Sandwich
가문의 제4대 백작 존 몬태규를 들 수 있다. 그는 상습적인 노름꾼이었다고 한
다. 밤을 새울 정도로 카드 게임에 심취해 있었다. 식사할 시간도 아까웠던 그는
카드 게임을 하면서 빵 사이에 저민 소고기를 넣은 음식을 먹었다. 서양인들이
즐겨 먹는 샌드위치가 이렇게 탄생했다.

다시 더비 이야기로 돌아가자. 영국 동북부에는 -by로 끝나는 도시들이 많다.
동북부는 9세기 무렵 덴마크 바이킹이 침략해 정착한 지방이다. 이 지방을 데인
로Danelaw라고 불렀는데, 덴마크 법이 적용되는 지방이라는 뜻이다. 여기에 위
치한 약 800개의 지명 가운데 200개는 링컨셔Lincolnshire주에 있는데, 더비Derby
를 비롯해 애플비Appleby, 셀비Selby, 댄비Danby, 솔스비Thoresby 등 -by로 끝나는
지명이 많다. -by는 덴마크 바이킹의 언어로 '마을'이라는 뜻이다.

2월 22일 | **Devil** 악마

히브리어로 기록된 『구약성경』에서 사탄은 본래 인간의 적을 가리키는 말이다. 히브리어로 사탄은 적을 의미한다. 하지만 나중에 기록된 「욥기」를 보면 사탄은 하느님의 적인 악마 그 자신을 가리키는 말로 변신한 것을 확인할 수 있다. 이후 그리스어 『성경』 번역본을 보면 하느님의 주적인 악마를 diablos디아블로스라고 번역해놓았는데, '남을 중상모략하는 자'라는 뜻이다. 한편, 그리스어 『신약성경』에서는 사탄을 고유명사처럼 취급하고 있다. 이후 번역된 라틴어 『성경』을 보면 악마를 그리스어 diablos로 옮겨 적었고, 라틴

✝ 예수를 유혹하는 악마

어 번역본은 diabolus디아볼루스로 옮겨놓았다. 영어에는 satan과 devil 두 단어가 모두 들어왔고, 모두 악마를 가리킨다. 특히 사탄은 하늘에서 추락한 '타락 천사'를 가리키는 명칭으로도 사용된다. 『신약성경』의 「누가복음」에서 그리스도는 "나는 사탄이 번개처럼 하늘에서 떨어지는 것을 보았다"라고 말한다. 여기서 사탄이 하늘에서 떨어졌다는 표현은, 사탄이 본래는 천사였지만 죄를 짓고 타락해 하늘나라에서 쫓겨난 존재로 해석할 수 있다.

악마를 가리키는 영어 단어 중에는 demon도 있다. 악령 또는 악마로 번역되는데, 이 말의 그리스어 어원은 본래 초자연적인 존재를 가리키는 말이었다. 다시 말해, demon은 악의 편에 선 초자연적 존재로 둔갑한 것이다.

영어에는 devil이 들어간 속담이 여럿 있다. the devil to pay는 '앞으로 닥쳐올 재난'을 의미하고, between the devil and the deep blue sea는 '진퇴양난'을 뜻한다. 예를 들어 "그는 진퇴양난에 빠졌어"라는 문장을 영어로 옮기면 "He was between the devil and the deep blue sea"라고 말할 수 있다.

2월 23일 | **Juggernaut** 저거너트

2021년 11월 4일자 「뉴욕타임스」는 한 국 문화를 통제할 수 없는 비대한 힘의 문화, 즉 'Cultural Juggernaut'로 표현했 다. juggernaut는 막을 수 없는 힘을 의 미한다. 본래 인도 고어인 산스크리트 어에서 나온 말인데, 가는 길을 막고 있 는 모든 장애물을 무너뜨리며 앞으로 나아가는 힘을 뜻한다. 이 말은 푸리Purî

✛ 힌두교 행렬 라타 야트라

에서 열리는 힌두교 행렬 라타 야트라Ratha Yatra에 기원을 두고 있다. 이 행렬에 는 큰 전차가 등장하는데, 그 속에는 자간나타Jagannātha(저거너트의 어원)의 상 이 모셔져 있다. 산스크리트어로 jagat는 '세상'을, nātha는 '주인'을 뜻한다. 즉 자간나타는 '우주의 주인'을 가리킨다. 자간나타는 힌두교 3대 신(브라흐마, 시바, 비슈누) 중 하나인 비슈누의 여러 모습 가운데 하나다.

라타 야트라 행렬 풍속을 유럽에 처음으로 알린 사람은 13세기 프란시스코 수도사 오도리코 다 포르데노네Odorico da Pordenone였다. 그는 인도를 방문하고 돌아온 뒤 힌두교의 희생제인 라타 야트라를 소개했다. 그의 기행문에 따르면, 사람들은 자간나타를 모시고 지나가는 거대한 전차 바퀴 속으로 몸을 던져 기 꺼이 희생 제물이 되었다고 한다.

현대 영어에서 juggernaut가 들어간 예문을 하나 보자. "Although European growth is strong, it can't compete with the juggernaut economy of the United States." 이 문장을 번역하면 다음과 같다. "비록 유럽 경제 성장이 강세를 보인 다 해도 미국의 막을 수 없는 거대 경제와 경쟁하기 어렵다."

✛ 잉글랜드와 스코틀랜드 사이에 벌어진 플로든 전투

영국인들은 자국의 '국내'를 표현할 때 in England라고 말하지 않고 in UK, 즉 in United Kingdom이라고 말한다. 영국에는 엄연히 잉글랜드 말고 스코틀랜드와 웨일스, 북아일랜드가 존재하기 때문이다. 과거에 이 나라들은 각각 독립된 왕국이었다. 한국도 지역감정이 심하지만 영국에도 뿌리 깊은 지역감정이 남아 있다. 그것은 네 왕국이 태생부터 다른 민족으로 구성되어 있었기 때문이다.

브리튼섬의 인종 구성은 생각보다 복잡하다. 흔히 영국은 앵글로색슨족의 나라라고 알고 있지만, 그들이 브리튼섬으로 이주하기 전에는 켈트족이 살고 있었다. 스코틀랜드와 웨일스가 켈트족의 후손들이 사는 나라다. 브리튼섬의 주인이었던 켈트족의 내란이 심해지자, 그들은 바다 건너에 살던 앵글로색슨족을 불러들인다. 이것이 화근이었다. 굴러온 돌이 박힌 돌을 빼낸다는 속담처럼 앵글로색슨족은 켈트족을 멀리 북쪽의 하이랜드로 몰아내고 안방을 차지해버렸다. 이때부터 잉글랜드와 스코틀랜드 사이에는 앙금이 남을 수밖에 없었다. 하지만 잉글랜드 왕국은 1603년 엘리자베스 1세 사후에 스코틀랜드 국왕 제임스 6세를 두 왕국의 공동 국왕으로 영입한다. 제임스 6세가 엘리자베스 1세와 가장 가까운 친척이었기 때문이다. 그레이트브리튼 왕국은 이렇게 탄생했다.

앙숙인 잉글랜드와 스코틀랜드는 역사상 수많은 전쟁을 벌였다. 스코틀랜드 병사들은 전투가 벌어지면 엄청난 고함을 질러댔다. 이 고함은 1513년 두 왕국 사이에 벌어진 플로든 전투에서 처음으로 기록되었는데, 스코틀랜드어로 sluagh-ghairm슬루어그게임이라고 불렸다. sluagh는 '군대'를 의미하고 ghairm은 '고함'을 뜻한다. 이 말이 영어에 슬로건slogan으로 정착했다. 현대 영어에서 '구호'를 의미하는 슬로건은 원래 목숨을 걸고 싸웠던 스코틀랜드 병사들의 외침이었던 것이다.

2월 25일 | **Dream** 꿈

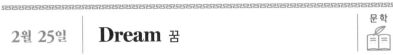
중세 유럽인도 현대인처럼 꿈에 관심이 많았다. 특히 꿈을 미래에 일어날 일에 대한 전조나 신의 경고라고 생각했다. 13세기 초반에 영국의 연대기 작가 아놀드 피츠 대드머(1201~1275)는 모친이 자신을 임신했을 때 꾼 꿈을 이야기한다.

✤ 중세 기사의 꿈

"어느 날 꿈에서 어머니는 집 화로에 얹어져 있는 통나무 하나를 발견한다. 짐꾼들은 통나무를 집 밖으로 옮긴다. 오후 3시가 되자 조금 전 집 밖으로 나갔던 짐꾼들이 대리석 조각을 가져온다. 그들은 이 대리석 조각이 그녀의 남편에게 보냈던 것이라고 말하고는 다시 나가버린다. 거의 동시에 조금 전에 가지고 나갔던 통나무를 다시 그녀에게 돌려준다. 통나무는 불이 다 꺼질 때까지 불 위에 놓아야 한다고 말한다. 통나무가 다 타버리면 그 자리에 대리석 조각을 놓으라고 말한다."

이 꿈 이야기를 들은 대드머는 다음과 같이 해석했다.

"통나무는 남편을, 대리석 조각은 태어날 아이를 상징한다. 대리석 조각이 오후 3시에 집에 들어왔을 때 통나무가 집에 없었다는 것은 아이를 낳을 때 남편이 없었다는 것을 의미한다. 다시 불 위에 놓인 통나무는 아이를 낳고 얼마 지나지 않아 집으로 돌아온 남편을 의미한다. 남편은 집안의 주인이 될 것이고, 훗날 아들이 아버지를 상속할 것이다."

고대 영어에서 dream은 지금과 다르게 '기쁨' '소음' '음악'이라는 뜻을 지녔다. 그러다가 영국 북동부에 정착한 덴마크 바이킹의 언어인 고대 노르드어 draumr드라움르의 영향을 받게 되는데, draumr는 현대 영어처럼 '꿈'이라는 의미였다. 이후 영어의 dream은 본래의 의미를 상실하고 '이상' 또는 '꿈'을 가리키는 말이 되었다.

오늘날 미국은 정치·군사·경제 분야에서 세계를 주도하는 최강대국이다. 하지만 그 이면에는 사회의 어두운 구석도 존재한다. 그중 해마다 발생하는 총기 사고는 총기 규제에 관한 뜨거운 이슈issue를 불러일으킨다. 그런데 왜 미국인들은 총기 소지를 합법적이라고 생각하는 걸까? 총기 소지의 역사는 건국 초기까지 거슬러 올라간다.

✢ 미국의 권리장전

1791년 연방 정부의 권력 남용을 경계하기 위해 제정된 수정 헌법 1조부터 10조까지를 미국의 '권리장전'이라 부른다. 이 중 2조는 "무장한 민병대는 자유로운 국가 수호의 핵심이므로 개인의 무장 소유 및 휴대 권리를 침해해서는 안 된다"라고 규정하고 있다. 미국 개척의 역사에서 총은 생명과 재산을 보호해주는 유일한 수단이었으며, 개인의 자유는 총을 통해 보장받을 수 있었다. 그래서 지금도 미국인 100명 꼴로 약 120정(2017년도 추정치)의 총을 소지하고 있다고 한다.

총기 소지의 자유는 매년 많은 총기 사고를 유발한다. 미국 정치계에서도 이 문제는 사고가 터질 때마다 초미의 관심사로 부각하지만, 총기 소지에 관대한 공화당과 규제를 지지하는 민주당은 늘 평행선을 달리고 있다. 민주당은 수정 헌법 2조를 폐기해야 한다고 주장하지만, 공화당은 총기 소지의 제한이 개인의 근본적인 자유를 침해할 수 있다면서 반대하고 있다.

영어에서 쟁점을 뜻하는 이슈issue는 '출구'를 의미하는 중세 프랑스어 issue이 쉬에서 나왔다. 중세 프랑스어 issir이시르의 뿌리를 따라 올라가면 라틴어 exire엑시레에서 만나는데, 영어에서 출구인 exit가 exire에서 나온 말이다. 그러므로 issue와 exit는 뿌리가 같은 단어들이다. 이후 영어 issue에는 변론의 종결과 결과라는 뜻이 생겨난다. 여기서 재판의 논점이 되었던 것을 issue라고 불렀고, 지금처럼 중요한 논쟁의 주제라는 의미로 정착되었다.

2월 27일 | **Egregious** 지독한

❖ 포스튜머스와 이모젠

셰익스피어의 희곡 『심벌린』에서 브리튼의 왕 심벌린은 아내와 사별했고, 이모젠이라는 딸이 있었다. 왕은 재혼했는데, 새 아내는 첫 번째 남편 사이에서 얻은 아들을 이모젠과 결혼시키려 했다. 하지만 이모젠은 왕의 신하인 포스튜머스와 결혼할 생각이었다. 이 사실을 안 심벌린은 두 사람의 결혼을 불허했지만 둘은 몰래 결혼식을 올린다. 결국 왕은 포스튜머스를 추방해버린다.

로마로 추방된 포스튜머스는 야키모라는 청년을 알게 된다. 포스듀버스는 브리튼 여사가 로마 여자보다 더 뛰어나다고 말한다. 그러자 이에 자극을 받은 야키모는 브리튼섬에 가서 이모젠의 사랑을 얻어 오겠다고 내기한다. 이후 포스튜머스는 이모젠이 외간 남자에게 사랑을 빼앗겼다고 오해하고는 사람을 보내 이모젠을 죽이려고 한다. 나중에 브리튼섬으로 돌아온 포스튜머스는 자신이 남의 말에 잘 속아 넘어가는 가장 멍청한 살인자라며 자책한다. 이때 사용한 표현이 'egregious murderer지독한 살인자'이다.

현대 영어의 egregious를 사전에서 찾아보면 '지독한'이라는 뜻으로 나오는데, 대개 부정적인 의미를 강조할 때 사용된다. 이 말은 '탁월한'을 뜻하는 라틴어 egregius에그레기우스에서 나왔다. 라틴어의 e-는 전치사 ex-의 축소형으로 '밖으로'라는 의미를 지닌 전치사다. gregius그레기우스는 '무리'를 의미하는 grex그렉스에서 나온 말이다. 따라서 egregius는 '무리에서 뛰어난 사람이나 사물'을 가리키던 말이다. 16세기 영어에서는 이 말이 경멸적인 의미로 변신한다.[7] 위에서 소개한 셰익스피어의 작품에서도 마찬가지 의미로 사용되었다. 이후 이 단어는 egregious fool정말 지독한 바보, egregious brutality인정사정 봐주지 않는 잔인성 같은 표현에서 쓰였다.

2월 28일 | **Napkin** 냅킨

고급 레스토랑에 가면 식탁에 깔끔하게 다림
질한 냅킨이 예쁘게 접혀 있고, 접시 양쪽에
는 식사에 맞는 포크와 나이프가 놓여 있다.
서양 식사에 익숙하지 않은 사람들은 격조
높은 식문화에 약간 주눅이 들기도 한다. 그
런데 유럽인의 조상은 지금처럼 식사 예절을
깍듯하게 지키는 사람들은 아니었다.

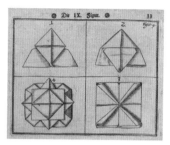

⊹ 냅킨 접는 법 삽화(1657)

고대 그리스인, 특히 스파르타인은 식사할
때 입에 음식이 묻으면 작은 빵을 뜻하는 아포막달리apomagdalie라는 것으로 입
을 닦았다. 즉, 빵을 냅킨 삼아 입에 묻은 음식을 닦아냈다. 고대 로마인은 손으
로 음식을 먹었고, 식당에 놓인 긴 의자에서 비스듬히 누워 식사했다. 손과 입에
음식이 묻으면 긴 의자를 덮고 있는 시트로 닦았다.

중세 유럽인의 식문화는 투박하기 짝이 없었다. 별도의 식탁이 없던 시기에
는 사각대에 긴 판자를 얹고 식탁 대용으로 사용했다. 그리고 판자 위를 바닥까
지 내려오는 아마 천으로 덮었다. 식사할 때 입 주위나 손가락에 음식이 묻으면
늘어진 아마 천으로 닦았다. 여러 명이 하나의 공동 냅킨을 사용한 셈이다. 이후
식탁 문화가 보편화되면서 개인용 냅킨이 등장한다. 물론 중세에 냅킨은 아무나
사용할 수 있는 것이 아니었다. 대개 영주만 냅킨을 사용할 수 있었고, 초대받은
손님도 같은 지위에 있을 때 냅킨을 사용할 수 있었다.

영어의 napkin은 중세 프랑스어로 식탁보를 의미하는 nape(현대 프랑스어는
nappe)에서 나온 말이다. napkin에서 -kin은 중세 영어로 '작다'를 가리키는 축
소 접미사다. 한 가지 흥미로운 사실은 영어에서 '앞치마'를 의미하는 apron도
'작은 식탁보'를 뜻하는 중세 프랑스어 naperon니프롱에서 유래했다.

3월
March

3월은 고대 로마에서 1년의 시작을 알리는 달이다. 작은 도시국가
에서 출발한 로마는 정복 전쟁으로 유럽의 대부분을 속주에 편입시
켰고, 중동과 북아프리카까지 제국의 국경을 확장했다. 3월에는 로
마인이 가장 숭배한 전쟁의 신 마르스Mars의 이름이 붙어 있다. 로
마의 초대 왕 로물루스가 마르스의 아들이다.

인간이 살아가는 환경 가운데 계절
의 영향은 사뭇 크다. 영어에서 spring
은 돌출에서 나온 계절 이름이다. 다
시 말해, 봄은 첫 번째로 튀어나온 계
절이라는 뜻이다. 라틴어에서 '봄'을
의미하는 ver웨르도 뜻이 같다. 이 말은
'춘분'을 뜻하는 vernal equinox에도
들어 있다. equi-는 '같다'라는 뜻이고,

✛ 보티첼리의 〈봄〉

nox는 '밤'을 의미한다. 음악에서 야상곡을 nocturn이라고 한다. 프랑스어는 '봄'
을 printemps이라고 하는데, prin-은 '첫 번째', temps은 '시간'이다.

영어의 summer는 형제어인 독일어 sommer좀머와 모습이 유사하다. 이 말은
서양어들의 친척인 인도의 산스크리트어 sama사마에서도 찾을 수 있는데, sama
의 뜻은 계절이나 1년을 의미한다. 따라서 영어의 summer에도 1년이라는 뜻이
들어 있다. "She is a girl of seventeen summers"라고 말하면 "그녀는 17살이다"라
는 뜻이다.

겨울을 가리키는 winter는 사람의 숨결이 추운 공기에 얼어붙고 수염에 달라
붙는 계절이다. 이 단어는 서양인의 조상인 인도-유럽인의 언어에서 '습하다'라
는 뜻의 wet 또는 흰색을 의미하는 말에서 나온 것으로 학자들은 보고 있다.

끝으로 '가을'을 의미하는 autumn은 어원을 분명하게 찾기 힘들다. 아마도 이
탈리아반도의 원주민인 에트루리아인의 말에서 나온 것이 라틴어의 autumnus
아우툼누스가 되었고, 다시 프랑스어를 거쳐 영어에 정착한 것으로 보인다. 독일어
에서는 가을을 herbst헤릅스트라고 하는데, 영어로 추수를 의미하는 harvest와 뜻
이 닿아 있다.[8] 한편, '가을'을 의미하는 또 다른 단어 fall은 고유 영어다. fall은
낙엽이 '떨어지는' 계절을 잘 보여주는 단어다.

3월 2일 | **Bite the dust** 흙을 씹다

전설적인 록그룹 퀸의 명곡 중에 〈Another one bites the dust〉라는 노래가 있다. 이 곡은 퀸의 전성기였던 1980년에 발표해 그해 빌보드 싱글 차트 1위에 올랐다. 국내에서도 인기를 얻었지만 몇 달 안 돼 금지곡 판정을 받고 FM 라디오 프로에서 사라졌다. 이 곡은 도대체 무슨 내용을 노래하길래 금지곡 판정을 받았을까?

⊹ 록그룹 퀸의 음반 재킷

노래 제목에서 bites the dust를 직역하면 '흙을 씹다'인데, 사전에는 '헛물을 켜다'가 첫 번째 뜻이고, '죽다'가 두 번째 뜻이다. 퀸의 노래는 후자를 가리켰다. 노래 속에는 거리에서 총을 맞고 한두 명씩 쓰러진다는 대목이 나온다. 다시 말해, 땅바닥에 쓰러져 흙을 씹는다는 건 죽는다는 뜻이다. 이 노래는 폭력적인 내용을 노래한 탓에 금지곡 리스트에 올라갔다.

이 표현의 기원은 멀리 호메로스의 『일리아스』까지 거슬러 올라간다. 트로이 전쟁을 모티브로 삼은 대서사시 『일리아스』에서 그리스 진영의 주인공은 영웅 아킬레우스와 총사령관 아가멤논이었고, 트로이 진영의 영웅은 프리암 왕의 아들 헥토르였다. 서사시 2권에서는 아가멤논이 제우스에게 트로이군을 궤멸시켜 달라고 간청한다.

> 오 제우스여, … 헥토르와 함께 싸우는 수많은 병졸이
> 그대로 먼지 속에 고꾸라져 이로 흙을 씹기 전에는,
> 제발 어둠에 굴복하여 해가 지게 하지 마소서.

여기서 '이로 흙을 씹는다seize the earth with their teeth'라는 표현이 나오는데, bite the dust가 이 표현에서 비롯되었다. 영어에서는 1870년경부터 이 구절을 사용하기 시작했고, 그전에는 '땅을 씹다bite the ground'라고 옮겼다.

중세 유럽 농민들에게 가장 큰 재산은 가축이었다. 가축은 노동력과 생필품, 육류를 제공하는 생활의 원천이었다. 가축 중에서 가장 쓸모가 있는 동물은 양이었다. 특히 12세기부터 영국에서 이베리아반도에 이르기까지 양은 유럽 농민이 가진 부_富의 주요 목록으로 자리 잡았다. 양은 신체의 모든 부분을 이용할 수 있었다. 양모_{羊毛}는 직물 산업의 토대가 되고, 젖은 치즈의 원료로 사용하고, 양피_{羊皮}는 가죽옷의 재료가 되었고, 고기는 소금에 절여 보관하며 먹었다. 뿔과 창자는 악기 제조에 사용되었다.[9]

✤ 중세의 양치기

가축이 재산의 중요한 수단이다 보니 로마 시대부터 재산이나 돈으로 쓰였다. 라틴어로 돈은 pecunia페쿠니아라고 하는데, 이 말은 '가축'을 의미하는 pecus페쿠스에서 나왔다. 영어에서 '금전상의'라는 pecuniary가 여기서 나왔다. 고대 영어도 마찬가지다. 고대 영어의 feoh페오는 '가축'을 가리키는 단어였다가 '재산'이나 '부'를 의미하는 말로 진화했다.

두 번째 설명은 fee가 중세 프랑스어 fee페에서 왔다는 것이다. 중세 프랑스어에서 '봉토_{封土}'를 가리키는 말로 fief피에프가 있었는데, fief의 이형태_{異形態} 중 하나가 fee였다. 본래 fief는 토지만을 가리키지 않고 주군이 봉신에게 하사하는 금전이나 농노도 포함됐지만, 대개는 토지를 하사하는 경우가 일반적이라 '봉토'의 의미로 정착되었다. 따라서 fee는 주군이 하사하는 '보상'이나 '특전' 등을 뜻하다가, 서비스를 제공하는 이들에게 주는 '수수료'나 '요금'을 의미하는 말로 변했다.

그리스신화에 나오는 수많은 에피소드의 중심에는 늘 제우스가 있다. 어느 날 제우스는 알크메네의 남편 암피트리온의 모습으로 변신해 그녀를 유혹한다. 얼마 뒤 알크메네는 사내아이를 하나 낳는데, 그리스신화의 영웅 헤라클레스였다. 제우스의 부인이자 질투의 화신 헤라는 당연히 헤라클레스를 미워했다. 남편의 바

✛루벤스의 〈은하수의 탄생〉

람기는 막을 방법이 없었기 때문에 헤라의 분노는 더 커져만갔다.

제우스는 헤라클레스에게 영생을 주고 싶었다. 하지만 헤라가 가만히 있을 리가 없었다. 결국 헤르메스에게 조언을 청한다. 헤르메스는 잠든 헤라의 젖가슴에 어린 헤라클레스를 안겨주면 원한이 없어질 것이라고 생각했다. 헤라클레스는 엄청난 힘으로 헤라의 젖을 빨았다. 그러자 젖이 하늘에 사방으로 뿌려졌고, 땅에 떨어진 것은 백합이 되었다. 헤라의 모성애를 자극해 헤라클레스에 대한 미움을 없애려는 헤르메스의 꾀가 통한 것이다. 이때 하늘에 뿌려진 헤라의 젖은 은하수가 되었다.

14세기 영국의 국민 시인 제프리 초서는 헤라의 젖인 은하수를 galaxy와 milky way로 표현했다. galaxy는 '우유'를 뜻하는 그리스어 gala갈라에서 나왔다. 초서는 국민 시인답게 식자층만 이해할 수 있는 galaxy와, 일반 민중도 쉽게 이해할 수 있는 milky way를 함께 사용한 것이다. 영어에서 galactose도 gala에서 나온 말로 젖당의 성분을 가리킨다.

19세기에 천문학자들은 망원경의 도움으로 우리가 사는 은하계가 아닌 다른 은하계를 발견하고 galaxy라는 명칭을 붙였다. 이렇게 galaxy는 은하수와 외부 은하계를 각각 가리키는 말이 되었다. 참고로 우리가 사는 은하계는 The Galaxy로 표기해 구분하기도 한다.

영국의 사자심왕 리처드와 라이벌인 프랑스의 필리프 2세는 프랑스 보르도에서 어린 시절을 같이 보냈다. 리처드의 모후인 알리에노르 왕비가 남서 프랑스의 아키텐 공작령을 소유하고 있었고, 필리프 2세는 알리에노르의 전 남편인 루이 7세의 아들이었기 때문에 리처드와 필립은 어릴 때부터 죽마고우였다. 그런데 당대 연대기 작가들은 리처드와 필립이 한 침대를 사용했다는 이유로 둘을 동성애자로 몰아가기도 한다. 물론 둘의 관계가 사료를 통해 입증된 것이 없으므로 성급히 단정지을 수는 없다. 하지만 리처드가 여자에 관심이 없었

✛영국의 사자심왕 리처드

고 자식을 남기지 못했다는 사실은 역사 기록에도 남아 있다.

영어에 '동성애자'를 뜻하는 homosexual이라는 말도 있지만, 다소 경멸적인 의미를 지닌 gay가 일반적으로 더 많이 사용된다. 영어 사전에서 gay를 찾으면 첫 번째 뜻으로 '동성애자'가 나오고, 그다음에 '명랑한' '즐거운'이라는 형용사가 나온다. 바로 이것이 gay의 본래 뜻이었는데, 중세 프랑스어 gai게에서 나왔다. 현대 프랑스어에도 남아 있는 gai는 '명랑한'이라는 의미로 사용되지만, 영어처럼 동성애자라는 의미는 없다.

'쾌활한'을 뜻하던 영어의 gay는 이후에 '통제하지 못하는 쾌락'으로 발전한다. 그래서 gay에는 gay dog 같은 방탕자의 의미가 생겨난다. 그 후 떠돌이 일꾼들의 은어에서 '풋내기'를 뜻하는 gaycat이 만들어지는데, 노련한 일꾼과 젊은 풋내기가 동성애 관계로 발전하는 경우가 많았기 때문이다. 이렇게 프랑스어에서 들어온 영어 gay는 우리가 아는 종착역에서 여정을 마감한다.

3월 6일 | **Glamour** 글래머

문법grammar 공부는 따분하지만 언어를 습득하는 데 꼭 필요한 과정이다. 고대 그리스나 로마에서는 문법이 우리가 아는 것처럼 언어의 학습만을 의미하는 것은 아니었다. 그리스어로 글자를 의미하는 gramma그람마에서 나온 라틴어의 grammatica그람마티카는 문학까지 포함하는 학문을 가리켰다. 이러한 전통은 서양 중세까지 이어져 교회는

✢ 중세 시대의 대학

세 개의 학과를 가르쳤는데, 문법, 수사학, 변증법이 그 중심에 있었다.

　그런데 '관능미'로 번역되는 영어의 glamour는 문법과 무슨 관련이 있을까? 고대와 중세에 글을 읽고 쓸 줄 아는 사람은 극소수에 불과했다. 언어의 규칙, 즉 문법을 이해하고 가르칠 수 있는 사람은 더 적었다. 여기서 말하는 언어는 중세의 지위어prestige language이자 학술어인 라틴어다. 그래서 무지한 민중의 눈에는 문법을 알고 있는 사람들이 존경을 넘어 신비로운 존재로 비쳤을 것이다. 이런 분위기에서 문법에는 일반적인 학습 외에 마법이나 천문학의 영역도 포함된다. 문법에 새로운 의미가 생겨나기 시작한 것이다.

　이후 문법과 마법의 의미 접목은 여러 나라의 언어 속에 자리 잡는다. 특히 스코틀랜드에서는 grammar의 철자가 glamer 또는 glamour로 변형된다.[10] 그 의미도 문법 속에 들어 있던 제2의 의미인 '마법의 철자' 또는 '황홀감'으로 이동했다. 영어도 스코틀랜드에서 의미가 바뀐 glamour를 수용해 용례의 영역이 확장되었다. 영어 속에 들어온 glamour는 신비스럽게 자극적이고 이따금 환상적인 매력을 주는 것을 가리켰고, 사람들의 상상력을 흥분시키는 것이라는 의미로 전환된다. 지금 우리가 알고 있는 glamour의 뜻, 즉 사람의 마음을 사로잡는 매력이라는 의미로 정착된다. 글자를 의미하는 그리스어 gramma의 언어 여행은 마치 오디세우스의 항해를 보는 듯 박진감이 넘친다.

3월 7일 | **Birdie** 버디

1744년 3월 7일, 스코틀랜드의 수도 에든버러에서 골프의 규칙과 관련된 책이 출간되었다. 이보다 앞서 제임스 2세(재위 1685~1688년) 때 영국 의회는 골프를 추방하고 활쏘기를 장려하는 법을 통과시켰다. 당시 영국 의회가 골프를 배격한 이유는 축구와 골프가 병사들의 궁술 향상에 방해가 된다는 것이었다.

✛ 골프광 메리 스튜어트 여왕과 카데들

그렇다고 골프의 인기를 막을 수는 없었다. 스코틀랜드의 여왕 메리 스튜어트(재위 1542~1567년)는 골프광이었다. 여왕은 두 번째 남편인 단리 경이 피살된 지 얼마 지나지 않았을 때도 골프를 칠 만큼 미쳐 있었다. 정적들은 여왕의 골프를 좋지 않게 보았다. 여왕이 남편의 죽음에 관여했을 것이라는 의구심을 가졌던 것이다. 여왕은 항상 어린 사관생도들을 옆에 두고 시중을 들게 했다. 골프를 칠 때도 마찬가지였다. 프랑스 왕비였던 메리 여왕은 그 병사들을 프랑스어로 르 카데Le Cadet라고 칭했다. 프랑스어로 '막내'라는 뜻이었다. 이후 카데가 캐디Caddie가 됐다는 것이 정설이다. 현대 영어에는 cadet에 '사관후보생'이라는 뜻이 남아 있다.

골프는 바이킹의 유산으로 알려져 있다. 고대 노르드어로 콜프르kólfr는 막대기나 곤봉club을 가리켰다. 지금도 골프채를 클럽이라고 부르는 이유가 여기에 있다. 골프에서 한 타를 줄여 치는 것을 버디birdie라고 부른다. 이 말은 1899년 미국의 애틀랜틱시티에서 골프를 치던 앱 스미스Ab Smith가 두 번째 홀에서 공을 홀에서 1인치 거리에 붙이자 "끝내주는 샷이었어!That was a bird of a shot!"라고 외친 데서 비롯되었다는 것이 정설이다. 여기서 bird는 '끝내주는 것'을 뜻하는 은어다.

Cohort 코호트

2020년부터 지구촌은 코로나19와 함께 살게 되었다. 개인이 코로나19 확진 판정을 받으면 자가 격리에 들어가지만, 많은 사람을 집단으로 격리하는 방식도 있다. 전염병 전파 가능성이 있는 환자와 의료진을 하나의 집단으로 묶어 격리하는 방역 조치를 '코호트cohort 격리'라고 부른다. 우리말로 옮기면 '동

⊹ 베르사유궁전의 정원

일 집단 격리' 정도다. 역사상 가장 규모가 큰 코호트 격리는 중국에서 있었다. 2020년 1월 인구 1,100만 명의 우한시를 봉쇄한 것이다.

코호트의 어원은 라틴어 cohors코호르스인데, 원래는 농장의 안마당을 가리키던 말이었다. 영어에서 '원예'를 뜻하는 horticulture에서 hor-가 cohors에서 나온 말이다. cohors는 프랑스어를 거쳐 영어에 '마당'을 의미하는 court를 제공한다. 낯설게 보였던 코호트와 영어 court는 뿌리가 같다. 그렇다면 영어에서 마당은 고유어로 무엇이라고 불렀을까? 마당을 가리키는 영어의 고유어는 우리에게 익숙한 yard와 garden이다. 이 두 말은 뿌리가 같은데 garden이 원형에 좀 더 가깝다.

현대 영어의 court는 의미가 다양하다. 제일 먼저 생긴 의미는 중세 프랑스어에서 건너온 '궁정'이다. 그 후 '건물의 부속 공간'이라는 뜻이 생겨났는데, 공놀이를 할 수 있는 공간, 즉 테니스 코트 같은 의미가 만들어졌다. 이후 중세 군주들이 마당에서 재판을 했던 까닭에 '법원'이라는 의미도 생겨났다.

로마 건국의 주인공 로물루스와 레무스 쌍둥이 형제는 알바롱가에서 추방당한 왕족의 후손이었다. 이들의 외할아버지는 알바롱가의 왕이었는데, 동생의 배신으로 죽임을 당했고 그의 딸인 실비아마저 쫓겨나고 만다. 그러다가 실비아는 군신軍神 마르스 신과 사랑을 나눠 쌍둥이를 낳았다. 그런데 두 형제를 따르는 무

⊹ 로물루스와 레무스 형제

리는 왕 자리를 놓고 싸움을 벌인다. 두 형제는 나이도 같았기 때문에 싸우는 것 말고는 다른 방법이 없었다.

두 형제는 신탁을 묻기로 한다. 새[鳥]점을 치기로 결정한 로물루스는 팔라티노Palatino 언덕에서, 레무스는 아벤티누스 언덕에서 새가 나타나기를 기다렸다. 여섯 마리의 새가 아벤티누스 언덕에 나타났고, 잠시 뒤에 열두 마리의 새가 팔라티노 언덕에 나타났다. 그런데 먼저 새가 날아온 쪽을 왕으로 삼을 것이냐, 아니면 많이 날아온 쪽을 왕으로 삼을 것이냐가 문제였다. 결국 합의가 이루어지지 않은 양 진영은 전투를 벌이게 되는데, 그 와중에 레무스가 전사한다. 승리한 로물루스Romulus는 자신의 이름을 따서 나라 이름을 로마Roma라고 불렀다.

로마의 초대 왕 로물루스는 팔라티노 언덕에 왕궁을 짓고 로마를 통치했다. 영어로 궁전을 의미하는 palace는 프랑스어 palais팔레를 통해 영어에 들어왔는데, 본래는 로물루스가 거처하던 팔라티노 언덕에서 나온 말이다. 지금도 콜로세움 앞 포룸을 지나 티투스 개선문을 지나면 왼쪽에 황궁의 흔적만 남은 팔라티노 언덕이 관광객들을 맞이한다.

Helpmate 배우자

『구약성경』의 「창세기」 2장 18절에는 다음과 같은 말이 나온다. "주 하느님께서 말씀하셨다. 사람이 혼자 있는 것이 좋지 않으니, 그에게 알맞은 협력자를 만들어주겠다(I will make him an help meet for him)." 여기서 알맞은 협력자는 help meet로 표현되어 있다. 하느님은 남자를 깊이 잠들게 하고는 갈빗대 하

✛ 미켈란젤로의 〈이브의 창조〉

나를 뽑고 그 자리를 살로 채운 뒤, 그 갈빗대로 여자를 만들었다.

"an help meet for him"은 라틴어 원전의 "adiutorium simile sibi"를 영어로 번역한 것인데, 직역하면 '그와 비슷한 협력자'라는 뜻이다. 여기서 meet는 '적절한'이다. 한편, 히브리어 원전에는 이 표현을 ezer kenegdo라고 적고 있다. 두 번째 단어 kenegdo는 '그와 함께' '그의 상대' '그를 대신' 등으로 번역할 수 있다. 첫 번째 단어인 ezer는 단순히 협력자로 번역하면 의미가 제대로 전달되지 않는다. 다른 곳에서는 이 단어가 누구를 위해 적극적으로 개입하는 행위를 가리키기 때문이다. 그러므로 ezer는 남자를 돕는 '적극적인 조력자' 정도로 번역하는 것이 적당해 보인다.

영어에서 helpmate(help-meet 또는 helpmeet의 변형)라는 단어가 처음으로 등장한 문학 작품은 1673년 영국의 극작가 존 드라이든의 『유행에 따른 결혼』이다. 드라이든은 "… if ever woman was a help-meet for man, ma spouse is so …"라고 표현하고 있다. 드라이든은 『성경』 속의 의미 그대로 이 표현을 사용하고 있다. 현대 영어에서 helpmate 또는 helpmeet는 배우자 그중에서도 아내를 가리키는 말로 사용된다.

3월 11일 | **Queer** 퀴어

고대 그리스인들은 인간이 세 종류의 인간 (남-남, 남-여, 여-여)에서 갈라져 나왔다고 생각했다. 그래서 갈라지기 전에 함께 있던 반쪽을 사랑하는 것이 당연하다고 여겼다. 남녀 간의 이성애는 물론이고 동성애도 자연스러운 사랑이었다. 그런데 여성은 노예와 마찬가지로 혐오의 대상이므로 동성 간 사랑은 곧 남성 간 사랑이었다. 그리스의 철학자 스트라톤은 이렇게 말했다.

✛ 고대 그리스의 남성 간 사랑

> 열두 살 소년의 매력은 나에게 즐거움을 주지만, 열세 살 소년은 훨씬 더 바람직하다. 열네 살 소년은 한층 더 달콤한 사랑의 꽃이며, 열다섯에 접어들기 시작한 소년은 그보다 훨씬 매력적이다. 열여섯 살은 바로 신들의 나이이며, 열일곱 살은 내가 아니라 오직 제우스에게 가기만 바랄 뿐이다.

위에서 보듯 그리스에서 일반적인 남성애는 나이 차이가 나는 성인 남성과 소년의 사랑이었다. 대개 40세 미만인 에라스테스erastes라고 불리는 성인 남자와 에로메노스eromenos라고 불리는 12~18세의 소년이 나눈 사랑이었다.

유교 전통이 강한 한국에서 동성애는 금기어에 가깝다. 그런 까닭에 '퀴어 축제'는 정권의 성향에 따라 허가되기도 하고 불허되기도 한다. 영어의 queer를 사전에서 찾아보면 '괴상한'이 첫 번째 뜻이고, '남성 간의 동성애'가 두 번째 뜻이다. 영어의 queer는 본래 스코틀랜드어에서 왔는데, 18세기에 '정상적인 감정과 행위에서 벗어나는 것'이라는 의미가 생겨났다. 이후 '위조지폐'라는 은어로도 사용되었다. 영어에서 in queer street라는 숙어는 '기묘한 거리에 있다'가 아닌, '돈이 부족해 고통받고 있다'라는 뜻이다.

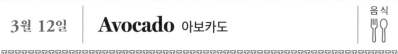

3월 12일 | **Avocado** 아보카도

지금의 멕시코에서 번영을 누렸던 아즈텍 문명에서 한 해의 시작은 3월 12일이었다. 고대 로마에서도 3월을 한 해의 첫 달로 여긴 것과 유사하다. 고대인들은 만물이 소생하는 봄을 한 해의 시작으로 생각했다. 스페인 정복자들은 아즈텍문명을 멸망시켰지만, 이 문명과 관련된 상당수의 어휘가 영어에 수입되었다.

✢ 아즈텍족의 과일 아보카도

먼저 멕시코Mexico라는 지명은 아즈텍족의 전쟁 신 멕시틀Mexitl에서 나왔다. 이 밖에도 아즈텍 원주민의 언어에서 코코아cocoa, 칠리chilli 같이 유럽인들이 처음 보는 과일이나 채소 이름이 나왔다. 특히 스페인 정복 초기에 토마토는 유럽인들에게 정력제로 알려졌다고 한다.

아즈텍족이 먹은 과일 중 으뜸은 뭐니 뭐니 해도 아보카도avocado였다. 아즈텍 언어로 아후아카틀ahuacatl에서 나온 아보카도를 정복자 스페인 사람들은 아구아카테aguacate라고 불렀다.[11] 원주민의 발음을 그대로 옮기기가 쉽지 않았기 때문이다. 이 말은 아보카도avocado가 되었는데, 당시 스페인어에서 '변호사'를 의미하는 avocado아보카도와 발음과 철자가 동일하다는 문제가 있었다. 프랑스어도 변호사를 가리키는 avocat아보카와 과일 아보카의 철자가 동일했다.

아보카도가 영어에 처음 들어온 17세기의 모습은 '아비가토avigato의 배pear'였는데, '악어alligator의 배pear'라는 다소 섬뜩한 의미를 지녔다. 지금도 캘리포니아 지방에서 아보카도의 별명으로 통용되고 있다고 한다. 실제로 아즈텍 원주민의 언어에서 아보카도의 본래 뜻은 '동물의 고환'을 가리켰다. 우연치고는 꽤 흥미로운 사실 아닌가.

3월 13일 | **Assassination** 암살

제정러시아의 황제는 차르Tsar라고 부른다. 고
대 로마에서 황제를 의미하던 카이사르Caesar에
서 나온 명칭이다. 1480년 모스크바의 대공 이반
3세는 스스로를 비잔틴제국의 후계자로 선언하
며 황제를 칭하고 나선다. 사실 그의 부인은 비잔
틴제국의 마지막 황제인 콘스탄티노스 12세(재위
1449~1453년)의 질녀 소피아 팔레올로기나였다.
그러니까 이반 3세는 콘스탄티노스 12세의 조카
사위였던 셈이다. 그 결과 그의 아들 모스크바 대
공 이반 4세는 주변국으로부터 황제의 호칭을 인
정받는다. 러시아 왕조에는 황제를 칭할 수 있었
던 비잔틴제국의 피가 섞여 있었다.

✣ 러시아의 알렉산드르 2세

러시아의 알렉산드르 2세는 서유럽보다 낙후된 러시아를 근대화시키고자 혼
신의 힘을 다한 군주다. 농노해방령을 공포했고 가혹한 제도들을 앞장서서 폐
지했다. 하지만 개혁은 혁명보다 어렵다는 말이 있듯이, 알렉산드르 2세는 결국
무정부주의자들의 폭탄 테러로 암살당하고 만다. 1881년 3월 13일의 일이었다.
황제의 일행을 노린 폭탄 테러에서 프랑스의 나폴레옹 3세가 준 방탄 마차 덕분
에 첫 번째 폭발의 피해는 면할 수 있었지만, 다친 호위병을 살피러 마차 밖으로
나온 황제는 두 번째 폭탄을 맞고 유명을 달리했다.

암살assassination이라는 단어의 수입 과정은 꽤 복잡하다. 프랑스어에서 영어
로 건너온 암살자assassin라는 말을 거슬러 올라가면 아랍어 하시신hashīshīn이
그 뿌리가 되는데, 뜻은 '대마초를 피우는 사람'이다. 하시신은 중세 십자군 전
쟁에서 광적인 이슬람 집단을 가리키는 말이었다. 그들은 적의 지도자를 암살할
때 환각 성분이 포함된 하시시를 먹고 임무를 수행했다고 한다.

3월 14일 | **Man** 남자

언어

서양 신화와 전설에서 인간이 동물로 변신할 때, 가장 많이 등장하는 동물을 꼽으라면 단연 늑대일 것이다. 인간이 늑대로 변하는 이야기는 고대 그리스 문학과 신화에서도 발견할 수 있다. 고대 그리스의 역사학자 헤로도토스의 『역사』에는 스키타이 북동부 지방에 사는 네우리족이 매년 며칠 동안 늑대로 변했다가 다시 인간으로 돌아온다고 적고 있다.

그리스신화에도 늑대인간의 이야기를 전한다. 아르카디아 지방의 독재자인 리카온은

✛제우스와 리카온

사람들이 신을 경배하는 것을 조롱하고, 급기야 인간의 모습으로 변신한 제우스를 죽여 그가 불멸의 신이 아님을 증명하겠다고 떠벌리며 다녔다. 리카온은 포로 한 명을 제우스로 변신시켜 그의 인육을 식탁에 내놓는다. 이를 본 제우스는 노발대발하며 리카온의 궁전에 벼락을 내리쳤다. 그러자 리카온의 몸은 점차 늑대로 변해 평생 늑대인간으로 살게 된다.

남자나 인간을 뜻하는 man을 오늘의 주제어로 소개하면서 느닷없이 늑대인간 이야기를 꺼낸 이유는 이러하다. 영어로 늑대인간은 werewolf라고 하는데, 이 단어에서 wer가 고대 영어에서는 '남자'를 의미했기 때문이다. 한편, 현대 영어의 man은 고대 영어에서 인간 또는 인류를 가리키는 말이었다. 그러다가 점차 man은 '남자'라는 뜻으로 굳어지고, 본래 남자였던 wer는 '늑대인간'을 의미하는 werewolf에만 남아 있다.

이런 식의 의미 변화는 girl에서도 찾아볼 수 있다. 14세기 초반 무렵인 중세 영어에서 girl의 고어 형태인 girle, gerle, gnele는 남녀 청춘을 가리키는 말이었다. 그러다가 1375년경부터 girl은 어린 남녀 중에서도 여자아이로 의미가 축소된다. 언어는 마치 유기적인 생명체와 같아서 지시 대상은 상황에 따라 언제든 변할 수 있다.

3월 15일 | **Et tu, Brute!** 브루투스, 너마저!

영웅은 늘 범인凡人들의 시기를 받기 마련이다. 로마 공화정 말기, 불세출의 영웅 카이사르는 이탈리아반도보다 더 넓은 갈리아를 정복하고 로마 시민들의 칭송을 한 몸에 받는다. 하지만 공화정의 권력은 두 명의 집정관에게 분산되어 있었고, 임기도 1년만 수행할 수 있었다. 앞서 이야기했듯이 집정관을 두 명 선출한 것은 권력의 집중을 막기 위해서였다.

✛ 카이사르의 암살 사건

그런 점에서 집정관 자리는 카이사르에게 어울리지 않았다. 당대 최고의 실력자인 카이사르는 제국의 밑그림을 그리고 있었고, 분위기를 감지한 공화파는 카이사르의 야심을 그냥 앉아서 보고만 있을 수 없었다. 특히 카이사르가 임기 10년의 독재관에 오르자 공화파는 카이사르를 제거하기로 결정한다.

카이사르가 독재관에 취임한 지 한 달이 되는 날이었다. 그날 아침 카이사르는 원로원에 등원하다가 일단의 원로원 무리에게 에워싸이고 만다. 그중 킴베르가 카이사르의 어깨를 잡고 단검으로 목을 찔렀다. 그러자 원로원 의원 수십 명이 카이사르를 둘러싸고 단검 세례를 퍼부었다. 이때 나온 유명한 말이 "브루투스, 너 마저!Et tu, Brute!"였다. 공화파의 무리에 섞여 있던 양아들 브루투스가 카이사르의 눈에 들어왔다. 이 말은 셰익스피어의 『줄리어스 시저』에 나오는 유명한 대사다. 가장 믿었던 심복에게 배신을 당할 때 흔히 쓰는 말이다. 여기서 라틴어 Et에트는 and를, tu투는 you를 가리킨다. 브루투스를 Brutus로 쓰지 않는 것은 라틴어에서 브루투스의 호격呼格이 Brute이기 때문이다.

3월 16일 | **Hippopotamus** 하마

각국의 신화에는 합성 괴물이 꼭 등장한다. 그리스신화에 나오는 키마이라는 머리는 사자, 몸통은 염소, 꼬리는 뱀 또는 용의 모양인 여러 동물의 부분 부분이 합쳐진 괴물이다. 테베를 공포에 몰아넣은 괴물 스핑크스도 상반신은 여자고 하반신은 독수리 날개를 가진 사자의 모습이었다.

✢이집트신화의 합성 괴물 암무트

신화의 원류라고 할 수 있는 이집트신화에도 암무트라고 불리는 합성 괴물이 등장한다. 암무트는 하반신은 하마에 상반신은 사자이고 머리는 악어의 모습을 한 괴물이다. 암무트는 망자의 심장 무게 달기 의식과 관련이 깊은데, 이 의식은 망자가 생전에 죄를 지었는지 판결하는 의식이다. 먼저 망자의 심장을 천칭 위에 올려놓는다. 심장의 반대편에는 마트 여신의 타조 깃털이 하나 놓여 있다. 만약 심장의 무게가 타조 깃털보다 무거우면 망자의 심장은 옆에 있던 암무트에게 던져진다. 이것은 망자가 생전에 죄를 많이 지어 부활할 수 없다는 의미다.

고대 그리스인들은 하마에게 hippopotamus라는 이름을 지어주었다. hippos히포스는 그리스어로 말[馬]이고, potamos포타모스는 '강'을 뜻한다. 따라서 한자 하마河馬는 그리스어를 정확히 옮겨놓은 명칭인 셈이다. 서양인 이름 가운데 Philip도 그리스어로 풀어보면 '사랑한다'라는 phila와 '말'을 뜻하는 hippos가 합쳐진 이름이다. 즉 '말을 사랑하는 사람'이다. 지금의 이라크에서 발원한 고대 메소포타미아Mesopotamia 문명도 '가운데'를 뜻하는 meso메소와 '강'을 의미하는 potamos로 이루어진 말이다. '두 강 사이의 땅'이라는 의미인데, 여기서 말하는 두 강은 유프라테스강과 티그리스강이다.

3월 17일 | **Hobby** 취미

문화

제2차 세계대전을 연합군의 승리로 이끈 영국의 수상 처칠은 원래 미숙아로 태어났다고 한다. 게다가 어린 시절부터 우울증을 앓고 있었다. 기차 옆에 서지도 못했는데, 기차가 달려오면 뛰어들고 싶은 충동을 억제할 수 없어 기차 근처에도 가지 못했다고 한다. 개가 주인을 늘 따라다니듯이 늘 처칠을 따라다니는 우울증을 '검은 개'라고 불렀다.

✢영국의 전통 춤 모리스 댄스

이런 처칠의 우울증을 치료해준 것은 40세가 넘어서 빠진 그림이었다. 그는 죽은 다음에 천국에 간다면 100만 년 동안 그림 배우는 데 전념할 것이라고 공언하기도 했다. 그래서인지 제2차 세계대전 중 누구보다도 바빴던 처칠이 공원에서 그림을 그리거나 책을 읽어도 영국인은 누구 하나 그를 비난하지 않았다. 마치 고대 로마인들이 여가를 제대로 즐기지 못하는 사람은 일도 제대로 할 수 없다고 생각했던 것과 비슷하다. 영국인들은 정치가에게 취미 생활이 얼마나 중요한지 이해하고 있었다.

영어에서 '취미'를 뜻하는 hobby의 이력은 화려하다. 15세기에 등장한 hobby의 본래 뜻은 '작은 말', 그중에서도 아일랜드산 품종의 말을 가리켰다. 그러다가 hobby는 말과 관련되거나 그렇지 않은 의미로 사용되기 시작했다. 16세기에는 영국 전통 춤인 모리스 댄스의 무용수가 입는 옷을 hobby horse라고 불렀고, 아이들이 가지고 노는 말 머리 모양 장난감에도 hobby라는 이름을 붙였다. 이후로 어린이들의 장난감에서 '취미' 또는 '잘 갖는 생각pet idea'이라는 의미가 만들어졌다. 프랑스어에서도 마찬가지다. 프랑스 아이들은 말[馬]을 dada라고 부르는데, 이 말에는 '즐겨 말하는 화제'라는 뜻도 있다.

영어의 host만큼 의미가 많고 파생어가 다양한 단어도 드물다. 먼저 우리가 알고 있는 host는 손님을 초대한 주인, 주최 측 정도가 머릿속에 떠오른다. 이 단어에서 나온 영어 단어로는 hospice, hospital, hotel, hostel 등이 있고, 인질을 의미하는 hostage도 host에서 나왔다. 그런데 왜 어떤 말은 hos-로 시작하고 어떤 말은 ho-로 시작할까? 그 답은 이 단어들을 영어에 제공한 프랑스어에서 찾을 수 있다.

❖ 손님에게 음식을 대접하는 집주인

앞서 소개한 단어들은 프랑스어를 통해 영어로 들어간 것인데, 뿌리는 라틴어 hospes호스페스로 거슬러 올라간다. 라틴어 hospes는 손님을 위해 여흥을 제공하는 사람이라는 뜻이었다. 우리가 알고 있는 영어의 host의 의미가 여기서 나왔다. 이 말에서 파생된 말들에서 '손님이 묵는 거처'라는 의미가 생기게 된다. 영어의 hotel이 그런 의미를 지닌 단어다. 손님에도 종류가 있다. 환자들이 묵는 공간은 hospital이 되고, 말기 환자들이 보내는 공간은 hospice가 된다. 현대 영어에서 값싼 숙박을 하는 hostel도 마찬가지다. 여인숙 정도로 번역할 수 있는 hostel은 hotel과 형태가 유사한데, 단어의 나이로 비교하면 hostel은 13세기 영어에 기록이 보이고, hotel은 17세기에 등장한다. 두 단어의 나이는 이 단어들을 제공한 프랑스어를 통해 비교할 수 있다. 본래 중세 프랑스어 hostel에서 중간의 s가 묵음이 되면서 hôtel오텔이 만들어진다. 그러므로 영어의 hostel이 hotel보다 오래된 단어다.

영어 host는 '다수의 군대'라는 뜻도 있는데, 라틴어에서 이방인을 뜻하는 hostis호스티스에서 나온 말이다. '적대적'이라는 뜻의 hostile도 여기서 나왔다. 정리하자면 '손님'과 '군대'를 뜻하는 host의 뿌리는 모두 '이방인'이라는 공통분모에서 만나게 된다.

3월 19일 | Humble pie 굴욕

영어에 eat humble pie라는 표현이 있다. 강압적인 상황에서 상대방에게 자신의 과오를 억지로 인정하고 용서를 비는 행동을 비유적으로 가리키는 표현이다. 이 관용구를 직역하면 '변변찮은 파이를 먹다'인데, 어떻게 1차적인 의미에서 이런 관용적인 의미가 만들어졌을까?

✛ 루이지애나의 고기 파이

영어의 어원을 설명하는 데 많은 부분은 1066년 노르만 정복과 관련 있다. 프랑스어를 사용하는 노르만족이 잉글랜드를 정복하자 영어에는 이후 수백년 간 많은 프랑스어가 들어갔다. 실제로 현재 영어의 어휘 구성 비율에서 프랑스어가 차지하고 있는 비율은 29%로 가장 많다.

시간을 13세기로 돌려 런던 근처의 숲에서 사냥을 즐기고 있는 노르만 기사들을 따라가보자. 사냥은 노르만 귀족들이 즐기는 레포츠이자 전쟁을 대비한 훈련이었다. 어느 날 노르만 기사 오스베른은 친구, 손님, 가신 들과 함께 사슴 사냥을 즐기고 있었다. 큼직한 사슴 한 마리를 잡은 오스베른은 성으로 돌아와 조리장에게 요리를 부탁했다. 사슴 고기에서 가장 맛있는 부분은 영주의 몫이었다. 나머지 먹을 수 있는 내장 등을 edible viscera라고 불렀는데, 간, 염통, 콩팥 등이었다. 이런 부위는 사냥 관리인이나 사냥꾼에게 배분되었다.

하인이 먹는 내장류는 라틴어로 lumnulus룸눌루스라고 불렸고 '발골한 고기'를 의미했다. 이 단어가 중세 프랑스어 numble넘블을 통해 영어에 들어가 16세기에는 지금처럼 humble이 되었다. 이 고기들은 자주 고기 파이 속에 잘게 썰어 넣어서 먹었는데, 대개 사냥에 참가한 사냥꾼들의 식사였다. 따라서 지금처럼 '보잘것없는'이라는 뜻은 하인들이 먹은 내장류의 음식에서 비롯되었다. 마치 중세 귀족이 흰 빵을 먹고, 농민은 검은 빵을 먹었던 것과 비슷하다. 영어 단어 humble은 먹을 것에서도 신분 차이가 드러난 중세 유럽의 일면을 잘 보여준다.

고대 그리스의 유명한 법률가이자 웅변가였던 데모스테네스(기원전 384~322년)는 원래 타고난 달변가는 아니었다. 자기 자신을 잘 알던 그는 끊임없는 연습으로 눌변의 정치가에서 달변의 웅변가로 인정받았다. 긴 연설을 앞두고는 꼭 미리 연습하는 것을 철칙으로 삼았고, 연설문을 다듬고 수정하는 것이 습관이었다. 그러자 주위 사람들은 데모스테네스가 언변에 자신 없어 인위적이고 위선적인 연설밖에 할 줄 모른다고 비아냥댔다.

⁑그리스의 웅변가 데모스테네스

한번은 그의 라이벌이자 지리학자인 피테아스가 그를 조롱했다.

> "몸에서 등유 냄새가 나는 걸 보니 문장을 다듬느라 밤잠도 제대로 못 잤나 보구만."

그러자 데모스테네스가 응수했다.

> "잠을 못 잔 건 사실이지만, 자네가 밤을 새운 것과 내가 밤을 새운 것은 그 결과가 하늘과 땅 차이지…."[12]

우문현답愚問賢答이 따로 없었다. 1542년 인문주의자 에라스뮈스의 영어 번역본에서는 이 표현을 "촛불 냄새가 난다smell of the candle"라고 소개했다. 촛불이든 등불이든 노력하는 자가 타고난 재능에 안주하는 자보다 성공하는 법이다. 이 표현은 현대 영어에서 '노력한 흔적이 보인다'라는 뜻으로 사용된다. "This work smells of the lamp"라는 문장은 "이 작품은 퍽 공들인 것 같다"라고 번역할 수 있다.

유럽에서 자치도시가 들어선 14세기 이전까지 사람들은 대부분 농촌에서 살았다. 그런데 각 마을에는 지능이 모자라거나 정신병을 가진 사람이 한두 명씩 있었다. 이들은 공동체의 일원으로 받아들여졌고 주민들과 함께 생활했다. 경우에 따라서 그들은 현실과 동떨어진 사람 또는 신에게 더 가까운 존재로 여겨지기도 했다. 중세 유럽인은 이런 사람을 '마을 바보village idiot'라고 불렀다. 마을 바보도 신께서 주신 사회적 역할을 수행하는 존재로 보았다.

✢ 히에로니무스 반 에켄 〈광인들의 배〉

그렇다고 비정상인들이 공동체에 아무 문제 없이 받아들여진 것은 아니다. 프랑스 철학자 미셸 푸코는 『광기의 역사』에서 '광인들의 배'를 소개하고 있다. 15세기 말 유럽에서는 정상과 비정상을 구분하면서 비정상인들을 이 배에 태워 격리했다고 한다. 최초의 정신병원이었던 셈이다. 중세에 신에게 더 가까운 존재로 여겨졌던 바보들은 이성의 시대인 르네상스 시대로 넘어오면서, 더 이상 신성한 존재가 아니었다. 이들은 말 그대로 광인으로 불렸다.

영어의 idiot는 그리스어 idios에서 나온 말인데, 본래의 뜻은 '자기 소유' 또는 '사적인'이었다. 여기서 '사적으로 소유한 사람'이라는 private person이라는 의미가 만들어진다. 이후 idiot는 중세 프랑스어 idiote를 거쳐 영어에 들어온다. 당시에는 교육을 받지 않거나 무지無知한 사람을 뜻했다. 이후 '평범한 사람' '평신도' '직업적 기술이 부족한 사람'이라는 의미로 이동했고, 나중에는 '바보'라는 의미로 정착했다.

Chauffeur 자가용 운전기사

자동차는 인류의 위대한 발명품 중 하나다. 현대인에게 자동차는 필수품이 되었고, 증기와 내연기관을 거쳐 전기자동차로 옮겨 가고 있다. 자동차의 시초는 1769년 프랑스의 공병 장교 니콜라 퀴노가 발명한 증기자동차다. 그는 군수용 대포를 끌기 위해 증기자동차를 만들었는데, 시속 5킬로미터 정도

✛ 니콜라 퀴노의 증기자동차

의 속도를 냈다고 한다. 이 자동차는 스스로 움직이는 최초의 자동차였지만, 제동 장치가 없어 내리막길에서 사고를 내고 말았다. 역시 역사상 최초의 자동차 사고다.

영어에서 자동차를 운전하는 사람을 부르는 단어는 두 개가 있다. 먼저 driver는 운전자를 지칭하는데, 대개 자기 소유의 자동차를 운전하는 사람을 가리킨다. 반면, chauffeur는 부자나 중요 인물의 차를 운전하는 전문 기사를 말한다. 영어인 chauffeur는 1896년 프랑스어에서 수입된 말인데, '물을 덥히는 사람'이라는 뜻이다. 왜 물을 덥히는 사람이 운전기사가 되었을까? 답은 앞서 언급한 증기자동차에 있다. 증기자동차를 움직이려면 불로 물탱크를 데워야 했기 때문이다.

증기자동차가 발명되기 이전에 프랑스어 chauffeur는 끔찍한 의미를 지닌 단어였다. 1789년 프랑스는 대혁명이 일어났을 때 수없이 많은 귀족이 단두대에서 처형당했으며, 전국에는 강도 떼가 우글거렸다. 강도들은 떼 지어 부자들이 사는 집의 담을 넘어 집주인에게 돈을 숨긴 곳을 대라고 협박했다. 집주인을 결박한 다음 벽난로에 발을 집어넣는 고문도 자행했다. 이렇게 강도 짓을 벌이는 무리를 '데우는 자', 즉 '난롯불로 사람의 발을 고문하는 자'라는 뜻으로 chauffeur라고 불렀다. 요즘 부자들이 고용하는 chauffeur의 전직이 이렇게나 무서운 사람이었는지 놀라울 따름이다.

1812년 아일랜드 북동부의 경작지 지배인으로 부임한 찰스 커닝햄 보이콧Charles Cunningham Boycott은「더타임스」에 편지를 한 통 쓴다. 편지에서 보이콧은 '아일랜드 국민 리그' 정당이 가난한 소작농을 부추겨 지주제를 폐지하도록 선동한다고 적었다. 그는 소작농들이 자기 집 자물쇠를 부수고 담장을 망가뜨렸다고 호소했다. 자신이 국민 리그의 타도 대상이 되고 아일랜드를 떠날 수밖에 없는 처지에 놓였다고 개탄했다. 보이콧은 어쩌다가 이런 지경에 이르렀을까?

✛찰스 커닝햄 보이콧

보이콧은 영국인 지주가 부재중인 아일랜드에서 소작농을 관리하는 지배인으로 일하던 영국인이었다. 이 시기에 아일랜드 국민 리그는 영국인 지주들에게 소작료의 25%를 감축할 것을 요구하고 나섰다. 하지만 지주를 대신하고 있던 보이콧은 일언지하에 요구를 거부한다. 그러자 국민 리그의 지도자는 보이콧의 우편물을 가로챘고, 상인들은 그에게 물건을 팔지 않았다. 말 그대로 보이콧이 '보이콧boycott'을 당한 꼴이다. 결국 보이콧은 아사 직전까지 갔고 출동한 군대 덕분에 구사일생으로 구출되었다. 이후 보이콧의 이름은 집단적 배제를 뜻하는 일반 명사가 되었다. 보이콧이 탄생한 배경이 비극적인 상황이라 다소 씁쓸하다.

현대사에서 대표적인 보이콧은 올림픽에서 일어났다. 1980년 모스크바에서 열린 제22회 하계 올림픽에 미국을 비롯한 서방국가들이 올림픽에 불참한 것이다. 소련의 아프가니스탄 침공에 대한 항의 표시였다. 우리나라도 미국의 입김을 무시할 수 없어 불참했다. 하지만 4년 뒤에 열린 로스앤젤레스 올림픽은 모스크바 올림픽의 데자뷰를 보는 듯했다. 소련을 비롯한 공산 진영 국가들이 올림픽에 오지 않은 것이다. 1988년 서울 올림픽에서는 미국과 소련이 과거의 앙금을 털어버리고 올림픽 무대에서 다시 만났다. 인간관계처럼 국가 간의 관계도 주는 만큼 받는 법이다.

3월 24일 | **Internecine war** 내전

전쟁

모든 전쟁이 비참하지만 특히 동족 간의 전쟁은 더 비참하다. 기원전 91년부터 기원전 88년까지 로마와 동맹시 사이에 벌어진 전쟁도 대표적인 내전 중 하나다. 로마는 기원전 4세기~3세기에 이탈리아반도를 통일하고 동맹시들과 동맹을 맺었다. 하지만 말이 동맹이지 정복당한 도시

✛ 미국 내전(앤티텀 전투)

들은 로마에 예속되어 병력을 지원해야 했다.

지중해의 패권을 놓고 카르타고와 벌인 포에니전쟁에서도 동맹시들은 로마에 파병하며 우호적인 자세를 보였다. 하지만 로마가 전쟁의 성과를 동맹시들에 분배하기를 거부하자, 동맹시들은 연합해 로마에 반기를 들었다. 물론 이 내전은 로마의 승리로 끝났고, 이후 로마는 제정으로 나아가는 발판을 만들었다.

현대사에서도 내전은 세계 도처에서 발발했다. 그중 19세기 미국에서 일어난 남북전쟁도 나라를 세운 지 불과 100년 만에 일어난 내전이었다. 이 전쟁에서 백인 인구 300만 명이 참전했는데 4분의 1이 목숨을 잃었다. 특히 가족간이나 사제간에 총부리를 겨누어야 하는 비참한 전쟁이었다. 실제로 링컨의 처남들은 남부군에 지원했고, 육군사관학교 교장인 로버트 리 장군은 북부군에 지원한 제자들과 싸워야 했다.

'내전'을 의미하는 영어 표현으로는 civil war가 있는데, 대체할 수 있는 말로는 intrastate war, domestic war, internecine war 등이 있다. 그중 internecine war는 의미가 광범위한데, 한 국가에서 일어나는 무력 충돌을 비롯해 모든 종류의 분쟁을 총칭한다. 영어의 internecine는 라틴어로 '지독한 죽음'을 뜻하는 nex넥스에 inter-가 붙은 말로, 여기서 inter는 '사이에서'가 아니라 '행위의 종결'을 의미한다. 그래서 internecine는 '죽음의 완전한 종결'을 말한다.

3월 25일 | **Island** 섬

✢ 고대 로마의 공동 주택 인술라

고대 로마의 정치인들은 인구가 넘쳐나는 로마시에 거주했지만, 권력자들의 로망은 한적한 시골에 빌라를 짓고 여생을 보내는 것이었다. 로마제국이 절정기일 때는 수도 로마의 인구는 100만 명에 달했다고 한다. 로마 귀족들은 정원이 딸린 도무스domus라는 저택에 살고 있었다. 평민들은 로마의 공동 주택인 인술라insula에서 살았다. 오늘날의 연립 주택이나 5층 정도의 아파트에 해당한다. 인술라는 라틴어로 '섬'을 의미하는 insula에서 나온 말이다. 인술라의 1층은 귀족들이 도무스처럼 사용하기도 했지만, 주상 복합 아파트처럼 상점들이 들어서 있었다. 인술라의 명칭이 섬에서 유래한 것은 도로로 둘러싸인 공동 주택이 마치 물로 둘러싸인 섬처럼 보였기 때문이다.

영어에서 섬을 가리키는 island의 뿌리는 고대 영어 īgland로 거슬러 올라간다. 이 말은 고대 영어에서 '섬'을 가리키는 īg와 '땅'을 가리키는 land의 합성어다. 이 말을 풀어보면 island-land가 된다. 고대 영어의 īg는 지명에도 남아 있다. 존 왕이 대헌장에 서명했던 린지Lindsey라는 지명에서 -ey가 섬이라는 뜻이다. 느닷없이 고대 영어의 īgland에 철자 -g 대신에 -s가 들어간 이유는 무엇일까? 중세 영어는 프랑스어에서 섬을 의미하는 프랑스어 ile일을 차용했다. 프랑스어에서 라틴어의 어원 insula를 따라 -s를 되살리자 영어도 ile에서 isle이 되었다. 여기에 land를 붙여 island의 형태가 나타난 것은 16세기로 확인된다. 정리하면, island는 고대 영어에서 나온 말로 설명할 수도 있고, 프랑스어 isle이 붙어 만들어진 말로도 볼 수 있다.

고대 로마에서 '제국'을 경매에 부친 적이 있다. 이 사건은 오현제의 마지막 황제인 아우렐리우스가 단초를 제공했다. 전임 황제들은 양자들에게 제국의 경영권을 넘겼지만, 철인_{哲人} 황제로 불린 아우렐리우스는 친자식인 콤무두스를 후계자로 지목했다. 영화 〈글레디에이터〉에 등장하는 사악한 황제가 바로 코모두스이다. 이 황제는 악행을 거듭하다가 목욕 중에 정부_{情婦}에게 살해당했다. 황제가 암살되자 실권을 장악하고 있던 근위대가 페르티낙스를 황제로 옹립하고 나섰다. 그는 해방 노

✛ 경매로 황제가 된 디디우스 율리아누스

예의 자식으로 태어나 군사령관까지 오른 입지전적인 인물이었다. 물론 페르티낙스가 황제에 오를 수 있었던 것은 근위대장 라이투스에게 상당한 뇌물을 주었기 때문이다.

황제에 오른 페르티낙스는 제국의 금고가 비어 있는 것을 확인했다. 전임 황제가 수많은 축제를 벌인 바람에 국고를 탕진한 것이다. 페르티낙스는 개혁 정책을 들고 나왔다. 하지만 이미 방탕한 축제에 익숙해진 로마 시민들과 타락한 근위대의 불만을 잠재우기에는 역부족이었다. 결국 페르티낙스는 황제에 오른 지 87일 만에 근위대장에게 암살당한다. 그다음부터가 가관이었다. 원로원 의원 두 명이 황제관_{皇帝冠}을 돈으로 매수한 것이다. 다시 말해, 근위대에게 더 많은 돈을 제시한 자가 황제가 되었다. 경매시장에 황제관이 나온 셈이다. 결국 디디우스 율리아누스라는 원로원 의원이 세스테르티우스 은화 수백만 개를 지불하고 황제 자리에 올랐다. 하지만 얼마 지나지 않아 그도 처참하게 암살당한다. 영어의 경매auction는 라틴어 auctionem아욱티오넴에서 나온 말인데, '증가하다'라는 뜻의 동사 augere아우게레가 그 뿌리다. 즉, 경매는 '입찰가가 계속 증가한다'라는 뜻을 지닌다.

2015년 2월 6일 영국의 엘리자베스 2세가 즉위 63년을 맞이했다. 같은 해 9월 9일에는 고조모인 빅토리아 여왕이 세운 재위 기록(63년 216일)을 갈아치웠고, 2022년 9월 8일에 서거하면서 70년 214일이라는 최장 재위 기간을 기록했다.

❖영국의 여왕 엘리자베스 2세

장수를 하다 보니 여왕에게는 많은 기념일이 있었다. 1977년 즉위 25주년 기념인 silver jubilee를 시작으로, 50주년이 되는 2002년에는 golden jubilee, 2012년 60주년 기념으로 diamond jubilee, 2022년 70주년 기념으로 platinum jubilee를 맞이했다. 여론조사에 따르면, 엘리자베스 2세는 엘리자베스 1세와 빅토리아 여왕을 누르고 역사상 가장 위대한 영국 군주로 선정되었다고 한다. 거의 100년을 살면서 단 한 번의 추문도 없었던 여왕에 대한 존경심의 발로가 아닐까.

영어로 25년이나 50주년 기념식을 의미하는 jubilee는 히브리어에서 나왔다. 히브리 전통에는 50년이 될 때마다 노예들을 해방시키고 토지도 원래의 주인에게 돌려주었다고 한다. 이해를 히브리인들은 요브헬yōbhēl이라고 부르고 숫양의 뿔나팔로 이해를 알렸다고 한다. 고대 그리스인과 로마인은 요브헬을 각자의 언어로 번역했다. 그리스인은 요벨라이오스iōbēlaios로 형태를 히브리어와 유사하게 옮겼지만, 로마인은 라틴어 동사 iubilare유빌라레(환희에 넘쳐 소리치다)와 혼동해, 단어의 형태를 iubilaeum유빌라이움으로 옮겼다. 이후 라틴어 iubilaeum은 프랑스어를 거쳐 기념일이라는 의미로 영어에 들어갔다. 영어에서 jubilee가 50주년 기념일이라는 의미를 갖게 된 것은 20세기 초반이다. 그 결과 golden jubilee는 50주년, silver jubilee는 25주년의 의미로 사용되고 있다.

2021년 10월 27일, 인도 동부의 압둘 칼라 섬에서 대륙간탄도미사일 아그니-5호가 성공리에 시험 발사를 마쳤다. 중국과 국경 문제로 분쟁을 벌이고 있는 인도는 북경을 사정거리 안에 둘 수 있는 장거리 미사일 개발에 성공했다. 미사일의 이름 아그니Agni는 인도 신화의 원전인 『리그베다』에 나오는 불의 신이다.

✛인도의 불의 신 아그니

아그니는 『리그베다』의 찬가 중에서 첫 번째로 나오는 단어인데, 산스크리트어로 불[火]이라는 뜻이다. 아그니는 제사 의식을 관장하는 최고의 신이며, 망자들과 신들 사이에서 메신저 역할을 한다. 인류에게 가장 중요한 불을 관장하는 신답게 아그니는 집 안의 화덕을 관장하는 신이자 그 집의 주인으로 묘사된다. 고대 인도에서 모든 제의는 희생물을 불에 태워 바쳤으므로 모든 신에게 바치는 제물은 아그니를 거쳐 간다.

유럽 신화 속에 등장하는 불의 신들은 흥미롭게도 고대 인도의 신 아그니와 이름이 유사한다. 고대 로마신화에 등장하는 불의 신은 이그니스Ignis이고, 러시아어로 불은 오곤огонь이며, 리투아니아어는 우그니스ugnis다. 로마의 불의 신은 라틴어에도 흔적을 남겨놓았다. 라틴어로 '불을 붙이다'를 뜻하는 ignire이그니레 동사가 이그니스에서 나온 말이다. 이 말은 중세 프랑스어에서 '점화'를 의미하는 ignition이그니시옹을 만들었고 이후 영어에 수입되었다. 19세기 영어에는 ignition에 '총에 점화하는 수단'이라는 뜻이 생겨났다. 현재는 차량의 점화 장치로 사용된다. 매일 타는 자동차의 점화 플러그에 불을 붙이는 주인공이 인도의 아그니 신까지 거슬러 올라가는 셈이다.

3월 29일 | **Taboo** 금기

각 언어에는 입에 올리기를 꺼리는 표현들이 존재한다. 이런 표현들은 주로 죽음, 질병, 배설, 성性과 관련된 말들인데, 각 언어에서는 에둘러 표현하기도 한다.

✣ taboo라는 말을 유럽에 처음 전한 영국의 탐험가 제임스 쿡

예를 들어, 영어에서는 die 대신에 pass away 또는 go to heaven이라고 말한다. 실업에 관한 표현도 마찬가지다. 실업 상태를 unemployed 대신 between jobs라고 말하거나, 해고당한 경우도 I got fired 대신 my position was eliminated라고 말한다. 생리적 활동과 관련된 표현도 함부로 입에 올릴 수 없다. powder your nose는 본래 여성들이 화장을 고친다는 말인데, '화장실을 간다'라는 말을 우회적으로 표현한 것이고, pass gas방귀를 뀌다는 break wind로, urinate소변을 보다는 do[make, go] number one으로 표현한다.

신체적 특징과 관련된 표현도 다양한 완곡 표현이 존재한다. fat뚱뚱한는 curvy 굴곡이 많은, short키가 작은는 petite자그마한로 표현한다. 성적인 표현도 예외는 아니다. 성관계를 갖다는 sleep으로 표현하고, 아이들이 "아기는 어떻게 생겨요?"라는 뜻으로 "How babies are made?"라고 물으면 부모가 "The birds and the bees"라고 대답한다. 새들이 알을 낳고, 벌들이 꽃가루를 수정하는 식으로 아기가 생긴다고 설명하는 것이다.

위의 예시들을 학자들은 금기어taboo word라고 부른다. 본래 금기taboo라는 말은 남태평양에 사는 원주민의 말이었다. taboo가 유럽에 처음으로 알려진 것은 영국의 탐험가 제임스 쿡이 남태평양을 항해하고 돌아온 뒤였다. 이 말은 폴리네시아인의 언어로 '금지된' '신성한' '축성을 받은 사람'이라는 뜻이었다고 한다.

3월 30일 | **Encyclopedia** 백과사전

그리스신화에서 대지의 신 가이아는 아들 우라노스를 낳는다. 두 신은 모자지간인 동시에 부부였다. 처음에 두 신은 금슬이 좋았다고 한다. 하지만 가이아가 키클로페스Kyklopes 삼형제와 헤카톤카이레스 같은 괴물을 낳자 두 신은 반목하기 시작한다. 결국, 우라노스는 괴물 자식들을 지옥인 타르타로스에 가두어버린다. 아마 신화는 모자간의 근친상간으로 태어난 자식들이 정상일 수 없다는 사실을 말하고 있는지도 모른다.

✤이마 한가운데 눈이 있는 키클로페스

이마 한가운데 눈이 있는 괴물 키클로페스 삼형제는 '둥글다'라는 뜻의 kyklos키클로스와 '눈'을 의미하는 opes오페스가 합쳐진 이름이다. 키클로페스 삼형제의 이름은 브론테스Brontes(천둥을 일으키는 자), 스테로페스Steropes(번개를 일으키는 자), 아르게스Arges(선명하게 빛나는 자)다. 타르타로스에 갇힌 키클로페스 삼형제와 헤카톤카이레스는 제우스의 도움으로 지상으로 나온다. 그리고 티탄족과 벌인 전쟁에서 올림포스 신족을 도와 승리에 크게 기여한다. 100개의 팔을 가진 헤카톤카이레스가 전쟁에서 펼친 활약은 짐작하고도 남는다.

키클로페스의 이름에 있는 kyklos는 '백과사전'을 가리키는 encyclopedia에도 들어가 있다. 이 말의 뿌리는 그리스어 enkyklios paideia엔키클리오스 파이데이아에서 나왔는데, '일반 교육'이라는 뜻이다. 이 단어를 해체하면 '예술이나 과학의 서클circle'을 의미하는 kyklios와 전치사 en(영어의 in)에 '교육'을 의미하는 paideia로 만들어진 말이다. 즉, enkyklios paideia는 '일반적인 학문 교육'을 뜻한다. 이 말은 다시 라틴어에 들어가 encyclopaedia가 되었고, 이후 프랑스어와 영어에서 오늘날 우리가 아는 '백과사전'으로 정착했다.

3월 31일 | **Macho** 마초

사회

일반적으로 고대 문명에서는 여성이 남성에 비해 지위가 열악했을 것이라 생각할 수 있지만, 그렇지 않은 경우도 많았다. 고대 메소포타미아에서 여성은 자신의 재산을 사고팔 수 있었고, 법정에서도 증인으로 나설 수 있었다. 달의 신 난나와 사랑의 신 인안나 같은 여신들도 널리 숭배를 받고 있었다. 고대 이집트에서도 여성은 남성과 같은 권리를 누렸는데, 일례로 토지 재산은 어머니에게서 딸로 내려갔다.

✛ 로데오 경기를 하는 카우보이

　하지만 민주주의를 꽃피웠던 고대 그리스 사회에서는 여성 참정권이 없었다. 민주주의는 남성의 전유물이었기 때문이다. 고대 아테네 여성들은 법적인 인격이 없었고, 결혼 전까지는 아버지나 다른 친척이 후견인을 맡았다. 고대 로마에서도 여성의 지위는 남성과 비교할 수준이 못 되었다. 로마의 가족은 아버지인 pater파테르가 대표하고 있었고, 여성에게는 시민권이 주어지지 않았다. 고대 로마 사회는 남성 중심으로 권력의 축이 돌아갔다.

　라틴어에서 mas마스는 '남성' 또는 '수컷'을 의미한다. 여기서 masculus마스쿨루스라는 단어가 만들어지고, 이것이 '남자같은'을 뜻하는 영어의 masculine이 된다. 한편 프랑스어에서는 masculus가 masle이 되고, 최종 철자는 mâle말이 된다. 이 단어가 영어로 들어가 남성의 성별을 의미하는 male이 된 것이다.

　라틴어의 후손인 스페인어에서 macho마초는 위에 소개한 단어들과 형제다. 본래 macho는 '수컷 동물'을 의미했는데, 로데오 경기처럼 터프한 경기를 하는 카우보이를 가리키는 말로 전환되어, 지금은 '남자다움을 과시하는 남성'이라는 의미로 정착되었다.

4월

April

4월은 라틴어로 '열다'를 의미하는 aperire아페리레에서 나왔다. 개화의 달이라는 뜻이다. 시인 오비디우스는 4월을 미의 여신 비너스에게 바쳤다. 로마 최고 실력자인 카이사르 집안사람들은 스스로를 비너스의 후손이라고 말했다. 마치 로마의 기원 라비니움을 건국한 아이네이아스가 비너스의 아들이었던 것처럼.

해마다 4월 1일이 되면 프랑스 학교에서는 등에 물고기 모양의 종이가 붙어 있는 아이들을 볼 수 있다. 누군가 등을 치면서 물고기를 등에 붙인 것인데, 본인만 모르고 주변 친구들은 이 아이를 놀리기 시작한다. 만우절의 바보가 탄생하는 순간이다. 그런데 만우절의 원조라고 할 수 있는 프랑스에서는 왜 물고기가 이날의 상징이 되었을까? 이와 관련해 여러 가지 설이 전해진다.

✣ 기독교의 상징 이크투스

먼저 기독교와 관련된 설이다. 중세 유럽인들은 부활절 이전 40일 동안 금식과 금육을 통해 경건한 생활을 했다. 다만 생선은 금육의 대상에서 제외되었다. 그러므로 생선은 금육 기간이 끝나고 다가오는 부활절을 알리는 상징이었다. 물고기가 초기 기독교 신자들이 비밀스럽게 사용한 기독교의 상징 이크투스ΙΧΘΥΣ를 나타낸다는 설명도 있다. 그래서 부활절 무렵인 4월 1일에 물고기가 등장한다는 것이다.

또 다른 설명은 중세의 달력에서 기원을 찾는다. 중세 프랑스에서는 부활절을 기준으로 4월 1일을 한 해의 시작으로 삼았다. 그러다가 1564년 샤를 9세가 1월 1일을 한 해의 시작으로 정하는 칙령을 공포했다. 하지만 사람들은 수백 년간 4월 1일이 설날이라는 사실에 익숙해져 있어 새로운 달력을 받아들이기가 쉽지 않았을 것이다. 그러자 장난기 있는 사람들이 4월 1일을 아직도 설날로 생각하는 사람들을 놀리려고 농담을 했다고 한다.

영어에서는 이날의 바보를 April Fool이라고 부르는데, 바보를 가리키는 fool은 프랑스어로 '미친'을 의미하는 fou푸에서 나왔다. 한편 프랑스어는 이날의 바보를 '4월의 물고기Poisson d'avril'라고 부른다. 일설에는 물고기를 의미하는 poisson푸아송이 예수의 수난을 의미하는 Passion(영어와 프랑스어의 철자가 동일하다)이 변형되어 만들어진 말이라고도 한다.

나폴레옹의 프랑스 함대를 트라팔가에서 격침시킨 넬슨 제독은 조선의 이순신 장군에 비견되는 영국의 영웅이다. 1801년 4월 2일 아침, 영국 해군은 코펜하겐 앞바다에서 덴마크-스웨덴 연합군과 일전을 벼르고 있었다. 당시 영국 해군의 지휘관은 하이드 파커였는데, 다소 신중한 성격의 군인이었다. 그는 덴마크 해군의 수가 너무 많다며 퇴각 명령을 내린다. 하지만 넬슨의 생각은 달랐다. 충분히 승산이 있다고 판단한 것이다.

✢ 트라팔가해전을 승리로 이끈 넬슨 제독

넬슨은 타고난 군인이었다. 1794년 코르시카의 칼비해전에서 오른쪽 눈을 잃고 얼굴에 수많은 파편이 박힌 적이 있었다. 다시 말해 넬슨은 전장에서 불같은 용기를 보인 군인이었다. 심지어 전투에서 총탄을 맞고 오른팔을 절단하기까지 했다.

전세가 불리하다고 판단한 파커 사령관은 퇴각 명령을 함대에 내린다. 하지만 퇴각 깃발이 오르자 넬슨은 시력을 잃은 눈에 망원경을 대고 부관인 토마스 폴리에게 다음과 같이 말한다. "부관도 알다시피 나는 눈이 하나밖에 없네. 때로는 맹인이 될 자격이 있다고 생각하네. 정말로 깃발이 보이지 않아."

이렇게 넬슨 제독은 상관의 퇴각 명령을 무시하고 전투를 이어갔다. 오후 2시가 되자 덴마크의 함대가 수세에 몰렸고, 영국군은 마침내 승리를 거두었다. 이때 넬슨이 말한 turn a blind eye라는 표현은 '애꾸눈으로 보다'에서 만들어진 표현인데, '보고도 보지 않는 척하다' 또는 '의식적으로 무시하다'라는 뜻이다. 전쟁은 병력과 사기만으로 좌우되는 것이 아니라, 지휘관의 강력한 의지와 용기가 더 중요하다는 사실을 넬슨이 증명하고 있다. 영어에서 "This is the last time I'll turn a blind eye to it"이라는 말은 "눈감아주는 것도 이번이 마지막이다"라고 번역할 수 있다.

대한민국의 인터넷 속도는 세계적인 수준이다. 초고속 인터넷의 경우 초당 전송 속도가 거의 1기가바이트gigabyte에 이르는데, 메가로 환산하면 10억 메가바이트의 데이터를 1초에 전송할 수 있는 분량이다. 고화질 동영상으로 환산하면 73분 정도의 영상을 볼 수 있는 양이다.

✛ 가이아의 자식들인 기간테스

기가giga의 어원은 그리스신화에서 비롯되었다. 대지의 여신 가이아의 복수심은 아무도 꺾을 수 없었다. 아들 크로노스를 시켜 남편인 우라노스를 거세해 쫓아버린 가이아는 크로노스의 자식들인 올림포스 신족에게 배신당한다. 제우스는 가이아의 자식들인 티탄족을 타르타로스에 감금해버린다. 그러자 가이아는 기간테스gigantes(단수는 기가스gigas)를 만들어 올림포스 신족과 싸우게 만든다. 이 전쟁을 기간토마키아gigantomachia라고 부른다. 그리스어로 machia는 전쟁이라는 뜻이다. 기간테스는 상반신은 거인이고, 하반신은 뱀의 형상을 한 거대한 괴물들이다. 일설에 따르면, 기간테스는 지상에서 불사신이었기 때문에 다치기만 할 뿐 죽지는 않았다고 한다. 그래서 헤라클레스가 그들을 하늘로 끌어올려 죽였다고 한다.

이렇게 죽은 기간테스는 라틴어를 통해 영어에 흔적을 남겼다. 먼저 거인을 의미하는 giant가 첫 번째 말인데, 이 단어는 중세 프랑스어 géant제앙을 통해 영어에 들어왔다. 앞에서 소개한 giga가 두 번째 말인데, 엄청나게 큰 수인 10억을 의미하는 말로 자리를 잡았다. 올림포스 신족에게 몰살당한 기간테스는 인터넷 시대에 이렇게 살아남게 되었다.

16세기에 지금의 체코에 해당하는 보헤미아 왕국의 백작 히에로니무스 슈링크가 요아힘스탈러Joachimsthaler라는 주화를 발행해 통용시켰다. 요아힘스탈러 속의 '탈thal'은 독일어로 계곡을 가리키는데 영어의 dale과 어원이 같다. 이 주화의 이름은 요아힘스탈Joachimstal(요하임의 계곡)이라는 지명에서 유래했다.

÷ 1525년에 발행된 주화 요아힘스탈러

그런데 당시 보헤미아 왕국은 신성로마제국의 일원이어서 이 통화는 스페인의 기축통화인 8조각 주화와 경쟁 관계에 있었다. 신성로마제국의 일원인 네덜란드인들은 이 주화를 레이위벤달더르Leeuwendaalder라고 불렀다. 사자 문양이 들어 있는 달러라는 뜻이다. 사자를 주화에 새겨 넣은 것은 네덜란드 지방이 신성로마제국의 부르고뉴 공국 땅이었고, 부르고뉴의 상징 동물이 사자였기 때문이다.

레이위벤달더르는 북미의 네덜란드 식민지에서도 통용되기 시작했다. 네덜란드를 축출하고 북미 13개 식민지를 건설한 영국인들도 레이위벤달더르를 주요 화폐로 사용했고, 줄여서 달러dollar라고 불렀다. 이후 1792년 4월 4일, 워싱턴 대통령 밑에서 재무장관을 지낸 알렉산더 해밀턴의 주창에 따라 달러는 미 합중국의 기본 통화로 자리 잡는다.

현재 달러를 '$' 기호로 표시하는 이유가 있다. 영국인들이 스페인의 8조각 주화를 스페인 달러Spanish Dollar라고 불렀는데, S는 스페인의 약자이고, 수직선은 합스부르크 왕가의 문장紋章에 그려져 있는 헤라클레스의 기둥을 상징한다.

1722년 4월 5일, 네덜란드의 탐험가 야콥 로게벤은 태평양에서 섬 하나를 발견했다. 이 섬은 칠레로부터 무려 3,700킬로미터나 떨어진 태평양 한복판에 있었다. 당시 기록에 따르면, 섬을 발견한 날이 부활절이어서 네덜란드어로 파슈 에일란트Paasch Elyland라는 이름을 붙였다. 영어로 옮기면 이스터섬Easter Island이 된다. 거대 석상 모아이로 유명한 이스터섬은 이렇게 세상에 알려졌다.

✛이스터섬의 거대 석상 모아이

영국을 제외한 대부분의 유럽 국가에서는 부활절의 명칭이 히브리어로 '건너 지나가다' '모면하다'라는 의미를 지닌 pesah페사에서 나왔다. 히브리어 pesah는 그리스어를 거처 라틴어에서 파스카Pascha가 되었고, 라틴어의 후손들인 프랑스어, 스페인어, 포르투갈어 등에서 부활절을 가리키는 말도 여기서 나왔다. 예컨대, 프랑스어에서는 부활절을 파크Pâques라고 부른다.

파스카라는 말은 히브리 민족의 파스카 축제에 기원을 둔다. 『구약성경』에 따르면, 모세가 이집트에서 히브리 민족을 탈출시킨 사건을 기념해 유대인들은 파스카 축제를 지냈다. 파스카 축제는 하느님이 이집트의 만아들과 만배를 치실 때 문설주에 발라놓은 양의 피를 보고 이스라엘 백성의 집을 건너뛴 사건을 기념하기 위해 시작됐다. 그러므로 '건너 지나가다' '모면하다'라는 히브리어 pesah는 이스라엘인의 만아들을 건너간다, 즉 '살려주다'라는 뜻이다.

영어를 비롯한 게르만어권에서는 부활절을 다르게 부른다. 영어로 부활절은 Easter라고 하는데, 풍요와 봄의 여신의 이름에서 나왔다. 독일어의 오스테른Ostern도 같은 이름이다. 게르만족들은 부활절이 봄의 시작을 알리는 춘분과 밀접하다고 생각했다.

지난 2017년 8월 8일 당시 미국 대통령 도널드 트럼프는 "북한이 미국을 위협하면 지금껏 전 세계가 보지 못했던 '화염과 분노 fire and fury'에 직면하게 될 것"이라고 북한에 경고했다. 당시 지구촌은 최강국 미국과 핵보유국 북한의 일촉즉발 위기로 긴장하고 있던 때였다. 여기서 화염이란 무력 사용을 말하지만, 분노는 다소 추상적이다. 혹시 트럼프는 그리스신화에 나오는 복수의 여신들이 품던 그 분노를 말했을까?

✛ 오레스테스를 충동질하는 복수의 세 여신 에리니에스

가이아의 아들 크로노스는 어머니의 충동질에 아버지 우라노스의 남근을 큰 낫으로 베고 바다에 던진다. 아이러니하게도 우라노스의 남근이 빠진 곳에 거품이 일더니 미의 여신 아프로디테가 태어났다. 이야기가 여기서 끝나면 다소 싱거웠을 것이다. 사랑의 여신이 태어난 바로 옆에 세 명의 여신이 태어났다. 그들은 아프로디테와는 정반대로 얼굴에 온 세상의 고통을 짊어진 것처럼 보였다. 이때 태어난 신들이 복수의 세 여신 에리니에스Erinyes다. 하데스의 세계인 명계에 사는 에리니에스는 머리카락 사이에 뱀들이 꿈틀거리고, 한 손에는 횃불 다른 손에는 채찍을 가졌다. 그들은 올림포스 신들이 태어나기 이전에 태어난 복수의 신들이었기 때문에 올림포스 신들도 두려워했다.

에리니에스의 로마 이름이 바로 푸리아Furia다. 앞서 언급한 분노는 바로 복수의 여신들의 이름에서 나온 말이다. 영어의 fury도 여기서 나왔다. 물론 현대 영어의 분노와, 복수의 여신들이 보인 분노는 하늘과 땅 차이다. 현대인들의 분노는 일상생활에서 흔히 발견되지만, 복수의 신에게서 나오는 분노는 신들도 피해갈 수 없는 필연적인 복수가 수반되었기 때문이다. 그런 점에서 미국의 전직 대통령 트럼프가 언급한 분노는 그 의미가 자못 섬뜩하다.

4월 7일 | **Cross** 십자가

종교

예수는 기원후 30년 또는 33년 4월 7일 금요일, 예루살렘의 골고다에서 십자가에 못 박혀 세상을 떠났다고 전해진다. 복음서에 따르면 예수가 십자형에 처해진 날은 금요일인데, 그날은 유대인들의 안식일인 토요일의 전날이었다. 그리고 히브리 달력에서 첫 번째 달인 니산 달의 14번째 날이었는데, 오늘날 달력으로 계산하면 4월 7일이 된다.

✚ 십자가에 못 박힌 그리스도

예수는 지금의 팔레스타인 지방인 갈릴리에서 태어났다. 당시 유대 지방은 로마의 총독이 다스리는 속주였다. 로마인들은 라틴어를 공용어로 사용하고 있었다. 그렇다면 예수가 살았던 기원후 30년 무렵 유대인들은 어떤 언어를 썼을까? 일단 유대인 예수는 히브리어를 이해했을 것이다. 그런데 예수가 제자들과 대화하거나 설교할 때 사용한 언어는 히브리어가 아니라 아람어였다. 아람 민족은 이스라엘 민족 12조상 중 한 갈래로 북시리아 지방에 정착한 민족이었다. 아람어는 시리아 지방을 중심으로 팔레스타인 지방까지 널리 사용된 언어다. 아람어는 이스라엘 사제와 귀족의 언어로 통용되었고, 히브리어는 일반 민중의 언어였다는 것이 학자들의 일반적 견해다. 예수는 십자가에 못 박히고 죽을 때까지 마지막 말 일곱 개를 아람어로 남겼다. 그중 가장 마지막 말은 "아버지 제 영을 아버지 손에 바칩니다"였다.

예수는 십자가형에 처해졌는데, 영어에서 십자가는 cross라고 부른다. 이 단어는 중세 라틴어를 통해 북부 잉글랜드로 들어왔다. 이탈리아어 발음 크로체croce와 함께 cruche의 형태로 수입되었다. 또 다른 형태는 남부 잉글랜드에 들어온 crois인데, 이 말은 중세 프랑스어를 통해 영어로 들어왔다. 현대 영어의 cross는 후자에 속한다. 십자군전쟁을 뜻하는 영어의 crusade도 뿌리가 같다.

4월 8일 | **Insomnia** 불면증

예술

미국의 영화감독 크리스토퍼 놀란의 범죄 스릴러 영화 〈인섬니아〉는 알래스카에서 발생한 살인 사건으로 이야기가 시작된다. 현지 경찰은 로스앤젤레스 경찰에 지원을 요청하는데, 알래스카에 도착한 주인공 형사는 백야 현상 때문에 제목처럼 불면증 insomnia에 시달리면서 범인을 추적한다.

✛ 솜누스(잠)와 모르스(죽음)

고대 그리스인들은 잠이 죽음의 연장선이라고 생각했다. 수면을 가사假死 상태로 여긴 것이다. 그리하여 고대 그리스인들은 죽음의 신 타나토스Thanatos와 잠의 신 히프노스Hypnos가 형제라고 믿었다. 히프노스에서 나온 영어 단어로는 hypnology최면학, hypnotic최면제 등이 있고, 타나토스에서 나온 단어로는 thanatophobia사망 공포증가 있다.

로마신화는 잠의 신을 솜누스Somnus(히프노스와 동일)라고 불렀다. 이 신의 이름은 아편의 원료가 되는 양귀비의 이름에도 들어가 있다. 양귀비의 학명은 Papaver somniferum L.인데, papa는 라틴어로 아버지를 뜻한다. 학명에서 somniferum은 somni잠와 ferum옮기다을 합성해 만든 말이다. 다시 말해 '잠을 재우는 아버지'라는 뜻이다. 옛날에는 갓난아이들을 재우기 위해 이 꽃의 잎이나 열매를 아이들의 음식에 넣었다고 한다. 양귀비는 잠의 신 솜누스가 대지의 신 데메테르에게 준 꽃인데, 그녀는 하데스에게 납치된 딸 페르세포네 때문에 괴로운 나날을 보내고 있었다. 솜누스에서 나온 재미있는 말로는 '몽유병'을 뜻하는 somnambulism도 있다. 말을 풀어보면 '잠'을 의미하는 somn-와 '누비고 다니다'를 뜻하는 ambulare암불라레가 합성된 것이다. 구급차를 뜻하는 앰뷸런스 ambulance도 후자에서 나온 말이다.

2021년 4월 9일, 엘리자베스 2세의 부군 필립공이 세상을 떠났다. 여왕의 영원한 동반자로 늘 여왕의 곁을 지키던 필립공은 그리스 왕족 출신으로 알려져 있다. 그렇다면 둘의 결혼은 거의 모든 유럽 왕실에서 빈번했던 근친혼 사례에서 벗어난 것처럼 보인다. 하지만 필립공은 빅토리아 여왕의 후손이다. 여왕의 딸 앨리스 공

✛ 엘리자베스 2세와 필립공

주가 독일의 헤센 공국으로 시집을 갔고, 앨리스 공주의 딸 앨리스(어머니와 이름이 같다)가 그리스 왕실로 시집을 가서 낳은 왕자가 바로 필립공이다. 엘리자베스 2세는 친가를 통해 빅토리아 여왕의 고손녀가 되고, 필립공은 외가를 통해 고손자가 된다.

한국식 촌수로 치면 두 사람은 8촌 간의 친척이다. 영국 왕실은 20세기 중반까지도 근친혼을 이어간 것이다. 그러나 서양의 촌수 계산 방식은 우리와 조금 다르다. 엘리자베스 1세와 필립공처럼 고조모(=빅토리아 여왕)가 동일한 경우 제3의 사촌third cousin이라고 부르는데, 한국식 촌수로는 8촌에 해당한다. 같은 방식으로 증조부가 동일하면 제2의 사촌second cousin, 즉 6촌이다.

영어의 cousin은 중세 프랑스어 cosin코쟁(현대 프랑스어는 cousin)에서 나온 말이다. 이 중세 프랑스어는 조카, 친척, 사촌을 의미했다. 프랑스어 cousin도 뿌리를 따라가면 라틴어 consobrinus콘소브리누스에 이른다.[13] 이 말은 '함께'를 뜻하는 con과 '모계 사촌'을 의미하는 sobrinus로 이루어져 있다. 그러다가 모계와 부계의 모든 사촌을 가리키는 말로 의미가 확대되었다. 13세기에 영어는 프랑스어 cousin의 의미 중 조카 또는 질녀 같은 친척의 의미를 먼저 받아들였다. 참고로 숙부를 의미하는 영어의 uncle 역시 본래는 어머니의 남자 형제를 지칭하는 말이었지만, 나중에는 부모의 모든 형제를 가리키는 호칭으로 바뀌었다.

4월 10일 | **Lethal** 치명적인

신화

고대 그리스인들은 관을 덮을 때 동전 한 닢을 망자의 입에 넣어주었다. 저승의 강을 건널 때 뱃사공 카론에게 지불할 뱃삯이었다. 고대 그리스인들이 생각하는 저승에는 다섯 개의 강이 흐르고 있었다.

✛레테의 강을 건너는 망자들

첫 번째 강은 뱃사공 카론이 지키는 아케론의 강이었다. 이 강은 '비통의 강'인데, 이 강을 건너면 망자는 슬픔을 잊는다고 한다. 두 번째 강은 '탄식'을 의미하는 코키토스의 강인데, 강물에 자신의 과거의 모습이 비친다. 그래서 망자는 시름에 젖고 얼음 같은 냉기를 느낀다고 한다. 세 번째 강은 '불의 강'이라고 불리는 피리플레게톤이다. 그리스어로 pyri-는 '불타다'라는 의미로, 이 강을 건널 때는 망자의 영혼이 불타서 정화된다고 한다. 네 번째 강은 '증오의 강'으로 불리는 스틱스이다. 이 강은 명계를 구중九重으로 휘감고 있는데, 신들의 왕인 제우스조차 이 강을 두고 맹세하면 번복할 수 없는 무서운 강이었다. 이 맹세를 어기면 신들도 1년 동안 숨을 쉴 수 없고, 깨어나도 9년 동안 신으로 살 수 없었다.

다섯 번째 강은 '망각의 강'인 레테Lethe다. 피리플레게톤에서 정화된 영혼은 이 강의 물을 마시고 전생의 기억을 모두 잊는다. 하지만 전생에 원한이 너무 컸던 영혼은 레테의 물을 마셔도 전생의 기억을 잊을 수 없다고 한다. 하지만 명계에는 므네모시네의 연못도 있다. 므네모시네의 물을 마시면 전생의 기억이 모두 되살아난다고 한다. 고대 그리스인들은 이처럼 신화 속에 항상 출구를 만들어놓았다.

레테의 강은 영어에도 흔적을 남겨놓았다. '치명적인'을 뜻하는 영어의 lethal이 레테의 자식이다. 본래 인도-유럽어에서 leto는 '가게 내버려두다'라는 뜻을 갖고 있는데, 후손들의 언어에서는 '저승으로 가게 내버려두다'라는 의미로 축소되었다.

4월 11일 | **Mall** 몰

현대인이 즐기는 운동의 명칭 중에는 프랑스어에서 유래한 것이 몇 가지 있다. 대표적인 운동이 테니스다. 테니스는 죄드폼Jeu de Paume이라고 불린 실내 스포츠가 원형인데, 단어를 풀어보면 '손바닥'을 의미하는 paume와 '놀이'를 의미하는 jeu로 이루어진다. 이 놀이는 손으로 공을 네

✦폴몰 경기를 즐기는 왕족들

트 너머로 던지는데, 나중에는 라켓을 사용해 공을 상대방에게 쳐서 보냈다. 이 운동이 테니스의 시조다. 테니스라는 말은 "자! 공 받아라!"를 뜻하는 프랑스어 tenez에서 나왔다. 서비스를 하기 전 상대방에게 지른 외침에서 유래한 것이다.

두 번째도 프랑스인이 영국에 전해준 스포츠인데, 배경은 17세기의 런던이다. 이 스포츠의 이름에 프랑스어로 '밀짚'을 뜻하는 paille와 '나무망치'를 뜻하는 maille라는 말이 들어 있고, 영어로는 팰맬pall mall이라고 불렀다. 이 경기는 긴 통로 끝에 있는 나무 기둥에 쇠로 만든 큰 고리를 매달아놓고, 회양목으로 만든 공을 나무 배트로 쳐서 통과시키는 스포츠였다. 야구의 부모라고 할 수 있는 크리켓을 연상하면 된다.

이 경기는 본알이라는 프랑스인이 처음 영국에 소개했다. 그는 세인트 제임스 파크에 긴 경기장을 만들고 팰맬 경기를 했다고 한다. 본알이 죽은 뒤 폴몰 경기장이 있던 긴 거리에는 나무가 빼곡한 산책로가 조성되었고, 양쪽에는 상점들이 가득 들어찼다. 우리가 자주 가는 대형 쇼핑몰의 mall이 이렇게 탄생했다. 팰맬 경기는 사라지고 없지만 mall이라는 말은 살아남아 현대인에게 친숙한 단어가 되었다.

4월 12일 | **Metaverse** 메타버스

요즘 메타meta-라는 접두사가 들어간 말이 주변에서 많이 보인다. 그리스어로 meta-는 '~의 뒤에' '~의 다음에' '~을 넘어' '~에 관해'라는 의미를 갖는다. 문학에서 은유를 메타포metaphor라고 부르는데, '대상 저 너머에 있는 이미지'라고 이해하면 된다. 예를 들어 '당신은 천사처럼 사랑스럽다'라고 하면 직유지만, '당신은 내 마음의 천사'라고 하면 메타포가 된다.

✛ '메타버스'라는 용어를 만든 닐 스티븐슨

곤충의 변태를 의미하는 metamorphosis에도 meta-가 들어가 있다. 변형을 의미하는 morphosis에 '나중에'라는 meta-가 붙어 만들어졌는데, 곤충의 변태를 예로 들면 처음부터 날개 달린 성충으로 변형되는 것이 아니라, 알에서 태어나 애벌레로 자란 뒤에 날개가 생겨 변형한다는 뜻이다.

메타가 들어간 대표적인 학술 용어 중 형이상학metaphysics이 있다. 이 용어는 '~의 다음에'를 뜻하는 meta-와 자연학을 뜻하는 physics가 결합해 만들어진 말이다. 자연학의 다음에 한 차원 높은 곳에 놓이는 문제가 바로 형이상학적인 문제다. 예를 들어, "나는 누구인가?" "우리가 보고 느끼는 것이 진짜인가?"와 같이 존재와 인식에 관한 형이상학적인 질문들이 있다.

1992년 미국의 소설가 닐 스티븐슨은 『스노우 크래시』라는 소설에서 meta에 우주를 의미하는 universe를 합성해 메타버스metaverse라는 용어를 처음 사용했다. 이때 meta-는 '~을 초월하는'이라는 뜻이다. 그는 현실을 초월하는 3D 가상 세계를 메타버스라고 명명했는데, 다른 표현으로 바꾸면 현실 세계와 같은 사회적·경제적 활동이 통용되는 3차원 가상공간이 메타버스라고 말할 수 있다. 온라인 게임에서는 이미 메타버스의 개념이 적용되고 있는데, 예컨대 게임 아이템을 사고파는 행위가 메타버스의 공간에서 이루어지고 있다.

4월 13일 | **Hygiene** 위생

세계보건기구의 로고에는 지팡이를 휘감고 올라가는 뱀 한 마리가 보인다. 이 지팡이는 그리스신화에 나오는 의술의 신 아스클레피오스의 지팡이로 널리 알려져 있다. 신화 속 인물들이 평범하게 태어나는 법이 없듯이, 아스클레피오스의 출생 역시 한 편의 드라마다. 그의 이야기는 태양신 아폴론에서 시작한다.

아폴론이 어느 날 코로니스라는 여인과 사랑에 빠지고 말았다. 하지만 코로니스가 다른 남자와 눈이 맞았다는 까마귀의 말을 믿고 아폴론은 그녀를 죽여버린다. 아폴론은 뒤늦게 자신의 행동을 후회하고는, 까마귀의 몸을 흰

✢ 건강의 여신 히가이아

색에서 검은색으로 만들어 분을 풀었다. 그런 다음 죽은 코로니스의 몸에서 아들을 꺼냈는데, 그가 바로 아스클레피오스였다. 아폴론은 켄타우로스에게 양육을 맡겼고, 아이는 죽은 사람까지 살릴 정도로 명의가 되었다. 아스클레피오스의 죽음에 얽힌 여러 설이 있지만, 제일 설득력이 있는 것은 명부의 왕 하데스가 그의 죽음을 제우스에게 청했다는 설이다. 아스클레피오스가 죽은 사람을 너무 많이 살려 명부에 더 이상 사람이 오지 않았기 때문이다.

아스클레피오스에게는 여러 명의 자식이 있었는데, 그중 히기에이아 Hygieia(영어로는 Hygeia)도 있었다. 그녀는 건강의 여신이었다. 여기서 만들어진 말이 '위생'을 뜻하는 영어 hygiene이다. 코로나 시대에 수없이 강조했던 '공중위생'을 영어에서는 public hygiene이라고 말한다. 아스클레피오스의 다른 딸로는 파나케이아Panacea가 있는데, 그리스어로 '만병통치약'이라는 뜻이다. 현대 영어에서는 어려운 문제를 쉽게 풀어내는 방책이라는 비유적인 의미로도 사용된다.

요즘 젊은이들에게는 약혼식이 낯설다. 예
전에는 약혼식을 올리는 예비 신랑 신부가
많았지만, 이세는 거의 사라진 예식이 되었
다. 서양에서 들어온 약혼식의 기원은 멀리
고대 로마까지 거슬러 올라간다. 고대 로마
인들은 결혼식을 올리기 몇 해 전에 약혼식
을 올렸는데, 지금처럼 반지를 교환했다. 약
혼식에서 신랑은 신부의 왼쪽 네 번째 손가
락에 반지를 끼워준다. 고대 로마인들은 네
번째 손가락이 심장의 정맥과 연결된다고
생각했다. 영어에서도 네 번째 손가락을 '결

✛ 고대 로마의 결혼식

혼반지를 끼는 손가락'이라는 ring finger라고 부른다.

반지는 약혼이나 결혼에서 중요한 상징성을 갖는 물건이다. 약혼식에서 남녀
가 교환하는 반지는 서로가 자유의지에 따라 한 사람의 배우자가 되었다는 것
을 상징한다. 프랑스인들은 반지 안에 'A는 B의 것' 'B는 A의 것'이라는 문구를
각각 새겨 넣는다. 서로가 서로에게 종속되었다는 상징인 것이다. 아름다운 금
반지가 족쇄 같은 상징물이라니 결혼반지가 새삼 다시 보인다.

약혼자를 의미하는 영어의 fiancé는 프랑스어 fiancé피앙세에서 나온 말이다. 한
편 약혼녀는 fiancée라고 하는데, 끝에 붙은 -e는 프랑스어에서 여성형을 만드는
접미사다. 약혼녀의 어원은 프랑스어로 '믿음'을 뜻하는 foi푸아에서 나왔다. 따라
서 약혼식은 '믿음의 약속'이라는 의미. 프랑스어 foi의 어원은 라틴어 fides피
데스가 어원인데, 영어의 faith가 여기서 나왔다. 한편 미국 뉴멕시코주에는 Santa
Fe산타페라는 고도古都가 있다. 이 지방을 최초로 개척한 스페인 사람들이 '성스러
운 신앙'이라고 이름 붙인 도시다. 스페인어로 fe는 '신앙'을 의미한다. 재미있게
도 프랑스어와 어형이 비슷하다.

4월 15일 | **Nickname** 별명

13세기까지만 해도 잉글랜드 사람들은 성姓이 없고 이름 하나만 있었다. 농민들은 『성경』에 나오는 존, 제임스, 토마스 같은 이름이나 윌리엄, 헨리 같은 위대한 군주의 이름을 사용했다. 문제는 같은 마을에 윌리엄이 너무 많다는 사실이었다. 실제로 플랜태저넷 왕조를 세운 헨리 2세의 아들 청년왕 헨리는 다소 엉뚱한 군주였는데, 자신의 조상인 정복왕 윌리엄을 기리기 위해 노르망디의 뷔르라는 마을에서 윌리엄이라는 이름을 가진 남자들을 저녁에 초대했다. 그날 저녁 청년왕 헨리는 17명의 윌리엄과 저녁 식사를 했다고 한다.

✝ 청년왕 헨리

　이런 혼동을 피하고자 중세 유럽인들은 이름 뒤에 별명을 붙이기 시작했다. 예컨대, 재단사 톰은 톰 테일러, 빵을 굽는 존은 존 베이커, 수레꾼 리처드는 리처드 카터, 실개천에 사는 올리버는 올리버 브룩, 언덕 위에 사는 헨리는 헨리 클린턴으로 불러 동명이인을 구분했다. 훗날 호적 제도가 보편화되면서 별명으로 불리던 이름이 성이 되었다. 물론 왕족은 거창한 성을 가지고 있었다. 잉글랜드 왕국의 마틸다는 Matilda of England로, 플랜태저넷 왕조의 초대 국왕 헨리 2세는 Henry Plantagenet이 본명이었다.

　'별명'을 뜻하는 영어의 nickname의 고어 형태는 eke name이었고, '덧붙여진 이름'이라는 뜻이었다. 게르만 조어에서 eke는 '증가하다'라는 뜻이었으니, eke name은 '늘어난 이름' 정도로 번역된다. 부정관사 an이 eke name 앞에 붙어 neke name이 되었고, 나중에는 nickname이 되었다. 마치 '작은 식탁보'를 의미하는 프랑스어 apron이 냅킨napkin으로 변신한 것과 같은 원리다(79쪽 참조).

4월 16일 | **Narcissism** 자아도취

신화

'자아도취'로 번역되는 나르시시즘narcissism은 보통 개인의 행동이나 심리를 설명하는 용어다. 그런데 이를 확대해 한 집단이 스스로를 얼마나 자랑스럽게 생각하는지 알아보는 연구가 진행되었다. 지나친 애국심이나 국가주의가 집단적 나르시시즘의 좋은 예다.

지구촌에 사는 각국의 시민에게 조국이 세계사에 어느 정도 기여했는지 물었다. 달리 말해, 집단적 나르시시즘을 물어본 것이다. 이론상 각국의 기여도를 모두 합하면 100%가 되어야 한

✥ 물에 비친 자신을 사랑한 나르키소스

다. 연구자는 35개국 대학생 7,000명에게 물어보았다. 결과는 뜻밖이었다. 각국의 기여도를 전부 더했더니 무려 1,156%가 나왔다. 그만큼 각자 자신의 조국이 세계 발전에 기여한 바가 많다고 평가한 것이다. 가장 수치가 높은 나라는 러시아(61%)였고, 그 뒤를 영국(55%), 인도(54%), 홍콩(51%), 중국(42%)이 따랐다. 스위스(12%), 네덜란드(20%) 같은 나라들은 상대적으로 수치가 낮은 집단에 속했다. 20세기 이후 세계를 주도하고 있는 초강대국 미국의 수치도 33%에 그쳤다. 종합해보면 옛 공산권이나 이슬람 문화권, 권위주의적인 정부가 들어선 국가에서 수치가 높은 편이었다.

나르시시즘은 그리스신화에 나오는 미소년 나르키소스Narcissus에서 유래했다. 어느 날 산의 님프였던 에코가 나르키소스를 보고 한눈에 반한다. 말이 많았던 에코는 헤라의 벌을 받아 남의 말만 반복할 수 있었다. 나르키소스를 본 에코는 자신의 사랑을 고백하고 싶었지만 말을 할 수가 없었다. 그런데 나르키소스는 이런 그녀를 심하게 대했고 심지어 욕을 퍼붓기도 했다. 결국 복수를 다짐한 에코는 물에 비친 자신의 모습을 본 나르키소스가 스스로를 사랑하게 만들었다. 그 사랑이 이루어질 수 없게 되자 결국 나르키소스는 물에 빠져 죽고 만다. 여기서 narcosis혼수상태, narcotist마약 중독자, narco마약 단속반와 같은 영어 단어가 나왔다.

1521년 4월 17일, 독일의 종교개혁가 마르틴 루터가 독일의 남서부 라인란트팔츠주에 있는 작은 도시 보름스에 도착했다. 4년 전인 1517년에 비텐베르크 교회 정문에 가톨릭교회의 타락을 비판하는 95개조 반박문을 붙인 것이 호출의

✛보름스 제국 의회에 출석한 마르틴 루터

이유였다. 이날 루터가 보름스의 제국 의회에 나타난 것은 신성로마제국의 황제인 카를 5세가 제국 의회에 출석하라고 명령했기 때문이다. 루터의 친구들은 의회에 출석하지 말라고 권유했다. 몇 년 전 체코의 얀 후스도 종교개혁을 요구하다가 화형을 당한 선례가 있었기 때문이다. 하지만 루터는 "보름스의 지붕 기왓장만큼 많은 악마가 있더라도 나는 가겠다"라며 강한 의지를 피력했다.

제국 의회에서 고문관은 루터에게 출간한 책들을 인정할 것인지, 책들에 쓴 내용을 철회할 준비가 되어 있는지 물었다. 첫 번째 질문에 루터는 "그렇다"라고 답했고, 두 번째 질문에는 하루의 말미를 달라고 요청했다. 루터는 독일어로 변론했다. 그런데 카를 5세의 모습이 조금 부자연스러웠다. 졸고 있었기 때문이다. 플랑드르에서 태어난 황제는 플라망어와 프랑스어를 자유롭게 구사했지만 독일어 수준은 변변치 못했다. 독일의 황제가 독일어를 구사하지 못한 것이다.

루터가 출석한 제국 의회를 영어로는 diet라고 부른다. 라틴어 dieta디에타에서 온 말인데, 일상 업무를 뜻했고, 나중에 의회라는 의미가 생겨났다. 일상 업무 중 매일 하는 식사도 빠질 수 없다. 여기서 생긴 말이 현대인에게 강박관념으로 남아 있는 다이어트diet다. 다이어트의 본래 뜻은 지금처럼 식이요법이 아니라, 매일 먹는 식사, 하루 식사량 등을 가리켰다. 전혀 상관없어 보이는 제국 의회와 다이어트는 철자뿐만 아니라 그 어원도 동일하다.

✛리어왕과 광대

셰익스피어의 비극『리어왕』에는 광대가 등장해 리어왕의 어리석음을 조롱한다. 비극에 광대가 등장한다는 설정이 이상해 보이지만, 인간이 겪는 비극 속에도 늘 희극이 섞여 있고, 반대의 경우도 있는 법이다. 작가는 그 점을 노렸을 것이다. 광대는 리어왕에게 말한다. "가진 것 이상으로 보여주지 말고, 알고 있는 것을 다 말하지 말고, 가진 것을 모두 빌려줘서는 안 되고, 걷기보다는 말을 타고, 알게 된 것을 전부 믿지 말고, 가진 것을 모두 던지지 말아야 한다." 그러나 리어왕은 광대의 충고를 비웃는다. 결국 왕은 두 딸에게 모든 것을 빼앗기고 폭풍우가 몰아치는 황야로 내쫓긴다.

흔히 광대는 어리석게 보이지만 중세의 왕들은 바른말을 하는 광대를 항상 곁에 두었다. 다시 말해 광대는 겉으로만 어리석은 존재였다. 한 가지 흥미로운 사실은 지금은 '멋진'이라는 뜻으로 사용되던 영어의 nice가 중세에는 '어리석은'이라는 의미로 사용되었다는 것이다.

영어의 나이스는 중세 프랑스어 nice니스에서 온 말인데, 니스는 '부주의한' '어설픈' '약한' '멍청한'이라는 뜻이 있었다. 현재 우리가 알고 있는 nice와는 정반대다. 대부분의 프랑스어가 그렇듯 이 말의 뿌리도 라틴어에 있다. 라틴어로 '알다'를 뜻하는 동사는 scire인데, 앞에 부정을 의미하는 ne-가 붙어 '무지의' '알지 못하는'이라는 뜻의 nescius가 만들어진다.

영어 단어 nice의 여정은 변화무쌍하다. 먼저 '무지한'에서 '수줍은' '용기가 없는'이란 의미가 만들어진다(14세기). 이후 '의복에 지나치게 장식이 많은fussy' '꼼꼼한'이라는 의미가 생겨난다(14세기 말). '앙증맞은' '주의 깊은'이라는 정반대의 뜻도 생겨난다. 18세기에는 '유쾌한' '기분 좋은'이라는 의미가 생겨나서 현재에 이르고 있다.

가톨릭 예배는 라틴어로 미사missa라고 하는데, 영어에서는 mass라고 부른다. 가톨릭의 미사는 로마제국이 기독교를 공인하기 전까지 그리스어로 eucharistia에우카리스티아라고 불렀다. 이 말은 그리스어로 '주님께 감사를 드린다'라는 뜻이다. 다시 말해, 빵과 포도주를 함께 나누며 최후의 만찬을 기념하고 주님께 감사를 드린다는 의미를 담고 있다. 라틴어는 이 단어를 감사의 행위를 의미하는 gratiarum actio그라티아룸 악티오로 옮겼다.

✟ 미사 용어를 처음 사용한 성 암브로시우스

그러다가 기원후 4세기 말, 밀라노의 주교 성 암브로시우스는 기독교의 감사 의식에 미사missa라는 용어를 사용하기 시작했다. 라틴어의 동사 mittere미테레의 과거 분사 missus미수스에서 나온 말인데, '사람을 보내다' '해산시키다'라는 의미다. 주님의 복음을 나가서 전하라는 말이다. 실제로 라틴어로 집전하던 미사 끝에는 "Ite missa est이테 미사 에스트"라고 주임 사제가 말하는데, "가서 주님의 말씀을 전합시다"라는 뜻이다. 이런 의미에서 특정 종교의 선교를 목적으로 설립한 학교를 mission school이라 부른다. 여기서 mission은 임무가 아니라 선교를 가리킨다. 미사와 어원이 같다.

한편, 영어에서 '다량' 또는 '형체가 없는 덩어리'를 뜻하는 mass는 미사와는 아무 상관이 없다. 대중 매체를 의미하는 mass media 속에 있는 mass가 이 말이다. 14세기에 프랑스어에서 들어온 말인데, 라틴어 massa마사가 어원이다. 라틴어로 '모양이 분명하지 않은 밀가루 반죽이나 덩어리 같은 형태'를 가리키던 말이다. 이후 17세기에 '다량'이나 '다수'를 가리키는 의미로 진화해 지금에 이르고 있다.

4월 20일 | **Omen** 징조

마케도니아의 알렉산드로스 대왕은 25세에 소아시아, 시리아, 이집트, 페르시아를 정복했다. 하지만 32세의 젊은 나이에 바빌론에서 급사하고 만다. 그의 죽음에 관해 역사가들은 장티푸스, 알코올 중독, 독약 등 다양한 사인을 놓고 갑론을박을 벌였다. 그런데 혹시 대왕의 죽음을 예고한 '징조'는 없었을까? 역사의 행간을 읽는 사람들에게 이런 가정은 흥미롭다. 실제로 바빌론에 도착한 알렉산드로스 대왕 앞에서 까마귀 한 마리가 죽는 일이 있었다. 주위 사람들은 간에 엽葉이 없는 신성한 동물인 까

✣ 마케도니아의 알렉산드로스 대왕

마귀가 대왕 앞에서 죽은 일을 불길한 징조로 여겼다. 실제로 대왕은 열흘 동안 온몸이 마비되는 희귀한 병으로 생을 마감했다.

역사의 징조는 숫자에도 나타나 있다. 기원후 999년 종말론이 유럽 전역에 팽배했다. 파리 교회의 설교자들은 기원후 1000년의 전야前夜가 종말의 시기라고 설교했고, 프랑스의 플뢰리 수도원장 아보의 연대기에 따르면 성모마리아의 수태고지 축일과 성금요일이 일치할 때 세상의 종말이 온다는 소문이 파다하게 퍼져 있었다. 그 결과 사람들의 집단 히스테리 증상이 유행처럼 온 유럽을 휩쓸었다. 교회를 찾는 사람이 많았고 서로를 관용과 사랑으로 대하는 사람도 늘었다. 실제로 999년 12월 31일 로마의 성베드로대성당에서 거행되는 미사는 인산인해를 이루었다고 한다. 하지만 대성당의 종소리가 열두 번을 치고 새해가 밝았는데도 아무 일도 일어나지 않았다.

라틴어에 이런 말이 있다. "Nomen est omen누멘 에스트 우멘" 여기서 nomen은 name이고, est는 is이며, omen은 징조다. 뜻을 풀면 한 사람의 이름이 어떤 징조를 내포한다는 것인데, 달리 말하면 이름은 그 사람의 모든 것을 알려주는 징조라는 뜻이다. 영어에서 징조를 뜻하는 omen은 라틴어를 그대로 차용한 말이다.

흔히 위인들은 뛰어난 머리로 자기 분야에서 기념비적인 업적을 남겼지만, 그들을 평생 따라다녔던 질환은 잘 알려지지 않았다. 위인들을 괴롭힌 대표적인 질환으로는 편두통을 들 수 있다. 평범한 사람들도 가끔 머리가 아프면 일상생활을 하는 데 큰 불편을 겪는데, 평생 편두통에 시달렸다고 하니 그 고통은 미루어 짐작하고도 남는다.

✤ 프랑스의 철학자 블레즈 파스칼

프랑스의 유명한 철학자이자 수학자인 블레즈 파스칼은 마차 사고를 당하지만 가까스로 목숨을 건졌다. 사고 이후에는 종교적인 명상에만 몰두했다. 하지만 치통과 두통이 그를 괴롭혔다. 파스칼은 고통을 이기려고 다시 수학 연구에 정진했는데, 신기하게도 치통과 두통이 말끔히 사라졌다고 한다.

영화를 발명한 프랑스의 뤼미에르 형제 중 동생 루이 뤼미에르도 심한 편두통에 평생을 시달렸다. 편두통으로 잠을 이루지 못하자 밤이면 자신이 좋아하는 기계 등을 연구하다가 시네마토그래프를 발명했다는 설도 있다. 파스칼처럼 전화위복을 한 경우다.

영어에는 두통을 뜻하는 말이 두 개 있다. 머리 전체의 통증을 가리키는 두통 headache가 있고, 머리 일부분에 통증이 있는 편두통 migraine이 있다. headache는 고대 영어에서 고통을 뜻하는 ache가 붙은 말인데, 인도-유럽어에서는 '실수'나 '유죄'를 의미했다. 한편, migraine는 라틴어 hemicrania에서 나왔는데,[14] 그리스어로 hemi는 '절반'이고, crania는 '두개골'을 의미한다. hemicrania은 프랑스어에 들어갈 때 첫음절 he가 사라져 migraine이 되었고, 이 말이 14세기에 영어에 차용되어 migraine가 되었다.

4월 22일 | Gymnasium 실내 체육관

스포츠

4년마다 열리는 올림픽경기는 고대 그리스의 도시국가들이 모여 경기를 하던 전통에서 유래했다. 경기 종목은 현대 스포츠와 비교했을 때 크게 다르지 않았다. 첫 번째 종목은 달리기다. 가장 긴 달리기 종목은 210m 달리기였는데, 지금처럼 100m 단거리 종목은 없었다. 두 번째는 원반던지기다. 대개 청동으로 만든 원반은 무게

✛ 고대 그리스의 달리기 경주 선수들

가 5.7킬로그램 정도 나갔다고 한다. 세 번째는 멀리뛰기다. 지금의 멀리뛰기와는 다르게 아령 같은 도구를 손에 쥐고 도움닫기를 한 다음 착지하는 순간 이 도구를 사용해 몸의 균형을 맞추었다고 한다. 나머지 운동 종목은 창던지기와 레슬링이었다.

도자기 등에 그려진 고대 그리스의 운동선수들은 모두 벌거벗고 있다. 왜 모두 나신으로 그렸을까? 고대 올림픽 경기는 남성의 전유물이었다. 여성은 아예 경기장에 들어올 수도 없었고, 당연히 여성을 위한 경기는 없었다. 고대 그리스에서는 남성의 나신을 숭배하는 전통이 있었다. 아름다움과 힘의 상징인 남성의 육체는 운동경기에서 가장 빛이 났다.

올림픽에 참가하는 선수들은 경기 전에는 옷을 걸치고 있었다. 그렇다면 선수들은 어떻게 옷을 벗고 경기에 참여했을까? 두 가지 설이 있다. 첫 번째 설에 따르면, 기원전 720년 오리스푸스라는 육상 선수가 실제로 달리기 도중에 허리띠를 풀고 옷을 벗은 채 달렸다고 한다. 또 다른 설에 따르면, 오리스푸스가 허리띠를 채 풀지 못해 승리를 놓치자, 이후 다른 선수들이 이를 반면교사 삼아 옷을 벗고 경주에 임했다는 것이다.

영어에서 실내 체육관을 가리키는 gymnasium은 그리스어 gymnasion김나시온에서 나온 말이다. '나신으로 운동하는 학교'라는 의미다. 그리스어 gymnos김노스는 '벌거벗은'이라는 뜻을 지닌다.

4월 23일 | **Quixotic** 공상적인

러시아의 작가 투르게네프는 인간의 유형을 둘로 나눴다. 하나는 매사에 지나치게 신중한 햄릿형 인간이고, 다른 하나는 생각보다 행동이 앞서 저돌적인 돈키호테형 인간이다.

⚜ 돈키호테와 산초 판사

스페인의 문호 세르반테스의 소설 『돈키호테』는 두 편의 작품을 통칭하는 이름이다. 전편의 제목은 『라만차의 재치있는 이달고 돈키호테』이고, 후편의 제목은 『라만차의 재치있는 기사 돈키호테』이다. 주인공 알론소 키하노는 시골에 있는 이달고이다. 이달고는 지위가 낮은 스페인 귀족을 가리킨다. 그는 기사 소설을 너무 많이 읽은 나머지 상상 속에 빠져들어 스스로를 기사로 착각한다. 자신을 '돈키호테 데 라만차'라고 칭하며 하인 산초 판사와 함께 모험을 떠난다. 돈키호테는 기사 소설에 나오는 우스꽝스러운 표현과 말투로 대화하고, 주막집을 웅장한 성으로, 주막집 주인을 성주로, 창녀를 귀부인으로 착각한다. 이 소설의 백미는 돈키호테와 거대한 풍차의 싸움이다. 돈키호테는 들판에 있는 30~40개의 풍차를 보자마자 거인으로 착각하고, 하느님을 위해 지상에서 악의 씨를 뽑아버리는 선한 싸움을 시작한다.

영어에는 돈키호테에서 나온 형용사 quixotic퀵서틱이 있는데, '돈키호테 같은' '공상적인'이라는 뜻이다. 예를 들어 quixotic result는 '허상적인 결과'라는 뜻이며, quixotic intentions는 '비현실적인 의도'로 번역할 수 있다.

『햄릿』의 셰익스피어와 『돈키호테』의 세르반테스는 공교롭게도 같은 날인 1616년 4월 23일에 세상을 떠났다. 셰익스피어는 자신의 출생지인 스트랫퍼드 어폰에이번에서, 세르반테스는 마드리드에서 생을 마감했다.

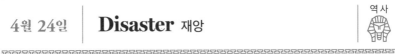

4월 24일 | **Disaster** 재앙

✛ 태양 주위를 돌고 있는 핼리혜성

1066년 부활절이 8일 지난 4월 24일, 이상한 천체가 꼬리를 달고 서유럽 하늘에 나타났다. 그리고 1주일 정도 밤하늘에 머물렀다. 학식 있는 성직자들은 이 천체를 '혜성'이라고 불렀다. 이 혜성은 훗날 1758년에 영국의 천문학자 핼리가 발견했다고 해서 '핼리혜성'이라고 불린다. 점성가들은 핼리혜성이 왕조의 교체를 의미하는 징조라고 예언했다. 잉글랜드 정복을 준비하고 있던 노르망디공 윌리엄은 이 별을 길조로 보았지만, 잉글랜드에서는 흉조로 여겼다.

별은 오래전부터 인간사의 운명에 지대한 영향을 미친다고 여겼다. 문학 작품에서도 별은 이런 역할을 충실히 하고 있다. 셰익스피어는 로미오와 줄리엣을 '불운한 연인들star-crossed lovers'로 표현하고 있다. 『리어왕』에서는 글로스터 백작의 서자 에드먼드가 다음과 같이 말한다.

"세상의 바보들은 그 재앙을 해와 달과 별의 탓으로 돌리는 법이지. 마치 우리가 어쩔 수 없는 작용으로 악당이 되고, 천계의 강제적인 힘으로 바보가 되고, 별자리의 지배를 받아 악당이 되고 도둑이 되고 반역자가 되며, 항성들의 필연적인 영향을 받아 주정꾼이나 사기꾼이나 간음범이 되고, 초월적인 힘으로 우리가 처한 모든 악한 상황들이 존재하는 듯 말이야."

셰익스피어는 여기서 재앙disaster의 의미를 정확히 알고 있다. 본래 disaster는 이탈리아어 disastro디자스트로에서 영어에 들어온 말인데, dis-는 '잘못된'이란 뜻이고 astro는 '별'을 뜻한다. 그러므로 disaster의 원래 뜻은 '별이 잘못 자리를 잡은'이라는 의미다. 예로부터 별이 자리를 잘못 잡으면 불길한 일이 벌어진다는 속설에 따라 만들어진 말이다.

4월 25일 | **America** 아메리카

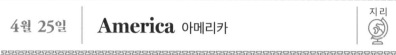

지리

1507년은 크리스토퍼 콜럼버스가 서인도제도를 발견한 지 16년째 되는 해다. 이해에 라틴어로 『우니베르살리스 코스모그라필라이Universalis Cosmographiæ』라는 책이 출간되었다. 제목의 뜻은 '일반 우주 형상지誌'였다. 1,000여 부 정도 인쇄된 이 책은 콜럼버스가 발견한 땅이 아시아가 아니라 신대륙이라는 혁명적인 인식을 보여준다. 이 책의 제9장에는 이탈리아어로 이러한 설명이 나온다.

✛ 아메리고 베스푸치

> "오늘날 유럽과 아시아, 아프리카는 인간이 수없이 많은 탐험을 해 구석구석을 잘 알 수 있다. 하지만 신대륙은 그렇지 못하다. 네 번째 대륙은 피렌체 사람 아메리고 베스푸치가 발견했는데, 나는 왜 구대륙의 이름에 여성의 이름이 들어가는지 이유를 알지 못한다. 우리는 아메리고 베스푸치가 네 번에 걸쳐 탐험한 덕분에 신대륙의 위치와 거기에 사는 사람들의 풍습을 알게 되었다."

아메리고 베스푸치의 집안은 당시 피렌체공화국의 실세인 메디치 가문과 가까웠다. 베스푸치는 메디치 가문의 실력자에게 신대륙 탐험이 매우 가치가 있을 것이라는 편지와 문서를 보낸다. 그가 보낸 편지의 제목은 「신세계」였다. 이 편지는 이탈리아의 교양 계층을 대상으로 하는 이야기로 가득 채워져 있었는데, 당시 유럽인들에게 선풍적인 인기를 끌었다. 특히 신대륙 원주민의 성생활이 호기심을 자극했다. 이 편지의 사본은 1505년 파리에서 발견되어 로렌 공국의 지식인들에게 전달된다. 이 편지를 기초로 독일의 인문학자이자 지도 제작자인 마르틴 발트세뮐러가 신대륙의 이름을 아메리고 베스푸치Amerigo Vespucci의 이름을 따라 '아메리카America'라고 명명했다. 1507년 4월 25일의 일이었다. 아메리카 대륙의 이름은 이렇게 탄생했다.

4월 26일 | **Moon** 달

인류 문명은 달과 가까웠다. 역법만 봐도 태양력
이전에 인류가 사용한 역법은 태음력이었다. 고대
메소포타미아의 신화에 나오는 달의 신 난나가 중
요한 신으로 숭배받던 것도 당시 사회가 태음력을
사용했기 때문이고, 고대 로마도 태양력을 사용하
기 전에는 태음력을 사용하고 있었다. 그리스신화
에는 달의 신이 두 명 등장하는데 모두 여신이다.

먼저 태양신 아폴론과 쌍둥이 오누이인 아르테
미스가 있다. 그녀는 달의 신이면서 사냥, 궁술, 야
생동물의 수호신, 순결의 여신이다. 아르테미스는
차가운 달빛처럼 냉혹했다. 자신이 목욕하는 모습
을 훔쳐본 악타이온에게 물을 뿌려 사슴으로 만들
어버리고, 악타이온이 데려온 사냥개들에게 붙잡

✛ 달의 신 아르테미스

혀 처참한 죽음을 맞이한다. 두 번째 달의 신은 셀레네인데, 그녀는 티탄족 휘페
리온의 딸이다. 아르테미스가 올림포스 12신 중 한 명이라면, 셀레네는 구신족
舊神族을 대표한다. 아르테미스가 다양한 신성을 가진 여신이라면, 셀레네는 달
자체가 의인화된 신이다.

영어의 moon과 한 달을 의미하는 month는 뿌리가 같다. 인도-유럽어로
menses-는 하늘의 달과 한 달을 모두 의미하는 말이었다. 여성의 생리인 mense
가 여기서 나왔다. 영어에는 moon이 들어가는 표현이 제법 많은데, ask[cry] for
the moon은 '무리한 요구를 하다'라는 뜻이며, bark at the moon은 달을 보고
짖으니 '쓸데없이 떠들다'라는 뜻이다. 한편 moonlight school은 미국 시골의 야
간 학교이고, shoot the moon은 임대료를 지불하지 않고 야반도주하는 것을 가
리키는 영국의 속어다.

4월 27일 │ **Candidate** 입후보자

일반적으로 서양사에서 황제와 왕은 세습제로 인식된다. 하지만 로마의 오현제 중에서 자식에게 황제의 관을 물려준 황제는 철인 황제 아우렐리우스뿐이고, 나머지 네 명은 양자를 입양해 황제 자리를 물려주었다. 신성로마제국의 황제 자리도 마찬가지다. 황제를 선출하는 선거인단은 일곱 명으로 구성되었는데, 세 명의 대주교(마인츠, 트리어, 쾰른)와 네 명의 세속 제후가 선거인단이었다. 세속 제후 중 보헤미아의 국왕, 브란덴부르크 변경백, 작센 공, 라인 궁정백이 황제를 선출할 수 있는 권한을 가졌다.

✢ 황제 입후보자 프랑수아 1세

1519년 1월 12일 신성로마제국의 황제 막시밀리안 1세가 세상을 떠났다. 전통적으로 신성로마제국의 황제는 독일어권에서 나왔다. 당연히 새 황제의 입후보자로는 막시밀리안 1세의 손자인 카를 5세가 꼽혔다. 그런데 뜻밖의 도전자가 등장했다. 카를 5세의 라이벌 프랑수아 1세가 입후보한 것이다. 선거 초반에는 무려 1톤의 황금을 뇌물로 뿌린 프랑수아 1세가 유리한 듯 보였다. 하지만 카를 5세는 선거인단에게 자신이 황제로 선출되면 그만큼의 금을 더 준다고 매수한다. 선거인단은 프랑수아 1세로부터 황금은 모두 받아내고 카를 5세를 황제로 선출했다.

'입후보'를 뜻하는 영어의 candidate는 라틴어 candidatus칸디다투스에서 나온 단어다. 이 라틴어는 '하얀 옷을 입은 사람'이라는 뜻인데, 라틴어로 흰색을 의미하는 candidus칸디두스에서 나왔다.[15] 고대 로마의 원로원 의원이 흰 토가를 입었기 때문이다. 한편, 흰색을 의미하는 라틴어 candidus에서 정치인의 덕목인 정직과 공정을 가리키는 말도 생겨났다. 영어에서 '정직함'과 '공평무사'를 뜻하는 candor와 '솔직한'을 뜻하는 candid가 여기서 나온 말들이다.

만유인력의 법칙을 발견한 영국의 천재 물리학자 아이작 뉴턴은 1669년 26살의 나이에 케임브리지대학교의 교수가 되어 일찍이 명성을 날리고 있었다. 그는 세속적인 출세에도 관심이 많은 사람이었다. 조폐국에서 위폐 감정을 담당하는 일로 조폐국장까지 승진했다. 야심은 여기서 끝나지 않았다. 당시 영국 사회에서 불길처럼 번지고 있던 남해 회사의 주식 투자에 나선 것이다. 하지만 주식 투자는 예나 지금이나 돈을 버는 사람보다 돈을 잃는 사람이 더 많은 법이다.

✢ 영국의 물리학자 아이작 뉴턴

남해 회사는 아프리카에서 노예를 사서 서인도제도로 수송해 막대한 이윤을 남기는 회사였다. 이런 회사의 주식에 천재 과학자가 투자하다니… 남해 회사의 주식은 천정부지로 뛰고 있었다. 뉴턴은 이 회사의 주식을 발목에서 매입해 무릎에서 팔았다. 그런데 주식은 이미 어깨를 뛰어넘고 있었다. 수익을 거의 얻지 못한 뉴턴은 다시 주식을 매입했다. 하지만 뉴턴의 주식 재매수 시점은 꼭지였다. 남해 회사가 노예 수출을 더 이상 할 수 없게 된 것이다. 남해 회사의 주식은 폭락하기 시작했다. 하지만 뉴턴은 빚을 내 주식을 더 사들였다. 결국 7,000파운드의 수익을 얻었던 뉴턴은 2만 파운드의 손해를 보고 주식을 팔았다. 물리학 천재도 주식 투자 천재는 아닌가 보다.

영어로 투자는 investment다. 네덜란드가 동인도회사를 설립해 향신료 무역으로 막대한 이윤을 챙기자, 엘리자베스 1세도 동인도회사의 설립을 명령한다. 이때부터 투자라는 개념의 동사 invest가 사용되었다. 이 말은 라틴어의 investio 인베스티오에서 나왔는데, 본래의 뜻은 '옷에 치장을 하다'였다. 이후 '어떤 특징이 있는 것으로 치장하다'에서 '예상되는 이익을 기대하며 돈을 약속받다'라는 의미가 만들어졌다.

현대사회에서 전기가 없는 세상은 상상할 수도 없다. 지금은 다양한 방법으로 전기를 만들고 있지만, 고대에는 자연에서 전기 현상을 발견했다. 고대 이집트인과 그리스인은 전기를 내보내는 전기뱀장어나 전기가오리 같은 물고기의 존재를 알고 있었다. 전기를 본격적으로 연구한 사람은 그리스 철학자 밀레투스의 탈레스였는데, 그는 호박琥珀을 문지르면 자성을 띤다는 자연 현상을 발견했다.

✣영국의 과학자 윌리엄 길버트

근대에 들어와서는 17세기 영국의 과학자 윌리엄 길버트가 전기를 본격적으로 연구했다. 그는 문지른 호박이 털이나 작고 가벼운 물체를 끌어당기는 효과를 발견하고, 그리스어로 '호박'을 뜻하는 electron엘렉트론이라는 말을 최초로 사용했다. 영어 electricity의 어원이다. 엘렉트론은 『오디세이아』에 등장하는 아가멤논의 딸 엘렉트라Electra에도 보인다. 아버지의 원수를 갚기 위해 어머니 클리타임네스트라를 살해하는 그녀의 이름은 '빛나는 존재'라는 뜻이다.

최초의 축전지는 1746년 네덜란드의 뮈센부르크가 발명했다. 그는 전기를 담을 수 있는 병을 만들었는데, '라이덴 병'이라고 불렀다. 미국의 정치가인 벤저민 프랭클린은 1752년 라이덴 병 이야기를 듣고 전기를 연구하기 시작했고, 비 오는 날 연을 날려 번개로 라이덴 병을 충전시키며 번개가 전기임을 입증했다. 한편 우리가 일상생활에서 사용하는 전지는 이탈리아 과학자 볼타가 발명했다. 그는 구리판과 아연판 사이에 소금물에 적신 천 조각을 끼운 것을 여러 층으로 쌓아 올려 최초의 화학 전지를 발명했다. 오늘날 우리가 사용하는 전압의 단위 볼트volt도 볼타Volta의 이름에서 나왔다.

4월 30일 | **Cajun** 케이준

2000년대부터 한국에서는 패밀리 레스토랑이 선풍적인 인기를 끌었다. 대부분 비슷한 메뉴를 내놓았는데, 그중 케이준cajun 치킨이라는 요리를 쉽게 찾아볼 수 있었다. 프렌치드레싱 같은 소스는 국적을 짐작할 수 있지만, 케이준 소스는 다소 생소한 이름이었다. 이 소스의 고향은 과연 어디일까?

✛ 강제로 이주당하는 카디앙

케이준 소스의 유래를 알아보려면 북미 대륙의 식민지 개척사를 살펴봐야 한다. 북미 대륙에 스페인 다음으로 진출한 나라는 프랑스다. 1534년 프랑수아 1세의 후원을 받은 탐험가 자크 카르티에가 지금의 캐나다 동부 지방을 발견한 뒤 '새로운 땅'을 의미하는 '테르 뇌브'라고 불렀다. 하지만 북미 개척의 후발 주자인 영국과 프랑스는 캐나다의 패권을 놓고 7년 전쟁을 벌였고, 전쟁에 승리한 영국은 유트레이트조약에 따라 캐나다 동부의 아카디아 지방을 수중에 넣는다. 아카디아 지방은 지금의 노바스코샤 지방인데, 캐나다의 입구에 해당했다. 영국이 프랑스인들이 정착한 이 지방을 탐낸 이유가 여기에 있다.

이 지방의 원주민들은 아카디아 지방에 정착한 프랑스인을 카디앙cadien이라고 불렀다. 본래는 아카디앙acadian이 올바른 발음이었지만, 외국어는 정확하게 옮겨지지 않을 때가 많다. 한편 루이지애나에 강제로 이주당한 카디앙, 즉 프랑스 주민들의 음식 문화도 변화를 겪는다. 강제로 이주당한 프랑스인들은 버터를 구하기 어렵게 되자 돼지기름에 다양한 향신료를 섞어 강한 맛이 나는 요리와 소스를 만들었다. 미국인이 즐겨 먹는 케이준cajun 소스가 이렇게 생겨났다. 케이준 소스에는 마요네즈, 겨자, 후추, 양파, 마늘 등이 들어가는데, 옛날 루이지애나의 프랑스인이 사용한 레시피가 그대로 들어간 것이다.

5월

May

5월은 성장의 여신 마이아Maia에게 바쳐진 달이다. 봄에 뿌린 씨가
자라 열매가 커지는 달이다. 마이아는 본래 올림피아 신족에 속한
불카누스의 아내였다. 흔히 대지에 비유되는 여신이기도 하다. 고
대 로마인들은 마이아를 '착한 여신'이라고 불렀다.

해마다 2월 14일이면 초콜릿이 불티나게 팔린다. 서양에서 유래한 발렌타인데이 때문이다. 이날의 유래는 고대 로마 클라우디우스 황제 시절까지 거슬러 올라간다. 당시 황제는 미혼 남성들을 군대에 더 많이 입대시키기 위해 결혼을 금했는데, 발렌티누스 주교가 군인들의 혼인을 집례했다가 순교하고 만다. 이후 19세기에 상술이 개입해 초콜릿을 주고받는 날이 되었다. 그런데 중세 유럽의 젊은이들이 사랑을 표시하는 날은 사실 따로 있었다. 5월 1일 사랑의 날Love Day이었다. 지금은 노동절에 묻혔지만 중세 유럽 곳곳에서는 이날이 되면 사랑의 징표를 주고받았다.

✤ 발렌티누스 주교

중세 젊은이들, 그중에서도 왕족이나 영주는 해마다 5월 1일이 되면 말을 타고 숲으로 갔다. 숲에서 연인들은 나뭇잎을 따서 관을 만들어 서로에게 바치며 사랑을 고백했다. 초콜릿 대신 나뭇잎 관을 사랑의 징표로 선물한 것이다. 지금은 사라졌지만 벨기에와 독일의 라인란트에서는 아직도 이 전통이 남아 있다. 체코에서도 이날을 연인들의 날로 기념하고 있다.

영어에 fall head over heels in love라는 표현이 있다. 발꿈치 위에 머리가 있다는 말인데, 공중제비를 넘어 머리가 땅을 향하고 발꿈치가 하늘을 향한 자세를 가리킨다. 이 표현은 '사랑에 빠져 정신 못 차리는 사람'을 뜻한다. 헨리 8세와 두 번째 왕비 앤 불린의 사랑이 이러지 않았을까? 그러나 이 사랑도 1,000일 만에 끝나고 앤 불린은 간통죄로 형장의 이슬이 되어 사라진다. 사랑과 미움은 같은 뿌리에서 나와서 그런가 보다.

5월 2일 | Lunch 점심

음식

현대인에게 삼시 세끼 식사는 당연한
것으로 여겨진다. 하지만 언제부터 인
류는 하루에 세끼를 먹었을까? 유럽
인은 근대 이전까지만 해도 하루에 두
끼만 먹었다. 쾌락을 억압한 교회가
아침을 탐식으로 보았기 때문이다. 교
회는 탐식을 기독교의 7대 대죄(교만,
인색, 시기, 분노, 음욕, 탐욕, 나태) 중 탐
욕에 속한다고 여겼다. 중세 유럽인들

✦ 모네의 〈점심 식사〉

은 가벼운 점심과 든든한 저녁을 먹었다. 다만 노동을 해야 하는 농민이나 어린
이와 병자처럼 몸이 허약한 사람들에게는 아침이 허용되었다.[16] 그러다가 15세
기에 접어들면서 상류층 사람들은 아침 식사를 금기시하지 않았고, 17세기 신
대륙으로 이주한 사람들도 낡은 옛 관습에 얽매이지 않았다.

하루에 두 끼만 먹는 습관은 문제가 있었다. 지금으로 치면 '아점'을 먹고 해
가 질 무렵에 저녁을 먹었는데, 17세기 후반에는 두 식사 사이의 간격이 너무
벌어져 중간에 허기가 졌다. 그래서 세 번째 식사인 점심이 등장한다. 19세기까
지 유럽에서 점심은 일반적으로 남편이 외출할 때 여성이 먹는 식사를 가리켰
다. 이 식사는 가볍게 먹었고, 전날 저녁 식사에서 남은 음식을 먹기도 했다.

영어에서 점심을 가리키는 lunch는 luncheon의 준말이다. luncheon의 어원
은 분명하지 않지만, 두꺼운 조각thick piece이나 큰 덩이에서 잘라낸 조각hunk을
가리키는 말이었다. 이런 의미에서 점심이라는 말도 빵 한 덩이나 치즈 한 조각
을 먹었기 때문이라는 것이 이 어원에 대한 설명이다. luncheon과 관련된 표현
중에는 lunch money점심 값, lunch hour점심 시간 외에도 out to lunch이상하게 행동하는
같은 말도 있다.

질투와 시기는 가톨릭에서 큰 죄로 규정하고 있다. 하지만 인간의 사랑에는 질투심이 꼭 비집고 들어가 자리를 잡는다. 셰익스피어의 4대 비극 중『오셀로』역시 인간의 질투심이 빚어낸 비극을 그리고 있다.

베네치아의 장군 오셀로는 무어인 출신이다. 유럽인들은 스페인 남부에 정착한 아랍인을 무어인이라고 불렀다. 오셀로는 원로원 의원의 딸 데스데모나와 사랑에 빠져 그녀를 아내로 맞이한다. 그런데 오셀로의 기수旗手 이아고가 오셀로

✢ 베네치아의 장군 오셀로

의 부관으로 임명되지 못하자 유감을 품게 된다. 이아고는 먼저 새 부관이 된 캐시오를 실각시킨다. 그런 다음 복직을 구실로 캐시오를 데스데모나와 가깝게 만들어 오셀로가 부인을 의심하게 만든다. 이아고는 이 작품에서 처음부터 끝까지 악의만 가지고 사건을 만들어가는 인물이다. 결국 오셀로는 이아고의 간계에 넘어가 아내를 침실에서 교살한다. 그리고 진실을 알게 된 오셀로는 결국 스스로 목숨을 끊는다.

이 작품에는 명대사가 나온다. 이아고가 오셀로에게 하는 말이다.

"오, 주인이시여, 질투를 조심하시옵소서.
질투는 사람의 마음을 농락하며 먹이로 삼는 녹색 눈을 한 괴물이니까요."
(3막 3장)

여기서 셰익스피어는 '질투의 화신'을 녹색 눈의green-eyed 괴물이라고 표현했다. 고대 그리스인들은 질투에 눈이 멀면 담즙이 과도하게 분비되어 눈이 녹색으로 변한다고 생각했는데, 여기서 만들어진 표현이다.

Don't count your chickens
김칫국부터 마시지 말라

기원전 44년 3월 15일 카이사르가 로마 원로원에서 암살당하던 날, 카이사르의 연인 클레오파트라는 둘 사이에서 태어난 아들 카이사리온과 함께 로마에 머물고 있었다. 그녀는 카이사르가 자신의 아들을 후계자로 지명하리라 기대하고 있었다. 그러나 운명의 날인 3월 15일, 지금의 이란 지방이자 로마의 라이벌 파르티아 원정을 사흘 앞두고 브루투스 일당에게 암살당하고 만다. 그리고 카이사르의 유언장이 공개되었다.

✛ 이집트의 여왕 클레오파트라

유언장에 따르면 재산의 4분의 3을 가이우스 옥타비우스와 아티아의 아들 옥타비아누스에게 남기고, 제일 상속인 옥타비아누스는 카이사르의 양자가 되며, 동시에 카이사르라는 성姓을 물려받는다는 내용이 골자였다. 옥타비아누스는 카이사르 누이의 외손자였다. 이 유언장이 공개되자 누구보다도 실망한 사람은 클레오파트라였다. 친자인 카이사리온에 대한 언급은 전혀 없었다. 떡 줄 사람은 생각지도 않고 있는데 김칫국부터 마신 꼴이었다.

영어에는 우리나라 속담과 비슷한 격언이 있다. Don't count your chickens은 '닭부터 세지 말라'라는 뜻인데, 이 격언은 이솝우화에 실려 있다. 어느 날 농부의 딸이 소젖을 짜서 들통에 담아 머리에 이고 오고 있었다. 처녀는 걸으면서 이런 생각을 하며 꿈에 부풀었다. "이 통에 든 우유로 크림을 만들고, 다시 그것으로 버터를 만든 다음 장에 가서 팔아야지. 그리고 그 돈으로 달걀을 잔뜩 사야지. 그럼 달걀에서 병아리가 태어나 닭이 태어나겠지. 닭의 수를 불려 양계장을 만들어야지…." 클레오파트라는 달걀에서 병아리를 태어나게 했지만, 양계장까지는 만들지 못했다. 양계장 주인이 뜻밖의 죽음으로 세상을 떠나는 바람에.

5월 5일 │ **Panic** 패닉

그리스신화에 등장하는 반인반수의 괴물 중 목신牧神 판pan이 있다. 판은 짐승의 뒷다리와 사람의 팔, 염소의 귀와 뿔을 가지고 있다. 판의 모습을 보면 그가 야생에서 생활하고 있었다는 걸 알 수 있다. 판은 헤르메스의 아들이었는데, 더부룩한 턱수염과 염소 다리를 가진 지독한 추남이었다. 판의 어머니는 자신이 괴물을 낳자 아이를 버리고 도주했다. 하지만 아들을 발견한 헤르메스는 판을 올림포스산으로 데려갔고, 모든 신이 판을 환대했다. 여기서 그리스어 판에는 '모든'이라는 뜻이 생겨났다.

✛반인반수의 목신 판

　회화 속에서 판은 간단한 악기를 불며 흥겹게 춤추는 모습으로 묘사된다. 판이 연주하는 악기는 속이 비어 있는 여러 개의 갈대 관을 이어서 만들었는데, 우리에게 팬플루트pan flute로 잘 알려진 악기다. 판이 이 악기를 얻은 데는 사연이 있었다. 그는 물의 님프를 사랑했는데 그녀는 못생긴 판을 보자마자 도망치고 말았다. 판이 뒤쫓자 님프는 신들에게 살려달라고 간청한다. 신들은 님프의 소원을 들어주었고, 그녀를 강가의 갈대로 만들어버렸다. 슬픔에 잠긴 판은 그 갈대를 가지고 악기를 만들어 님프를 그리워하며 악기를 연주했다고 한다.

　판이 사랑한 님프의 이름은 시링크스Syrinx인데 그리스어로 '관'을 뜻한다. 그래서 팬플루트를 시링크스라고도 부른다. 숲에 살던 판은 기분이 나빠지면 괴성을 질렀고 이 소리를 들은 인간이나 짐승은 공포에 떨었다고 한다. '극심한 공포'나 '공황 상태'를 의미하는 영어의 panic패닉이 바로 판이 지른 괴성이다.

로마교황청을 방문한 사람들은 중세 근위대 복장을 한 병사들이 교황청을 지키는 것을 보았을 것이다. 이들은 스위스 근위대인데 교황의 경호를 책임지고 있다. 스위스 근위대의 역사는 무려 1505년까지 거슬러 올라간다.

❖중세 스위스 근위대

역사 기록을 보면 스위스 용병은 전 유럽에서 용맹을 떨쳤는데, 1527년 5월 6일 신성 로마제국의 황제 카를 5세가 로마를 침략했을 때 더욱더 빛을 발했다. 당시 로마를 지키던 다른 나라 용병들은 도주하기에 바빴지만, 스위스 근위대는 끝까지 목숨을 걸고 싸웠다.

성베드로대성당 앞에서 벌어진 전투에서 스위스 근위대는 500명 중 42명만 살아남았다. 교황은 이들에게 고향으로 돌아가라고 권고했지만, 충성을 맹세한 스위스 근위대는 그 제안을 거부한다. 마침내 카를 5세의 군대와 맞서 싸우다가 모두 장렬하게 전사한다. 오늘날 교황청을 지키면서 관광객의 사진 모델이 되어 주는 스위스 근위대의 영광스러운 과거다.

로마교황청은 해마다 5월 6일이 되면 카를 5세의 제국 군대에 맞서 장렬하게 죽은 스위스 근위대를 추모한다. 스위스 근위대에 들어갈 수 있는 자격은 스위스 국적의 미혼 남성으로 가톨릭 신자여야 하고, 신장은 최소 174센티미터 이상이 되어야 한다. 일단 근위대에 들어오면 교황을 명예롭게 섬기고, 필요하다면 목숨까지 바칠 각오가 되어 있다는 서약을 한다.

중세 유럽에서 가장 많은 용병을 보낸 나라는 스위스다. 다른 인접 국가보다 경제적으로 부유하지 않았던 스위스의 젊은이들은 일찍이 프랑스를 비롯한 여러 나라에 용병으로 나갔다. 용병을 뜻하는 mercenary는 라틴어의 mercenarius에서 나와 프랑스어를 통해 영어로 들어간 말인데, 라틴어 mercenarius는 '돈을 받으면 무엇이든지 하는 자'라는 뜻이다.

5월 7일 | **Homo Sapiens** 호모사피엔스

현생인류의 조상은 호모사피엔스Homo Sapiens
라고 부른다. 그전에는 네안데르탈인이 살았다
고 한다. 지금까지 알려진 학설에 따르면, 호모
사피엔스가 네안데르탈인을 몰아내고 현생인
류의 조상이 되었다. 그렇다면 네안데르탈인은
어느 날 갑자기 지구에서 사라진 것일까?

✛ 19세기에 그린 네안데르탈인

2010년 5월 7일, 과학 저널 『사이언스』에 국
제 유전학자들이 논문 한 편을 발표했다. 이 논
문에 따르면, 중동 지방에서 네안데르탈인과 아프리카에서 온 호모사피엔스가
조우하면서 인종 간의 혼합이 이루어졌다고 한다. 흔히 알려진 것처럼 네안데
르탈인이 멸종한 뒤에 호모사피엔스가 그 자리를 메웠다는 학설과는 전혀 다른
설명이다. 네안데르탈인의 사촌인 데니소바인(시베리아에서 발견)과 호모사피엔
스 사이에서도 혼종이 일어났고, 그 결과 지금의 유럽인과 아시아인, 오세아니
아인이 이들의 유전자를 보유하고 있다.

이 학설이 맞다면 호모사피엔스와 네안데르탈인은 오랜 기간 공존하며 살았
고, 그 결과 유럽인과 아시아인의 조상인 호모사피엔스의 DNA 속에 저장된 게
놈에 1~4%의 네안데르탈인 유전자가 존재한다고 한다. 오세아니아인은 무려
6%에 이른다. 달리 말하면 우리 몸속에는 3% 정도 네안데르탈인의 유산이 있
다는 것이다.

호모사피엔스에서 homo는 라틴어로 '인간'을, sapiens는 '지혜롭다'라는 뜻이
다. 네안데르탈Neanderthal인의 이름은 화석이 독일 뒤셀도르프의 근교 네안데
르Neander에서 발견되어 붙은 이름이다. 한편 '동성애'를 뜻하는 homo는 그리스
어로 '동일한'을 뜻하는 호모스όμός에서 나온 말이다.

5월 8일 | **Medium** 미디엄

역사학에서는 서양의 근대를 '대항해시대'라고도 말한다. 지리상의 발견을 통해 대양으로 진출한 스페인과 포르투갈이 한 시대를 풍미했고, 후발 주자 영국도 세계를 제패했다. 고대 유럽의 패권도 지중해를 지배하는 민족이 차지했다. 지중해를 가장 먼저 차지한 민족은 지금의 레바논 지방에서 살던 페니키아인이었다. 이들은 지중해를 중심으로 교역하며 곳곳

÷ 대항해시대의 스페인 함대

에 식민지를 개척했고, 서양 알파벳의 기원이 되는 페니키아문자를 지중해 여러 지방에 전파했다. 특히 북아프리카에 건설한 도시국가 카르타고는 신생 국가인 로마에 패권을 넘겨주기 전까지 지중해를 호령했다. 로마는 세 차례의 포에니전쟁(B.C. 264~B.C. 146년)을 통해 카르타고를 멸망시키고 명실상부한 지중해의 패자로 떠올랐다.

고대 로마인들은 지중해를 '우리들의 바다'를 뜻하는 Mare Nostrum마레 노스트룸 또는 '내해內海'를 뜻하는 Mare Internum마레 인테르눔이라고 불렀다. 그러다가 6세기에는 '대륙 사이의 바다'를 의미하는 Mare Mediterraneum마레 메디테라네움이라고 불렀다. 여기서 mare는 영어 marine의 어원이고, terraneum은 땅을 가리킨다. medi-는 중간이라는 라틴어 medius메디우스에서 나왔다.

영어의 미디엄medium에는 '중간'이라는 의미 외에도 다른 이차적인 의미가 생겨난다. 1865년 영국의 역사학자 조지 그로트는 social medium이라는 표현을 사용했는데, 여기서 medium은 '환경'으로 번역할 수 있다. 오늘날 미디엄에는 '대중매체'나 '수단'이라는 의미도 들어 있다. 예를 들어 the medium of television은 텔레비전 매체를 뜻한다. 현대인에게 익숙한 media와 mass media의 뜻이 medium 안에 있다.

골프에서 자신의 핸디가 10이면 기준 타수인 72타수에 10타수가 오버되었다는 말이다. 여기서 말하는 핸디는 핸디캡handicap의 준말이다. 1660년 영국의 행정관이자 상원 의원인 새뮤얼 피프스는 10년간 써온 일기로 세상에 더 잘 알려진 사람이다. 그는 핸디캡의 유래를 다음과 같이 설명한다.

✢ 핸디캡의 유래를 알린 새뮤얼 피프스

　두 사람이 물건을 교환하기 위해 만났다. A는 양 한 마리를 팔고 쟁기 다섯 개를 사길 원했지만, 쟁기 장수 B는 쟁기 세 개만 줄 수 있다고 제안한다. 결국 두 사람은 중재자 C를 찾아간다. A와 B 그리고 C는 모자 안에 5실링의 동전을 넣는다. 거래를 성사시키기 위한 일종의 보증금 같은 것이다. 중재자 C는 양의 상태를 살펴본 뒤 양이 작아서 쟁기 세 개 정도의 가치가 있다고 판단한다. 자신의 판단에 대해 A와 B에게 판단을 내릴 것을 제안한다. 이제 C는 두 사람에게 중재안에 찬성하면 모자에서 손을 뺄 때 손을 펼치고, 찬성하지 않으면 주먹을 쥔 채 손을 꺼내라고 말한다. 이제 두 사람의 의견이 일치하면, 즉 둘 다 주먹을 쥐거나 펼치면 모자 속의 돈은 중재자의 것이 되고, A와 B의 의견이 일치하지 않으면 중재안이 공정하다고 판단한 사람의 몫이 된다.

　이렇게 물건의 가치에 대한 판단이 일치하지 않을 때, 일정한 돈을 모자 속에 넣고 중재자의 판단에 맡기는 행위를 '핸드 인 캡hand in cap'이라고 불렀고, 줄여서 handicap이 되었다. 이후 핸디캡은 스포츠에서 '불리한 조건을 감당하는 것'을 의미하게 되었다. 핸디캡은 경마에서 자주 사용되었는데, handicap race는 월등하게 우수한 말이 있는 경우, 그 말에게 모래주머니를 달아 실력의 평준화를 도모하는 경주를 가리킨다.

셰익스피어의 희곡 『끝이 좋으면 다 좋은 법』의 여주인공 헬레나는 부단한 노력 끝에 사랑을 쟁취한다. 헬레나는 명의였던 아버지가 죽자 로실리온 백작 부인에게 의탁하게 된다. 그녀는 주위 모든 사람에게 인정을 받지만, 짝사랑 버트람에게는 신분이 낮은 여성에 불과했다. 아버지의 의술을 전수받은 헬레나는 불치병에 걸린 프랑스 국왕을 치료하기 위해 프랑스로 건너간다. 그리고 만약 자신이 프랑스 국왕의 병을 고친다면 보상으로 남편을 선택할 기회를 달라고 요청한다. 마침내 헬레나는 왕의 병을 고쳐주었고, 버트람을 남편으로 선택한다. 하지만 버트람은 헬레나의 사랑을 받아들이지 않다가 끝내는 그녀의 사랑을 받아들인다.

✛여우와 신 포도

이 작품에서 프랑스 국왕은 병에 걸렸음에도 꼭 낫겠다는 의지를 보이지 않고 약도 복용하지 않자, 시종은 왕에게 "폐하는 여우처럼 포도는 안 드시겠다는 거군요? 하지만 키가 안 닿아서 그렇지 키가 닿으면 탐스러운 포도를 드시고 말걸요"라고 말한다. 여기서 포도는 이솝우화 '여우와 포도 이야기' 속의 포도를 말한다.

이솝우화에서 여우는 탐스러운 포도를 발견하고는 힘껏 땅을 박차고 뛰어올랐다. 하지만 매번 포도에 닿을 수 없었다. 그러자 여우는 포도를 포기하며 "잘 익은 줄 알았더니 아주 신 포도였네"라며 스스로를 위로한다. 여기서 신 포도 sour grapes는 욕심은 나지만 능력이 안 되는 사람의 패배감을 위장하는 비유다. "It's sour grapes"는 "그것은 오기야"라고 번역할 수 있다. 능력도 안 되는 사람이 어떤 일을 끝까지 고집할 때 할 수 있는 말이다.

5월 11일 | **Circus** 서커스

로마의 콜로세움 남서쪽에는 광대한 경기장 터가 남아 있다. 지금은 로마 시민들이 조깅을 하는 운동장이지만, 과거에는 고대 로마인들이 열광하는 전차 경주가 열렸다. 시인 유베날리스는 "로마제국의 통치자들이 우민 정책의 일환으로 빵과 서

✣ 키르쿠스 막시무스

커스circus를 제공했다"라고 신랄하게 비판했다. 여기서 말하는 서커스는 곡예단이 아니라 전차 경주가 열린 경기장을 가리킨다.

고대 로마는 이탈리아반도의 선주민이었던 에트루리아인으로부터 많은 문화를 전수받았다. 지금의 토스카나 지방에 살던 에트루리아인은 로마인에게 검투극를 전해주었고, 그리스 문자를 토대로 만든 에트루리아 문자도 남겨주었다. 훗날 이 문자는 로마 알파벳으로 발전한다. 전차 경주도 에트루리아인의 스포츠였다. 물론 그들도 이 경주를 그리스에서 수입했다. 전설에 따르면 전차 경주는 로마의 건국 시조 로물루스가 나라를 세운 다음에 자주 열었다고 하는데, 이웃 부족인 사비니족의 환심을 사기 위해서였다고 한다. 로물루스의 초대를 받은 사비니족은 전차 경주를 보기 위해 로마로 왔다. 그런데 한참 경주가 무르익을 무렵, 로마의 남자들이 사비니족의 여인들을 강탈하고 만다. 프랑스의 신고전주의 화가 다비드는 이 장면을 회화에 옮겨놓고 그림 제목을 〈사비니 여인의 강탈〉이라고 붙였다.

지금도 로마에 남아 있는 대전차 경기장을 Circus Maximus키르쿠스 막시무스라고 불렀다. 경기장의 길이는 무려 621m에 너비는 118m였고, 15만 명의 관중이 들어갈 수 있었다고 한다. 현대 영어의 서커스도 '둥근 원'이라는 뜻의 라틴어 circus에서 나온 말이다. 지금의 서커스와 로마의 전차 경주의 공통점이 있다면, 관객들이 흥미를 갖고 공연을 지켜본다는 것이고, 다른 점이 있다면 로마의 서커스에서는 말과 전차가 달렸다는 것이다.

외국을 여행하다 보면 현지 레스토랑에서 어떤 음식을 시켜야 할지 난감할 때가 많다. 예를 들어 웨이터가 메뉴판을 건네는 순간 작은 선택의 고민이 시작된다. 특히 프랑스처럼 음식 문화가 아주 발달한 나라는 메뉴판 자체가 이방인들에게 위압감을 준다.

÷ 19세기 코스 요리 메뉴판

역사상 최초로 기록된 메뉴는 13세기 중국 송나라까지 거슬러 올라간다. 다양한 중국 요리의 특성상, 식당들이 각 지방의 대표 메뉴를 선별해 식단을 구성한 것이 메뉴의 효시다. 메뉴menu의 어원은 프랑스어인데, '작은' '상세한'이라는 뜻이다. 메뉴판에 적힌 수많은 요리를 머릿속에 떠올리면 그 뜻을 짐작할 수 있다. 17세기에 들어와 메뉴는 요리의 순서와 구성을 나타냈다. 한 가지 흥미로운 사실은 당시의 메뉴는 조리장이나 호텔 지배인을 위한 것이었지, 음식을 먹는 사람에게는 제공되지 않았다는 것이다. 즉, 손님은 요리가 어떤 순서로 나오는지 모른 채 식사를 했다는 말이다.

식도락의 나라 프랑스의 결혼식 피로연에서 제공되는 풀코스 요리를 소개해 본다. 먼저 식전에 식욕을 돋우는 술이 제공된다. 그다음 코스의 시작으로 수프와 열을 가하지 않는 앙트레 요리가 나온다. 이제 그날의 주요리가 나오는데, 첫 번째는 생선이고 두 번째는 육류, 마무리는 채소 샐러드다. 식사가 끝나면 각종 치즈가 나온다. 마지막에는 케이크가 디저트로 제공되고, 커피나 독한 술로 코스를 마무리한다.

메뉴의 어원을 더 거슬러 올라가면 라틴어 minutus미누투스에 닿는데, 뜻은 프랑스어처럼 '작다'이다. 영어에서 자주 사용하는 mini라는 말과 뿌리가 같다. 정리하면, 메뉴는 요리의 순서와 종류를 잘게 나누어 적은 판을 가리킨다.

커리큘럼curriculum의 사전적 정의는 교육과정이다. 이 단어는 겉으로만 봐도 라틴어의 모습이 엿보인다. 커리큘럼은 '달리다'라는 뜻의 라틴어 동사 currere쿠레레에서 나왔다. 그렇다면 '달리다'와 '커리큘럼'의 공통분모는 무엇일까? 커리큘럼이 교육 목표에 닿기까지 달려가는 과정을 의미하므로 여기서 공통분모를 찾을 수 있다.

커리큘럼에 교육과정이라는 의미가 생겨난 것은 20세기 초반이다. 당시 교사가 학생들을 위해 준비하는 과목의 개요를 가리켰는데, 다른 용어로는 course of study 또는 syllabus로 바

÷ 이력서(쿠리큘룸 비타이)

꿀 수 있다. 이후 커리큘럼에는 아이부터 성년까지 전 교육과정을 가리키는 개념으로 바뀌어 지금의 의미를 갖게 되었다. 커리큘럼에 어원을 제공한 라틴어 currere에서 cursus쿠르수스라는 명사도 나왔는데, 경주, 속도, 쇄도를 뜻하는 말이었다. 이 단어는 프랑스어를 통해 영어에 들어가 course가 되었고, 우리가 아는 것처럼 수업이라는 뜻이 되었다.

커리큘럼이 목표를 향해 가는 과정이라는 뜻에서, 프랑스어에서는 인생의 역정을 curriculum vitae쿠리큘룸 비타이라는 라틴어를 사용한다. vitae는 '인생의'를 뜻하므로 curriculum vitae는 한 사람의 인생 여정, 즉 이력履歷을 말한다. 프랑스어에서 이 용어가 '이력서'를 가리킨다. 마찬가지로 영국 영어에서는 이력서를 curriculum vitae로 사용하지만, 미국 영어에서는 résumé를 사용한다. 이 단어는 프랑스어로 '요약'을 뜻하고 논문의 요약본 등을 가리킨다. 따라서 미국 영어의 résumé는 인생의 요약 정도가 될 것이다.

5월 14일 | **Absolute monarchy** 절대왕정

인물

재위 기간 72년 3개월 18일. "짐이 곧 국가다"라고 말한 태양왕 루이 14세는 유럽에서 가장 오랫동안 왕위에 있던 군주다. 평생 반란을 일으킨 파리 시민들을 증오했고, 베르사유에 새 궁전을 지어 귀족들을 불러들였다. 재위 기간에 많은 전쟁을 일으켜 신민들의 희생을 강요했는데, 이런 절대군주에게도 트라우마가 하나 있었다.

✛ 절대군주 루이 14세

1610년 5월 14일 루이 14세의 조부인 앙리 4세는 파리 시내에서 쉴리 공작을 만나기 위해 마차를 타고 가는 길에 가톨릭 광신도의 단검 공격을 받았다. 결국 앙리 4세는 백주의 테러로 생을 마감한다. 가톨릭과 개신교의 공생을 원했던 국왕의 최후였다. 다음 왕위는 루이 13세에게 넘어갔는데, 고작 9살에 불과한 소년이었다. 어머니의 섭정 이후 루이 13세는 성년이 되어 왕위를 무사히 물려받았지만 42세의 나이에 돌연 심장마비로 세상을 떠난다. 공교롭게도 루이 13세가 죽은 날은 부왕인 앙리 4세가 암살당한 5월 14일이었다.

루이 14세는 평생 5월 14일만 되면 죽음의 공포에 시달렸다고 한다. 할아버지와 아버지가 같은 날에 죽었기 때문이다. 하지만 태양왕은 천수를 누리고 베르사유 궁전에서 76세의 나이로 세상을 떠난다. 1715년 9월 1일이었다.

절대왕정을 의미하는 영어의 absolute monarchy에서 absolute는 라틴어의 absolutus압솔루투스에서 나온 말인데, '놔주다' '풀어주다' '끝내다'라는 의미였다. 17세기 초에는 '절대적인 위치'라는 의미가 생겼다. 어딘가에 묶였다가 풀려나 이런 의미가 생긴 듯하다. 왕정을 뜻하는 monarchy는 '홀로'를 의미하는 그리스어 monos모노스와 '통치하다'를 의미하는 arkhein아르카인이 합쳐져 만들어진 말이다. 즉 국왕이 '혼자 통치한다'라는 뜻이다.

5월 15일 | **Realty** 부동산

✤ 중세 시대 유럽 도시의 모습

기원후 476년 로마제국이 멸망하자 유럽대륙은 정치적 혼란에 빠졌고, 경제체제도 붕괴되었다. 많은 도시가 사라졌으며, 대부분의 사유지가 막강한 권력을 가진 봉건 영주와 고위 성직자의 손에 들어갔다. 특히 수많은 토지가 교회에 귀속되었는데, 신도들이 천국에 들어가기 위해 자신의 부동산을 교회에 헌납했기 때문이다. 전 재산을 교회에 기부하고 수도원으로 들어가는 일반 신도들도 많았다. 그 결과 교회는 개인의 토지를 비롯한 재산에 결정적인 영향력을 행사하는 주체가 되었다.

하지만 11세기 말부터 유럽에서는 자치도시commune가 등장하기 시작한다. 그래서 시골의 토지는 여전히 많은 귀족에게 속해 있었지만, 자치도시에서는 개인의 경제활동과 초기 부동산 산업이 시작되었다. 자치도시의 시민이 가옥을 비롯한 부동산을 소유할 수 있게 된 것이다. 교회도 가옥을 비롯한 부동산은 매각할 수 없었지만 가옥의 임대업은 할 수 있었다.

영어에서 '부동산'을 뜻하는 단어로는 realty부동산와 real estate사유지, 토지가 있다. realty는 '실제'를 의미하는 형용사 real과 밀접한 것처럼 보인다. 영어 real은 중세 프랑스어 reel레엘에서 온 말이고, reel은 '사물' '물건'을 의미하는 라틴어 res레스에서 나왔다. 로마가 제정으로 옮겨가기 이전의 정체政體인 공화정을 라틴어로 res publica레스푸블리카라고 부른다. 번역하면 '공공의 것'이고, 영어 republic의 어원이다. 따라서 realty와 real estate는 사물과 관계가 있는 것, 즉 실제로 존재를 확인할 수 있는 부동산을 가리키는 말이 되었다.

Lingerie 란제리

일반적으로 여성의 속옷을 지칭하는 란제리 lingerie는 레이스를 달거나 수를 놓은 장식용 속옷을 가리킨다. 프랑스어 lingerie랭주리에서 나온 말인데, 뿌리를 거슬러 올라가면 인류 최초의 직물인 아마(영어로 리넨linen, 프랑스어로 랭lin)에서 만난다. 리넨은 일찍이 고대 이집트의 미라를 제작할 때 시신을 감싸는 데 사용했을 정도로 역사가 깊은데, 그 이유는 리넨이 순수한 빛을 가진 직물이자 부의 상징이었기 때문이다.

✛ 속옷을 입은 중세 여성들

중세 유럽에서 리넨은 두 가지 종류로 구분되었다. 집 안에서 사용하는 침대보, 식탁보, 잠잘 때 쓰는 모자는 '가사용 리넨home linen'이라고 불렸다. 속옷은 '바디 란제리body lingerie'라고 불렸다. 따라서 현대 영어의 란제리는 여성 속옷만 지칭하지만, 중세 유럽에서 란제리가 가리키는 것은 훨씬 많았다.

중세 유럽인에게 속옷은 다양한 기능을 제공했다. 영어로는 underwear라고 하고, 프랑스어로는 sous-vêtement수베트망이라고 한다. 프랑스어의 의미도 '옷 안에 입은 옷'을 가리킨다. 속옷의 기능은 화려한 수와 장신구가 많은 의복과 피부가 직접 닿지 않게 보호하는 것이다. 겉옷이 투명할 경우 신체의 실루엣을 가려주는 정숙한 역할도 한다. 코르셋 같은 여성 속옷은 몸매를 보정시키기도 한다. 코르셋도 중세 프랑스어에서 '드레스의 상체 부분'에서 나온 말이다. 정리하면, 란제리는 과거에는 리넨으로 만들었던 다양한 직물 등을 가리켰지만, 지금은 여성용 속옷이라는 축소된 의미로만 사용되고 있다.

5월 17일 | **Alibi** 알리바이

추리소설의 여왕 애거사 크리스티의 『시타포드의 수수께끼』는 눈 내린 산장에서 일어나는 살인 사건을 다룬다. 산장에서 강령술이 한창 진행되던 중 살인 사건이 벌어진다. 피해자는 요셉 대위였는데, 평소에 겨울 스포츠를 즐기고 스스로 얼음 위의 달인이라고 자랑을 늘어놓던 사람이었다. 말이 씨가 되었을까? 용의자는 대위를 살해한 뒤 스키를 타고 10분 만에 산을 내려온다. 지금이야 스키가 대중적인 스포츠지만, 이 소설이 발표된 1930년대만 해도 스키를 타고 하강하는

✛추리소설의 여왕 애거사 크리스티

일은 매우 흥미로운 플롯이었다. 이렇게 해서 용의자는 완벽하게 자신의 알리바이를 만든다. 사건이 벌어질 당시 용의자는 도저히 산장에 있을 수 없었다며 알리바이를 조작한 것이다.

영어의 알리바이는 '다른 곳'을 뜻하는 라틴어 alibi알리비에서 나왔다. 즉, 사건이 일어났을 때 다른 곳에 있었다는 사실을 입증하는 것이 알리바이다. 여기서 알리바이에 또 다른 뜻인 '변명' '구실'과 같은 의미가 생겨났다.

중세 유럽 역사에 등장하는 실존 인물 중에도 '다른'을 의미하는 ali-로 시작하는 이름을 가진 사람이 있다. 그 주인공은 프랑스의 루이 7세와 이혼하고 잉글랜드의 헨리 2세와 재혼한 알리에노르Aliénor(영어명 엘리너)인데, 중세 유럽 역사의 소용돌이 한가운데 서 있던 인물이다. 이름의 뜻은 '또 다른 아에노르 Aénor'로, 그녀 어머니의 이름이 아에노르였다. 영미식으로 아버지 이름 뒤에 junior를 붙여 자식의 이름을 부르는 것과 비슷한 경우다.

고대 그리스 도시 테베에 괴물이 나타났다. 여
자의 얼굴에 사자의 몸과 날개를 가지고 있는
이 괴물은 헤라 여신이 보낸 것이었다. 테베의
왕 라이오스가 헤라 여신의 노여움을 샀기 때
문이다. 괴물의 이름은 스핑크스Sphinx였다.

스핑크스는 산 길목에 자리를 잡고 행인에
게 수수께끼를 냈다. "아침에는 네 발로 걷고
점심에는 두 발로 걷고 저녁에는 세 발로 걷는
짐승은 무엇인가?" 행인이 수수께끼를 맞히지
못하면 스핑크스는 곧바로 행인을 잡아먹었

❖ 수수께끼를 내는 괴물 스핑크스

다. 또 다른 수수께끼도 있다. "두 자매가 있는
데 언니가 동생을 낳고, 다음에는 동생이 언니를 낳는다. 이 자매는 누구인가?"

이 무렵 오이디푸스라는 청년이 테베로 돌아온다. 그는 테베의 왕 라이오스의
아들로 태어났다. 하지만 라이오스는 아들이 아버지를 죽일 것이라는 신탁을 듣
고는 아들을 버린다. 산속에 버려진 아이는 양부모 손에 자랐고 청년이 되어 테
베로 돌아온다. 오이디푸스라는 이름은 '퉁퉁 부은 발'이라는 뜻이다. 오이디푸
스는 테베로 돌아오는 도중 외딴길에서 한 노인과 마주치는데, 서로 길을 비키
라고 싸우다가 결국 오이디푸스가 노인을 죽이고 만다. 그 노인은 다름 아닌 오
이디푸스의 아버지 라이오스였다. 이후 오이디푸스는 테베를 공포에 몰아넣었
던 괴물 스핑크스를 죽이고 라이오스의 왕비이자 어머니인 이오카스테와 결혼
한다.

영어 속에 남아 있는 스핑크스의 의미는 꽤 흥미롭다. 먼저 sphinx는 '신비스
러운 인물이나 괴묵한 사람'을 가리키고 political sphinx는 '정계의 괴물'을 말한
다. a sphinx question은 '이해할 수 없는 질문'을 의미한다. 인체의 식도와 항문
의 근육을 이루는 '괄약근'도 sphincter라고 부르는데, 이 역시 수수께끼를 맞히
지 못하는 사람을 잡아먹던 '괴물'에게서 나온 말이다. 앞에서 던진 수수께끼의
첫 번째 답은 인간이고, 두 번째 답은 낮과 밤이다.

중세 대학이 본격적인 교육기관으로 자리를 잡기 전까지 문화의 중심지는 수도원이었다. 수도사들은 집단생활을 하면서 완전한 기독교의 덕성을 추구하는 사람들이었다. 신에게 귀의함, 마음의 평정, 규율과 복종 등을 서약한 뒤, 고독과 엄격한 규율 아래 단식을 하며 생활했다.

✛책을 필사하는 중세 수도사

중세 수도원은 문화, 교육, 예술, 학문의 중심지였다. 당시 중세인들은 대부분 문맹이라 문자를 독점하는 수도원이 지식과 권력을 독차지하는 셈이었다. 이를 위해 수도원은 지식의 보고인 책이 많이 필요했다. 하지만 아직 인쇄술이 발명되기 이전이라 필사본이 서적을 대신했다. 필사본은 일일이 글자를 옮겨 적어야 했으므로 많은 시간과 노력이 필요했고, 그러다 보니 필사본의 가격은 무척 고가였다. 필사본의 재료도 양피지였는데, 성경 한 권을 만드는 데 200마리의 양이 필요하다고 했다. 시간도 무려 18개월이 소요되었다. 이 정도 비용이면 당시 가옥의 약 20%에 해당하는 금액이다. 그런데 문제는 필사본을 만들 때 워낙 시간이 오래 걸리다 보니 한 사람이 완성할 수 없는 경우가 허다했다. 이런 경우 글씨체도 다르고, 필경사의 지식수준도 다르고, 히브리어나 라틴어의 실력도 편차를 보이기 마련이었다. 그래서 필사본을 완성할 때까지 전 과정을 통솔하는 총책임자가 생겼고, 이에 따라 필사본의 품질이 결정되었다.

영어로 필사본은 manuscript라고 하는데 manu는 라틴어로 '손'을 의미하는 manus마누스에서 왔고, script는 '글을 쓰다'라는 뜻의 scribere스크리베레에서 나왔다. 그러므로 manuscript의 정확한 번역은 수기본手記本이 맞다. 영어의 manual수동의, bimanual양손을 쓰는, maniform손 모양을 한 등의 단어들 모두 라틴어 manus에서 비롯되었다.

5월 20일 | **Pardon** 용서

『신약성경』의 「마태복음」에는 이런 말이 나온다. 베드로가 예수께 와서 하는 말이다. "주님, 제 형제가 제게 잘못을 저지르면 몇 번이나 용서해주어야 합니까? 일곱 번이면 되겠습니까?"라고 묻자, 예수께서는 이렇게 대답했다. "일곱 번뿐 아니라 일곱 번씩 일흔 번이라도 용서하라." 하지만 인간은 과연 자신에게 잘못한 사람을

❖ 예루살렘의 야드바셈 박물관

일곱 번씩 일흔 번이나 용서할 수 있을까? 이 질문에 자신 있게 대답할 수 있는 사람은 아마 거의 없을 것이다.

　기독교의 성지 예루살렘에는 야드바셈이라는 역사박물관이 있다. 이 박물관은 규모가 크지는 않지만 들어갔다가 나오는 사람들은 하나같이 눈물을 흘린다고 한다. 유대인들이 당한 과거의 수난을 가감없이 재현해놓았기 때문이다. 전시관 맨 끝에는 이런 글귀가 보인다. "그들을 용서하되, 결코 잊지는 말자." 여기서 말하는 그들은 히틀러의 나치당원인 것은 분명하지만, 중세에도 유대인들은 가혹한 핍박을 받았다. 특히 죽어서 성인이 된 프랑스의 루이 9세는 서유럽 군주 중에서 대표적인 반유대주의자였다. 그는 유대인들에게 가슴에 노란 별을 달고 다니도록 했다. 이런 탄압의 배경에는 유대인이 예수를 죽였다는 종교적 동기가 숨어 있는 것도 사실이다. 히틀러의 인종주의적 반유대주의와는 차원이 다르다고 할 수 있다.

　영어에서 '용서하다'의 forgive는 용서가 주는 행위라는 것을 give 동사를 통해 잘 보여준다. forgive는 라틴어 동사 perdonare페르도나레를 옮긴 것인데, 라틴어의 per는 for를, donare는 give를 의미한다. 따라서 프랑스어에서 차용한 pardon 역시 '주다'에서 나온 말이다. 영어의 donation기증, condonation용서도 같은 어원에서 나온 말이다.

중세 유럽에서 12월은 돼지를 잡는 달이
다. 12월을 나타내는 그림에는 어김없이
돼지의 도살 장면이 나온다. 농부는 도끼
를 들고 돼지를 도살하고, 그 옆에는 이미
도살된 돼지가 거꾸로 매달려 있다. 돼지
의 피는 순대를 만드는 데 사용되었고, 농
부가 큰 통에 피를 받는 장면이 그려져 있
는 경우도 있다.

✢ 중세 시대 돼지 도살 장면

카롤링거 시대의 농가에서는 겨울이 되
면 훈제한 돼지의 넓적다리, 베이컨, 순대, 기름으로 볶은 돼지고기 음식인 리예
트rillette, 비곗살 등의 음식을 먹었다. 사순절 이전의 금식에 대비해 충분히 영
양을 섭취하는 것이다. 돼지는 기르기도 쉬웠다. 공유림에서 반╪야생 상태로 자
라는 돼지는 털이 뻣뻣하고 이빨이 돌출되어 마치 산돼지 같았다. 숲속에서 돼
지들은 너도밤나무 열매, 도토리, 밤을 게걸스럽게 먹어댔다.

한국인이 돼지 삼겹살에 푹 빠져 있듯이 중세 유럽인도 돼지 삼겹살을 훈제
해 만든 베이컨bacon을 좋아했다. 빅토리아시대부터 먹던 잉글리시 브렉퍼스
트에 빵, 달걀 프라이, 소시지, 채소와 더불어 베이컨이 빠지지 않는 이유도 여
기에 있다. 그런 의미에서 영어에는 베이컨이 들어간 숙어가 여럿 있는데 bring
home the bacon은 '성공하다' 또는 '밥벌이하다'라는 뜻이다. bacon은 중세 프
랑스어 bacon바콘에서 나왔다. 더 거슬러 올라가면 고대 게르만어 '등 쪽의 살'이
그 뿌리다. 먹거리의 역사도 언어에 고스란히 남아 있다.

로마제국의 제50대 황제 콘스탄티누스는 기독교를 공인한 것으로 유명하다. 그런데 황제는 임종 때 가서야 세례를 받았다. 기독교를 국교로 공인했지만 세례에는 거부감이 있었던 것이다. 생전에 군인이자 황제로서 저지른 악행이 죽기 직전까지 세례를 미룬 동기가 되었을지 모른다. 생전에 계모와 간통했다는 죄목으로 아들을 사형에 처한 사람이었다.

✚ 세례를 받는 콘스탄티누스 황제

콘스탄티누스 치세에 있었던 가장 큰 사건으로는 라이벌 막센티우스와 밀비우스 다리에서 벌어진 전투를 꼽을 수 있다. 312년 10월 27일 밤, 황제는 꿈에 그리스 글자 카이(X)와 로(P)가 겹쳐진 문양을 보고 다음 날 병사들에게 이 문양을 모든 방패에 그리라고 명령했다. 그 덕분인지 콘스탄티누스는 막센티우스 군대를 물리치고 황제에 올랐다. 이 문양은 크리스트Christ의 'X=Ch'와 'P=R'의 합성 문양이었다. 이후 황제는 기독교를 공인하는 쪽으로 마음이 기운다. 하지만 전투가 벌어지고 3년 뒤에 세운 콘스탄티누스 개선문에는 이 문양이 보이지 않아, 황제가 기독교를 정략적으로 이용했다는 설도 있다. 이 문양은 '라바룸'이라고 불린다.

콘스탄티누스 황제는 임종의 순간에 마침내 니코메디아의 주교 유세비우스에게 세례를 받는다. 기원후 326년 5월 22일의 일이다. 그가 죽기 직전에 세례를 받은 것은 현세에서 지은 죄를 용서받기 위해서였다. 세례는 영어로 baptism이라고 하는데 이 말은 라틴어 baptizare밥티자레에서 온 말이고, 다시 거슬러 올라가면 '물속에 담그다'라는 뜻의 그리스어 baptismus밥티스무스에 닿는다. 세례洗禮라는 우리말 속에 '물로 씻다[洗]'라는 한자가 들어간 이유가 여기에 있다.

5월 23일 | **Monster** 괴물

역사

각국의 전승에 등장하는 괴물은 흔히 동물의 모습을 띠고 있다. 신화 속에 나오는 유명한 괴물들은 앞서 몇 차례 언급했으니 이번에는 상대적으로 덜 알려진 괴물들을 소개하겠다.

⊹ 전설 속의 괴물 그리핀

먼저 사자 몸통에 독수리 머리와 날개를 가진 괴물 그리핀이 있다. 그리핀은 천리안을 가지고 있고, 다이아몬드보다 단단한 부리가 있으며, 깃털로 만든 부채를 휘두르면 폭풍이 일어난다고 한다. 그리핀은 두 종류가 있는데, 하나는 그리스를 포함한 동유럽에 살고 또 하나는 인도의 산악 지대에 산다. 그리핀은 잡식성이지만 특히 말을 좋아한다. 그리핀이 공격하지 않는 동물은 코끼리와 사자뿐이다. 그리핀이 가장 열중하는 일은 산에서 금은보석을 찾아내 보금자리를 만드는 일이다. 고대 로마에서는 그리핀을 보석을 지키는 파수꾼으로 여겼다고 한다. 한편 기독교에서는 그리핀을 인간의 영혼을 운반하는 악마로 등장시킨다.

중세 유럽인에게 익숙한 괴물로는 대성당의 이무깃돌로 사용되는 가고일이 있다. 석재로 만들어진 가고일은 성당의 지붕이나 건물 상부에서 내려오는 빗물을 배출한다. 가고일은 사자, 용, 박쥐 등의 형상을 하고 있는데, 이들은 악마를 퇴치하는 건물의 수호자 역할을 한다.

영어에서 '괴물'을 뜻하는 monster는 중세 프랑스어 monstre에서 나왔다. 물론 이 말도 라틴어로 거슬러 올라가면 '신의 계시'를 의미하는 monstrum에 닿아 있다. 라틴어 monstrum은 '경고하다' '충고하다'라는 뜻을 가진 동사 monere에서 나왔는데, 여기서 나온 monstrum은 신의 계시, 징조, 비정상적인 형상이라는 의미가 만들어졌다. 그러므로 괴물은 신의 계시를 받은 비정상적인 형상이라고 풀이할 수 있다.

5월 24일 | **Thermometer** 온도계

중세 유럽인은 목욕을 그리 좋아하지 않았다는 말이 있다. 하지만 사실과 다르다. 적어도 14세기 유럽에 페스트가 창궐하기 전까지 유럽인은 목욕 문화를 즐겼다. 13세기 파리에는 공중목욕탕이 많았고, 특이하게도 남녀가 함께 욕조에 들어가기도 했다. 목욕 문화가 꽃피었던 로마제국의 후예답게 중세 프랑스인은 목욕을 매우 즐겼다.

✛디오클레티아누스 대욕장

그러다가 페스트가 대유행하고 전염병이 물을 통해 감염된다는 잘못된 지식 때문에 목욕 문화가 어느 날 갑자기 사라져버렸다. 이런 분위기는 18세기까지 지속되었다. 실제로 태양왕 루이 14세는 1년에 목욕을 한 번만 할 정도였다. 이역시 질병에 대한 두려움 때문이다. 신대륙에서 콜럼버스가 가져온 매독이 전 유럽에 퍼졌는데, 매독도 물을 통해 감염된다는 소문이 돌아 하루아침에 목욕 문화는 사라졌다.

고대 로마에서 목욕을 의미하는 therma테르마는 여러 개의 탕이 있는 복합 목욕장이라서 복수형인 테르마이thermae로 쓴다. 306년에 완공된 디오클레티아누스 대욕장은 무려 3천 명을 수용할 수 있었다. 여기에는 세 종류의 욕탕, 즉 열탕인 caldarium칼다리움, 온탕인 tepidarium테피다리움, 냉탕인 frigidarium프리기다리움 외에도 체육장, 도서관, 미술관, 음악회장, 오락실 등 각종 편의 시설이 있었다. 오늘날로 치면 복합 문화 센터에 대규모 찜질방이 함께 있었던 것이다. 당시 이 욕장을 로마 시민들은 '서민의 궁전'이라고 불렀다. 영어에서 온도계는 thermometer라고 부르는데, therm-라는 그리스어는 '열'을 의미한다.

5월 25일 | **Iris** 아이리스

제우스의 전령 헤르메스만큼 중요한 신은 아니지만, 그리스신화에는 전령의 여신도 등장한다. 여신의 이름은 그리스어로 이리스Iris이고 영어로는 아이리스다. 지상의 인간들에게 천상의 메시지를 전하는 역할을 맡았는데, 하늘에서 내려올 때 사용한 계단이 바로 무지개였다. 이리스는 해신海神 타우마스Thaumas의 딸로 태어났다. 타우마스는 대지의 신 가이아와 바다의 신 폰토스의 아들이었는데, 폰토스는 오케아노스와 포세이돈 이전에 바다를 지배한 태초의 신이었다.

✛ 전령의 여신 아이리스

이리스는 헤라의 전령이었다. 그녀는 항상 헤라 옆에 앉아 주인의 명령을 인간들에게 전달했다. 어떤 때는 헤라가 명부에 다녀오면, 그녀를 향수로 정화시키는 일도 이리스의 임무였다. 헤라는 이리스를 총애했다. 이리스가 가져오는 소식은 늘 헤라를 기쁘게 했기 때문이다. 이리스의 모습은 화려한 색상의 날개를 가진 아름다운 여성으로 표현되었다. 그녀의 날개에 박힌 화려한 색상은 지상으로 내려올 때 하늘에 아름다운 아치를 그리는데, 이때 만들어지는 것이 무지개다.

1721년 덴마크의 박물학자 야콥 베기누스 윈슬로는 인체의 눈에서 색채가 있는 부분을 아이리스iris라고 명명했다. 무지개의 신에서 눈동자의 화려한 색채 부분을 가리키는 말이 된 것이다. 아이리스는 붓꽃을 가리키기도 하는데, 붓꽃의 갖가지 색깔이 무지개를 닮아 생긴 말이다. 그리스어 iris의 복수형은 irides이리데스인데, 물 위의 기름이나 비누 거품의 얇은 막처럼 보는 각도에 따라 달라지는 빛깔을 말한다. 영어에서는 이러한 현상을 iridescence라고 부른다. 이밖에도 자동차의 점화플러그 끝에 극소량으로 사용되는 원소 번호 77번 이리듐iridium도 이리스에서 나온 말이다.

5월 26일 | **Expedition** 탐험

역사

1405년 명나라의 정화는 영락제의 명령으로 인도양 항해에 나선다. 일곱 차례에 걸쳐 인도의 캘리컷, 페르시아만의 호르무즈, 아프리카 동안까지 탐험하고 돌아온다. 영국의 경제학자 앵거스 매디슨에 따르면, 기원후 1000년 중국의 인구는 5,900만 명이었는데 유럽 30국의 인구를 합친 수(2,556만 명)보다 많았다. 특히 당시 중국의 GDP(274억 달러)는 유럽(109억 달러)의 두 배를 넘었다. 정화가 대양에 나섰던 15세기에도 중국의 우위는 여전했다.

✛ 탐험가 크리스토퍼 콜럼버스

하지만 1492년 콜럼버스의 신대륙 발견을 기점으로 대양의 주인은 중국에서 유럽으로 바뀌었다. 스페인과 포르투갈이 토르데시야스 조약을 통해 세계의 절반을 나누어 가졌고, 뒤이어 네덜란드와 프랑스와 영국이 신대륙에 수많은 식민지를 건설했다. 이후 르네상스를 거치면서 과학 문명이 비약적으로 발전한 유럽은 폐쇄적인 중국을 뛰어넘어 세계를 제패한다.

유럽인의 탐험 정신은 멀리 바이킹의 탐험까지 거슬러 올라간다. 스칸디나비아반도에 거주하던 바이킹은 8세기 말부터 아이슬란드와 그린란드를 발견했고, 북아메리카까지 탐험하고 돌아갔다. 이런 모험 정신은 근대에 들어 더욱더 꽃을 피웠고, 서양이 동양을 추월하는 데 결정적인 요인으로 작용했다.

영어에서 탐험을 의미하는 expedition은 라틴어에서 '발'을 뜻하는 pes/ped페스/페드에서 파생된 말이다. 개척자를 뜻하는 pioneer도 뿌리가 같다. 탐험의 어원 풀이를 하면 '발을 자유롭게 내버려 두다'에서 '미지의 세계를 돌아다니다'라는 뜻이 생겨났고, 오늘날 우리가 아는 탐험이라는 의미가 만들어졌다.

정치

라틴어에서 유래한 어젠다agenda는 프랑스
어와 영어에서 다소 의미 차이가 난다. 프랑
스어에서는 비망록, 수첩, 다이어리처럼 일
상생활에서 쉽게 볼 수 있는 단어인데, 영어
에서는 의제나 안건처럼 무거운 의미가 들
어가 있다. 마치 라틴어에서 '책'을 의미하
는 liber리베르가 영어에서는 '도서관'을 의미
하는 library가 되었지만, 프랑스어에서는
'책방'을 의미하는 librairie리브레리가 된 것과
같다.

⚜ 의제 설정 이론을 처음 제시한 도널드 쇼

영어의 어젠다는 보통 정치적·사회적 의
제를 말한다. 대중들의 의제는 대개 신문이나 방송, 포털 언론 같은 매체를 통해
설정된다. 학자들은 이를 '의제 설정 이론agenda-setting theory'이라고 부른다. 포
털 사이트의 대문에 올라오는 기사들은 다분히 대중의 의제 설정에 큰 영향을
미치므로, 거대한 자본을 가진 언론 매체는 대중의 의제 설정을 간혹 왜곡할 때
도 있다. 때에 따라 특정 이슈가 다른 어젠다에 묻혀 대중의 관심에서 멀어지기
도 한다. 2002년 미군 전차에 치여 여중생 두 명이 사망한 '효순이와 미선이 사
건'이 월드컵에 묻혀 전혀 국민의 관심을 받지 못한 경우가 이에 해당한다.

어젠다의 어원은 라틴어 동사 agere아게레로 거슬러 올라간다. 이 동사의 뜻은
'움직이다' '전진하다' '밀어내다'였는데, 이것의 동사형 형용사가 agendus아겐두스
다. agendus의 복수형이 바로 agenda아겐다다. '앞으로 움직이는' '앞으로 논의할'
정도로 번역된다. 끝으로 이것의 동사형 명사는 actum악툼인데, 영어의 act가 여
기서 나왔다.

기원전 585년 5월 28일, 오늘날 튀르키예의 중동부에 있던 할리스 강변에서 아나톨리아 (소아시아)의 패권을 놓고 6년째 전쟁을 치르고 있던 리디아 군대와 메디아 군대가 갑자기 전투를 멈췄다. 태양이 사라졌기 때문이다. 개기일식이었다. 두 나라는 일식 현상을 신의 경고로 여기고 평화협정을 맺었고, 리디아 왕 일리아테스와 메디아 왕 키악사레스는 자식들을 결혼시켜 우방이 되었다. 이 협정은 바

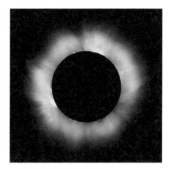

✢ 개기일식 현상(1999년)

빌론의 왕 나부코도노소르 2세의 중재로 이루어졌다. 그런데 이 일식을 예측한 사람이 있었으니 그리스 철학자 밀레토스의 탈레스다.

탈레스는 어떻게 일식을 예측했을까? 만물의 근원은 '물'이라 주장했던 탈레스는 정말 천체의 움직임을 꿰뚫어 보는 신비한 능력을 소유한 걸까? 이 사건을 전한 그리스의 역사가 헤로도토스도 탈레스가 어떻게 일식을 예측했는지 설명하지는 않았다. 현대의 천문학자들은 당시의 학문 수준으로 일식을 계산할 수 없었을 것이라고 단언한다. 하지만 생전의 탈레스는 파라오의 부탁으로 피라미드의 높이를 측정했다는 일화로도 유명하다. 그는 이등변삼각형의 두 밑변의 각도가 같다는 사실을 입증하기도 했다.

이집트신화는 일식을 태양신 '라'의 숙적인 큰 뱀 아포피스가 라를 삼키는 것이라 설명한다. 고대 이집트인은 일식에서 다시 태양이 나오는 것은 라가 부활해 아포피스의 배를 찢고 나오는 것이라 생각했다. 영어에서 일식은 eclipse라고 하는데, 중세 프랑스어 eclipse에클립스에서 온 말이다. 프랑스어의 뿌리를 거슬러 올라가면 라틴어 eclipsis에클립시스에 닿고, 더 올라가면 '결함' 또는 '포기'를 뜻하는 그리스어 ekleipsis에클레이프시스에 이른다. 한자에서 일식日蝕을 '해가 좀먹는 것'이라고 표현하듯이 일식은 태양의 결함에서 비롯된 말이다.

세계의 발효 식품 중 명성보다 악명이 높은 음식이 몇몇 있다. 그중 으뜸은 스웨덴의 수르스트뢰밍surströmming이 차지할 것 같다. 스웨덴어로 '시큼한'을 뜻하는 sur와 '청어'를 가리키는 스트뢰밍strömming이 합쳐져 만들어진 이 말은 청어를 식초에 절인 통조림 생선을 말한다. 본래 생선은 염장해서 먹어

÷훈제 청어

야 신선도를 유지할 수 있는데, 일조량이 부족한 북유럽에서는 소금이 귀했다. 그래서 해수로 대충 염장해 만든 탓에 발효되지 않아 악취가 난다.

『탈무드』에도 청어에 관한 에피소드가 나온다. 한 사람이 기차에서 만난 랍비에게 어디에서 지혜가 나오는지 물었다. 랍비는 말린 청어를 통째로 먹으면 된다고 말했다. 랍비는 남자에게 10달러에 청어 한 마리를 사서 먹지 않겠느냐고 제안했고, 남자는 얼굴을 찡그리며 청어를 다 먹었다. 그러고는 "생각해보니 다음 역에서 내리면 청어를 10달러에 다섯 마리 살 수 있을 것 같다"라고 말했다. 그러자 랍비는 "보시오, 당신은 벌써 지혜로워지지 않았소?"라고 응수했다.

영어에서 청어는 herring이라 부르고, 훈제 청어는 smoked herring이라 부르기도 하고 fumade라고도 말한다. 여기에 들어간 fum-은 라틴어로 '연기'를 뜻하는 fumus푸무스에서 나온 말이다. 영어 동사 fume도 '연기를 내뿜다'라는 뜻이다. 우리에게 친숙한 perfume향수도 프랑스어로 '향기'를 뜻하는 parfumer파르퓌메에서 나왔다. '밑에서 그을리다'라는 suffumigate도 '아래'를 의미하는 라틴어 전치사 sub-을 붙여 만든 말이다.

불화의 여신 에리스는 아이코스의 왕 펠레우스와 바다의 여신 테티스의 결혼식에 나타나 신들 앞에 황금 사자를 던지며 외쳤다. "이 사과를 가장 아름다운 여신에게!" 결국 세 명의 여신이 이 사과의 주인은 자신이라며 다툼을 벌이자, 결정권은 이다산山의 목동 파리스에게 넘어간다. 헤라는 파리스에게 아시아 전체의 군주를 약속했고, 아테나는 전쟁의 승리자를 약속했다. 아프로디테는 세상에서 가장 아름다운 여인을 약속했다. 남자는 미인에게 약한 탓일까? 파리스는 황금 사과를 아프로디테에게 건네준다.

❖선악과를 따 먹는 아담과 이브

서양의 신화나 역사에는 이렇듯 사과가 자주 등장한다. 『구약성경』의 「창세기」에도 이브가 아담을 부추겨 먹게 만드는 과일도 사과로 알려져 있는데, 실제로 근거는 찾아볼 수 없다. 게다가 선악과인 것도 확실치 않다. 본래 『성경』에 등장하는 과일은 라틴어로 malum말룸인데, 사과 말고도 씨앗을 담고 있는 모든 과일을 가리킨다. 그런데 라틴어로 '악'이란 말도 과일과 동일한 형태인 malum이었다. 그래서 일종의 언어유희에 따라 성경에 등장하는 열매가 사과인 동시에 선악과가 되었고, 17세기에 발표된 밀턴의 『실낙원』에서 사과라고 두 번 언급한 것도 사과를 선악과와 동일시하는 데 결정적인 역할을 했다.

라틴어에는 사과를 지칭하는 또 다른 단어가 있다. pomum포뭄이라는 단어도 과일을 통칭하거나 사과를 가리키는 말이었는데, 여기서 나온 영어 단어가 몇 개 있다. 사과처럼 생긴 알갱이가 여러 개 붙어 있는 pomegrante석류나무가 여기서 나왔고, 예전에 머릿기름으로 사용했던 pomade포마드도 pomum에서 나왔다. 포마드는 가장 오래된 화장품인데, 사과 속에 향료나 수지를 채워 말기름에 담가두었다가 나중에 기름 성분을 분리해 만든다.

5월 31일 │ **Prince of Wales** 웨일스공

1282년 잉글랜드의 에드워드 1세는 서쪽 지방에 위치한 웨일스 정복에 성공한다. 이후 웨일스공Prince of Wales은 영국 왕실의 왕세자를 가리키는 작위가 되었다. 2022년 70년 동안 왕위를 지킨 엘리자베스 2세가 서거하고, 왕세자 찰스가 찰스 3세로 왕위를 이어받았다. 그런데 사람들은 찰스 3세가 '찰스'라는 존호尊號를 그대로 사용할지 궁금해했다.

✛ 잉글랜드의 에드워드 1세

역사적으로 스튜어트왕조에서 '찰스'는 역사에 어두운 그림자를 남기고 퇴위한 왕들의 이름이었다. 찰스 1세는 청교도혁명에서 올리버 크롬웰이 이끄는 의회파와 싸우다가 처형당한 비운의 왕이었고, 그의 아들 찰스 2세는 딸 부부(앤 여왕과 오렌지공 윌리엄)가 주도하는 명예혁명으로 권좌에서 쫓겨난 군주였다. 따라서 왕세자 찰스는 다른 이름으로 왕위에 오를 수도 있지 않았을까.

실제로 찰스 3세의 조부인 조지 6세는 왕세자 시절에 사용하던 이름이 아닌 다른 이름으로 왕위에 올랐다. 조지 6세의 본래 이름은 앨버트 프레데릭 아서 조지였다. 서양인의 이름이 여러 개 붙어 있는 것은 조상들의 이름을 후손에게 물려주는 전통에서 비롯되었다. 조지 6세는 왕위에 오르기 전에 첫 번째 이름인 앨버트로 불렸다. 앨버트는 빅토리아 여왕의 부군 이름으로 그는 독일 왕족이었다. 그런데 막상 그는 아버지처럼 조지라는 이름으로 영국 왕이 된다. 조지 6세가 왕위에 오른 해는 1936년인데, 제1차 세계대전이 끝나고 얼마 지나지 않은 시절이라 독일에 대한 감정이 좋지 않았다. 이렇게 국민적 감정을 신경 쓰다 보니 조지 6세는 앨버트 1세가 되지 못하고 선왕의 이름을 그대로 쓴 것이다. 영국 왕이 앨버트라는 독일 이름을 사용할 수는 없었다. 이제 찰스 3세가 선대왕들의 부정적인 이미지를 깨고 선군이 되길 바라보자.

6월

June

6월은 주피터의 아내 유노Juno의 달이다. 그리스신화의 헤라가 유노와 동격이다. 유노는 결혼의 여신이자 신들의 여왕으로 불렸다. 다른 설에 따르면, 6월은 '젊음'을 의미하는 라틴어 유니오레스 iuniores에서 나왔다고 한다. 유노가 관장하는 결혼과 젊음은 이렇게 연결되어 있다.

Salad days 철부지 시절

"남자는 세상을 지배하고, 여자는 남자를 지배한 다"라는 말이 있다. 역사는 이 속설을 그대로 보여준다. 셰익스피어는 로마의 영웅 안토니우스와 이집트의 여왕 클레오파트라를 주인공으로 하는 희곡 『안토니우스와 클레오파트라』를 1609년 무렵에 발표했다. 셰익스피어의 전작 『율리우스 카이사르』의 속편으로 이야기는 카이사르가 암살된 다음부터 시작된다.

✛마르쿠스 안토니우스

카이사르가 죽자 로마의 실권은 안토니우스에게 넘어갔다. 하지만 카이사르의 양자 옥타비아누스가 혜성처럼 나타나 안토니우스와 자웅을 겨룬다. 이 무렵 안토니우스는 지중해 동부 지역을 통치하느라 이집트에 머무르고 있었다. 당시 이집트의 여왕은 팜므파탈로 불린 클레오파트라였다. 그녀는 카이사르의 정부情婦였지만, 안토니우스도 카이사르처럼 클레오파트라와 사랑에 빠지고 만다. 그런데 안토니우스는 옥타비아누스의 여동생 옥타비아와 결혼한 상태였다. 하지만 클레오파트라는 안토니우스가 옥타비아를 진심으로 사랑하지 않는다는 사실을 확인하고 안심한다. 안토니우스가 급히 로마로 돌아가자 클레오파트라는 자신이 진정으로 그를 사랑하는지 되돌아본다. 그러고는 이런 대사를 읊는다.

"그때는 내가 철부지였던 때지. 판단도 미숙했고, 피도 차가웠고. [사랑이 뭔지도 몰랐고] 말하자면 그때는 그랬지….."

여기서 말하는 '그때'는 카이사르를 사랑할 무렵이었다. 클레오파트라는 카이사르의 사랑을 풋사랑에 비유한다. 이 대목에서 셰익스피어는 철부지 시절을 my salad days라고 표현하는데, 진실하고 여문 사랑이 아니라 '푸성귀 같은 사랑'을 가리킨다. 언어의 연금술사 셰익스피어가 만들어낸 독창적인 표현이다.

6월 2일 | **Picnic** 소풍

예술

1863년 파리에서 열린 살롱전에는 무려 약 5,000점의 회화 작품이 출품되었다. 살롱전은 수백 년의 역사를 자랑하는 미술 경연 대회였는데, 무명작가에게는 등용문의 기회였다. 살롱전은 화가들이 거쳐야 할 필수적인 통과의례였다. 이곳에 입상하지 못한 화가의 그림은 거의 팔리지 않았기 때문이다.

✛ 마네의 〈풀밭 위의 점심 식사〉

1863년은 살롱전 역사에서 빼놓을 수 없는 해로 기록된다. 이해에 입선한 작품 때문이 아니라 낙선한 작품 때문이다. 인상파 화가의 선구자인 마네의 〈풀밭 위의 점심 식사〉가 살롱전에서 입선에 들지 못했다. 이 작품은 두 명의 남자와 두 명의 여인이 피크닉을 즐기는 모습을 화폭에 담았는데, 문제는 남자들이 아니라 실오라기 하나 걸치지 않은 여인들의 나신이었다. 같은 해 출품된 알렉산드르 카바넬의 〈비너스의 탄생〉도 비너스의 나신을 그렸는데 많은 이의 갈채를 받았다. 왜 마네는 혹독한 비난을 받고, 카바넬은 아낌없는 찬사를 받았을까? 그것은 나신을 보호하고 있던 '미의 여신'이라는 방패막이 사라졌기 때문이다. 심지어 마네의 여인들이 창녀라는 말도 있다.

〈풀밭 위의 점심 식사〉에서 젊은이들이 즐기는 피크닉은 '소풍'으로 번역할 수 있다. 피크닉은 낮에 야외에서 바구니 등에 가져온 간단한 음식을 먹는 소풍을 가리킨다. 영어의 피크닉은 17세기 프랑스어 piquenique피크니크에서 나왔는데, piquer는 '조금씩 먹다'라는 의미이고, nique는 '사소한 것'이라는 뜻이다. 그러므로 피크닉은 야외에서 간단히 먹는 소풍이다. 야외에서 바비큐 파티를 벌이면서 먹는 소풍은 엄밀히 말하면 피크닉이 아닌 셈이다.

역사

| 6월 3일 | **Capital** 수도 |

1800년 6월 3일 미국 제2대 대통령 존 애덤스는 독립 선언의 도시 필라델피아를 떠나 워싱턴으로 수도를 옮겼다. 이미 의회는 필라델피아에서 의정 활동을 중단하고 워싱턴으로 자리를 옮겼다. 하지만 초대 대통령 워싱턴은 1790년 8월까지 뉴욕에서 머물면서 정무를 처리했다. 다시 말해, 독립 초기의 미국 수도는 확정된 것이 아니었다.

✛ 미국 제2대 대통령 존 애덤스

1789년 13개주의 대표가 수도 확정에 관해 논의를 시작했다. 당시 이미 대도시로 성장한 뉴욕과 대륙회의가 열린 필라델피아가 수도 후보에 올랐다. 남부와 북부의 주들이 서로 자신들에게 유리한 도시를 수도로 삼자고 주장했다. 그런데 당시 재무부 장관인 토머스 제퍼슨은 뉴욕의 수도 선정을 반대했다고 한다. 결국 뉴욕은 미합중국의 수도 후보에서 탈락하고 말았다. 제퍼슨은 자신의 고향인 버지니아와 가까운 곳에 수도를 옮기고 싶어 했고, 그럴 가능성이 커졌다. 하지만 이번에는 필라델피아에서 반대하고 나섰다. 일부 정치인들에게 새 수도로 옮기기 전까지 필라델피아를 임시 수도로 정하자는 제안이 받아들여졌다. 아마도 임시 수도를 끝까지 새 수도로 밀고 나갈 셈이었을 것이다. 하지만 결국 미국의 수도는 워싱턴으로 정해지고 말았다.

수도를 의미하는 capital은 중세 프랑스어 capitel카피텔에서 나왔는데, 이 말 역시 라틴어로 머리를 의미하는 caput카푸트가 뿌리다. 수도首都라는 한자어에 머리가 들어간 것과 같은 원리다. 이 말에서 영어의 '추장'을 가리키는 chief가 나왔는데, 이 말도 프랑스어가 뿌리다. 참고로 chief에서 조리장을 뜻하는 chef세프가 만들어지기도 했다.

인류가 지금처럼 미터법의 도량 단위를 사용하게 된 것은 불과 2세기도 채 안 된다. 1875년 파리에서 미터협약이 체결된 뒤 미터법은 지구상 거의 모든 나라가 사용하는 도량형의 표준 단위가 되었다. 물론 미국, 미얀마, 라이베리아 등 일부 국가는 아직도 독자적인 도량 단위를 사용하고 있다.

✧1889년에 만든 국제 미터 원기

오늘 이야기하려는 도량형 단위는 영국과 미국에서 사용하는 에이커acre다. 에이커는 중세 노르망디에서 사용되는 면적 단위였다는 사실로 보아, 정복왕 윌리엄의 잉글랜드 정복(1066년) 이후 영어에 들어간 면적 단위일 것이다. 중세 프랑스에서 에이커는 면적 단위였을 뿐만 아니라 '들판'이라는 의미로 지명에도 사용되었다. 중세 노르망디 지명에 에르부타크르Herboutacre와 푸켈아크르Fouquelacre의 끝음절에는 acre(프랑스어 발음은 아크르)가 들어가 있다.

노르만 방언에서 영어에 들어간 에이커는 본래 고대 노르드어에서 나왔다. 노르만족의 조상이 덴마크 바이킹이었으므로 수긍이 가는 부분이다. 고대 노르드어 åker아케르는 들판이라는 의미였는데, 서양인의 조상인 인도-유럽인의 언어가 그 뿌리다. 따라서 같은 어족에 속하는 라틴어 ager아게르와 어원이 동일하다. 우리가 흔히 사용하는 농업의 agriculture에서 agri가 acre와 같은 뿌리에서 나왔다. 중세에 1에이커는 황소 두 마리를 멍에에 묶어 하루 종일 일할 수 있는 농지를 가리켰다. 현재 1에이커는 영국과 미국에서 약간 차이가 나지만 통상 4,046제곱미터에 해당한다.

6월 5일 | **Subject** 신하

역사

앵글로색슨족이 브리튼섬으로 이주하기 전까지 섬의 주인은 켈트족이었다. 이들은 웨일스, 스코틀랜드, 아일랜드 왕국을 세웠는데, 그중에서도 스코트족이 세운 스코틀랜드 왕국이 가장 강성하고 오래 존속했다.

✢영국의 국왕 찰스 3세

켈트족의 왕국 중 가장 먼저 사라진 왕국은 웨일스였다. 1301년 잉글랜드의 에드워드 1세가 웨일스 왕국을 완전히 복속시키고, 왕세자 에드워드에게 웨일스공이라는 작위를 내렸다. 1328년 스코틀랜드는 에든버러-노샘프턴 조약으로 잉글랜드에서 독립했지만, 1707년 공포된 연합법에 따라 그레이트브리튼 왕국으로 재탄생한다. 배경은 다음과 같다. 1603년 잉글랜드 여왕인 엘리자베스 1세가 후사 없이 사망한다. 그러자 여왕의 친척인 스코틀랜드의 제임스 6세가 잉글랜드의 왕으로 등극하면서 왕국 연합이 되었고, 결국 잉글랜드 왕국과 통합하기에 이른다. 그래서 지금도 스코틀랜드인들은 잉글랜드에 대한 감정이 그리 좋은 편은 아니다.

현재 영국 국민의 군주는 찰스 3세다. 여기에는 스코틀랜드 국민도 포함된다. 영국 국민을 영어로 옮기면 British subject라고 하는데, 여기서 subject는 신하 또는 신민을 가리킨다. subject에서 sub-는 라틴어로 '아래'라는 뜻이고, ject의 어원인 라틴어 iacere는 '던져진'이라는 뜻이다. 앞서 소개한 카이사르의 주사위에서 나온 iact와 뜻이 같다. subject는 '아래에 던져진', 즉 누구에게 절하고 있는 모습에서 '신하'라는 의미가 생긴 것이다. subject는 '주제'라는 뜻도 있는데, 라틴어 subiecta materia수비엑타 마테리아에서 왔고, '~의 아래 던져진 재료' 곧 '주제'라는 말이다. 본래 라틴어에서는 과학이나 예술의 주제를 가리켰지만, 오늘날 영어에서는 일반적인 주제를 가리킨다.

고대 로마인들은 알파벳을 사용해 수를 표시했다. I, II, III처럼 막대기를 더하듯 수를 표시하다가, 5에 이르면 V로 표시하고, 10은 X로 표시한다. 50은 L, 100은 C, 1,000은 M으로 표시한다. 그런데 IIIICLVIII(=458)은 VC(=500)보다 더 큰 수처럼 보인다. 로마 숫자에는 0이 없기 때문이다. 하지만 자릿수의 빈 공간을 채워주는 0을 사용하면 10, 100, 1,000처럼 수의 크기를 직관적으로 알 수 있다.

✤ 바빌로니아의 제로 표시

숫자 0은 인도에서 처음으로 발명되었지만, 기원은 고대 바빌로니아까지 거슬러 올라간다. 바빌로니아인은 셈을 할 때 조약돌을 사용했다. 예컨대, 둥근 돌은 1의 자리, 네모 돌은 10의 자리, 세모 돌은 100의 자리, 별 모양 돌은 1,000의 자리를 상징했다. 만약 별 모양 돌 두 개와 네모 돌 다섯 개를 계산 판에 놓았다면 2,050이라는 수가 된다. 그런데 이 수를 숫자로 옮겨 적을 때는 문제가 발생한다. 100의 자리와 1의 자리를 채울 돌이 없기 때문이다. 이런 이유로 바빌로니아인은 빈자리를 채울 기호로 0을 만들었다. 이후 0은 알렉산드로스대왕이 인도를 침략할 때 인도에 전해졌고, 다시 인도에서 0을 수입한 아라비아인이 유럽에 전해주었다.

영어의 zero는 프랑스어 zéro제로에서 왔는데, 프랑스어 역시 라틴어 zephirum제피룸에서 나왔다. 뿌리를 더 거슬러 올라가면 아랍어 sifr시프르이고, 아랍어는 인도의 산스크리스트어로 빈 공간을 의미하는 sunya-m순냠에서 나왔다.

이후 zero는 영어에 관용구도 제공했다. 범죄자에 대한 무관용 정책을 zero tolerance라고 하고, zero-sum이라는 용어는 쌍방 득실得失의 차가 무無인 경우를 가리킨다. 포커 게임이 대표적인 제로섬 게임이다.

Providence 섭리

가톨릭 성인들의 일생을 들여다보면, 처음부터 엄격한 교리를 몸소 실천하는 독실한 신자가 아닌 경우가 종종 있다. 이탈리아 아시시 출신의 성 프란체스코는 부유한 집안의 아들로 태어나 젊은 시절을 향락으로 보냈다. 기사가 꿈이었던 프란체스코는 전쟁에 참여하지만 포로로 잡혀 1년을 감옥에서 보낸다. 포로에서 풀려난 프란시스코는 이상한 환상을 보게 된다. 그 후 세속의 삶을 정리하고 회심해 수도자의 길을 걷는다.

✢교부 성 아우구스티누스

　중세 기독교의 교리를 완성한 교부 성 아우구스티누스의 생애도 비슷했다. 그는 354년 아프리카 누미디아 지방에서 로마제국의 관리인 부친과 독실한 기독교도인 어머니 모니카 사이에서 태어났다. 하지만 청년 시절을 방탕하게 보낸다. 17세의 아우구스티누스는 한 여인과 사랑에 빠져 아들을 낳게 된다. 이후 여러 지방에서 교사 생활을 하는데, 기독교 신자의 삶은 점점 멀어져 갔다. 어머니 모니카는 아우구스티누스가 기독교인이 되기를 원했다. 하지만 아우구스티누스는 철학에 심취해 있었고, 마니교의 이성적이고 체계적인 교리에 매력을 느껴 마니교 신도로 10여 년을 보낸다. 우여곡절 끝에 다시 기독교로 회심한 아우구스티누스는 밀라노의 성 암브로시우스 주교로부터 세례를 받고 고향인 아프리카로 돌아가 히포의 주교가 된다. 이후 그는 35년간 엄격한 사목자로 헌신한다. 생전에 성 아우구스티누스는 다음과 같이 말했다.

　"과거는 주님의 자비에, 현재는 주님의 사랑에, 미래는 주님의 섭리에 맡겨라."

　영어에서 하느님의 섭리는 providence라고 한다. 여기서 pro-는 '앞으로'라는 뜻이고, vidence는 '보다' 동사 videre에서 나왔다. 따라서 providence는 '앞을 예견한다'라는 뜻이고, 그 주체는 하느님이다.

6월 8일 | **Anorexia** 거식증

독일 철학자 루트비히 포이어바흐는 "네가 먹는 음식이 바로 너다"라고 말했다. 먹는 음식을 통해 그 사람의 사회적 신분, 성격, 취향 등을 모두 알 수 있고, 음식 선택이 그만큼 중요하다는 말로 해석할 수 있다. 식욕은 자연적인 생리 현상이지만, 중세 유럽의 교회는 과도한 식탐을 죄악으로 여겼다. 아마도 먹을 것이 풍부하지 않은 시대였기에 그러지 않았을까. 그래도 군주의 식탐은 막을 도리가 없었다.

✣ 바이에른 왕국의 루트비히 2세

독일 바이에른주에는 노이슈반슈타인이라는 유명한 성이 있는데, 디즈니랜드 성의 모티브가 되었다고 한다. 본래 이 지방은 바이에른 왕국이 있었는데, 북부 지방의 프로이센에 독일 통합의 주도권을 내어주고 역사 속으로 사라졌다. 이 왕국에는 루트비히 2세라는 키 190센티미터의 꽃미남 군주가 있었다. 그는 파리의 베르사유궁전을 보고 바이에른에도 큰 성을 짓겠다고 결심한다. 그 성이 바로 '새로운 백조의 성'을 뜻하는 노이슈반슈타인성이었다.

그런데 루트비히 2세는 군주의 자질이 부족한 왕이었다. 왕국의 재정 상태는 고려하지 않고 무리하게 성을 지어 국고를 탕진했다. 말년에는 지나친 식탐으로 몸무게가 120킬로그램에 이르렀다고 한다. 루트비히 2세는 일종의 신경성 대식증bulimia nervosa이 있었던 것이다. bulimia는 그리스어 boulimia에서 유래한 말로 '지나친 식욕'을 뜻하고, nervosa는 '증상'을 의미한다.

지나친 식탐이 건강에 좋지 않듯 너무 안 먹어서 탈이 나는 경우도 있다. 특히 지나친 다이어트를 하는 여성들이 음식을 회피하는 거식증에 빠지기 쉽다. 거식증은 영어로 anorexia라고 하는데, 그리스어로 '식욕'을 뜻하는 orexis오렉시스에 '~이 없다'라는 an-이 붙은 말이다.

6월 9일 | **Patient** 환자

의학

13세기 후반 중세 영국인의 평균수명에 관한 자료를 보면 남성 평균수명은 31.3세였다.[17] 위생 시설이 열악하고 질병이 흔한 시절이라 일찍 세상을 떠난 사람이 많았다. 여성 평균수명은 남성보다 짧았다. 10세까지는 여성 평균수명이 더 높지만, 가임기에 해당하는 14~40세의 여성은 평균수명이 남자의 반밖에 되지 않았다. 하기야 16세기 전반 영국을 통치한 헨리 8세의 세 번째 왕비 제인 시모어조차 출산하다가 세상을 떠났으니, 가임기 여성이 가졌을 출산에 대한 공포는 짐작하고도 남는다.

✛ 중세 시대 나병에 걸린 사람

중세 유럽인은 다양한 질병에 시달렸다. 그중 각종 풍토병은 치명적이었다.[18] 인간에 기생하는 풍토병의 세균은 약해졌지만, 지속적으로 숙주인 인간에 기생하면서 천천히 생명을 앗아갔다. 가장 대표적인 질병으로 나병을 들 수 있다. 피부병의 일종인 나병은 명칭이 다양한데 건선乾癬으로 불리기도 했다. 나병 환자들은 사회에서 격리된 채 썩어가는 육체를 그대로 보고 있을 수밖에 없었다. 12~13세기의 통계에 따르면, 유럽의 나병 환자 비율은 전체 인구의 1~5%에 이르렀다고 한다. 이 병은 신기하게도 갑자기 사라졌는데, 아마도 나병의 숙주에 해를 미치는 결핵 박테리아가 그 원인으로 짐작된다.

영어에서 환자를 가리키는 patient의 또 다른 의미는 '참을성 있는'이다. 이 말은 라틴어 patientem파티엔템에서 나왔는데, 뜻은 '참고 있는', '고통을 받는'이었다. 그러므로 환자의 속뜻은 '고통을 참아내는 사람'인 것이다.

6월 10일 | **Terror** 공포

✤ 공포정치를 펼친 로베스피에르

1794년은 프랑스혁명이 발발한 지 5년째 되는 해다. 이해 6월 10일에 국민의회는 혁명 재판의 형식과 절차를 간소화하는 법령을 공포했다. 예컨대, 혁명 재판소에 기소된 사람들은 변론할 기회를 박탈당하고, 배심원들만 피고의 석방과 사형을 결정할 수 있게 되었다. 프랑스혁명에서 공포terror정치가 시작된 것이다.

공포정치는 1793년 9월 5일에 시작되어 1794년 7월 27일까지 이어졌는데, 그 중심에는 산악파의 리더인 로베스피에르가 있었다. 이 시기에 정국을 주도한 산악파들은 이른바 반혁명 인사들을 투옥한 뒤 고문하고 처형해 프랑스를 공포로 몰아넣었다. 이 기간에 약 1,400명이 처형되었고, 프랑스 전역에서 무려 2만 명이 목숨을 잃었다.

1793년 10월 16일에는 루이 16세의 왕비인 마리 앙투아네트도 단두대에 올랐다. 당시 38세였던 왕비는 처형당할 무렵 백발의 노파가 되어 있었다고 한다. 형장에서 처형된 사람 중에는 롤랑 부인도 있었는데, 작가이자 프랑스혁명의 지도자였다. 그녀는 단두대에서 처형되기 직전 이렇게 외쳤다. "오! 자유여, 그대의 이름으로 얼마나 많은 죄가 저질러졌던가!"

테러리즘의 어원인 테러terror는 중세 프랑스어 terreur테뢰르에서 나왔는데, '위협하는 것' '두려움의 대상'이라는 뜻이다. 이 말의 뿌리는 라틴어 terror테로르로 뜻은 '엄청난 공포' '패닉'을 의미했다. 공포정치로 수많은 사람을 처형한 로베스피에르도 테르미도르의 반란으로 실각했고 결국 단두대에서 처형된다. 테르미도르Thermidor는 프랑스혁명력에서 양력 7월을 가리키는데 뜨거운 달을 뜻한다. 앞서 소개한 영어의 온도계thermometer에 이 말이 들어 있다.

1144년 6월 11일 파리 근교에 위치한 생드니 대
성당의 중앙 홀 뒤에 있는 제실이 완공되었다.
생드니는 파리의 제1대 주교로 몽마르트르 언덕
에서 순교했다. 그는 순교할 때 몸에서 떨어진
자신의 목을 들고 걸어갔다고 한다. 몽마르트르
Montmartre라는 지명의 유래도 '산'을 의미하는
mont과 '순교자'를 뜻하는 프랑스어 martyr마르티
르에서 나왔다.

⚜ 고딕 양식의 생드니 대성당

생드니 대성당의 개축을 주도한 사람은 당시
수도원장 쉬제르였다. 그는 15년 동안 열정적으
로 수도원 성당 개축에 매달렸는데, 이 성당은
4세기 전에 로마네스크 양식으로 지은 건물이었
다. 하지만 건물이 낡아 보수하는 김에 기존 건축양식과는 다르게 성당의 제실
을 개축할 생각이었다. 아치 모양의 궁륭으로 대표되는 고딕 양식의 건축물이
유럽에서 처음으로 탄생하는 순간이었다. 고딕 양식의 건축물은 공중부벽이라
불리는 버팀 구조물 덕분에 벽을 높이 올릴 수 있다. 그렇게 수직으로 내려오는
하중을 분산시켜 벽이 있던 곳에는 찬란한 스테인드글라스로 채울 수 있었다.

고딕gothic 양식이라는 용어는 르네상스 시대에 등장한다. 이 양식은 중세 유
럽 도처에서 찾아볼 수 있는 성당 건축물의 양식을 가리켰는데, 고딕이라는 게
르만족의 이름이 들어간 이유는 르네상스 시대의 이탈리아 건축가들이 이 건축
물을 폄하했기 때문이다. 그들 눈에는 지나치게 높고 균형미도 떨어져 보였다.
그런 탓에 야만족이라고 불린 고트족Goths의 이름이 건축양식에 붙은 것이다.
하지만 고딕 양식과 고트족과는 사실 아무 관계도 없다. 고트족은 억울한 누명
을 썼지만 중세 건축에 멋진 이름을 남겼다.

약 2,000년 전 이집트의 알렉산드리아에 수학자 한 명이 살고 있었다. 그의 이름은 에라토스테네스였는데, 자신이 주변 사람들에게 지구의 크기를 잴 수 있다고 공공연히 말하고 다녔다. 그는 하지 정오에 시에네(현재의 아스완)에서 햇빛이 깊은 우물 속 한가운데까지 수직으로 비치는 것을 보았다. 하지만 시에네보다 조금 북쪽에 위치한 알렉산드리아에서는 하짓날의 남중 고도가 82.8도이며, 이 차이는 시에네와 알렉산드리아의 위도 차이에 따른 것이라는

✣ 혈액순환론을 주창한 윌리엄 하비

사실을 밝혀냈다. 그는 이 차이를 이용해 지구의 둘레를 구할 수 있었다. 하지만 에라스토테네스가 구한 지구의 크기는 실제와는 조금 차이가 난다. 지구가 완벽한 구 모양이 아니었기 때문이다.

두 번째로 소개할 위대한 과학자는 17세기 영국의 의사이자 생리학자인 윌리엄 하비다. 하비는 '혈액순환론'을 주창한다. 당시까지는 2세기 그리스 의학자 갈레노스의 혈액 이론이 절대적이었는데, 혈액은 간에서 만들어지고 정맥을 따라 신체 말단에 가서 소멸한다는 것이었다. 하지만 하비는 그의 스승이 발견한 판막의 방향에 주목했다. 판막을 살펴보면 혈액은 분명히 말단에서 심장 쪽으로 흘러야 한다. 그렇다면 1,500년 이상 지배한 갈레노스의 이론은 모순에 부딪히고 만다. 게다가 갈레노스의 이론은 성인 한 명이 하루에 자기 체중의 세 배 분량의 혈액을 생산해야 한다. 이런 가정은 사실상 불가능하다. 실제로 혈액은 끊임없이 순환하고 있기 때문이다.

실험을 뜻하는 experiment는 라틴어로 '~을 통해'를 뜻하는 ex-와 '실험하다'를 뜻하는 peritus페리투스의 합성어다. expert전문가와 experience경험도 peritus에서 나왔다.

6월 13일 | **Epicurean** 쾌락주의자

철학

그리스의 철학자 에피쿠로스Epicurus는 미신을 멀리하고 쾌락을 추구해야 한다고 가르쳤다. 무신론적인 사상을 가진 그는 신이 현실에 개입한다는 증거는 어디에서도 찾아볼 수 없다고 생각했다. 따라서 인간은 자신에게 쾌락을 주는 것을 추구하며 살아야 한다고 강조했다. 다시 말해, 만물의 척도는 인간이며, 인간에게 쾌락은 궁극적인 선이고 고통은 악이라는 것이다. 그렇다고 에피쿠로스가 말하는 쾌락이 육체적인 쾌락이나 향락을 의미하는 것은 아니었다. 그런 쾌락은 헛된 욕망의 산물일 뿐 진정한 쾌락이란 마음을 평온하게 해주는 것이다.

✛ 쾌락주의자 에피쿠로스

죽음에 관해서도 에피쿠로스는 아리스토텔레스와 반대되는 생각을 가지고 있었다. 그는 죽음을 두려움의 대상이라고 믿었고, 죽을 때 그 사람은 존재하지 않기 때문에 죽음의 고통을 비롯해 아무것도 느끼지 못한다고 주장했다. 이런 맥락에서 그는 "죽음은 우리에게 아무것도 아니다"라고 말했다.

그리스철학을 받아들인 로마인들은 에피쿠로스의 철학을 방종해도 좋다는 식으로 해석했다. 이런 전통이 영어에 들어가 에피쿠로스학파를 무신론을 숭배하는 자들로 인식하는 경향이 생겼다. 그 결과 영어의 에피큐어epicure는 '관능적 만족을 추구하는 사람'이나 '음식에 까다로운 미식가'라는 의미로 정착되었다. 에피큐어는 그래도 좋은 의미로 정착되었지만, 에피큐리언epicurean은 천박하고 육욕에 눈이 먼 사람들, 즉 '천박한 쾌락주의자'를 가리키는 의미로 사용되었다.

2022년 9월 기준으로 세계 인구는 약
79.6억 명에 달했다. 그렇다면 다른 시
대의 인구는 몇 명이나 됐을까? 기록
에 따르면 백년전쟁 당시 프랑스 왕국
의 인구는 2,100만 명이었고, 반면 잉
글랜드는 400만 명밖에 되지 않았다.
하지만 전쟁은 잉글랜드의 독주였다.
아쟁쿠르전투의 승리를 통해 잉글랜드

✛ 고대 로마의 인구조사

왕은 프랑스 왕을 겸한다는 트루아조약까지 체결했으니, 프랑스 왕국은 잉글랜
드에 흡수될 수도 있었다.

학자들의 연구에 따르면 기원후 1년 당시 세계의 인구는 1억 3,000만~2억
5,000만 명으로 추산한다. 그리고 1,000년이 지난 후에도 인구수는 3억 명에 머
무르고 있었다. 이후 프랑스혁명이 발발한 1789년에는 5억 명으로 늘어났고,
1830년경에는 10억 명, 1930년경에는 20억 명, 1980년경에는 40억 명으로 늘
어났다.[19] 말 그대로 기하급수적인 증가세였다.

고대 사회에서 인구조사는 세금 징수와 밀접한 관련이 있었다. 『구약성경』의
「민수기」를 보면 모든 이스라엘 자손 중 남자의 인구수를 세어 20세 이상은 전
쟁에 나가야 한다고 적고 있다. 이때 집계된 장정 수는 60만 명이었다고 한다.
고대 이집트에서도 세금 징수를 위해 인구조사를 실시했는데, 그 내용을 로제타
스톤에 상형문자로 기록했다.

현대 영어에서 인구조사를 의미하는 센서스census는 고대 로마 정무관의 호
칭에서 나온 말이다. 고대 로마인은 인구를 조사하는 정무관을 censor켄소르라고
불렀다. 감찰관은 인구조사뿐 아니라 공중도덕, 정부 재정 등을 감독하는 정무
관이었다. 초기에는 감찰관이 크게 중요한 자리는 아니었다. 집정관을 선출하는
시민들의 공식 명부를 작성하는 일을 맡으면서 훗날 위상이 올라갔는데, 감찰관
의 명부 작성에 따라 조세와 병역의 의무를 부여했기 때문이다.

동아시아의 주식은 쌀이지만 서양의
주식은 밀가루로 만든 빵이다. 밀의
역사는 1만 년 전 인류가 농경을 시작
한 때부터 시작되었다고 한다. 튀르키
예 오른쪽에 위치한 아르메니아가 밀
의 원산지로 추정된다. 유럽인에게 밀
은 생명의 곡식이었다. 따라서 인명에
도 밀과 관련된 성이 있는데, 잘 알려

✛ 중세 시대 빵을 굽는 사람들

진 밀러Miller라는 성은 본래 방앗간 주인을 가리켰다. 이 성도 '방앗간'을 의미
하는 mill에서 나온 이름이다.

영어에서 밀은 wheat라고 하는데 고대 영어 hwæte가 뿌리다. 이 말도 어원을
거슬러 올라가면 '빛나다' '희다'라는 뜻의 인도-유럽어의 kwoid쿠워이드에서 만
난다. '밀'을 의미하는 wheat와 '흰'을 의미하는 white는 뿌리가 같다. 그런데 '밀
가루'를 가리키는 영어 flour는 white와 관련 없어 보인다. 게다가 flour는 '꽃'을
가리키는 flower과 발음이 같다. 단지 우연의 일치로 철자는 다른데 발음은 같은
것일까?

중세에 빵은 식단에 없어서는 안 될 중요한 식품이었다. 영어 lord와 lady가
'빵'을 의미하는 loaf에서 만들어질 정도였다. 노르만 정복 이후 13세기경에 영
어에는 flure, floure, flower, flour, flowre 같은 단어들이 등장하는데, 모두 식물
의 만개滿開를 뜻하는 프랑스어 fleur에서 유래했다. 이 단어들은 뜻이 확장되어
'최고' '가장 바람직한 것' '가장 선별된 부분'을 가리키게 되었다. 이후 flower는
앵글로색슨어 blossom을 밀어내고 '꽃'을 의미하는 단어로 정착한다. 아울러 꽃
처럼 곱게 정제된 '밀가루'라는 뜻도 생겨났다. 하지만 의미를 구분하기 위해 꽃
은 flower로 적고 밀가루는 flour가 되었다. 그러므로 영어의 꽃과 밀가루는 발
음이 같을 뿐만 아니라 같은 단어에서 나온 말이기도 하다.

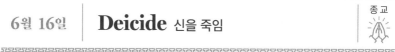

6월 16일 | **Deicide** 신을 죽임

종교

4세기 초에 기독교에는 두 종파가 있었다. 아타나시우스파派는 삼위일체, 즉 성부와 성자와 성령의 일치를 주장했다. 하느님의 아들인 예수의 신성을 인정해야 한다는 것이 아타나시우스파의 교리였다. 하지만 아리우스파의 견해는 달랐다. 그들은 야훼(성부)와 예수(성

✛ 스트라스부르 유대인 대학살

자)를 이질적이고 차별적인 존재로 보았다. 다시 말해, 예수의 인성人性은 강조하고 신성神性은 인정하지 않았다. 예수는 성부가 세계를 구원하기 위해 만든 도구에 불과하다고 주장했다. 종파의 대립은 결국 아타나시우스파의 승리로 끝났고, 아리우스파는 이단으로 몰려 기독교에서 축출되었다.

유대인들은 지금도 예수를 메시아로 인정하지 않는다. 그래서 기독교 왕국인 중세 유럽에서 유대인들이 차별받는 것은 어찌 보면 당연한 귀결이다. 중세 유럽에 살던 유대인들은 대개 오랜 기간 도시에 살면서 번영을 누리고 있었다. 그런데 11세기부터 기독교도들은 유대인을 의심하기 시작했다. 근동 지방의 유대인 동족들이 순례자를 박해하는 튀르크인에게 협조하고 있었고, 당시 절정에 달한 정화 운동에 유대인들이 동참하지 않았기 때문이다. 게다가 고리대금업으로 많은 부를 축적해 기독교도들에게는 눈엣가시였다.

중세 유럽인들은 유대인을 신을 죽인 민족이라 믿었다. 그래서 천재지변이 일어나면 유대인을 학살했다. 1349년 2월 페스트가 창궐하던 스트라스부르에서 벌어진 유대인 대학살이 대표적인 예다. 영어에서 deicide는 '신을 죽이다'라는 뜻인데, dei-는 라틴어로 신을 뜻하는 deus데우스에서 나왔고, cide는 '죽이다'라는 뜻이다. '인간'을 뜻하는 homo호모가 붙으면 homicide살인가 되고, '스스로'를 뜻하는 sui가 붙으면 suicide자살가 된다.

영어에는 royal국왕의, regal제왕에 걸맞은, regency섭정
등 왕과 관련된 어휘가 많다. 그런데 이 단어들은
하나같이 king과는 모습이 다르다. 이 단어들은
라틴어 rex왕에서 영어로 들어갔다. 그러므로 rex
의 뿌리를 따라가보자.

로마는 유례를 찾아볼 수 없는 대제국을 일구
었고, 그 전에는 찬란한 공화정의 역사를 펼쳤
다. 그런데 공화정 이전에 왕정 체제였다는 사실

✛로마의 마지막 왕 수페르부스

은 상대적으로 덜 알려져 있다. 로마의 초대 왕은 건국 신화에 나오는 로물루스
Romulus다. 혹자는 그의 이름에서 로마라는 명칭이 나왔다고 한다. 로물루스와
쌍둥이 형제 레무스는 권력을 찬탈한 숙부의 눈을 피해 테베강에 버려졌는데,
간신히 살아나 늑대의 젖을 먹고 자랐다고 한다.

초대 왕 로물루스를 포함해 로마에는 총 일곱 명이 왕위에 올랐다. 로물루스
에 이어 왕이 된 누마 폼필리우스와 제4대 왕 안쿠스 마르키우스는 로마의 이웃
부족 사비니족 출신이었고, 제5대 왕 타르쿠니우스 프리스쿠스는 에트루리아인
이었다. 로마는 나라를 세운 뒤 정복한 이웃 민족의 지도자를 국왕으로 선출한
것이다. 제7대 왕은 타르퀴니우스 수페르부스인데, 수페르부스라는 이름은 '건
방지다'라는 뜻이다. 이름에서 알 수 있듯이 수페르부스는 원로원과 민회를 무
시하고 독재 정치를 펼쳤다. 결국 로마 시민들은 수페르부스를 추방하고 공화정
을 수립한다. 이후 '왕'을 의미하는 rex는 로마 사회에서 금기어가 되었다. 참고
로, 영어에 왕과 관련된 어휘들이 일관성을 보이지 않는 것은 regal과 regency는
라틴어 rex에서 나왔고, royal은 라틴어의 후손인 프랑스어 roi왕에서 유래했기
때문이다.

1815년 6월 18일 벨기에 워털루 인근에서 나폴레옹의 프랑스 제1제국 군대와 영국-프로이센-네덜란드 연합군 간에 세계사의 흐름을 결정할 전투가 벌어졌다. 이틀 전에 워털루 평원에 내렸던 폭우는 기병과 포병이 주축인 프랑스군에게는 치명적인 악조건이었다. 물론 날씨가 나폴레옹에게 도움을 준 적도 있다. 예나전투에서 15만 명의 프로이센 대군을 궤멸시킬 수 있었던 것은 안개 덕분이었다. 안개 속에서는 병력을 가늠하기도

✛ 나폴레옹이 패배한 워털루전투

힘들어 상대적으로 열세였던 프랑스군을 하늘이 도운 셈이었다. 하지만 위털루전투에서 날씨는 더 이상 나폴레옹의 편이 아니었다. 안타깝게도 진흙 바닥에 떨어진 나폴레옹의 포탄은 대부분 불발탄이 되었다.

날씨는 전쟁의 승패를 결정하기도 한다. 베트남전쟁에서 미국의 해병대 사령관 크레튼 아브람즈 장군은 "기상은 모든 군사 작전 임무 수행에서 첫 번째 단계이자 마지막 결정적 요소다"라고 말했다. 만약 1815년 6월 16일에 폭우가 내리지 않았다면 전쟁의 승패는 달라졌을까?

'기상' 또는 '기상학'을 의미하는 영어의 meteorology는 '높은 곳에 있는 것'이나 '지상에서 올라가는 것'을 가리키는 그리스어 meteōra메테오라에서 나왔다. 이 단어는 '~을 넘어'를 뜻하는 meta와 '올려지거나 매달린 것'을 뜻하는 aoros아오로스가 합쳐진 말이다. 그러다가 1590년경부터 이 말에서 다양한 기상 현상을 가리키는 용어들이 생겨났다. 공기와 관련된 기상 현상은 aerial meteors(바람), 물은 aqueous meteors(비, 눈, 우박), 빛은 luminous meteors(오로라, 무지개), 불은 igneous meteors(번개와 유성)라는 말들이 생겨났다. 일반적으로 영어에서 meteor는 shooting star 또는 fireball, 즉 유성을 의미한다.

한 연구에 따르면, 고대 로마인의 하루 물 소비량은 317리터였다고 한다. 현재 뉴욕 시민의 1인당 물 소비량이 315리터인 것을 놓고 보면, 옛날 사람치고 물 소비량이 꽤 많았다. 고대 로마 시민의 물 소비량이 많았던 것은 대형 목욕장, 개인 상수도, 공공 상수도, 공공장소의 분수 등 용도가 다양했기 때문이다. 그런데 도시에 우물을

✛ 고대 로마의 수도교(스페인 세고비아)

파서 수요를 감당할 수는 없었다. 따라서 멀리 수원지에서 도심까지 수로를 건설해 물을 끌어왔다. 당시에는 양수기가 없던 시절이었으므로 수원지와 도심의 낙차를 이용했다.

수도 로마에는 11개의 수로가 있었는데 총 길이는 무려 350킬로미터에 달했다. 수도교를 통해 도시에 공급되는 물은 용도에 따라 급수가 정해졌다. 1급수는 식수로 사용되었고, 2급수는 욕장으로 보내졌다. 여기서 사용하고 남은 물은 공중화장실 등에서 사용되었다. 로마시 주변에는 하수구를 모아놓은 저수 시설도 있었는데, 여기에 저장된 물은 마지막으로 테베강으로 흘러 들어갔다.

라틴어로 수도교(송수교)를 aquae ductus아쿠아이 둑투스라고 하는데, 영어에서는 aqueduct라고 부른다. 뒤에 붙은 duct는 '이끌다'라는 뜻이다. 그래서 영어의 conduct는 본래 '안내하다'라는 의미였다. 영어에는 aqua로 시작하는 단어가 많은데, 이 말은 라틴어로 '물'을 가리킨다. 예컨대, '수족관'을 뜻하는 aquarium이 있다. 라틴어에서 -um은 중성을 의미하며 물건에 붙는 접미사다. aquaculture는 '경작'을 의미하는 라틴어 cultura가 붙어 '수경 재배'를 가리키고, aquarelle은 '수채화'를 의미한다.

그리스신화는 대지의 여신 가이아에서 시작한다. 그녀는 자신이 낳은 아들이자 남편인 우라노스와 교합을 통해 많은 신을 만들어낸다. 그리스신화를 대부분 받아들인 고대 로마인들도 대지의 신을 만들었는데, 이름을 Tellus 또는 Terra라고 했다. Tellus의 속성은 풍요의 뿔이나 과일 다발이 상징하는 풍요함 그 자체였다. 그녀의 모습은 땅의 구멍에서 일어나는 모습으로 묘사되었는데, 대지가 풍요의 원천이라는 뜻이었다.

✛ 대지의 여신 가이아

Tellus와 Terra의 어원은 불분명하다. 아마도 산스크리트어에서 평야를 가리키는 talam과 관련 있는 듯 보인다. 기원후 4세기에 들어서자 라틴어 주석가 세르비우스는 tellus와 terra를 구분하는데, terra를 공기ventus, 물aqua, 불ignis과 함께 4대 요소 중 하나인 흙이라고 설명한다. 한편, 세르비우스는 tellus를 대지의 여신으로 소개한다. 마치 4대 요소 중 불은 ignis지만 불의 신은 vulcanus로 신격화되는 것과 같다.

영어에는 terra가 붙은 어휘가 상당히 많다. 먼저 extraterrestrial는 extra-가 '밖으로 향하다'라는 뜻이므로 지구 밖의 '외계인'을 가리킨다. '영토'를 의미하는 territory는 '영지' '법의 효력이 미치는 지역'을 뜻하는 라틴어 territorium에서 나왔다. 여기에 접두사 extra-가 붙으면 법의 효력이 미치지 않는, 즉 '치외법권'을 의미하는 extraterritorial이 된다. 길거리 카페의 노천 테라스terrace도 본래는 흙으로 만든 평평한 언덕이라는 중세 라틴어 terracea테라케아에서 나온 말이고, 지하실은 subterrain(라틴어 sub는 영어의 under에 해당)이라고 부른다.

1791년 6월 21일 저녁, 루이 16세와 마리 앙투아네트를 태운 마차가 프랑스 동부의 작은 마을 생트므누에 도착했다. 국왕 부부는 파리를 몰래 빠져나와 처가인 신성로마제국의 수도 빈으로 가려던 참이었다. 베르사유에서 근무한 적 있던 초소 지휘관 장 밥티스트 드루에는 마차 속의 왕을 알아보았지만 처음에는 아는 척하지 않았다. 이후 드루에 일행은 마차를 추격해 잡았고, 결국 루이 16세 부부는 파리로 압송되었다. 1793년 1월 21일 국왕 부부는 혁명 광장(지금의 콩코드 광장)에서 단두대의 이

✥ 마리 앙투아네트

슬로 사라졌다. 루이 16세는 재판에서 사형선고를 받고 자식들에게 절대 복수하지 말라는 유언을 남겼다고 한다.

두 번째로 비운에 처한 군주는 스튜어트 왕조의 두 번째 왕 찰스 1세다. 그는 왕권신수설의 신봉자로 의회와 충돌할 수밖에 없었던 군주였다. 결국 영국은 왕당파와 의회파로 분열되어 내란이 벌어진다. 역사에서는 이 내란을 '청교도혁명'이라 부른다. 내전 결과 의회파의 지도자인 올리버 크롬웰이 정권을 잡았고, 찰스 1세는 역사상 처음으로 신하들에게 처형당한 국왕으로 기록되었다. 1649년 1월 30일, 찰스 1세는 뱅퀴팅 하우스 앞에 설치된 처형대에서 "나는 오염된 왕관을 버리고 천국에서 순수한 왕관을 머리에 쓸 것이다"라는 말을 남겼다.

'처형'을 의미하는 영어 execution의 어원은 중세 라틴어 executionem엑세큐티오넴에서 나왔는데, ex-는 '밖으로'라는 의미이고, exequi/exsequi엑세쿠이는 '따라가다'라는 뜻이다. 그러므로 execution은 '따라오는 사람을 밖으로 내보내다'라고 풀어볼 수 있다. 라틴어 sequi는 프랑스어를 통해 영어에 많은 어휘를 남겨놓았는데, sue소송하다는 '원고가 피고를 따라간다'라는 뜻이고, second는 첫 번째 다음에 오는 것을 말한다.

| 6월 22일 | **Alto** 알토 | 예술 |

✢ 중세 시대 교회 성가대

인간 목소리의 음역은 남녀에 따라 다르고 나이에 따라서도 다르다. 현재 우리가 쓰는 음악 용어는 대부분 이탈리아어에서 왔다. 성악도 마찬가지다. 성악에서는 여자의 음역을 구분할 때 가장 고음을 내는 사람을 소프라노soprano라고 부른다. 라틴어로 '높다'라는 의미의 supra수프라에서 soprano가 나왔다. 라틴어 supra는 우리가 잘 알고 있는 영어 super를 제공한 말이다. 여성의 가장 낮은 음역은 알토alto 또는 콘트랄토contralto라고 부른다. 알토 역시 '높다'라는 뜻의 라틴어 altus에서 나온 말인데, 소프라노에 비해 낮을 뿐, 사실은 높은 목소리를 가리킨다. 소프라노 바로 아래는 메조소프라노mezzo soprano라고 부르는데, 마지막으로 소개한 이유는 mezzo라는 단어가 '~의 중간'이라는 뜻으로, 즉 메조소프라노는 소프라노와 알토 사이를 가리키기 때문이다.

남성의 경우 가장 높은 음역은 테너tenor라고 하는데, 라틴어 동사로 '붙잡다'를 뜻하는 tenere테네레에서 나왔다. 중세와 르네상스 시대에 테너의 역할은 기본음을 유지하는 것이었다고 한다. 그래서 기본 멜로디를 잡아주는 가수라는 의미에서 테너라는 말이 나왔다. 실제로 중세의 악보에 테너라고 적혀 있으면 음역을 뜻하기보다는 파트의 역할을 가리켰다고 한다. 그다음의 음역은 바리톤baryton인데, 그리스어로 깊고 낮은 음성을 가리키는 barytonos바리토노스에서 온 말이다. 마지막으로 가장 낮은 음역인 베이스bass는 라틴어로 '낮다'라는 뜻의 bassus바수스에서 유래했다. 영어 어휘 중 alto와 같은 뿌리에서 나온 단어로는 altitude고도, altissimo가장 높은, altitude sickness고산병 등이 있다.

6월 23일 │ **Pope** 교황

가톨릭의 본산은 로마교황청이고 교황은 바티
칸시국의 교황궁에 거처한다. 하지만 700년 전
에 교황은 로마가 아닌 남부 프랑스의 고도古都
아비뇽에서 약 70년간 머문 적이 있다. 당시 유
럽에서 큰 영향력을 행사하던 프랑스 왕 필리
프 4세는 교황 보니파시오 8세와 대립하고 있
었다. 사실 세속 군주와 교황의 대립은 이때가
처음은 아니다. 1077년에는 파문을 당한 신성
로마제국 황제 하인리히 4세가 교황 그레고리
오 7세에게 파문을 취소해달라고 엄동설한에
맨발로 빈 적도 있다(카노사의 굴욕).

✤ 카노사의 굴욕

1303년 필리프 4세는 이탈리아의 아나니에 머무르고 있던 교황 보니파시오
8세를 생포했다. 이 과정에서 교황은 이탈리아 귀족 출신 시아라 콜로나에게 뺨
까지 맞았다. 결국 교황은 그 충격으로 한 달 만에 사망한다. 이후 필리프 4세는
왕의 꼭두각시로 전락한 교황을 아예 남프랑스의 아비뇽에 강제로 유배시킨다.
교황이 로마를 떠난 것이다. 역사에서는 이 사건을 '아비뇽 유수'라고 부른다.
고대 유대인들이 바빌론에 노예로 끌려간 '바빌론 유수'를 빗대서 한 말이다.

가톨릭에서는 예수의 열두 제자 중 베드로를 초대 교황으로 인정한다. 베드로
는 로마에 가서 여생을 보내다가 순교했는데, 예수처럼 십자가에 못 박혀 죽을
운명이었다. 그러자 베드로는 자청해 거꾸로 매달려 십자가에서 처형되었다.

교황은 영어로 pope라고 한다. 이 호칭은 '주교'나 '교황'을 의미하는 라틴어
papa파파에서 나왔는데, 뿌리를 거슬러 올라가면 '아버지'라는 뜻의 그리스어 파
파스πάππας에서 만난다.

음식

⊹ 고대 로마에서 포도주를 담은 암포라

술은 적게 마시면 약이 되고 많이 마시면 독이 된다. 로마의 철인 세네카는 「루킬리우스에게 보내는 서간집」에서 술의 해악을 지적하고 있다. 그는 술 자체가 나쁘지는 않지만, 과음은 좋지 않다고 경계한다. 세네카는 "술에 취한다는 것은 일부러 광기를 찾는 것과 다를 바 없다"라며 술의 해악을 경고하고 있다.

고대 로마인의 음주 문화에서 포도주는 음료수와 같았다. 석회질이 많은 유럽의 물이 마시기에 적합하지 않아 포도주에 물을 타서 음료수처럼 마셨다. 그래서 포도주를 100% 그대로 마시는 사람은 야만인으로 취급했다고 한다. 물론 애주가들은 물 타지 않은 포도주를 마셨을 것이다. 하지만 이런 음주 습관은 사치스러운 것으로 여겨졌다. 정말 피곤할 때만 포도주를 마시고, 평상시에는 시어버린 포도주에 물을 타서 음료수처럼 마셨다고 한다. 식초란 뜻의 vinegar가 라틴어 vinus비누스에서 왔고, 영어의 wine과 vinus도 그 뿌리가 같다.

로마 병사들은 시어버린 포도주에 물을 탄 음료를 포스카posca라고 불렀다. 예수가 십자가에 못 박혀 고통받고 있을 때 로마 병사가 해면에 적셔 창에 꽂아 건넨 음료가 바로 포스카다. 하지만 예수는 포스카의 맛을 보고 마시지 않았다고 한다. 평소에 마시던 포도주와는 달리 저급한 맛이었기 때문이다.

inebriation은 영어로 '만취'를 뜻한다. 이 단어는 라틴어로 '만취'를 의미하는 ebrietas에브리에타스에서 나왔고, 라틴어 동사 inebriare인에브리아레는 '취하게 만들다'라는 뜻이다. '음주벽'을 의미하는 inebriety도 뿌리가 같다.

6월 25일 | **Petroleum** 석유

예수의 제자 베드로는 본래 갈릴리 호수에서 고기를 잡던 어부다. 원래 이름은 시몬이고, 동생은 안드레다. 예수가 갈릴리 호수를 지나갈 때 고기를 잡던 베드로와 안드레를 만났다. 예수는 그들에게 "나를 따라오거라. 내가 너희를 사람 낚는 어부로 만들겠다"라고 말한다. 이후 베드로와 안드레는 예수의 제자가 되었다.

✛ 예수의 제자 베드로

예수가 혹세무민 혐의로 로마 병사에게 체포되었을 때, 베드로는 선택의 기로에 선다. 로마 병사들은 베드로에게 예수를 아느냐고 묻는다. 하지만 베드로는 예수를 알지 못한다고 거짓말을 한다. 그전에 이미 예수는 닭이 울기 전에 베드로가 자신을 배신할 것이라고 예언한 바 있다.

예수는 베드로에게 이렇게 말했다. "너는 베드로다. 내가 이 반석 위에 내 교회를 세울 터인즉 저승의 세력도 그것을 이기지 못할 것이다." 이 말의 일부를 라틴어로 옮기면 "Tu es Petrus너는 베드로다"인데 Tu es는 Yor are이고, Petrus는 Stone이다. 베드로가 교회의 기초석이 될 것이라는 말이다.

예수는 아람어로 '반석'을 뜻하는 Cepah케파로 이름을 지어주었고, 이를 그리스어로 번역해 돌을 의미하는 Πέτρος페트로스로 옮겼다. 이후 베드로는 영어에서 Peter로 번역되었고, 프랑스어에서는 Pierre피에르로 번역되었다. 한 가지 흥미로운 사실은 영어의 Peter는 고유명사로만 사용되지만, 프랑스어의 Pierre는 인명 외에도 '돌'을 의미하는 일반명사로도 사용된다는 점이다. 영어에서 '석유'를 가리키는 petroleum에도 돌을 뜻하는 베드로가 들어가 있다.

고대 그리스의 성지인 파르나소스산 기
슭에 있는 델포이에는 시빌레라는 무
당이 살았다. 지금도 파리에는 몽파르
나스라는 구역이 있는데, 이 지명이 파
르나소스산에서 나왔다. 그녀의 신점은
신통해 그리스 전역에서 사람들이 몰려
들었다. 그런데 시빌레가 사는 파르나
소스산 근처에는 피톤이라는 왕뱀이 살

✢ 피톤을 죽이는 아폴론

고 있었고, 신점을 보러 가는 행인들을 위협했다. 피톤은 대지의 여신 가이아의
자식이어서 아무도 왕뱀을 죽일 수 없었다. 하지만 태양신 아폴론은 달랐다.

아폴론이 피톤을 죽이기로 작정한 이유는 복수심이었다. 어머니 레토가 아폴
론을 배 속에 가지고 있을 때 피톤이 레토를 몹시 괴롭혀 복수를 결심한 것이다.
하지만 피톤 역시 억울한 구석이 있었다. 제우스가 레토에게 아이를 갖게 만들
자, 헤라가 피톤을 사주해 레토를 괴롭힌 것이다. 이후 레토의 자식인 아폴론과
아르테미스 쌍둥이는 각각 해와 달의 신이 되었고, 아폴론은 어머니의 복수를
위해 피톤을 화살로 쏘아 죽인다. 그리고 피티아라는 여인을 피톤을 대신하는
여사제로 만든다. 이렇게 피티아를 영매로 아폴론의 신탁이 시작되었다. 한 가
지 흥미로운 사실은 아폴론의 신탁이 일 년 중 아홉 달만 계속되었고, 겨울철에
는 포도주의 신 디오니소스가 델포이의 성소를 맡았다는 것이다. 냉철한 지성의
상징 아폴론과 광기의 화신 디오니소스는 인간의 양면성을 보여주기도 한다.

신탁은 영어로 oracle이라고 하는데, 신의 영감을 통해 나온 메시지라는 의미
다. 라틴어 동사 orare오라레는 '기도하다'라는 뜻으로, orator웅변가, oration연설이
여기서 나왔다.

6월 27일 | **Sponge** 해면

주방의 필수품 스펀지는 역사가 생각보다 길다. 흔히 해면海綿이라고 일컫는 스펀지는 고대 그리스 시대부터 목욕이나 청소에 쓰였다. 우리가 지금 사용하는 스펀지는 화학 제품이지만, 본래 스펀지는 천연 재료로 만들었다. 그리스의 칼림노스섬에서는 아직도 바다에서 잡은 천연 해면을 팔고 있다.

✢ 칼림노스섬의 천연 해면

고대에 스펀지로 사용되던 천연 해면은 온 바다에 광범위하게 퍼져 살던 바다 생물이다. 천연 해면은 물을 쉽게 빨아들여 고대부터 목욕 용품으로 인기가 높았다. 스펀지의 원료인 해면은 바다 밑바닥에서 자라는 식물 같지만, 사실 많은 개체가 덩어리를 이루고 있는 '동물'이다. 일반적으로 해면은 식물성 플랑크톤을 먹고 자라지만 육식성 해면도 존재한다.

고대 그리스인들은 아주 오래전부터 바다에서 해면을 채취하기 시작했다. 일단 해면을 채취하면 세척하고 말린다. 그런 다음 수요자의 용도에 맞게 잘라 가공해 판매했다. 목욕용과 주방용 스펀지는 이렇게 천연 해면으로 만들었다. 지금은 플라스틱의 범람으로 천연 해면이 설 자리를 잃었지만, 오늘날 환경보호 차원에서 천연 해면의 위상은 더욱 높아졌다.

해면을 의미하는 영어의 sponge는 라틴어 spongia스폰기아에서 차용했는데, 위에서 언급한 것처럼 해면을 처음 채취한 사람들은 그리스인이라고 했으니까, 라틴어의 spongia는 그리스어 spongos스폰고스가 뿌리다. 영어에는 throw in the sponge라는 숙어가 있는데, '시합에서 패배를 시인하다' 또는 '포기하다'라는 의미다. 여기서 스펀지는 선수의 땀을 닦는 용도로 쓰이는데, 이를 던진다는 것은 시합을 포기한다는 데서 나온 표현이다. 권투에서 선수가 KO를 당하기 직전에 코치가 수건을 던지는 것과 똑같다.

6월 28일 | **Thumb** 엄지손가락

사람의 다섯 손가락 중 엄지손가락은 길이가 가장 짧지만 가장 두껍다. 그래서 이름도 어머니의 손가락을 뜻하는 '엄지손가락'이다. 실제로 엄지손가락이 없으면 인간의 손은 제구실을 할 수 없다고 한다. 엄지손가락은 물체를 잡을 때 구심점 역할을 하므로 손의 기능 중 70% 이상을 담당하고 있다.

❖장 레옹 제롬, 〈엄지손가락을 아래로〉

'엄지손가락'을 의미하는 영어의 thumb는 같은 게르만 계통의 단어와 유사한 모습을 보여준다. 고대 네덜란드어의 thuma투마, 고대 고지대 독일어 thumo투모, 독일어 daumen다우멘 등이 영어와 뿌리가 같은 말들인데, '장갑의 엄지손가락' 또는 '통통하고 튼튼한 손가락'을 의미한다. 다른 인도-유럽어에서도 엄지손가락의 의미는 대동소이하다. 그리스어에서는 큰 손가락을 의미하는 megas daktylos메가스 닥틸로스라고 부르지만, 다른 손가락과 반대 방향의 손가락을 의미하는 antikheir안티케르라고도 부른다.

고대 로마인의 일상을 따라가면 검투극이 자주 열리는 원형 경기장에 도착한다. 특히 프랑스의 화가 장 레옹 제롬이 그린 검투극 그림은 무척 사실적인데, 패자를 땅에 누이고 관중의 결정을 기다리는 승자의 모습이 잘 드러나 있다. 이때 관객들은 엄지손가락을 아래로 내리고 고함을 치며 어서 패자를 죽이라고 아우성친다. 이 그림의 제목은 〈폴리케 베르소Pollice Verso〉인데 '엄지손가락을 아래로'라는 뜻이다. 여기서 pollice는 튼튼한 손가락, 즉 엄지손가락을 가리킨다.

미국 요리는 케첩이 주요 양념으로 사용된
다. 예컨대, 햄버거와 함께 먹는 프렌치프라
이는 케첩에 찍어 먹는 것이 불문율이지만,
프렌치프라이의 원조인 프랑스의 감자튀김
은 겨자에 찍어 먹는다. 흔히 케첩은 토마토
가 주원료지만 초기의 케첩은 토마토가 들
어가지 않았다. 그리고 원조는 중국으로 거
슬러 올라간다.

⚬ 케첩의 원조인 규즙

17세기에 중국인들은 절인 물고기와 향신료를 섞어 소스를 만들었는데, 이
생선즙을 '규즙鮭汁'이라고 불렀다. 중국의 푸젠성과 타이완에서 사용되는 민난
어에서는 규즙을 kôe-chiap꾸에찌압 또는 kê-chiap께찌압이라고 불렀다. 현대 영어
의 케첩ketchup이란 말이 이렇게 생겨났다. 케첩은 지금의 말레이시아 지방으로
퍼져 말레이반도에 식민지를 개척한 영국인들과 만난다. 서양인들의 식탁에 케
첩이 처음으로 올라온 순간이다.

초기의 케첩은 토마토가 아닌 버섯을 주로 사용해 만들었다. 이후 미국으로
건너간 케첩은 동부 13개의 식민지에 진출한 영국인에게도 알려졌다. 기록에
따르면, 토마토를 주원료로 한 케첩이 등장한 시기는 19세기 초반이다. 하지만
당시 케첩에는 어장의 기반이 되는 멸치가 여전히 포함되어 있었다고 한다. 이
후 멸치가 빠지고 지금의 케첩이 되었다. 케첩이 미국 문화에서는 필수적인 소
스로 자리 잡았지만, 프랑스에서는 푸대접을 받고 있다. 실제로 프랑스의 초등
학교 급식에는 케첩이 제공되지 않는다고 한다. 달고 짠 케첩에 입맛을 길들이
면 다른 음식을 구분하는 미각을 잃을 수 있다는 것이다.

6월 30일 | **Liberal** 교양

영어에 자유를 의미하는 liberty를 제공한 라틴어 liber리베르는 본래 '자유로운' '제한받지 않는' '독립적인'을 뜻하는 말이다. liber의 대척점에 있는 말은 servus세르부스로 '노예 같은' '비굴한' '종속된'이라는 뜻이다. 다시 말해, liber는 귀족과 자유민을 가리키고, servus는 노예를 가리키는 말이었다. liber에 형용사를 만드는 접미사 -alis가 붙으면 liberalis리베랄리스가 만들어지는데, 영어에서 자주 볼 수 있는 영어 형용사 liberal이 이렇게 만들어졌다. 라틴어 liberalis의 본래 의미는 '자유인' '멋진' '귀족 같은'이었다.

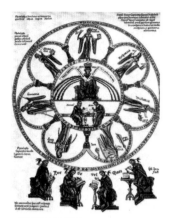

✛ 교양과목의 7학과

이후 liberalis는 로마의 학교 교육에서 중요한 의미를 지닌 말로 변신한다. 로마의 학교에서는 가르치는 과목들을 교양 과목을 의미하는 artes liberales아르테스 리베랄레스(영어의 liberal arts)와 육체노동을 포함하는 artes servilles아르테스 세르빌레스(영어로는 servile arts)로 구분했다. artes liberales는 자유민들이 수강할 수 있는 과목들로, 육체노동이 수반되지 않는 정신적 작업과 관련 있다. artes servilles는 하층민들의 육체노동과 관련된 과목이다.

전통적으로 교양과목artes liberales은 3학과trivium로 구성되어 있었다. 문법, 논리학, 수사학이 교양과목의 핵심을 이루고, 연산arithmetic이 들어가면 4학과가 되었다. 그밖에도 교양과목에는 음악, 기하학, 천문학이 포함되었다. 반대로 artes servilles에는 직업이나 공학 관련 과목들이 개설되었다. 현대 영어에서 교양과목을 의미하는 liberal arts는 프랑스어 arts libéraux아르 리베로를 거쳐 14세기에 중세 영어로 들어왔다. 지금의 liberal의 의미는 18세기 말 미국의 정치가 알렉산더 해밀턴의 편지에서 찾아볼 수 있다. 그는 liberal을 관습이나 교리에서 벗어난 것이라는 의미로 사용했다.

7월

July

로마제국의 초대 황제인 아우구스투스는 7월을 자신의 양아버지인 율리우스 카이사르Julius Caesar에게 바쳤다. 7월에 태어난 카이사르는 로마력에 등장하는 두 명의 실존 인물 중 한 명이다. 카이사르의 이름이 붙기 전의 이름은 '다섯 번째 달'이라는 퀸틸리스Quintilis였다. 3월부터 1년이 시작하면 7월은 다섯 번째 달이 된다.

새로운 것은 늘 흥미롭다. 소설을 의미하는 영어의 novel은 15세기 중세 프랑스어 novel 노벨에서 차용되었는데, novel은 영어의 new 에 해당한다. 이후 영어에 들어온 novel은 점차 의미가 변한다. '새로운 것'에서 '이야기' '꾸며낸 이야기' 등의 의미가 만들어진다. 16세기 영국에서는 짧은 이야기를 부르는 문학적 용어가 필요했는데, novel이 잘 어울리는 말이었다. 이야기의 주제는 유머, 정치, 연애가 주를 이루었다.

✛ 프라고나르의 〈책 읽는 소녀〉

　최초의 소설은 분량이 적고 사실적이거나 해학적인 이야기가 주를 이루었다. 그러다가 17세기에 들어와 점차 분량이 늘어나 플롯도 복잡해졌다. 18세기에는 영국에서 가장 인기 있는 문학 장르로 자리 잡았다. 이후 novel은 로망스romance와 분명히 구분되었는데, 프랑스어에서 차용한 로망스는 중세의 이야기를 말한다. 로망스는 전설에 기반을 둔 운문 형식의 이야기로, 주로 기사들의 사랑이나 초자연적인 모험 등을 다루었다. 이후 산문 형식을 지닌 이야기로 발전하는데, 주인공은 영웅적이고 신비로운 캐릭터를 지니고 있었다. 한편 영어에 novel을 제공한 중세 프랑스어 novel은 지금은 nouvel누벨로 형태가 바뀌었지만, 그 뜻은 '새롭다'라는 의미와 함께 단편소설 nouvelle로 사용되고 있다.

　또 다른 문학 장르 용어로 수필을 가리키는 essay가 있는데, 이 말 역시 프랑스어 essai에세에서 나왔다. 프랑스어의 essai는 '시도'나 '노력'을 의미한다. 다시 말해, 글의 형식에 구애받지 않고 자유롭게 글을 써 나가는 수필을 가리킨다. 16세기 프랑스의 사상가 몽테뉴는 자유롭게 쓴 수필을 모아 『수상록Essai』이라고 이름을 붙이면서 이 말을 처음 사용했다.

7월 2일 | **Annunciation** 수태고지

종교

🔁🔁

『성경』에는 특별한 출생 이야기가 많다. 먼저 『구약성경』에서 히브리 민족의 조상인 아브라함의 이야기를 해보자. 아브라함에게는 자식이 없었다. 그래서 아내 사라가 이집트 출신 여종인 하갈을 아브라함에게 보낸다. 하갈의 몸을 빌려 집안의 대를 잇고자 한 것이다. 하갈은 아브라함의 자식을 낳았고, 천사는 아이의 이름을 이스마엘로 지으라고 고지한다. 아브라함의 나이 80세 때의 일이다. 그런데 문제는 여기서 시작되었다. 본처인 사라도 임신한 것이다. 이후 사라는 사내아이를 낳았는데 이름을 이삭

✚ 무리요의 〈수태고지〉

이라고 했다. 이삭의 후손은 히브리 민족이 되었고, 이스마엘의 후손은 아랍 민족이 되었다.

『신약성경』에서 가장 극적인 출생과 관련된 고지는 천사 가브리엘이 마리아에게 한 '수태고지'다. 천사 가브리엘은 마리아가 하느님의 총애를 받았다고 말하면서 아들을 낳을 것이라고 알려준다. 천사는 아이의 이름을 '예수'로 하라고 고지를 내린다. 하지만 마리아는 자신이 남자를 알지 못하는데 어떻게 아이를 낳을 수 있느냐며 반문한다. 그러자 가브리엘은 성령이 내려오시고 지극히 높으신 분의 힘이 그녀를 덮을 것이라고 알려준다.

예수의 탄생을 예고하는 수태고지는 영어로 annunciation이라고 한다. 이 말은 라틴어로 '알리다'를 의미하는 annuntiare아눈티아레에서 나왔다. 영어 announce도 여기서 나온 말이다. 같은 어원에서 나온 '맹비난하다'라는 뜻의 영어 denounce가 있다. denounce에 부정적인 의미가 생긴 것은 '~로부터 떨어진'이라는 접두사 -de가 붙어 '직무의 박탈을 통고하다'라는 의미로 전환되었기 때문이다.

7월 3일 | **Rara avis** 보기 드문 것

영어 독자들에게 유명한 라틴어 교재의 저자 휠록의 책에 이런 말이 나온다. "The students of Latin in the United States was becoming a rara avis in the 1960s and early 70s, but there has been a remarkable resurgence of interest since then." 위 문장을 번역해보자. "1960년대 와 70년대 초 미국 대학생들의 라틴어 학습은 rara avis였는데, 이후 주목할 만한 관심이 일었다." 문제는 영어 같지 않은 rara avis의 뜻이다. 문맥상 1960년대와 70년대 미국에서는 라틴어에 대한 관심이 적었다는 의미로 rara avis를 사용한 것 같다.

÷ 로마의 작가 유베날리스

예문에 등장한 rara avis에서 rara라라는 라틴어로 '보기 드문'을 뜻하는 형용사 rarus라루스의 여성형이고, 영어의 rare를 제공한 말이다. 두 번째에 나오는 avis아 비스는 '새[鳥]'라는 의미로 영어에서 새장을 aviary라고 부른다. rara avis가 '보기 드물고 귀한 것'이라는 의미가 된 배경에는 로마의 작가 유베날리스가 있다. 그는 "지상에서 검은 백조는 희귀한 새다"라는 표현을 작품에 사용했는데, 이후 희귀한 새가 드문 것이라는 일반적인 의미로 바뀌었다. 영어에서는 이 표현을 a rare bird라고도 한다.

새 이야기가 나온 김에 영어에서 '타조'를 의미하는 ostrich도 avis와 관련이 깊다. ostrich는 중세 프랑스어 ostruce오스트뤼스에서 나왔는데, 라틴어 austruthio 아우스트루티오가 원형이다. 이 단어는 '새'를 의미하는 avis와 '타조'를 의미하는 그리스어 strouthion스트로우티온이 합쳐져 만들어졌다. 그러니까 ostrich는 '타조새'라는 뜻이다. 흔히 타조는 두려움을 피하려고 머리만 땅속에 묻는다고 알려져 있다. 그런 의미에서 영어의 foolish as an ostrich는 '몹시 어리석은'이다.

엉망진창을 의미하는 영어의 shambles의 여정은 단어의 의미처럼 엉망진창이다. 먼저 이 단어의 어원을 알려면 서양인의 육식 문화를 알아야 한다. 중세 유럽으로 떠나보자.

÷뚱보왕 루이 6세

중세 유럽인들은 육류를 즐겼지만 그건 어디까지나 귀족의 이야기다. 귀족은 사냥해서 잡은 고기를 구워 먹었는데, 이런 요리법은 전사의 긍지를 상징했다. 반대로 농민은 고기를 먹을 때 육즙을 낭비하지 않으려고 삶거나 스튜로 만들어 먹었다. 당시 귀족은 많이 먹는 사람이 권력을 가진 자라는 의식이 팽배했다. '뚱보왕'이라는 별명을 가진 프랑스의 루이 6세는 하루에 무려 여덟 끼의 식사를 했다고 한다. 하지만 교회는 이런 사람을 죄인으로 간주했다. 식탐은 7대 대죄 중 하나이므로.

살코기가 귀족의 전유물이었다면 내장은 서민이 즐겨 먹는 부위였다. 빅토르 위고의 『노르트담 드 파리』에서 여주인공 에스메랄드와 하룻밤을 보내려고 페뷔스가 여인숙의 노파에게 금화 한 잎을 주자, 노파는 그 돈으로 내장을 사 먹겠다고 말하는 장면이 나온다.

shambles는 라틴어로 '등받이가 없는 작은 의자'를 의미하는 scamillus스카밀루스에서 나왔다. 이 의자는 상인들이 팔 물건을 얹어놓는 의자로 의미가 축소되었다. 특히 푸줏간에서 '고기를 얹어놓는 의자'를 가리켰다. 그 후 shambles는 '고기를 파는 시장'을 가리키는 말로 변신하고, 나중에는 '도살장'이라는 의미가 생겨난다. 그러다가 살과 고기가 마구 섞여 있다는 뜻에서 '난장판' 또는 '엉망진창'이라는 의미로 확정된다. "Life is a shambles!"이라고 말하면 "인생은 엉망진창이야!"로 번역되는데, 즉 인생은 앞날을 예측할 수 없다는 뜻이다.

7월 5일 │ **Parasite** 기생충

인간의 오감이 기억하는 것은 기관의 특징에 따라 저장 기간이 다르다. 듣고 본 것은 시간이 지나면서 쉽게 잊히고, 촉감도 오래 저장되지 않는다. 미각도 먹었던 맛을 오래 기억하기가 쉽지 않다. 하지만 후각은 다르다. 인간의 오감 중 가장 선명하고 오랫동안 기억되는 정보는 후각 정보라고 한다.

✛영국의 작가 조지 오웰

『동물 농장』으로 유명한 영국의 작가 조지 오웰은 뛰어난 후각을 가지고 태어났다. 오웰은 당시 자신이 살던 영국 사회를 콧대 높은 사람들에서 씻지 않는 대중까지 위계질서에 따라 배열되어 있다고 보았고, 계층은 냄새의 유무에 따라 결정된다고 생각했다. 봉준호 감독의 〈기생충〉에서도 상류층과 하층민의 경계에는 뛰어넘지 말아야 할 벽, 즉 '냄새의 벽'이 있었다. 영화 속의 박사장은 하층민의 냄새가 자신의 영역 속으로 들어오는 것을 참지 못한다.

현대인에게 '기생충'을 의미하는 parasite는 다른 동물체에 붙어 양분을 빨아먹고 사는 벌레로 알려져 있다. 이런 의미는 1640년경에 처음으로 등장한다. 그렇다면 그 이전에 parasite의 의미는 무엇이었을까? parasite는 그리스어에서 유래한 말인데, '옆'을 뜻하는 para와 '음식'을 뜻하는 sitos가 합쳐져 만들어진 말이다. 이 단어를 풀이하면 옆에서 음식을 먹는 사람, 즉 남의 식탁에 빌붙어 음식을 먹는 사람을 가리킨다. 기생충의 의미와 딱 맞아떨어진다. 참고로 그리스어 접두사 para는 '~을 막아주는'이라는 뜻도 있다. 프랑스어로 '추락'을 뜻하는 chute쉬트 앞에 para가 붙으면 '낙하산'을 뜻하는 parachute가 만들어진다.

7월 6일 | Utopia 유토피아

16세기 영국을 대표하는 인문주의자 토머스 모어가 1535년 7월 6일 처형되었다. 그는 런던의 타워힐에 설치된 치형대에 올라가 "나는 왕의 좋은 신하이기 전에 하느님의 착한 종으로 죽는다"라는 유언을 남겼다. 당대 최고의 인문주의자이자 대법관인 모어는 특별히 반란을 일으키지도 않았는데 왜 처형을 당했을까? 그 이유는 헨리 8세에게 있었다.

튜더 왕조를 개창한 헨리 7세의 아들 헨리 8세는 본래 왕이 될 운명이 아니었다. 형 아서가 요절하는 바람에 형수인 아라곤의 캐

✛『유토피아』의 저자 토머스 모어

서린과 결혼하고 왕위에 올랐다. 헨리 8세의 결혼생활은 무난했다. 하지만 캐서린이 아들을 낳아주지 못하자 헨리 8세의 사랑은 급속도로 식었다. 이때 나타난 여인이 캐서린의 시녀 앤 불린이다. 헨리 8세는 캐서린과 이혼하고 앤 불린을 왕비로 삼겠다고 공언했다. 그러나 가톨릭에서 이혼은 엄연히 불법이었다. 헨리는 토머스 모어를 대법관 자리에 앉히고는 자신이 원하는 이혼을 성사시키려 했다. 하지만 모어는 헨리 8세의 혼인 무효 청원에 결코 서명하지 않았다. 이것이 토머스 모어의 생명을 단축시킨 결정적인 이유였다. 모어는 재판에서 국왕이 영국 교회의 수장이라는 사실은 명백하게 부정하지 않았다. 그는 재판 내내 침묵으로 일관했다. 하지만 모어를 처형시키려는 반대파들은 모어가 국왕이 교회의 수장임을 부정했다는 증인을 내세워 그의 유죄를 주장한다.

토머스 모어는 소설이자 정치 철학 저작인『유토피아Utopia』를 지은 것으로도 유명하다. 그는 이 책에서 당시 영국 사회를 비판하면서 자신이 생각하는 이상적인 사회를 제시했다. 그리스어 u(ou)는 영어의 not이고, topos는 '장소'를 의미한다. 따라서 유토피아는 '존재하지 않는 장소'라는 뜻이다. 역사상 이상적인 사회가 한 번이라도 존재한 적이 있었던가?

7월 7일 │ **Pattern** 패턴

사회

대부분의 고대 사회는 신분제 사회여서 지배층과 피지배층의 유대 관계는 찾아보기 힘들었다. 하지만 고대 로마는 조금 다른 사회였다. 파트로네스patrones라고 불리는 귀족층과 클리엔테스clientes라고 불리는 평민 계층이 상호 협조하며 사회가 굴러갔다. 파트로네스는 클리엔

✛ 윌리엄 모리스의 '딸기 도둑' 패턴 장식

테스의 후원자였다. 파트로네스는 클리엔테스가 경제적 어려움에 빠지거나 집안에 경조사가 있을 때 도움을 주었다. 반대로 클리엔테스는 파트로네스가 선거에 나가면 물심양면으로 자신의 후원자를 도왔다. 영어에서 화가나 작가에 대한 '후원자'를 patron이라고 부르는데, 이 말의 뿌리가 바로 파트로네스다. '고객'을 의미하는 client는 클리엔테스에서 나왔다.

라틴어 파트로네스의 어원은 아버지를 의미하는 pater파테르다. 파트로네스는 중세 기독교 사회로 넘어오면서 의미의 변화가 생겼는데, 수호성인patron saint 같은 의미가 생겨난 것이다. 철자도 pattern, paterne과 같이 모습이 약간 바뀌었다. 18세기부터 patron은 후원자나 귀감이 되는 사람을 가리켰고, pattern은 제작할 대상의 윤곽선에 해당하는 디자인이나 그림 같은 의미로 정착하게 되었다. 이후 pattern에는 반복된 장식 디자인이나 전체 모양이나 특징을 나타내는 부분 같은 의미로 자리 잡게 된다. 이와 관련한 표현 중 pattern book이 있는데, 옷을 만드는데 필요한 옷본을 모아놓은 책을 말한다. 디자인 용어로만 알고 있던 '패턴'이 '아버지'라는 라틴어에서 나왔다는 사실이 자못 흥미롭다.

2019년 8월 24일, 뉴욕 맨해튼 센트럴파크 근처의 펜트하우스가 2억 3,800만 달러(한화 약 2,670억 원)에 팔려 사상 최고가를 기록했다. 미국도 부동산 광풍이 예외는 아닌가 보다. 펜트하우스는 아파트나 콘도미니엄, 호텔, 타워의 최상층에 건축된 주거용 공간을 가리킨다. 고대 로마에도 황족

⁜ 팔라티노 언덕의 궁궐

은 팔라티노언덕에 궁을 짓고 살았으며, 중세 유럽의 영주들도 높은 언덕 위에 성을 축조하고 살았다. 예나 지금이나 권력자들은 높은 곳에서 사는 것을 좋아한다.

고대 로마가 전성기일 때 도시에는 약 100만 명이 거주했다고 한다. 로마의 면적은 비좁았기 때문에 낮은 층수의 연립 건축물인 인술라가 많았다. 이 건물은 주로 빈민이 거주했다. 인술라의 월세는 위로 올라갈수록 저렴했는데, 건물 붕괴 위험과 화재 발생 확률이 높았기 때문이다.

벌써 3층까지 불이 붙었어. 넌 말이야, 넌 절대 나갈 수 없어. 1층부터 서로 떠밀고 난리법석이라고. 최후에 구워질 자가 누군지 알아? 초췌한 비둘기들이 알을 까러 오는 지붕 밑에 살며 겨우 비나 피했던 더없이 가여운 자라고…[20]

로마의 풍자시인 유베날리스가 묘사하듯이, 로마식 펜트하우스는 위험한 공간이었다. 영어의 펜트하우스에서 pente는 프랑스어다. 라틴어의 appendix아펜딕스에서 나온 이 말은 부속물을 가리켰다. 지금도 appendix는 의학 용어로 맹장이나 충수를 가리킨다. 이후 pente는 건물의 부속물인 경사진 지붕을 가리켰고, 여기에 만들어진 공간을 penthouse라고 부르게 되었다.

고대 그리스인들은 예술의 애호가들이었다. 특히 연극에 심취했다. 야외극장에서 연극을 무대에 올렸는데, 문제는 멀리 있는 관객에게는 배우들의 목소리가 잘 전달되지 않는다는 것이었다. 그래서 확성기가 붙어 있는 가면을 고안했다. 이 가면은 대사를 멀리 전달하는 데 꽤 도움이 되었다. 이때 착용한 배우의 가면을 '페르소

✛그리스 배우의 가면 페르소나

나persona'라고 불렀다. 이후 고대 로마의 학자들은 페르소나를 언어 행위의 주체, 즉 '주어'라는 의미로 사용했다. 로마가 기독교를 국교로 받아들인 뒤에는 '삼위일체의 하나'라는 의미를 부여했다.

중세 라틴어로 넘어오면서 persona에는 '인간' 또는 '중요한 인물'이라는 뜻이 생겨나는데, 가톨릭의 주임 사제처럼 중요한 인물을 가리키는 말로도 사용되었다. persona는 이런 의미들을 지닌 채 중세 프랑스어로 들어가 persone페르손이 된다. persone은 중세 영어에서 person으로 차용되면서 두 갈래의 길을 간다. 먼저 중세 라틴어에 있던 '인간'이라는 뜻으로 사용되고, 연극이나 현실의 '인물'을 가리키는 의미로도 사용되기 시작한다. 15세기에 접어들면서 person에는 '동업이나 협업을 하는 인격체'라는 법률적 의미도 생겨난다. 이후 주임 사제처럼 중요한 인물을 가리키는 말은 parson으로 구분해 사용하기 시작한다. 정리하자면 영어의 person과 parson은 부모가 같은 형제지간이다. person의 여정은 여기서 끝나지 않는다. 18세기 이후 외교 용어인 persona grata라는 말은 상대국 정부에 '평판이 좋은 외교관'을 가리키는 말로 사용된다.

7월 10일 | **Omnipotence** 전능

전능에 관한 역설이 하나 있다. 전능한 자가 자신의 전능함을 제한해 전능하지 않은 존재가 될 수 있는가? 만약 자신의 전능함을 없앨 수 없다면 그는 전능자가 아니다. 반대로 전능한 능력을 없앨 수 있다면 그는 더 이상 전능자가 아니다. 이런 역설을 근거로 일부 철학자는 전능자가 존재하지 않는다고 주장한다.

✥전능의 역설을 제기한 아베로에스

영어에서 전능은 omnipotence인데 앞에 붙은 omni-는 라틴어로 '모든'을 의미한다. 인도-유럽어에서 '힘'을 의미하는 말의 어근은 poti-였다. 이 말에서 라틴어의 조동사 possum포숨이 나왔는데, 영어의 can에 해당한다. 라틴어는 인칭마다 동사의 형태가 상이하다. 예를 들어, '사랑하다'라는 뜻의 동사인 amare아마레를 possum 동사와 함께 사용하면 다음과 같이 변화한다.

Possum amare(I can love)   Possumus amare(We can love)

Potes amare(You can love *단수형)   Potestis amare(You can love *복수형)

Potest amare(He/She can love)   Possunt amare(They can love)

위에서 소개한 possum 동사의 활용형을 찬찬히 살펴보면 영어에서 파생된 단어들의 모습이 많이 보인다. 먼저 possible이 보이고 impotence도 보이는데, potence가 '힘' 또는 '기력'이니까 반대말을 만드는 접두사 im-이 붙어 '무기력'을 의미는 impotence가 되었다. '잠재적인'을 뜻하는 potential도 같은 뿌리에서 나왔다.

7월 11일 | **Protocol** 의전

1286년 6월 5일 잉글랜드의 에드워드 1세는 자신의 주군인 프랑스의 필리프 1세에게 신하의 서약, 즉 오마주hommage를 바치기 위해 파리의 루브르궁전을 찾았다. 당시 40세의 에드워드 1세는 서유럽에서 가장 존경받는 군주였고, 필리프 4세는 이제 막 왕위에 오른 18세의 약관이었다. 에드워드 1세는 신하가 불러주는 프랑스어에 따라 무릎을 꿇고 서약했다. 에드워드가 "조상 대대로 물려받은 당신의 영지를 지키기 위해 나는 당신의 사람임을 서약합니다"라고 프랑스어로 말하면, 필리프

✛ 필리프 4세 앞에 무릎 꿇은 에드워드 1세

4세는 "잉글랜드 왕에게 신의 가호가 있기를!"이라고 답했다.

중세 서유럽의 외교적 의전을 보여주는 장면이다. 그런데 왜 잉글랜드 왕은 프랑스 왕 앞에서 무릎을 꿇고 선서를 했을까? 에드워드 1세의 조상인 정복왕 윌리엄이 프랑스 노르망디의 공작이었기 때문이다. 노르망디 공작은 프랑스 왕의 봉신이므로 역대 잉글랜드 왕들은 프랑스 왕을 주군으로 섬겨야 했다.

'의전'을 뜻하는 영어의 protocol은 고대 그리스어 protokollon에서 나왔는데, 두루마리 책의 맨 앞표지를 의미했다. 그리스어로 proto프로토는 '처음'을 뜻하고, kollon콜론은 '함께 붙어 있다'를 뜻한다. 이 말은 파피루스로 제작된 두루마리처럼 하나로 연결되어 있는 '책'을 의미했다. 이후 프랑스어를 통해 영어에 들어온 protocol은 책 표지의 의미가 보존되었으며, 문서의 원전原典이나 상거래의 원본이라는 뜻도 생겨난다. 가령, 상거래를 하면서 문서 맨 앞에 붙여 효력을 발휘하는 용지를 가리키기도 했다. 이후 외교적 영역에 들어온 protocol은 조약이나 선언을 담고 있는 문서 기록이나 초안을 가리켰다. 여기서 생겨난 의미가 바로 '의전'이다.

1950년대까지 펠트 모자는 서양 신사의 필수 품이었다. 유럽인들은 십자군 원정 때 이슬람 문화를 많이 수입했는데, 이때 펠트 제조 기술도 수입했다. 양모가 주원료인 거친 펠트는 부드럽게 만드는 것이 중요한 제조 과정이었다. 이슬람 세계로부터 수입한 펠트 가공 기술은 낙타의 소변에 펠트를 담그는 것이었다. 이 소문을 들은 프랑스의 모자 제조업자는 일꾼들의 소변을 통에 모아 당시 최고품인 비버의 털을 담가 부드럽게 만드는 데 사용했다.

✛ 수은을 책상 위에 쏟는 과학자

그런데 이 과정에서 이상한 일이 일어났다. 유독 한 일꾼의 소변 속에 담근 털이 빠르게 부드러워진 것이다. 알고 보니 그 일꾼은 매독 환자였다. 당시에는 매독을 치료하기 위해 수은水銀을 처방하던 시절이었다. 결국 비버 털이 빨리 부드러워진 것은 소변에 수은이 포함되어 있었기 때문이다. 이후 동물의 털을 수은 용제에 담가 가공하는 방법이 일반화되었다. 하지만 많은 노동자가 수은 중독에 걸리고 말았다.

영어로 수은은 mercury 또는 quicksilver라고 부른다. 우선 mercury라는 이름은 '수성'에서 나왔다. 중세 유럽에서 금·은·수은·구리·철·주석·납을 태양을 비롯한 천체 이름에 대응시켰는데, 수은은 수성에 해당한다. 두 번째 명칭인 quicksilver는 고대 영어 cwicseolfor에서 온 말인데 cwic는 '달리다' 또는 '움직이다'라는 뜻이다. 이 말은 현대 영어에서 유사流沙, 즉 '움직이는 모래 늪'을 가리키는 quicksand에 남아 있고, 비유적인 표현으로 '헤어나기 힘든 상황'을 가리킨다. 그런데 quicksilver는 고유 영어가 아니다. 이 단어는 라틴어의 argentum vivum아르겐툼 비붐을 번역한 것인데, 라틴어로는 '살아 있는 은'이라는 뜻이다.

미국의 사실주의 작가인 해리엇 비처 스토우의 대표작 『톰 아저씨의 오두막』은 노예들의 비참한 삶을 고발한 소설이다. 줄거리는 다음과 같다. 켄터키주 지주 셸비 부부는 노예들에게 마음씨 좋은 주인이었다. 하지만 사업에 실패해 농장이 빚더미에 올라가자, 충실한 톰을 비롯해 여러 명의 노

✛ 미국 켄터키주 루이빌에 있는 노예 시장

예를 노예 상인에게 판다. 톰은 팔려 가는 도중에 배가 뒤집히는 사고를 당한다. 그 와중에 톰은 승객인 에바의 생명을 구하는데, 이를 계기로 그녀의 아버지에게 팔려 간다. 하지만 에바가 죽자 톰은 다시 남부의 목화밭에 팔리고 만다. 거기서 톰은 주인인 레글리에게 혹독한 학대를 받다가 결국 죽음을 맞이한다.

톰처럼 믿었던 주인이 자신을 노예 상인에게 팔아넘긴다면 배신감이 이루 말할 수 없을 것이다. 이런 경우에 사용하는 영어 표현 중에 sell down the river가 있다. '강 아래에서 팔다'라는 이 표현은 '믿는 사람에게 배신을 당하다'라는 뜻을 지닌다. 그렇다면 왜 배신당하는 곳이 하필 강일까? 19세기 초반의 미국으로 돌아가보자.

켄터키주의 루이빌은 19세기에 미국에서 가장 큰 노예 시장이 있던 도시다. 여기서 거래되는 노예는 대부분 남성 노예였는데, 남부의 목화 농장으로 팔려나갔다. 팔려 가는 노예는 미시시피강이나 오하이오강을 따라 남부로 보내졌다. 톰도 마찬가지 경우였다. 남부 목화 농장에서 톰을 기다리던 새 주인은 피가학적 성향을 가진 몹쓸 인간이었다. 이 숙어 표현에 등장하는 강이 바로 미시시피강이나 오하이오강이었던 것이다.

7월 14일 | **Revolution** 혁명

1789년 7월 14일, 오전 10시. 성난 파리 시민들이 앵발리드(보훈병원)에서 소총 3만 정을 탈취하고 바스티유 감옥으로 향했다. 탄약과 무기를 조달하기 위해서였다. 시민들은 바스티유 감옥의 사령관 드로네에게 무기와 탄약을 요구했지만, 그는 시민들의 요구를 완강히 거부했다. 결국 시민들은 무력으로 감옥을 점령하기로

✦ 바스티유 감옥 함락 사건

결정하고 두 명의 시민이 담을 넘어 들어가 도개교를 내렸다. 서양 근대사에서 가장 큰 사건으로 기록되는 프랑스혁명의 서막은 이렇게 올랐다.

바스티유 감옥은 절대왕정의 상징이자 폭압의 대명사였다 성안으로 들어간 시민들은 수비대와 충돌했지만, 큰 고비 없이 바스티유 감옥을 점령했다. 시민들은 감옥 문을 열어 죄수들을 모두 석방시켰다. 그런데 그날 감옥에서 풀려난 사람은 고작 일곱 명이 전부였다. 위조범 네 명, 정신병자 한 명, 30년 전 루이 15세를 암살하려던 죄수 한 명, 그리고 변태 백작 한 명.

이 소식을 들은 루이 16세가 측근인 로슈푸코 공작에게 물었다.

"폭동인가?"

"아닙니다. 폭동이 아니라 혁명입니다."

서양사의 흐름을 바꿔놓은 '혁명'이라는 말이 역사에 등장하는 순간이다. 본래 혁명revolution은 '천체의 공전公轉'을 가리키는 말이었다. 라틴어의 revolutionem에서 나온 이 말은 '회전' '운행' '공전'이라는 뜻이었는데, 프랑스어를 통해 영어에 정착한 말이다. 지금처럼 정치적 변혁이라는 의미는 1688년 영국에서 일어난 명예혁명Glorious Revolution에서 처음으로 사용되었다.

『구약성경』의 「창세기」를 보면 노아가 대홍수가 지나간 다음 땅이 말랐는지 알아보기 위해 새를 날려 보낸다. 노아는 먼저 까마귀를 날려 보내지만 돌아오지 않자, 비둘기를 다시 날려 보낸다. 하지만 비둘기는 아무것도 물고 오지 않았다. 노아는 아직 물이 안 빠졌다고 생각하고는 7일 후에 비둘기를 날려 보낸다. 마침내 비둘기는 나뭇가지를 물고 왔고, 물이 빠졌다는 사실을 확인한 노아는 방주의 사람과 짐승을 땅에 내려놓는다.

✤ 노아의 방주로 돌아온 비둘기

영어에서 '비둘기'를 뜻하는 단어로는 pigeon과 dove가 있다. 먼저 pigeon은 의성어에서 만들어진 말이다. 고대 로마인들은 새끼 비둘기가 pipio피피오하며 운다고 해서 pipio라는 이름을 붙였다. 이 말은 중세 프랑스어로 들어가 pijon피종이 되었고, 영어에는 pigeon으로 차용되었다. 새의 울음소리에서 만들어진 이름 중에는 수탉도 있는데, 영국인들은 '수탉'이 cock-a-doodle-doo라고 운다고 해서 cock이라는 이름을 지었다고 한다. '뻐꾸기'를 가리키는 cuckoo도 마찬가지 원리다.

비둘기의 또 다른 영어 명칭으로는 dove가 있다. pigeon이 라틴어에서 프랑스어를 통해 영어로 들어왔다면, dove는 게르만어 계통의 고유어다. 하지만 dove는 현재 영어에서 '멧비둘기'를 의미하는 turtle dove에서만 사용된다. 마치 영어에서 일반적인 꽃은 프랑스어의 flower이고, 과실수에 피는 꽃은 blossom인 경우와 흡사하다.

7월 16일 | **Planet** 행성

중세 유럽인이 육안으로 볼 수 있는 태양계의 행성은 금성, 화성, 목성, 토성이었다. 수성은 태양에 너무 가까이 있어 거의 볼 수 없었다. 중세에 지동설은 갈릴레오 갈릴레이가 입증하기 전까지는 논쟁의 중심에 있었다. 1609년 갈릴레이는 자신이 직접 만든 망원경을 통해 달 표면의 수많은 분화구와 산맥을 관측했다. 또한 목성은 둥근 모양의 천체이고 주위에는 네 개의 큰 위성이 돌고 있다는 사실을 알아냈다. 위성이 목성을 공전하고 있다는 사실은

‡지동설을 입증한 갈릴레이

달이 지구 주위를 도는 위성이라는 가설을 입증하는 중요한 증거가 되었다. 코페르니쿠스의 지동설은 이렇게 갈릴레이에 의해 더욱 힘을 얻게 되었다.

'행성'을 의미하는 영어의 planet은 그리스어의 asteres planetai아스테레스 플라네타이에서 나온 말이다. '별'을 의미하는 asteres는 astronomy천문학의 어원이고, planetai는 '떠돌이'라는 뜻이다. 그러므로 행성行星의 정확한 의미는 길을 잃고 떠도는 별이다. 고대 로마인들은 이 말을 stellae errantes스텔라이 에란테스라고 옮겼다. 별을 의미하는 stella에 '길을 잃고 방황하다'라는 errare에라레를 붙인 이름이다. 이후 중세 프랑스어에서 astres는 생략되고, planetai만 남아 지금의 planet이 되었다. 이후 태양계에는 더 많은 행성이 발견되었다. 18세기에 천왕성, 19세기에 해왕성, 20세기에 명왕성이 발견되었다. 명왕성은 태양 주위를 돌고 있는 구형의 천체지만, 공전 구역 안에서 지배적인 역할을 하지 못하고 있어서 태양계 행성 명단에서 제외되었다.

로마제국이 멸망한 원인은 하나로 콕 집어서 말할 수 없다. 그 원인이 어디 한두 가지였을까. 수백 년간 주적으로 간주한 게르만족을 용병으로 기용했다거나, 타락한 목욕 문화가 사회 전체를 붕괴시켰다는 등 여러 설이 존재할 뿐이다. 그런데 일부 학자들은 로마인의 첨단 상수도관 시스템이 제국의 몰락을 부추겼다고 주장한다.

✛19세기 후반의 배관공

인구 100만의 도시 로마에는 상하수도 시설이 완벽하게 구비되어 있었다. 로마인들은 멀리 수원지에서 수도교를 통해 물을 끌어왔고, 도시에는 상수도를 지하에 묻어 귀족의 대저택과 공중 수도로 물을 보냈다. 문제는 상수도관이 납으로 되어 있었다는 사실이다. 심지어 로마인은 납으로 잔을 만들어 음료를 마셨다고 하니, 납중독이 얼마나 심했을지 짐작하고도 남는다.

현대인에게 배관공은 꼭 필요한 전문 기술인이다. 집 안에 배관이 막혔을 때 배관공의 역할을 생각해보라. 영어에서 '배관공'을 의미하는 plumber는 중세 프랑스어로 납을 의미하는 plon플롱에서 나왔다. 물론 프랑스어 역시 라틴어의 plumbum플룸붐이 어원이다. 영어에는 납을 의미하는 고유어 lead가 있지만, 문화적인 용어로 사용할 때는 외래어인 프랑스어를 사용한다. 중세에는 plumber에 다른 의미도 있었는데, 건물을 지을 때 수평을 재는 '다림추'를 가리켰다. 다림추를 납으로 만들었기 때문이다. 참고로 화학에서 납을 Pb로 표시한다는 사실을 상기하자. 모든 원소 기호의 약자는 라틴어에서 나왔다.

역사적 사건 이면에는 진실이 숨어 있다. 겉으로 드러난 이유는 대개 핑계에 지나지 않는 경우가 많다. 16세기 초반에서 중반까지 유럽의 헤게모니는 신성로마제국 황제이자 스페인 국왕인 카를 5세가 쥐고 있었다. 이런 상황에서 가장 위협을 느낀 군주는 프랑스의 프랑수아 1세였다. 프랑스 주변의 많은 나라가 모두 카를 5세의 영지였기 때문이다. 실제로 프랑수아 1세는 카를 5세와 전쟁을 벌였지만 포로가 되는 수모를 당한 적이 있었다. 그러나 유럽의 군주를 꿈꾸던 프랑수아 1세의 야심은 꺾이지 않았다.

✛ 오스만제국의 술레이만 대제

1536년 프랑수아 1세는 오스만제국의 기독교도들을 보호한다는 명목으로 술레이만 대제와 치외법권 협정을 맺는다. 하지만 오스만제국은 불과 7년 전에 오스트리아 합스부르크 왕조의 수도인 빈을 포위 공격했다. 기독교의 보루인 빈이 이슬람의 수중에 들어갈 뻔한 절체절명의 위기였다. 프랑스는 이런 오스만제국과 협정을 맺은 것이다. 유럽의 제국諸國은 일제히 프랑스를 맹비난했다. 프랑수아 1세는 진짜로 기독교도들을 보호하기 위해 오스만제국과 협정을 맺었던 것일까. 평생의 라이벌 카를 5세를 견제하기 위한 정치적 포석은 아니었을까.

영어에서 '구실' 또는 '핑계'를 의미하는 pretext는 라틴어로 '옷감을 짜다'라는 texere텍세레에서 나왔다. 여기서 나온 라틴어 명사 textum텍스툼은 '직물' '구조'라는 뜻도 생겨났다. 문학 작품에서 말하는 text가 이런 뜻을 지닌다. 한편 라틴어에서 '~의 앞에'를 뜻하는 prae프라이가 texere 앞에 붙어 '테두리를 두르다' '경계를 이루다'라는 뜻이 되었다. 여기서 만들어진 명사 praetextus프라이텍스투스는 겉으로 드러난 외양, 즉 겉으로 드러난 구실이나 핑계를 가리키게 되었다.

고대 그리스의 여류 시인 사포는 기원전 612년 에게해 북쪽에 있는 레스보스섬에서 귀족 집안의 딸로 태어났다. 첫 번째 남편이 죽자, 그녀는 미틸리니로 가서 처녀들을 모아 작은 규모의 학교를 개설하고 음악과 무용, 시가詩歌를 가르쳤다. 자연스럽게 처녀들과 가까워진 사포는 그들의 우정과 결혼에 대한 시를 쓰기 시작한다. 특히 여자와 여자 사이의 애정 관계

✢미틸리니 정원에 있는 사포와 에리나

를 찬양했다는 점에서 남달랐다. 고대 그리스에서는 남성 간의 사랑이 보편적으로 받아들여졌지만 여성 간의 사랑은 그러지 않았기 때문에, 사포의 생각은 그만큼 세간의 주목을 받았다. 다시 말해, 사포는 당시로서는 매우 드문 여류 시인이었다. 플라톤은 그녀를 가리켜 '열 번째 뮤즈 레스보스의 사포'라고 찬양하기도 했다. 하지만 사포가 동성애자라는 증거는 어디에도 찾아볼 수 없다. 오히려 첫 번째 남편과 사별한 뒤 파온이라는 뱃사공과 사랑에 빠졌는데, 그가 사랑을 받아주지 않자 절벽에서 뛰어내렸다고 한다.

'여성 간의 동성애'를 의미하는 레즈비언lesbian은 사포가 태어난 레스보스Lesbos섬에서 나온 말이다. 하지만 아리스토텔레스 시대만 해도 레즈비언은 지금처럼 동성애를 지칭하는 말이 아니었다. 아리스토텔레스는 『니코마코스 윤리학』에서 레스보스섬에서 건축업자들이 사용하는 납으로 만든 자를 '레스보스의 자'라고 소개했다. 이 자는 돌의 형태에 따라 맞출 수 있도록 모양이 변했는데, 아리스토텔레스는 법령이나 의사 결정도 레스보스의 자처럼 환경에 맞춰 이루어져야 한다고 주장했다. 레즈비언이란 말은 1601년 영어에 들어올 때만 해도 위와 같은 의미를 지니고 있었지만, 점차 세월이 흐르면서 여성 간의 동성애를 경멸하는 의미로 사용되었다. 여성 간의 우정과 사랑을 찬미한 사포가 이 사실을 알면 펄쩍 뛸 일이지만….

7월 20일 | Plot 음모

인물

1944년 7월 20일, 제2차 세계대전이 독일의 패망으로 굳어질 무렵 히틀러 암살 시도가 있었다. 하지만 엄밀히 말하면 히틀러의 암살보다는 나치 정권을 전복시키려는 일종의 쿠데타였다. 이 작전의 이름은 '발키리 작전'이었다. 발키리는 북유럽신화에 등장하는 여전사인데, 전쟁터에서 죽을 이와 살아남을 이를 선택하는 요정이었다. 역사에서는 이날의 암살 음모를 '7·20 음모20 July Plot'라고 부른다.

⊹ 히틀러 암살을 시도한 폰 슈타우펜베르크 대령

이 작전의 주모자는 폰 슈타우펜베르크 대령이었다. 그는 동프로이센 지역의 라슈텐부르크에 위치한 볼프샨체에서 히틀러를 제거하고, 예비군을 동원해 나치 정권을 전복하려는 계획을 세웠다. 당시 대령은 육군 본부 예비군 참모직을 맡고 있었는데, 히틀러에게 직접 브리핑을 할 수 있는 지위였다. 이 브리핑이 히틀러 암살의 절호의 찬스라고 판단했다.

7월 20일 디데이가 밝았다. 슈타우펜베르크 대령은 브리핑에 사용할 서류 가방 속에 폭탄을 넣고 회의실에 들어갔다. 그런 다음 서류 가방을 그대로 회의실에 놓고 빠져나왔다. 하지만 히틀러는 볼프샨체에서 죽을 운명은 아니었나 보다. 폭탄은 정확히 오후 12시 40분에 터졌지만, 히틀러의 전속 부관이 가방을 멀리 밀어내는 바람에 목제 테이블 뒤에서 터지고 말았다. 굵은 테이블 다리가 히틀러를 보호해주었다. 히틀러는 고막이 터지고 좌반신에 화상을 입었지만 생명에는 지장이 없었다.

영어의 plot은 크게 두 가지 뜻이 있다. 첫 번째는 영화 속에 자주 등장하는 '플롯'인데, 인물이나 사건이 조화를 이루는 스토리 구성을 말한다. 두 번째는 '음모'라는 뜻으로, 고대 영어에서 플롯은 '모양이 분명한 작은 땅 조각'이라는 뜻이었다. 여기서 '지도' '헌장' '조사' 같은 의미가 생겨났고, '계획' '비밀'이라는 뜻이 더해졌다.

7월 21일 │ **Atlas** 아틀라스

만신의 아버지 제우스에게 맞선 신들의 운명
은 비참했다. 첫 번째 희생자는 '먼저 생각하
는 자'라는 이름을 가진 프로메테우스였다. 그
는 인간에게 불을 주었다는 죄목으로 제우스
에게 형벌을 받았다. 제우스는 프로메테우스
를 캅카스산에 묶어두고는 독수리가 그의 간
을 쪼아 먹게 했다. 그런데 문제는 쪼아 먹힌
간이 다음 날이면 멀쩡해져서 프로메테우스는
매일 똑같은 고통을 받아야 했다.

✛ 지구를 짊어진 아틀라스

제우스에게 맞선 또 다른 신으로는 아틀라
스Atlas를 들 수 있다. 아틀라스는 티탄족의 편
을 들어 올림포스 신족과 전쟁을 벌였는데, 이
전쟁은 티탄족의 몰락으로 끝이 났다. 아틀라스는 패전의 벌로 지구를 어깨에
짊어지는 형벌을 받았다. 어깨에 메고 있는 지구 서쪽에는 황금 사과 정원이 있
었다. 이 황금 사과 나무는 대지의 여신 가이아가 헤라의 결혼식 날 선물로 보낸
것이다. 이 사과는 헤스페리데스 세 자매가 돌보았고, 머리 100개를 가진 뱀 라
돈이 지키고 있었다. 훗날 이 사과는 헤라클레스가 부여받은 12가지 과업에서
다시 등장한다. 헤라클레스는 지구를 메고 있는 아틀라스에게 황금 사과를 따
오면 자신이 지구를 짊어지겠다고 제안한다. 아틀라스는 날아갈 것만 같았다.
마침내 아틀라스가 황금 사과를 가져왔고, 헤라클레스는 잠시 지구를 내려놓고
는 황금 사과를 건네받는다. 그리고 아틀라스에게는 다시 지구를 잠시 짊어지고
있어달라고 부탁한다. 아틀라스는 아무 생각 없이 순순히 지구를 짊어졌고, 이
때를 놓치지 않고 헤라클레스는 줄행랑을 친다.

atlas는 영어에 '지도책'이라는 명사를 남겼다. 지금처럼 스마트폰이 없던 시
절 지도책은 여행자들의 필수품이었는데, 서양의 지도책에는 어김없이 atlas라
는 이름이 등장한다.

7월 22일 │ **Conquest** 정복

인류의 역사는 전쟁과 정복의 역사다. 역사 속 영웅들은 다른 민족을 제압하고 땅을 차지한 정복자들이다. 그중 가장 극적인 정복은 스페인의 아메리카 정복이다. 그 이유는 고작 수백 명의 군대가 수백만 명의 아즈텍제국(지금의 멕시코 남부)을 멸망시켰기 때문이다.

케찰코아틀은 아즈텍제국의 신이었다. 아즈텍족은 케찰코아틀이 수염을 기르고 흰 피부를 가진 예언자이자 왕의 모습으로 나타날

✛ 아즈텍제국을 정복한 에르난 코르테스

것이라고 믿었다. 1519년 아즈텍제국의 몬테수마 2세에게 놀라운 소식이 전해졌다. 날개 달린 탑들 안에 무시무시한 화염을 뿜는 무기를 가진 생명체들이 있었는데, 그들은 하얀 얼굴에 수염을 기른 모습을 하고 있었다. 날개 달린 탑들은 에르난 코르테스가 타고 온 범선이었고, 하얀 얼굴을 가진 이들은 백인이었다. 아즈텍족은 코르테스 일행을 케찰코아틀로 확신했다. 하지만 기다리던 신은 오히려 제국의 멸망을 가져왔다. 역설적으로 아즈텍문명을 멸망시킨 것은 총이나 대포 같은 무기가 아니었다. 원주민들은 스페인 사람들이 가져온 천연두에 몰살당했다. 당시 스페인 사람들은 입김만 불어도 원주민들이 죽어 나간다며 하느님께 감사했다고 한다.

'정복'을 뜻하는 conquest와 '질문'을 뜻하는 question은 뿌리가 같다. question은 라틴어 quaerere쿠아이레레에서 나온 말인데, '찾다' '조사하다'라는 의미다. 여기서 나온 또 다른 단어는 '문의'를 뜻하는 query가 있다. conquest도 '함께'라는 전치사 con-이 붙어 만들어진 말이고, 이 말을 제공한 라틴어 conquistus콘쿠이스투스는 '추구하다' '힘들게 구하다'라는 뜻이다.

위대한 영웅으로 칭송받는 카이사르는 운이 좋
은 사람이었다. 전장에서 수많은 칼날이 빗겨
갔고, 이탈리아보다 더 광활한 갈리아 지방을
정복해 로마 시민의 칭송을 한 몸에 받았다. 당
대 사람들은 이런 카이사르를 가리켜 '운명의
축복을 받은 사람'이라고 말했다. 그도 스스로
가 운이 좋은 사람이라는 것을 믿고 살았다.

그런데 카이사르에게도 운명의 여신이 등
을 돌리는 순간이 도래한다. 기원전 44년 3월
15일 카이사르는 원로원으로 가기 위해 집을
나섰다. 이날 아침 카이사르는 호위병을 대동
하지 않고 릭토르 24명과 함께 원로원으로 향

✢ 나무 뭉치 사이에 도끼를 묶어 만든
무기 파스케스

했다. 릭토르는 나무 뭉치 사이에 도끼를 묶어 만든 무기인 파스케스fasces를 들
고 행정관을 수행하는 일종의 근위대였다. 하지만 파스케스는 집정관의 권위를
상징하는 도구일 뿐, 칼이나 창 같은 무기와는 비교가 되지 않았다. 결국 호위병
을 대동하지 않고 원로원에 등원한 카이사르는 정적들에게 암살당하고 만다.

1929년 7월 23일 이탈리아의 파시스트 독재자 무솔리니는 이탈리아 전역에
서 외국어 사용을 전면 금지한다는 법령을 공포한다. 마치 브렉시트를 청원하던
일부 영국인이 영국 여권에서 사용되는 모든 프랑스어를 추방하자던 운동과 유
사하다. 그런데 여권을 뜻하는 영어 passport 자체가 프랑스어라서 다소 아이러
니하다.

이탈리아에서 생겨난 파시즘fascism은 '국가주의' '전체주의' '국수주의'를 말
한다. 이 용어의 어원은 위에서 소개한 파스케스fasces에서 나왔다. 로마 공화정
의 상징인 집정관의 파스케스가 독재자의 불순한 의도로 의미가 변질되었다.

역사에서는 군주 곁에서 아첨하며 벼락출세한 인물들을 쉽게 찾아볼 수 있다. 에드워드 2세의 총애를 받던 피어스 개비스톤도 그런 인물이었다. 이름에서 알 수 있듯이 그는 순수한 영국 혈통의 기사는 아니었다. 프랑스 아키텐 지방의 영주인 아버지는 에드워드 1세에게 충성을 바친 인물이었다. 덕분에 에드워드 1세는 개비스톤에게 왕세자 에드워드(훗날 에드워드 2세)의 무술 교육을 맡겼다. 이렇게 두 사람의 인연이 시작되었다.

✤ 에드워드 2세와 피어스 개비스톤

에드워드 2세가 장성해 결혼할 나이가 되었다. 왕세자비는 프랑스의 미남왕 필리프 4세의 딸 이자벨 드 프랑스였다. 그런데 이자벨이 도버에 도착해 신랑을 처음 본 순간부터 이상한 기류가 감지되었다. 왕세자 에드워드 주변을 떠나지 않는 한 남자가 있었던 것이다. 개비스톤이었다. 주위에서는 에드워드 왕세자와 개비스톤이 애인 관계라고 쑥덕거렸는데, 그 말은 사실이었다. 에드워드는 왕이 된 후 개비스톤을 총애했다. 신하들은 개비스톤을 출세욕에 사로잡힌 인물이라며 맹비난했다. 그러나 개비스톤의 영화는 그리 오래가지 못했고, 에드워드 2세도 왕세자와 그의 추종자들에게 비참한 최후를 맞이했다.

영어에서 아첨꾼은 sycophant라고 부른다. 15세기 초반 '고자질쟁이'를 뜻하는 라틴어 sycophanta시코판타에서 차용한 말이다. 뿌리를 거슬러 올라가면 그리스어 sykophantes시코판테스에 닿는다. '무고誣告를 하는 사람'이라는 뜻이다. 본래 그리스어 sykon시콘은 '무화과'를 뜻하고 phainein파이네인은 '보이다'를 뜻한다. '무화과를 보인다'라는 것은 검지와 장지 사이에 엄지손가락을 끼워 넣는 외설적인 욕 제스처를 가리킨다. 그러니까 아첨꾼은 겉으로는 상대방을 칭찬하지만 속으로는 모욕하는 사람인 것이다.

United Kingdom으로 일컬어지는 영국은 잉글랜드가 가장 큰 왕국이고, 두 번째로 큰 왕국은 북쪽의 스코틀랜드다. 이 두 왕국은 태생부터 서로 다르다. 스코틀랜드는 켈트족의 나라이고, 잉글랜드는 앵글로색슨족, 즉 게르만족의 나라다. 국기도 영국은 흰 바탕에 붉은 십자가가 그려져 있는데, 이것은 성 게오르기우스의 십자가다. 스코틀랜드의 국기는 파란 바탕에 대각선으로 교차하는 흰 십자가로, 성 안드레아Saint André의 십자기다. 영국의 국기인 유니언잭의 파란 바탕이 스코틀랜드 국기의 색이다.

✛ 세례자 요한의 세사 성 안드레아

성 안드레아는 세례자 요한의 제자였는데 생전에 많은 기적을 행했다고 한다. 선교 과정에서 많은 핍박을 받은 성 안드레아는 원형 경기장에서 죽을 운명이었지만, 맹수들이 그를 물지 않아 살아남았다고 한다. 생전에 어떤 이교도 부인의 병을 낫게 해준 덕분에 그 부인과 남편이 기독교로 개종을 했다고 한다. 하지만 부인의 지나친 신앙심을 질투한 남편이 고발해 안드레아는 십자가형에 처해진다. 잘 알려진 십자가의 형태가 아니라 X자 모양의 십자가에 매달려 죽임을 당했다. 현재 스코틀랜드 국기의 십자가 모양이다. 그의 유골은 유럽 각지로 보내졌는데, 스코틀랜드의 파이프에도 보내졌다. 훗날 스코틀랜드와 잉글랜드가 전쟁을 벌일 때 푸른 하늘에 X자 모양의 십자가가 나타나서 스코틀랜드군이 승리했다는 전설이 내려온다.

안드레아의 영국식 이름 앤드루Andrew는 중세 프랑스어 앙드뢰Andreu에서 나왔는데, 라틴어 Andreas안드레아스가 그 뿌리다. 어원은 '남자다운' '고집스러운'을 의미하는 그리스어 andreia안드레이아까지 거슬러 올라간다.

7월 26일 | **Cancer** 암

현대인의 사망 원인 가운데 가장 큰 비율을 차지하는 것은 암이다. 암은 영어로 cancer라고 부르는데, 본래 그리스어로 '게'를 뜻하는 karkinos카르키노스에서 나온 말이었다. 나중에 카르키노스가 라틴어에 들어가 cancer가 되었다. 황도 12궁의 별자리 중 게자리도 cancer라고 부른다. 질병 이름인 암과 갑각류인 게, 그리고 별자리인 게자리는 무슨 관련이 있는 걸까?

✛ 히드라를 격퇴하는 헤라클레스

먼저 게의 명칭이 암을 가리키게 된 배경은 이러하다. 암에 대한 기록은 고대 이집트 문헌에도 나타나지만, 본격적인 기록은 고대 그리스인들이 해놓았다. 고대 그리스 시대부터 일반적으로 가장 널리 알려진 암은 여성의 유방암이었다. 눈에 쉽게 띄는 암이었기 때문이다. 유방암의 경우 몽우리가 커져 정맥이나 림프관이 붉어지면 그 모양이 마치 게와 같다고 해서 카르키노스라는 이름이 붙었다.

라틴어의 cancer는 프랑스어를 거쳐 영어에 차용되었는데, 그 과정에서 모양이 다른 형태로 시차를 두고 영어에 들어온다. 우리에게 잘 알려진 cancer 외에도 canker는 개와 고양이의 귀에 나는 궤양을 의미하고, chancre는 또 다른 종양을 의미한다. 말하자면 이 세 단어는 모두 그 뿌리가 라틴어의 cancer에서 나온 말들이다.

하늘의 별자리에 게 자리가 생긴 이유는 이러하다. 헤라클레스를 미워하던 헤라는 그에게 열두 가지의 과업을 부여한다. 그중 두 번째 과업은 레르네의 괴물 히드라를 퇴치하는 것이었다. 헤라클레스는 히드라의 수많은 머리를 모두 불로 지져 괴물을 격퇴하는 데 성공하지만, 이때 헤라가 히드라를 돕기 위해 게를 보낸다. 헤라가 보낸 게는 헤라클레스의 발가락을 물었지만, 결국 그의 발에 밟혀 죽고 만다. 그 후 헤라는 자신의 명령을 수행하다가 죽은 게를 별자리로 만들어 위로했다고 한다.

로마의 역사가 타키투스는 『게르마니아』에서 당
시 '야만인'이라고 불렸던 게르만족의 식습관을
기술하고 있다. 타키투스에 따르면 게르만족은 야
생 과일을 먹고, 사냥한 짐승의 고기를 말려서 먹
지 않고 날고기로 먹는다고 적고 있다. 아마도 문
명화된 로마인들 앞에서 야성을 자랑하기 위해
일부러 그랬을 가능성이 있다. 그리고 보리나 다
른 곡물을 발효시켜 만든 음료를 마신다고 기록
해놓았다. 오늘날 독일인들이 즐겨 마시는 맥주는

❖ 다양한 이름으로 불리는 나라 독일

2,000년 전부터 즐겨 마시는 음료였던 것이다.[21]

'게르만족이 사는 땅'을 뜻하는 게르마니아Germania에서 유래한 영어명
Germany는 독일의 국명 중에서 가장 많이 알려진 이름이다. 그런데 독일의 국
명은 언어권마다 다른 모습을 보인다. 독일을 '알라만Alaman족의 나라'라는 뜻
으로 프랑스에서는 Allemagne알마뉴, 스페인에서는 Allemania알레마니아, 튀르키예
에서는 Almanya알마냐, 아랍에서는 Almāniyā알마니야 등으로 부른다. 그렇다면 알
라만Alaman족은 어떤 민족이었을까?

지금의 알자스-로렌 지방에 거주하던 게르만족의 일파인 알라만족은 기원후
213년 로마군을 공격하면서 역사에 등장한다. 이후 알라만족은 수시로 로마의
여러 속주를 괴롭혔고, 5세기 말에는 알자스와 스위스 북부 지방까지 영토를 확
대했다. 그러나 496년 프랑크족의 왕 클로비스에게 정복당했고, 그들의 영토도
프랑크왕국에 흡수되어 역사 속으로 사라졌다. 하지만 알라만족의 이름은 앞에
서 본 것처럼 많은 언어에 그 흔적을 남겨놓았다.

독일인들은 자신의 나라를 위에서 소개한 국명을 사용하지 않고 Deutschland
도이치란트라고 부른다. Deutschland에서 Deutsch는 고지대 독일어 diutisc디우티스
크에서 나온 말인데, 이 말의 뿌리는 독일어의 조상인 인도-유럽어에서 '민족'을
의미한다.

7월 28일 | **Salary** 급여

로마제국은 지중해 연안을 모두 정복해 속주로 삼았다. 북쪽으로는 브리튼섬, 동쪽으로는 중동 지방까지 속주를 확장했다. 물론 정복 과정이 순탄하지만은 않았다. 갈리아처럼 큰 희생을 치르지 않고 속주를 얻는 경우도 있었지만, 원주민의 저항이 만만치 않은 곳도 있었다. 대표적인 곳이 지금의 이스라엘에 있던 유대 지방이다. 로마는 세 차례 유대와 전쟁을 치렀

✛로마 병사의 급여명세서

는데, 최후의 한 명까지 항거한 마사다 요새의 함락(기원후 73년)은 유대 역사의 가장 비극적인 전쟁으로 기록되었다.

최근에 마사다 요새 전투에 참전한 로마 병사의 급여명세서가 공개되었다. 명세서에는 참전한 대가로 50데나리우스denarius(1데나리우스는 노동자 하루 임금)의 은화를 받았는데, 해당 병사는 이미 식량과 군사 장비 비용이 공제되어 실제로 받은 돈은 별로 없었다. 파피루스에 적혀 있는 이 기록은 급여 명세서 외에도 로마군이 유대군과 싸운 날짜와 유대 포로들의 수용소에 관한 기록도 상세히 적혀 있었다.

영어에서 '급여'를 의미하는 salary는 라틴어로 '소금'을 의미하는 salarium살라리움에서 나왔다. 여기에는 두 가지 설이 있다. 먼저 로마 병사들에게 소금을 직접 급여로 주었다는 설인데, 소금을 현금화하는 것이 그리 쉽지 않았다는 점에서 다소 설득력이 떨어진다. 실제로 대부분의 급여는 데나리우스 은화로 지급했다고 한다. 다른 설에 따르면, 소금이 무척 비싸 화폐의 대체 수단이었다고 주장하나, 실제로 고대 로마에서는 소금이 중요한 식품이기는 하지만 지나치게 비싸지는 않았다고 한다.

로마 시내를 걷다 보면 도처에 SPQR 이라는 약어가 보인다. 공공장소나 망자들의 묘비는 물론이고 맨홀 뚜껑에도 이 약어가 있다. 라틴어로 풀어보면 Senatus Populusque Romanus인데, 번역하면 Senatus(원로원), Populus (시민), que(그리고), Romanus(로마의) 다. 특이한 점은 and를 의미하는 que

✛로마 공화정의 원로원들

가 두 번째 명사 뒤에 붙었다는 것이다. 즉 'A Bque'는 'A+B'라는 말이다. 물론 라틴어에도 and처럼 사용되는 et가 있어 'A et B'는 'A+B'가 된다.

로마 공화정은 귀족 중심의 원로원과 평민으로 구성된 민회로 움직이고 있었다. 원로원의 구성원은 대개 명문 집안 출신이었지만, 평민도 원로원 의원이 될 수 있었다. 평민이라도 호민관을 맡은 경력이 있다면 자동으로 원로원 의원이 되었다. 일반적으로 원로원 의원을 많이 배출한 가문은 노빌레스라고 불리며 특권 계층을 형성했는데, 그렇다고 노빌레스 집안 출신이 자동으로 원로원 의원이 되는 것은 아니었다.

'원로원'을 의미하는 라틴어 senatus세나투스의 어원은 '노인'을 의미하는 senex 세넥스다. 원로원元老院이라는 한자가 정확히 이 어원을 대변한다. 현재 양원제를 운영하는 미국, 프랑스, 캐나다에서는 상원을 senate라고 부른다(프랑스는 senat). 미국의 경우 인구 비례에 따라 선출하는 하원과 달리 상원은 각주에서 두 명씩 선출한다. 영국의 경우는 그 명칭이 영어에 기반을 두고 있다. 영국의 상원은 House of Lords라고 불리는 것으로 보아, 귀족 집단인 것을 알 수 있고, 하원은 House of Commons라고 부른다. 하원의 다른 명칭으로는 '시민원'이 있다. 선거로 선출되는 하원은 양원 가운데 가장 강력한 권한을 행사하는 입법의 중심이다. 하지만 상원 의원은 세습되거나, 국가에 봉사한 사람들 중에서 하원의 동의를 얻어 영국 군주가 임명한다.

7월 30일 | **Silhouette** 실루엣

인물

인명이 일반명사가 되는 경우는 모든 언어에서 찾아볼 수 있는 공통 현상이다. 실루엣silhouette 도 이런 경우에 속한다. 에티엔 드 실루엣Étienne de Silhouette은 1705년 프랑스 중부 도시 리모주에서 태어났다. 그는 루이 15세의 애첩 퐁파두르 부인의 후원을 받아 재무대신으로 깜짝 발탁되었다. 당시는 국고가 바닥난 상태였고, 루이 15세의 정부情婦인 퐁파두르 부인의 사치로 왕실의 재정도 몹시 어려운 시절이었다.

╅18세기 후반 실루엣 초상화

　1759년 3월 재무대신으로 취임한 실루엣은 어려운 재정을 만회하기 위해 특권층과 부자에게 세금을 부과하려는 야심 찬 계획을 세운다. 일부 면세자들에 대한 면세 금지와 왕실 연금 폐지 등을 개혁안으로 제시했다. 하지만 개혁이 혁명보다 더 어렵다는 말처럼 실루엣의 개혁은 기득권층의 거센 저항에 부딪힌다. 결국 실루엣은 재무대신이 된 지 8개월 만에 해임된다. 당시 귀족들의 심한 반대에 부딪힌 것도 모자라, 계몽사상가인 볼테르의 비난도 받았다. 초기에 볼테르는 실루엣의 개혁을 지지했지만 당시 전쟁 중이라는 이유로 지지를 철회했다.

　이후 일부 작가들은 갑자기 실각한 재무대신 실루엣을 연기처럼 사라진 인물이라며 비꼬기 시작했다. 사람들은 실루엣을 중국 경극에 등장하는 그림자 인형에 빗대어 조롱했다. 그래서 현대 영어에서 silhouette은 외형, 사물의 윤곽, 외곽 드로잉, 그림자 등으로 사용되고 있다.

역사

1602년 스페인 제국과 독립 전쟁을 벌이던 네덜란드는 아시아 무역 선점을 위해 동인도회사를 설립했다. 당시 대양의 주도권은 영국과 스페인이 쥐고 있었는데, 네덜란드도 후발 주자로 뛰어든 것이다. 같은 해 네덜란드의 동인도회사는 횡재를 만났다. 중국에서 상품을 가득 싣고 돌아가던 포르투갈 상선 산타리나호를 대서양에서 강탈한 것이다. 배에는 유럽인들의 눈을 휘둥그레하게 만든 값진 보물,

✛ 크라크 자기로 불린 중국의 청화백자

즉 명나라의 특산품 청화백자가 가득 실려 있었다. 네덜란드인들에게 청화백자는 경이로움 그 자체였다. 암스테르담에서 이 도자기들은 경매로 고가에 팔려나갔다.

2년 뒤인 1604년에도 포르투갈의 상선이 네덜란드 함대에게 약탈당한다. 이 배에는 청화백자가 무려 16톤이나 실려 있었다. 암스테르담으로 옮겨진 청화백자는 유럽 왕실의 관심을 한 몸에 받았다. 프랑스의 앙리 4세, 영국의 제임스 1세 등 유럽 왕실의 대리인들이 청화백자를 구입하기 위해 암스테르담에 모였다. 네덜란드인들은 청화백자를 처음에는 크라크 자기Kraak porcelain라고 불렀다. 포르투갈 배의 이름에서 따온 카라카스Carracas의 자기라는 뜻이다.

유럽인들에게 처음으로 중국의 도자기를 소개한 사람은 『동방견문록』을 쓴 마르코 폴로였다. 그는 중국 도자기를 porcellana포르첼라나라고 불렀다. 자기의 표면이 포르첼라나 조개껍데기 색깔과 비슷했기 때문이다. 이탈리아어 porcellana는 라틴어로 '새끼 돼지'를 뜻하는 porcellus포르켈루스에서 나온 말인데, 영어의 pork와 뿌리가 같다. 다른 설에 따르면, 조개 이름에 돼지가 들어간 것은 암퇘지 생식기의 외관이 조개 모습과 비슷하기 때문이라고 한다.

8월

August

8월은 로마제국의 초대 황제인 아우구스투스Augustus의 이름이 들어가 있는 달로, '존엄한 자'라는 뜻이다. 황제의 본래 이름은 '여덟 번째 아들'이라는 옥타비아누스Octavianus였다. 로마의 원로원은 초대 황제에게 걸맞은 '아우구스투스'라는 칭호를 황제에게 바쳤다.

기원전 31년 9월 2일 그리스의 악티움곶 인근 이 오니아해에서 서양사의 흐름을 바꾸어놓을 해전 이 벌어졌다. 로마의 총사령관은 카이사르의 양 아들이자 실권자인 옥타비아누스였고, 상대는 안 토니우스와 클레오파트라였다. 이 해전에서 옥 타비아누스는 대승을 거두고, 안토니우스와 클 레오파트라는 자결한다. 그전까지 옥타비아누스 의 호칭은 '국가의 제1시민'이라는 뜻의 princeps civitatis프린켑스 키비타티스였다. 옥타비아누스는 양 아버지 카이사르가 황제에 오르려다 원로원 의 원들에게 암살당한 사실을 잊지 않았다. 따라서 최대한 자신을 낮추었고, 여러 호칭 가운데 위의 호칭을 선호했다.

✛ 로마의 초대 황제 아우구스투스

악티움해전에서 승리한 옥타비아누스에게 이제 걸림돌은 없었다. 명실상부 한 로마의 최고 통치자가 된 것이다. 기원전 27년 1월 16일, 로마 원로원은 옥타 비아누스에게 새로운 존칭인 '존엄한 자'라는 뜻의 아우구스투스Augustus를 바 쳤다. 본래 옥타비아누스라는 이름은 '8남'이라는 뜻이다. 우리말로 하면 막둥이 정도 된다. 그런데 위대한 로마 초대 황제에게 막둥이는 너무 경박하지 않은가.

영어의 8월에 해당하는 August는 아우구스투스의 달이다. 한 가지 흥미로운 사실은 8월은 7월 다음의 달이므로 원칙적으로 30일이어야 하는데 31일이다. 그 이유로는 황제에 오르지 못한 카이사르의 달 July가 31일인데, 초대 황제인 아우구스투스의 달이 30일이라는 것은 어불성설이라는 분위기가 있었다. 이렇 게 해서 로마 전통력의 마지막 달이었던 2월은 또 하루를 빼앗겼고, 1년 중 가 장 적은 날을 가진 달이 되었다.

8월 2일 | **Quintessence** 정수

과학

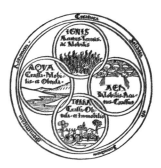

고대 그리스의 철학자 엠페도클레스는 자연이 4원소 즉 흙, 공기, 불, 물로 구성되어 있다고 주장했다. 사물이 기본 원소의 비율에 따라 형태만 변할 뿐 어떤 사물도 새로 만들어지거나 소멸하지 않는다고 생각했다. 또 이원소들은 사랑으로 서로 결합하고, 미움으로서로 밀어낸다고 생각했다.

이 주장으로 지구상에 존재하는 모든 물질을 설명할 수는 있지만, 고대 그리스인들

÷ 엠페도클레스의 4원소론

은 별과 행성이 다른 물질로 이루어져 있다고 생각했다. 그것은 ether에테르 또는 quintessence제5원소라고 불렀다. quintessence는 라틴어로 '5'를 뜻하는 quinta쿠인타 와 '정수'를 의미하는 essentia에센티아가 합쳐진 말이다. 음악에서 5중주를 quintet이라고 하는데, quinta와 비교하면 그 뜻을 알 수 있다. 라틴어 essentia는 영어의 be동사에 해당하는 라틴어 동사 esse에서 나온 말이다.

에테르는 처음에는 아이테르라고 불렸다. 그리스신화에서 대기의 신으로 나오는 아이테르와 같은 이름이다. 아이테르는 어둠의 신 에레보스와 밤의 여신 닉스의 아들인데, 일반적인 하늘과 구분된 더 높은 하늘을 가리킨다. 이 하늘은 신들이 사는 영원불멸하고 깨끗한 공간을 말한다. 에테르에서 나온 영어 단어로는 '천상의' 또는 '지극히 가볍고 여린'이라는 뜻을 가진 ethereal이 있다. '에테르'를 의미하던 quintessence는 16세기에 들어와 사물의 '정수'나 '전형'이라는 의미로 변한다. 예를 들어, "the quintessence of an English manor house"는 "영국 영주 저택의 전형"이라고 번역할 수 있다.

2022년 6월 개봉한 영화 〈탑건: 매버릭〉은 1986년에 제작된 영화 〈탑건〉의 속편이다. 무려 36년이 지난 다음에 속편이 나오는 경우는 영화사에서 매우 드물다. 본래 2020년 개봉하려 했다가 코로나 팬데믹으로 2022년 개봉해 엄청난 성공을 거두었다.

영화 속 주인공 파일럿의 콜사인은 매버릭Maverick이다. 콜사인은 파일럿의 무선 호출 신호를 말한다. 다른 동료들의 콜사인은 그 의미를 어느 정도 알 수 있는데(rooster: 수탉, hangman: 교수형 집행인, phoenix: 불사조, payback: 보상), 주인공의 콜사인 매버릭은 조금 낯설다.

✢영국의 총리 윈스턴 처칠

매버릭을 옥스퍼드 사전에서 찾아보면 '특이한 생각을 지닌 독립심이 강한 사람'이라는 뜻이 나온다. 영화 속 톰 크루즈의 캐릭터와 잘 어울린다. 예를 들어 '고집불통 정치가'를 a politician with a maverick streak이라고 부른다. 국내에서 매버릭은 외골수나 독불장군으로 번역해 부정적인 이미지가 강한데, 올바른 신념을 고수하는 매버릭이라면 이야기가 달라진다. 제2차 세계대전 때 영국을 승리로 이끈 윈스턴 처칠 같은 정치인이 '좋은 의미'의 매버릭이었다. 그렇다고 처칠이 꽉 막힌 정치인은 아니었다. 그에게는 정치가에게 빠져서는 안 될 필수 덕목인 유머가 있었다.

정계에서 은퇴한 80세의 처칠이 어느 날 파티에 참석했다. 그런데 그는 바지 지퍼가 열린 지도 모르고 파티장을 누비고 다녔다. 이를 본 어느 부인이 짓궂게 물었다. "남대문이 열려 있어요." 그러자 처칠이 답했다. "그냥 두세요. 이미 죽은 새는 새장이 열려 있어도 나올 수 없답니다."

8월 4일 | **Siren** 사이렌

해양 민족인 고대 그리스인은 항해할 때 배가 좌초하는 사고를 많이 당했다. 신화를 만들어 내기 좋아하던 고대 그리스인은 이런 사고가 치명적인 님프의 탓이라고 생각했다. 그 님프의 이름은 사이렌Siren이다.

그리스신화에서 사이렌은 여인의 얼굴에 새의 몸통과 날개를 가진 모습으로 묘사된다. 고대 로마의 모자이크에도 사이렌은 여인의 머리와 새의 몸통으로 그려져 있다. 사이렌이 새와 인간의 결합으로 묘사된 것은 새처럼 청아한 목소리로 뱃사람을 유혹하기 때문이다. 중세 이후에는 사이렌의 외모에 변화가 생긴

✤ 아름답지만 위험한 여인 사이렌

다. 상체에서 새의 형상은 사라지고 점차 여신의 상체로 바뀐다. 하체도 인어의 모습으로 바뀐다. 이제 사이렌은 배를 난파시켜 뱃사람의 목숨을 빼앗은 것이 아니라, 남자를 유혹해 잡아먹는 괴물이 된 것이다.

사이렌이 등장하는 이야기 중 가장 극적인 에피소드는 오디세우스와의 만남일 것이다. 오디세우스는 트로이를 멸망시키고 귀환 길에 오른다. 풍랑을 만나 간신히 도착한 아이아이에라는 섬에서 미녀 키르케와 1년을 보낸다. 오디세우스가 떠날 때가 되자 키르케는 사이렌을 피하는 방법을 알려준다. 배의 기둥에 몸을 밧줄로 묶고 사이렌의 유혹을 피하라는 것이었다. 하지만 사이렌의 노랫소리를 들은 오디세우스는 부하들에게 밧줄을 풀라고 명령한다. 물론 오디세우스의 충직한 부하들은 명령을 거부했고, 덕분에 오디세우스는 사이렌의 유혹을 물리칠 수 있었다.

오늘날 사이렌은 비상시 울리는 '경보'라는 의미로 쓰이지만, 그리스신화 속 사이렌은 '팜므파탈'이었다. 실제로 영어 사전에서 사이렌은 경보 외에 아름답지만 위험한 여인이라는 뜻도 있다.

고대 동서양의 역사에서 노예가 차
지하는 비중은 자못 컸다. 신분제의
피라미드 구조에서 가장 하층부를
지탱하던 노예는 인구의 대부분을
차지했지만, 역사 속에 그들에 대한
기록은 거의 남아 있지 않다. 어떤
학자는 고대 로마에서 노예가 전체
인구에서 차지하는 비율을 25%에
서 35%까지 잡고 있다.

✛ 노예시장에서 주인을 기다리는 노예들

유럽의 4대 민족을 꼽으라면, 서유럽과 브리튼섬에 거주한 켈트족, 북유럽
에 거주한 게르만족, 이탈리아반도에 살던 라틴족, 동유럽과 러시아 지역에 살
던 슬라브족이다. 기독교 개종을 문명화의 기준으로 본다면 라틴족, 켈트족, 게
르만족, 슬라브족 순이다. 그중에서도 호전적이고 체격도 월등한 게르만족은 늘
다른 민족의 경계 대상이었다.

게르만족은 주변 민족을 복속시키면서 거주지를 확장했다. 주변의 민족, 특히
슬라브족을 많이 복속시켰는데, 포로로 잡은 슬라브족을 서유럽이나 이슬람 왕
국이 들어서 있던 남스페인에 노예로 팔았다. 슬라브족 출신 중 건장한 체격의
남자 노예와 금발의 여자 노예는 유럽에서 특히 인기가 많았다.

슬라브족이 중세 유럽 노예 시장의 대부분을 차지하자 슬라브라는 민족명은
정복자들의 언어에 그대로 옮겨진다. 중세 라틴어 sclavus스클라부스는 슬라브족의
이름에서 유래한 말이다.[22] 즉, 민족명이 노예라는 일반명사로 둔갑한 것이다.
이후 9세기에는 sclavus가 인종을 가리키는 말보다는 '노예'라는 의미로 정착했
다. 물론 고대 로마에 노예를 지칭하는 servus세르부스라는 말이 있었다. 이 단어
는 중세 유럽에서 특별한 노예를 지칭하는 말로 자리 잡았다. 중세 농촌에서 '농
노'를 뜻하는 영어의 serf가 servus에서 나온 말이다. 현대 영어의 service와 동사
serve도 그 뿌리가 라틴어의 servus이다.

고대와 중세의 여인들은 동서양 가릴 것 없이 머리를 길게 길렀다. 머리를 땋거나 틀어 올리는 식으로 긴 머리를 가지런히 정돈했다. 그건 그렇고 고대와 중세의 여인들은 어떻게 그 긴 머리를 감았을까? 예전에는 지금처럼 제대로 된 샴푸나 비누가 없어 거품장구채soapwort 같은 식물에서 추출한 액체를 세제 대용으로 사용했다. 거품장구채라는 식물 이름은 '비누'를 의미하는 soap와 '풀'을 의미하는 wort가 합쳐진 말인데, 옛날에는 이 식물에서 세제를 얻었다. 기원전 2세기에 소아시아의 히타이트인은 거품장구채의 잎이나 뿌리를 끊인 물을 이용해 씻거나 머리를 감았다고 한다.

+1950년대 샴푸 광고

고대 이집트에서는 식초나 레몬을 물에 타서 머리를 감았고, 갈리아 지방에서는 물에 석회와 재를 풀거나 동물의 기름을 섞어 사용했다. 중세 유럽으로 넘어오면 식초, 비누, 알코올성 세제, 달걀, 거품장구채 추출액 등을 이용해 머리를 감았다.

현대인에게 샴푸shampoo는 비누와 더불어 꼭 필요한 목욕 세제다. 샴푸라는 말은 영국인에 의해 17세기 말 유럽에 소개되었는데, 당시 영국이 식민지로 지배하던 인도의 힌디어에서 유래했다. 이 말의 뿌리는 인도 산스크리트어의 chapati차파티인데, '누르다' '주무르다' '완화시키다'와 같은 뜻이었다. 현대인이 미장원에서 머리를 감을 때 느끼는 촉감이 샴푸의 어원이었다. 이후 샴푸는 1860년대 '머리를 감다'라는 구체적인 의미로 정착하고, 1950년대에는 '카펫 등을 세제로 청소하다'라는 뜻도 생긴다.

| **Stamina** 스태미나

인물

로마의 오현제 중 세 번째 황제 하드리아누스(재위: 117~138년)는 치세의 절반 이상을 제국의 속주를 순유巡遊하는 데 보냈다. 로마 황제는 보통 로마에 머무르는 경우가 많았지만, 하드리아누스 황제는 제국의 곳곳을 돌아다니며 현장을 직접 챙겼다. 당시 제국의 변방이었던 브리타니아(지금의 브리튼섬)에 장성을 쌓아 이민족의 침입에 대비했고, 부대를 시찰하고 변방의 방위 태세를 점검했다. 그가 순유한 속주들은 시리아, 이집트, 마우레타니아(모로코), 히스파니아(스페인), 갈리아, 게르마니아 등이었는데, 재위 기간에 총 15년

✛로마의 하드리아누스 황제

을 제국의 순방에 할애했다. 하드리아누스 황제는 모든 사물과 사람에 대한 호기심도 대단했다.

이쯤 되면 로마 황제 중에서 가장 정력적인 황제라고 불러도 손색이 없을 듯하다. 우리말에 들어온 영어의 스태미나stamina는 '체력' 또는 '정력'으로 번역되는데, 본래 이 말은 라틴어의 stamen스타멘(복수는 stamina)에서 나온 말이다. 라틴어에서 stamen은 '실'을 의미하는 단어로, 실은 인간의 운명에 비유되었다. 로마 신화에서 세 명의 여신이 인간의 운명을 결정한다. 운명의 실을 잣는 여신 노나, 그 실의 길이를 인간에게 할당하는 데키마, 그 실을 자르는 모르타가 주인공이었다. 17세기에 영어에 들어온 stamina는 '날실(세로줄)'의 의미로 정착한다. 날실이 직물을 짜는 데 기본 줄이 되는 것처럼, stamina에는 사물의 기본을 이루는 것이라는 의미가 생겨났다. 여기서 사람이 태어나면서 물려받은 '체형'과 '체질', 또는 '인내력'이라는 뜻도 생겨났다.

호메로스가 쓴 『일리아스』의 주제는 잘 알려진 것처럼 트로이전쟁이다. 겉으로는 그리스와 트로이의 전쟁이었지만, 이면에는 신들이 인간들을 조종하고 있었다. 특히 황금 사과를 아프로디테에게 빼앗긴 헤라의 저주는 무시무시했다. 아프로디테가 트로이 편을 들자, 헤라는 그리스 연합군의 수호신으로 적극 나선다. 한번은 그리스군이 트로이군에게 밀리자 그녀는 직접 병사로 변신해 그리스군을 지원한다. 『일리아스』에는 스텐토르Stentor라는 이름으로 변신한 헤라가 전장에 등장하는 장면이 나온다.

✛ 그리스의 헤라 여신

> 그곳에 흰 팔의 여신 헤라가 걸음을 멈추고 서서
> 그 목소리가 다른 사람 쉰 명이 지르는 목소리와 같은
> 기상이 늠름한 스텐토르의 모습을 하고 외쳤다.

여기서 유래한 스텐토르stentor라는 단어는 수 세기 동안 '큰 목소리를 가진 사람'이라는 의미로 통용되었고, 영어는 17세기부터 스텐토르를 일반명사로 수용했다. 여기서 나온 영어 단어가 '목소리가 엄청나게 큰'이라는 뜻의 stentorian이다. 본래 스텐토르는 '깊은 곳에서 비명을 지르다'라는 그리스어 스텐토르Στέντωρ에서 유래한 말이다.

트로이전쟁은 그리스 진영의 지략가 오디세우스의 작전으로 끝이 난다. 그리스군이 트로이 성 앞에 가져다 놓은 목마를 성안으로 들여놓은 것이 화근이었다. 하지만 전쟁 후 오디세우스의 귀환은 쉽지 않았다. 헤라가 집요하게 귀환을 방해했기 때문이다. 영어에서는 오디세우스Odysseus의 모험담을 담은 장편 서사시를 오디세이Odyssey라고 부르는데, 현대 영어에서 오디세이는 '오랜 기간 방황하는 여행'을 의미한다.

캐나다에는 두 가지 공용어가 있다. 서부의 밴쿠버와 오타와 같은 대부분의 도시는 영어를 사용하고, 몬트리얼과 퀘벡은 프랑스어를 사용한다. 프랑스어가 캐나다의 공용어가 된 역사적 배경은 이러하다.

1534년 프랑스의 프랑수아 1세는 탐험가 자크 카르티에를 후원해 신대륙 발견에 나선다. 스페인이 서인도제도와 북미에 이미 진출했고, 포르투갈도 희망봉을 지나 인도 항로를 발견한 지 30년이 넘은 시점이었다. 카르티에의 선단은 대서양을 따라 서쪽으로 전진했다. 카르티

✛ 캐나다를 발견한 자크 카르티에

에 일행은 콜럼버스가 상륙한 서인도제도보다 더 북쪽에 도달했다. 오늘날 미국 동북부 지방과 캐나다가 만나는 뉴펀들랜드 지방에 상륙한 것이다. 카르티에의 배들은 지금의 생로랑 하구河口에 들어갔다. 강 이름에 생로랑이 들어간 것은 다음 날이 생로랑의 날이었기 때문이다. 1534년 8월 9일의 일이다. 그는 강을 따라 올라갔고 훗날 몬트리얼이 되는 마을을 발견했다. 카르티에는 신대륙을 탐험하면서 원주민들이 카나타Kanata라는 말을 자주 사용하는 것에 주목했다. 이 말은 원주민인 이로쿼이-휴런족의 언어로 마을을 뜻하는 말이었는데, 카르티에는 자신이 발견한 땅의 이름으로 오해하고 그 지방을 캐나다Canada라는 이름으로 불렀다.

이후 캐나다는 뉴프랑스New France라는 프랑스 왕의 직속령으로 수 세기 동안 존속한다. 하지만 영국과 프랑스가 한 하늘 아래 신대륙에 공존한다는 것은 애초부터 불가능한 일이었다. 결국 팽창하던 두 나라는 캐나다를 두고 전쟁을 벌였고, 1755년 퀘벡이 영국군의 수중으로 넘어갔다. 북미에서 뉴프랑스는 이렇게 역사 속으로 사라지고 말았다.

Dog days 삼복더위

동서양을 불문하고 더운 날을 표현할 때 등장하는 동물이 하나 있다. 바로 인간과 가장 친한 개다. 왜 개는 무더위와 관련이 있을까? 사마천의 『사기』를 보면 삼복(초복, 중복, 말복)에 개를 잡아 제사를 지냈다는 기록이 보인다. 영어에서도 삼복더위를 dog days라고 불렀다. 그렇다면 왜 삼복더위에 개가 등장할가?

그에 대한 답은 하늘의 별자리에 숨어 있다. 겨울철을 대표하는 별자리 중 남쪽 하늘에서 빛나는 오리온자리가 있다. 오리

✛시리우스 삽화가 그려진 9세기 천문학 문서

온은 달의 여신 아르테미스가 사랑에 빠진 사냥꾼이다. 하지만 아르테미스의 쌍둥이 오빠 아폴론은 동생의 사랑을 질투했다. 그래서 어느 날 아폴론은 멀리 걷고 있는 오리온을 가리키며 아르테미스에게 저 물체를 활로 맞출 수 있느냐고 떠본다. 신궁인 아르테미스는 주저하지 않고 화살을 쏘았고, 그 화살은 사랑하는 오리온을 절명시켰다.

오리온자리 아래에는 큰개자리가 있는데, 오리온이 사냥할 때 데리고 다녔다고 한다. 큰개자리에서 가장 밝은 별이 시리우스라는 별이다. 밤하늘의 모든 별 가운데 가장 밝다. 이 별은 겨울밤 남쪽 하늘에서 솟아오르고, 여름이 되면 태양과 같은 시간에 떠오른다. 동양에서는 이 별을 이리를 의미하는 랑狼을 붙여 천랑성天狼星이라고 부른다. 보통의 별은 낮에는 안 보이지만 시리우스는 워낙 밝아 낮에도 보인다고 한다. 고대 로마인들은 시리우스가 태양과 함께 떠오르기 시작하면 한여름이 왔다는 신호로 여겼다. 그래서 시리우스가 태양과 함께 떠오르는 날을 '개의 날', 즉 dies caniculares디에스 카니쿨라레스라고 불렀다. 이때가 본격적으로 여름이 시작하는 하지 무렵이다. 이 표현이 영어에 전해져 dog days라는 표현이 만들어졌다. 삼복三伏에서 복伏은 개가 엎드린 모습을 나타낸다. 무더위가 한창일 때 엎드려 있는 개를 상상해보라.

프로파간다propaganda는 정치적 선전을 가리키는데, 긍정적인 의미보다 부정적인 의미로 자리 잡은 정치 용어다. 프로파간다를 정치적으로 잘 이용한 인물은 제2차 세계대전 당시 나치 추종자인 괴벨스였다. 그는 1943년 2월 베를린의 체육 궁전에서 전세가 어려워진 사실을 인정하고 대중에게 악마의 연설을 전했다. 소련의 볼셰비키에게 지는 것은 죽기보다 비참하다고 대중을 선동했고, 전 국민이 군인이 되어 절대 항복하지 말라고 종용했다. 이 연설은 총력전 연설로도 잘 알려져 있다. 연설에서 괴벨스는 소리쳤다. "나는 묻겠다. 여러분은 어떤 고난이 있어도 총통 각하를 믿고 따르겠는가? 여러분은 가장 힘든 과업을 기꺼이 수행하겠는가?" 이렇게 정

✛ 나치의 프로파간다 포스터

치 선전에 세뇌된 수많은 독일 청년들이 전장에서 스러져갔다.

　사실 프로파간다는 본래 종교 용어였다. 16세기 대항해시대가 도래하자 스페인과 포르투갈은 전 세계를 누비며 막대한 부를 축적하고 기독교를 전파했다. 그런데 가톨릭교회는 두 나라가 선교에서 지나친 영향력을 행사하는 것을 못마땅해했다. 결국 당시 교황 그레고리우스 15세는 바티칸이 선교의 컨트롤 타워를 맡아야 한다고 생각하고, 1622년 6월 22일 〈포교성성布敎聖省, Sacra Congregatio de Propaganda Fide〉을 발표한다. 이처럼 프로파간다는 처음에는 '포교'를 의미하는 좋은 말이었지만, 제1차 세계대전에서 각국이 국수주의적인 프로파간다 캠페인을 벌이며 변질되었다. 프로파간다는 라틴어 propagare프로파가레에서 나왔는데, '앞에 놓다' '널리 퍼뜨리다'라는 의미다.

영미권 사람의 이름에는 직업에서 유래한
성이 많다. 특히 노르만 정복 이후 프랑스
어가 영어에 밀물같이 들어간 결과 프랑
스어에서 유래한 직업명이 대부분이다.
Taylor는 프랑스어로 '재단사'를 뜻하는
tailleur타이외르, '목수'를 뜻하는 Carpenter
는 charpentier샤르팡티에, '수레꾼'을 뜻하는
Carter는 cartier카르티에에서 나온 성이다.
물론 고유 영어에서 나온 성도 있다. 제빵

❖ 중세 시대의 목수(carpenter)

사에서 나온 Baker, 대장장이 blacksmith
에서 나온 Smith, 방앗간 주인 Miller 같은 성이 대표적인 예다.

　중세 유럽의 영주들 주위에는 시중을 드는 시종이 있었다. 빵 관리자, 요리사,
의사, 마구간 관리인, 수렵 관리인, 경호대원 등이 그들이다. 정복왕 윌리엄이 노
르만 공작으로 있을 무렵에는 공작을 측근에서 보필하던 시종들이 점차 정치
집단으로 성장한다. 잉글랜드를 정복한 다음에는 지방의 영주보다 왕을 더 가까
이에서 보좌하는 세력이 된다. 그중 집사는 왕이나 영주의 살림을 총 책임지는
사람이었다.

　영국인들의 이름 중에서 흔히 볼 수 있는 Steward라는 성은 본래 '집사'를 가
리키는 말이었다. 이 성은 고대 영어 stig 또는 stī에서 나왔는데, '돼지우리' 혹
은 '사람들이 모일 수 있는 큰 방'을 의미했다. 따라서 '지키는 사람'이라는 뜻의
weard가 붙은 stigweard는 돼지나 돼지우리를 지키는 사람이라는 뜻이었다. 이
후 stigweard는 영주의 집안 살림을 맡는 '시종'으로 전환된다.

8월 13일 | **Scandal** 스캔들

역사

〈뉴욕타임스〉는 지난 1,000년 동안 서양사 최고의 스캔들scandal을 헨리 8세와 앤 불린의 결혼과 파국으로 꼽았다. 그 이유는 무엇일까? 왕비가 있는 헨리 8세가 왕비의 시녀인 앤 불린과 결혼을 했다는 것이 그토록 큰 추문이었을까? 이 스캔들의 본질은 다른 데 있다. 헨리 8세가 앤 불린과

⊹ 헨리 8세와 앤 불린

염문을 뿌린 것이 처음이 아니었기 때문이다. 게다가 앤 불린 이전에 애첩으로 데리고 있던 여인은 앤 불린의 친동생 메리 불린이었다. 혹자는 메리가 앤의 언니라고도 한다. 어쨌든 한 남자가 두 자매를 정부로 둔 것이다. 이쯤 되면 역사의 스캔들로 길이 남을 만하다.

헨리 8세는 불린 집안을 자주 찾았는데, 메리 불린을 만난 것도 이 무렵이다. 그는 이미 다른 남자와 결혼한 메리를 시녀로 불러들인다. 이후 메리는 헨리 8세의 아들도 낳았지만, 헨리는 그녀를 왕비로 삼지 않고 헌신짝처럼 내버린다. 학자들은 메리가 두 명의 아이를 낳은 것은 사실이지만, 그 아버지가 헨리 8세인지는 확실하지 않다고 말한다. 메리의 불행을 목도한 앤은 이후 헨리 8세의 사랑을 한 몸에 받았음에도 왕비가 되기 전까지는 절대로 정절을 주지 않겠다고 맹세한다. 결국 천신만고 끝에 두 사람은 결혼하지만, 헨리 8세는 아들을 못 낳은 앤을 간통죄로 처형한다.

영어의 스캔들은 라틴어 scandalum스칸달룸에서 나왔는데, 본래의 뜻은 종교적인 믿음을 저버리고 저지른 죄였다. 이후 스캔들에는 '공격을 위한 명분' '유혹' 등의 의미가 생겨났는데, scandalum의 그리스어 어원 skandalon스칸달론은 적을 생포하기 위한 '덫'이나 '함정'이라는 뜻이었다.

8월 14일 | **Brand** 브랜드

글로벌 브랜드brand의 가치는 상상을 초
월한다. 최근 조사에 따르면, 브랜드의 가
치가 가장 높은 기업은 아마존이고, 그 뒤
를 애플과 구글이 쫓고 있다. 상위 100대
글로벌 브랜드 중 미국의 브랜드는 무
려 56개나 되고, 한국의 브랜드인 삼성이
42위를 차지하고 있다. 브랜드의 역사는
생각보다 길다. 고대 이집트와 그리스에
서 발견되는 항아리, 식기 등에는 도공의

✤ 영국의 동인도회사 문장(로고)

이름 또는 특정 상징 기호가 새겨져 있는데, 이 상징들이 인류 최초의 브랜드들
이다.

　브랜드란 말은 고대 영어에서 '불'이나 '불꽃'을 의미했다. 원시 게르만어에서
도 브랜드의 어원은 '불에 태우다'라는 뜻이었으므로, '불로 낙인을 찍다'라는
말이 여기서 나왔다. 중세에 브리튼섬에 살았던 앵글로색슨족은 불에 달군 인두
로 가축에 낙인을 찍어 자신의 소유권을 표시했는데, 이런 전통은 고대 문명사
회에서는 일상적이었다. 예를 들어, 고대 로마에서는 도주한 노예가 잡히면 도
망자를 의미하는 fugitivus푸기티부스의 약자인 FGV라는 낙인을 찍었다.

　게르만족의 대이동이 시작되자 유럽 대륙에서는 크고 작은 전쟁이 끊이질 않
았다. 로마의 도주 노예와 마찬가지로 전쟁에서 사로잡은 포로들도 인두로 표시
를 해두었는데, 이것을 '브랜딩한다'라고 말한다. 중세 후반에는 교회를 중심으
로 다양한 기호와 표식이 브랜드처럼 사용되었다. 교회는 기독교의 신비함을 유
지하기 위해 많은 기호를 사용했고, 귀족들도 특권 의식을 상징하는 목적으로
다양한 브랜드, 즉 문장紋章을 사용했다. 르네상스 시대 이후에는 동서양 교역이
활발해짐에 따라 유럽에는 여러 무역 회사가 생겨났다. 네덜란드와 영국의 동인
도회사가 대표적인 회사다. 이들은 자신들만의 로고를 고안해 고유한 브랜드를
만들었는데, 브랜드는 회사의 홍보 수단인 동시에 상징이 되었다.

1991년 알프스의 고산지대에서 고대인으로 추 정되는 한 남자의 주검이 발견되었다. 이 남자 는 냉동 미라의 상태로 발견되어 고대 인류의 생활과 유전자를 연구하는 데 큰 도움을 줄 것 으로 기대되었다. 연구 결과는 기대 이상이었 다. 남자는 5,300년 전에 죽은 것으로 판명되 었는데, 몸속에서 위암을 일으킨다는 헬리코박 터균이 발견되었다. 현대인에게만 있다고 여겨 진 헬리코박터균이 고대인의 몸속에서도 발견 된 것이다. 한 가지 더 놀라운 사실은 이 균이 아시아형이었다는 점이다. 남자의 주검을 통해 고대 인류의 이동 경로까지 확인할 수 있게 되 었다.

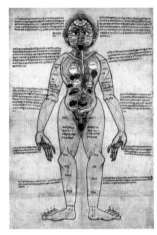

✤ 중세 시대의 인체 해부도

　위는 인체에서 매우 중요한 장기 중 하나다. 고대 그리스인은 위를 stoma스토마 라고 불렀는데, 특이하게도 '입'을 의미했다. 아마도 입과 위가 식도로 연결되어 있어 그렇게 불렀을지도 모른다. 영어에서 구내염은 stomatitis라고 부른다. 입 을 의미하는 stoma의 의미가 여전히 살아 있다.

　입을 의미하던 stoma는 이후 인체에서 점점 아래의 장기를 가리키는 말로 전환된다. 목과 식도를 지나 마침내 위에 이른 것이다. 위를 가리키는 영어의 stomach에는 은유적 의미도 생성된다. 고대 로마인은 위가 인간의 기분을 조절 한다고 생각했다. 그래서 16세기에 접어들자 take stomach에는 take heart힘내다 라는 뜻이 생겼으며, stomach를 동사로 사용하면 '공격하다'라는 뜻이 되었다. 현대 영어에서 stomach는 '즐기다' '참다'라는 뜻으로 사용되는데, 이 의미들은 고대 로마인이 위가 인간의 감정을 조절한다고 생각한 데서 유래했다.

고대 로마가 유럽 전역을 제패한 원동력은 무엇일까? 학문으로는 그리스인을 능가하지 못했고, 체격은 긴장한 게르만족보다 크지 않았다. 그렇다고 이탈리아반도가 이집트처럼 곡창 지대를 가지고 있던 것도 아니다. 하지만 로마는 이탈리아반도를 통일하고 지중해를 제패했으며 유럽 대부분 지역을 정복해 속주로 삼았다.

❖ 찰스 에드워드 스튜어트의 방패(targe)

로마는 막강한 군사력으로 세계를 정복했다. 로마군은 규율이 엄격하기로 유명했는데, 부대에서 집단 항명이나 탈영이 발생하면 부대원 중에서 제비로 뽑아 때려죽이는 끔찍한 형벌도 있었다.

로마군의 대표적인 공격 전술로는 귀갑 대형이 있었다. 귀갑 대형은 로마 병사가 사용하는 방패를 거북이 등처럼 만드는 전술이다. 먼저 맨 앞 열과 측면의 병사들이 방패로 온몸을 가린다. 가운데 있는 병사들은 방패를 위로 들어 머리를 가린다. 그러면 수십 명의 부대는 마치 머리를 숨긴 거북이처럼 사방을 방패로 감싸 적의 공격을 막을 수 있다. 이 상태로 전진하면서 방패 사이로 창과 칼을 내밀어 적을 공격하는 것이다.

방패는 고대부터 병사들이 가장 효율적으로 적의 공격을 막는 무기였다. 갑옷으로 무장할 수 없는 사병들에게 방패만큼 효과적인 무기도 없었다. 영어에서 방패는 shield라는 말로 잘 알려져 있지만, 공격 목표를 의미하는 target이 본래 방패를 가리키는 단어였다. 이 말은 중세 프랑스어 targe타주에서 왔는데, 보병이나 궁수가 가지고 다니는 가벼운 방패를 의미했다. 영어는 이 말을 차용해 targe태지라고 썼다. 이후 프랑스어의 축소형 targette이 영어에 들어갔고, 나중에는 지금의 target이 되었다. 18세기에 들어와 target에는 사격 연습을 할 때 방패같이 생긴 '목표물'이라는 의미가 생성되었다.

금은 인류가 구리 다음으로 발견해 사용한 금속이다. 그런데 왜 금은 고대부터 귀금속으로 대접받았을까? 먼저 금의 화학적 특징부터 살펴보면, 금은 인체의 어떤 물질과도 반응하지 않는다. 치과에서 금을 사용하는 이유가 여기에 있다. 기록에 따르면, 금은 약 3,000년 전부터 치아를 치료하는 데 사용되었다고 한다. 로

✛고대 로마의 테스툼

마 건국 이전에 이탈리아반도에서 살았던 에트루리아인들은 이가 빠지면 금박을 입힌 인공 치아를 심었다. 약 3,000년 전의 임플란트는 이처럼 금이 있었기에 가능했다. 이후 금은 귀한 가치 덕분에 화폐로서 인류 문명의 중심에 등장한다. 기원전 7세기경 튀르키예 지방에 있었던 고대 왕국 리디아에서는 최초로 금을 화폐로 사용했다.

지금까지 채굴된 금은 대략 17만 톤이라고 한다. 그런데 이 금의 절반 정도는 지금으로부터 50년 이내에 채굴된 것이고, 현재 유통되는 금의 90% 이상은 미국에서 골드러시가 시작된 1849년 이후에 캐낸 것이라고 한다. 골드러시 시기에 얼마나 많은 금을 캤는지 알 수 있다.

금은 순금뿐 아니라 합금 상태로도 존재한다. 합금 속의 금의 순도는 어떻게 계산할 수 있었을까? 서양 중세에는 test라는 기구가 있었는데, test는 잘 알려진 것처럼 '실험'이라는 뜻이다. 지금도 영어 사전을 찾아보면 test는 '시금석'이라는 또 다른 뜻도 있다. 이 말의 어원은 라틴어로 testum테스툼인데, 본래는 '흙으로 만든 그릇'을 의미했다. 이후 test에는 '귀금속의 순도를 측정하는 얇은 접시'라는 의미가 생겨났다. 이 접시에는 작은 구멍들이 뚫려 있어 금속을 가열하면 불순물은 구멍으로 빠지고 귀금속만 접시에 남았다고 한다.

8월 18일 | **Treasure** 보물

역사

1708년 남미 콜롬비아의 항구 카르타헤나에서 스페인 제국의 범선 한 척이 닻을 올렸다. 스페인을 향해 출항하는 이 배의 이름은 산호세호(號)였다. 배에는 스페인 제국이 중남미에서 6년간 모아들인 금, 은, 에메랄드 같은 귀금속이 가득했다.

✛스페인 제국의 범선 산호세호

당시는 스페인 왕위 계승을 놓고 프랑스가 영국과 오스트리아를 상대로 전쟁을 벌이던 무렵이다. 이 전쟁은 스페인의 카를로스 2세가 후사를 남기지 못하고 죽자, 프랑스 루이 14세가 스페인 왕위 계승권을 주장하며 일으킨 전쟁이었다. 그런데 왜 루이 14세는 스페인의 왕위를 주장하고 나섰을까? 그 이유는 죽은 카를로스 2세가 루이 14세의 처남이었기 때문이다. 당시 유럽 왕조는 혈통에 따라 왕위가 계승되던 시절이었으므로, 루이 14세의 주장이 그렇게 터무니없는 것은 아니었다. 하지만 영국과 네덜란드가 강력하게 반발하고 나섰다. 가뜩이나 유럽의 최강국인 프랑스가 스페인 왕국까지 접수한다면 유럽에서 힘의 균형이 깨지기 때문이다. 스페인의 위세는 비록 16세기보다는 못해도, 여전히 신대륙의 식민지에서 엄청난 금은보화가 들어오고 있었다. 하지만 긴 항해는 언제나 위험한 모험이었다. 항해 도중 폭풍을 만날 수 있었는데, 1708년 카르타헤나를 떠난 산호세호가 그런 운명이었다.

지난 2015년 미국의 수중 탐사 업체는 전설에 등장하는 산호세호를 카르타헤나 인근에서 발견했다. 이 보물선의 가치는 한화로 약 2조 원에 달하는데, 보물선을 발견한 미국 회사와 콜롬비아 정부가 지금도 법적 다툼을 벌이고 있다. 영어로 보물을 뜻하는 treasure는 중세 프랑스어 tresor트레조르에서 차용한 말로, '축적한 재산'이라는 뜻이다. 물론 프랑스어의 어원도 '저장된 것들' '창고' '금고'라는 뜻을 지닌 라틴어 thesaurus테사우루스로 거슬러 올라간다.

콜럼버스가 신대륙을 발견하기 전에 아메리카대륙에는 이미 많은 사람이 살고 있었다. 한 가지 특이한 점은 북미 원주민과 멕시코를 포함한 남미 원주민의 문명 수준이 현격한 차이가 났다는 사실이다. 흔히 아메리카 인디언으로 알려진 북미 인디언은 수백 개의 부족으로 나뉘어 살고 있었는데, 잉카 문명이나 마야 문명에 비하면 뚜렷한 문명의 흔적을 남기지 못했다. 한 가지 흥미로운 역사적 가설에 따르면, 아메리카 대륙에 퍼져 사는 원주민이 지금으로부터 1만 년 전에 시베리아에서 베링해를 건너

❖ 턱시도를 입은 신사들(1912년경)

들어간 민족의 후손이라고 한다. 빙하기에 베링해가 얼어 있어 가능한 일이었을 것이다.

미국에는 많은 인디언 부족이 산다. 19세기 후반 미국과 멕시코에 살던 아파치족은 40년 동안 미국과 전쟁을 벌였고, 체로키족은 미국과 휴전하고 문명화의 길을 택했다. 미국 동부인 뉴욕주, 뉴저지주, 델라웨어주에는 델라웨어족이 살고 있었다. 델라웨어라는 이름은 1610년 버지니아 식민지 총독에 임명된 델라웨어 남작의 이름에서 유래했다. 원주민 부족명에 백인 이름이 붙은 것이다.

턱시도tuxedo라는 남성 예복의 어원이 바로 이 델라웨어족의 말에서 유래했다. 델라웨어 말로 ptuksit프톡시트는 본래 '늑대'를 가리키는 말이었다. 북동부의 인디언 부족은 칠면조, 거북이, 늑대 세 개의 토템을 가지고 있었다. 델라웨어족은 늑대가 토템이었다. 이후 ptuksit는 영어로 들어오면서 tuxedo가 되었고, 뉴욕의 남동쪽에 턱시도 마을이 생겨났다. 1880년대에는 이 마을과 턱시도 호수 근처에 있는 크고 아름다운 공원을 턱시도라고 불렀다. 여기에 부유한 사람들이 거주하는 고급 리조트가 형성되었고, 이곳 젊은이들은 꼬리가 없는 연미복燕尾服을 즐겨 입었다고 한다. 이 예복이 턱시도의 시조다.

8월 20일 | **Epic** 서사시

문학

트로이전쟁이 지루하게 소강상태에 빠지자 그리스 군대는 트로이 성문 앞에 목마를 설치해놓고 철수한다. 목마 속에는 그리스 병사들이 숨어 있었다. 목마를 성안으로 들이고 승리에 도취한 트로이인들은 그리스군의 급습을 받고 도시는 삽시간에 불바다에 휩싸인다. 이때 여신 아프로디테가 트로이 장군 아이네이아스 앞

✢ 트로이의 장군 아이네이아스

에 나타난다. 그녀는 아이네이아스에게 식구들을 데리고 트로이를 탈출한 다음 배를 타고 서쪽으로 가서 새로운 나라를 세우라고 말한다. 아이네이아스는 아프로디테의 아들이었다. 어머니는 아들에게 "어서 달아나거라. 네 노력을 끝내도록 해라. 네 아버지 문턱까지 갈 수 있도록 널 인도하고 네 곁을 떠나지 않으마"라고 말한다.

이렇게 아이네이아스는 아비규환의 트로이를 탈출하지만 새로운 나라에 가기까지는 우여곡절이 기다리고 있었다. 파리스의 사과를 받지 못한 헤라 여신이 아이네이아스 일행을 괴롭혔기 때문이다. 하지만 천신만고 끝에 도착한 아이네이아스는 라티움(로마 근교 지방)에 새로운 국가를 세우고 로마 건국의 시조가 되었다. 고대 로마의 서사 시인 베르길리우스는 이 이야기를 『아이네이스』로 노래했다.

영어에서 서사시는 epic 또는 epic poem이라고 말한다. 본래 서사시는 '사건을 서술하는 시'라는 뜻인데, 여기서 말하는 사건은 영웅이 등장하는 사건을 가리킨다. 영어에 epic을 제공한 그리스어 epikos에피코스는 말 또는 시의 구절을 의미하는데, 시의 내용은 신들의 영웅적 행적을 그리고 있다. 시와 시인을 의미하는 poem과 poet도 뿌리를 따라 올라가면 epic과 공통분모를 찾을 수 있다. 서사시의 epic에서 -pic은 '무엇을 하다' 또는 '만들어내다'라는 뜻이다. 시인을 가리키는 poet도 그리스어 poiêtês포이에테스에서 나온 말로, '무엇을 만들어 내는 사람', 즉 '시를 창조하는 사람'을 가리킨다.

영국을 대표하는 문화적 아이콘을 꼽으라면 축구, 버킹엄궁의 근위대, 백파이프, 위스키를 꼽을 수 있다. 한 가지 흥미로운 사실은 이 아이콘들이 앵글로색슨족의 문화에서 나온 것도 있지만, 브리튼섬에 앵글로색슨족보다 먼저 정주定住한 켈트족의 문화에서 나온 것도 있다는 점이다.

✛위스키를 병에 따르는 남자(1869)

먼저 영국 문화를 대표하는 것으로 버킹엄궁을 수비하는 근위대를 들 수 있다. 특히 붉은색 제복을 입은 근위병이 머리에 쓰고 있는 모자는 특이한 모양으로 유명하다. 이 모자는 높이가 45.7센티미터에 이르는데 캐나다산 흑곰 모피로 만든다고 한다. 1815년 나폴레옹의 패배로 유명한 워털루전투 이후 영국 근위대의 상징이 되었다고 한다.

영국을 대표하는 문화 아이콘 중에는 스코틀랜드가 원조인 경우가 있는데, 백파이프와 위스키가 여기에 속한다. 백파이프의 자루는 양이나 염소 가죽으로 만들거나 큰 동물의 오줌통으로도 만들었다고 한다.

서양의 술 중에서 가장 널리 알려진 위스키whiskey는 스카치위스키라는 말에서 보듯 스코틀랜드가 원조다. whiskey라는 단어는 켈트어에서 온 말이다. 스코틀랜드가 켈트족의 나라였기 때문이다. 같은 켈트어에 속하는 아일랜드어에서는 위스키를 위스케 베타드uisce beathadh라고 불렀고, 스코틀랜드어에서는 위스게 베타uisge beatha라고 불렀다. 이 말들은 라틴어로 '생명의 물'인 aqua vitae아쿠아 비타이를 옮긴 것이다. 이후 생명의 물은 영어에 들어와 위스키베whiskeybae가 되었고, 지금처럼 위스키로 줄여졌다. 생명의 물은 증류해 만든 알코올이라는 뜻으로, 안전한 음료인 동시에 치료제로 사용되었기에 붙여진 이름이다.

8월 22일 | **Surgeon** 외과 의사

요즘은 잘 보이지 않지만 예전에 이발소에는 파란 줄과 빨간 줄이 비스듬하게 그려진 표시등이 벽에 실치되어 있었다. 빨간 줄은 동맥을 가리키고 파란 줄은 정맥을 가리켰다고 한다. 그렇다면 옛날 유럽의 이발사는 외과의도 겸했던 것일까?

✢ 환자 이마의 종기를 치료하는 이발사 겸 의사들

예나 지금이나 의학 전공 중 외과는 별로 대접받지 못했다. 15~16세기 유럽도 마찬가지였다. 외과라는 의학 전공 분야가 따로 없었을 뿐 아니라, 신체 수술을 많이 하는 외과 의사는 대접을 받지 못했다. 당시 영국에서는 내과 의사와 외과 의사의 지위가 동등하지 않았다고 한다. 실제로 약초를 처방해 환자를 치료한 내과 의사들은 종기나 열상을 치료하는 외과 의사들을 경시했다. 그런 이유로 외과 의사들의 일은 이발사도 할 수 있다는 믿음이 팽배해졌다. 마침내 1540년 영국 의회는 이발사가 외과 의사를 겸할 수 있도록 승인했다.

그러다가 외과 의사의 지위가 상승하는 계기가 찾아왔다. 헨리 8세의 시의侍醫였던 토마스 바카리가 왕의 까다로운 다리 상처를 치료해준 것이다. 바카리는 그때까지 단순한 종기나 치료하던 외과 의사의 모습이 아니었다. 이후 이발사와 외과 의사는 영역이 분리되었고, 19세기에 들어와 공인된 외과 의사 학회가 만들어졌다.

영어에서 외과 의사는 surgeon인데 중세 프랑스어 surgien쉬르지엥 또는 cirurgien시뤼르지엥에서 나온 말이고, 이 말의 뿌리도 그리스어 kheirourgos케이로우르고스로 그 뜻은 '손으로 일하다'라는 의미다. 외과 의사의 일을 이보다 잘 설명하는 단어는 없을 것이다. 이 말에서 kheir케이르는 그리스어로 손이고, ergon에르곤은 일을 뜻한다.

8월 23일 | **Golden age** 황금기

그리스의 역사가 헤시오도스는 인간의 역사를 신화의 시대에 대입해 다섯 시대로 구분했다. 첫 번째는 황금시대다. 이 시기는 낙원과 동의어로 간주되는 시대인데, 여성이 만들어지기 이전의 시대를 말한다. 즉 크로노스 치하에서 남성들만 있었던 역사적으로 가장 융성한 시대였다. 이 시기에는 올림포스 신족이 티탄 신족에게 반란을 일으키는데, 크로노스가 이끄는 티탄 신족은 전쟁에서 패하고 크로노스는 지옥인 타르타로스에 감금당한다.

✛ 그리스의 역사가 헤시오도스

황금시대의 인류는 평화로운 삶을 누렸으며 신들과 마찬가지로 노고나 근심으로부터 자유로웠다. 이 시기에는 올바르지 않은 일을 하는 이가 없었고, 법도 필요 없었고, 형벌도 필요 없었으며, 강에는 우유와 넥타르가 넘쳐 흘렀다. 그러나 판도라의 상자가 열린 이후 질병, 아픔, 고통, 슬픔 등이 생겨났다. 결국 죽음의 고통이 세상에 오게 되었다.

두 번째는 은의 시대로 극단적인 대립이 특징이다. 인간들은 신의 지시를 따르며 살았지만 수명이 매우 짧아졌다. 세 번째는 청동의 시대인데 이 시기의 인간 종족은 제우스 혼자서 물푸레나무로 만들어낸 존재들이었다. 물푸레나무는 전사들의 창을 만드는 데 쓰이는 나무로 알려져 있다. 이 시대는 평화로운 활동은 할 수 없었고, 아무런 까닭도 없이 싸움을 일삼는 시대였다. 마지막은 철의 시대인데 제우스가 이 시기의 인간 종족들을 없앨 계획을 이미 마련하고 있었다. 타락의 조짐이 점점 늘어간다는 것은 종말이 가까이 왔음을 뜻한다.

영어로 '황금기'를 golden age라고 부른다. 흔히 인생의 황금기를 말할 때 자주 사용하는 표현이다. 헤시오도스의 시대 구분은 인간은 근본적으로 악한 존재임을 암시하고 있다. 그 근본 이유는 신이 인간을 창조할 때 잉태되었다고 설명하지만, 헤시오도스가 황금시대를 꿈꾸었던 이유는 아마도 다시는 인간이 돌아갈 수 없는 시대였기 때문일 것이다.

8월 24일 | **Rice** 쌀

음식

서양인의 주식이 빵이라면 동양인의 주식은 쌀이다. 두 작물의 차이를 비교해보자. 먼저 경제적 차원에서 볼 때, 밀은 종자 대비 수확량이 10배인데 반해 쌀은 120배에 이른다. 농부의 입장에서 밀은 쌀보다 손이 덜 가는 작물이다. 혼자서도 밀 농사를 지을 수 있다는 말이다. 하지만 쌀은 공동 작업이 필요하다. 마을 사람들이 공동으로 수로를 만들어야 하고, 모내기 같은 작업도 함께 해야 한다.

✢ 세밀화로 그린 벼의 모습

문화적 산물에는 그것을 처음으로 만들거나 발견한 사람들의 언어가 들어가 있다. 스키ski라는 말이 스칸디나비아반도에 살던 바이킹의 언어라는 사실로 미루어 보아 그 원조를 알 수 있고, 영어에서 종이를 의미하는 paper 역시 고대 이집트의 파피루스에서 나왔다. 그렇다면 영어의 rice는 어디에서 온 말일까? 먼저 한국어에서 쌀이라는 말은 어디에서 왔는지부터 살펴보자.

인도의 남부 지방에서 사용되는 타밀어에서는 쌀은 sal이라고 부른다. 경상도 지방의 발음과 동일하다(경상도에서는 쌀을 '살'이라고 발음한다). 우연의 일치일까? 그런데 더 많은 예가 발견된다. 타밀어로 너는 ni, 풀은 pul, 아빠는 appa 등 우리말과 유사한 단어가 많다. 국내의 한 학자는 고대 가야와 인도의 아유타국이 상호 밀접하게 교류한 흔적이라고 주장하기도 한다. 쌀 문화 역시 아유타국과 한반도의 남부 지방이 활발한 문화 교류의 흔적이라고 말한다.

영어 rice의 어원은 일단 프랑스어 ris리스로 거슬러 올라간다. 프랑스어도 이탈리아어 리조riso가 그 어원이고, 이 말 역시 라틴어 oriza오리자에서 나왔다. 오리자의 뿌리는 인도의 산스크리트어 vrihi-s브리히스에 이른다. 우리 말의 쌀이 타밀어와 관련 있는 것처럼, 서양어의 쌀 역시 인도에 기원을 두고 있다.

미국의 달러화에는 미국사를 빛낸 인물들의 초상화가 그려져 있다. 대부분 역대 대통령인데, 그렇지 않은 경우는 초대 재무부 장관 알렉산더 해밀턴(10달러)과 미국 건국의 아버지 벤저민 프랭클린(100달러) 두 명뿐이다.

벤저민 프랭클린은 1706년 당시 영국의 식민지인 보스턴에서 비누와 양초를 만드는 집안의 15번째 아이로 태어났다. 아들로만 치면 10번째 막내아들이었다. 프랭클린의 부모는 막내아들에게 벤저민이라는 이름을 지어주었다. 이름을 벤저민으로 지어준 이유는 이러하다.

✦ 야곱의 막내아들 벤야민

이스라엘 민족의 조상인 아브라함은 이삭이라는 아들을 늦게 보았다. 이삭에게서 야곱이 태어나고 야곱은 12명의 자식을 보았는데, 막내아들의 이름을 벤야민Benjamin이라고 지었다. 이 이름은 아들을 뜻하는 '벤'과 오른손을 뜻하는 '야민'이 합쳐진 말이다. 즉 '내 오른손의 아들'이라는 뜻인데, 여기서 오른손은 태양이 움직이는 남쪽을 가리킨다. 벤야민의 어머니 라헬은 출산 중에 세상을 떠난다. 야곱은 아들의 이름을 처음에는 '애통한 아들'을 의미하는 벤오니라고 지었으나 '오른손의 아들'을 의미하는 벤야민으로 바꾸었다. 이후 벤야민에는 '막내아들'이라는 의미가 생겨났고, 영어에 들어가 벤저민이 그 의미를 이어받았다.

본래 히브리어로 'Ben ○○○'란 이름은 '누구의 아들'을 의미한다. 부명父名을 그대로 사용한 유대인의 전통을 엿볼 수 있다. 유명한 영화 〈Ben Hur〉의 주인공 Ben Hur도 부명父名을 가리킨다. 이러한 전통은 같은 셈어족에 속하는 아랍인의 이름에서도 발견된다. 9·11 테러의 주범 빈 라덴Bin Laden도 '라덴의 아들'을 의미한다.

8월 26일 | **Cenacle** 최후의 만찬

예수는 수난을 당하기 전날 밤 열두 명의 제자와 최후의 만찬을 가졌다. 이 자리에는 훗날 예수를 배반하는 유다와, 예수를 세 번이나 부인한 베드로도 함께 있었다. 르네상스의 천재 화가 레오나르도 다빈치는 최후의 만찬을 주제로 벽화를 그렸는데, 이 그림은 밀라

✚ 레오나르도 다빈치의 〈최후의 만찬〉

노의 산타 마리아 델레 그라치에 성당에 있다. 당시에는 벽에 회반죽을 바르고 반죽이 마르기 전에 빠르게 그리는 '프레스코' 기법이 일반적이었는데, 다빈치는 달걀 흰자에 칼슘액을 입히고 그 위에 유화로 그리는 '템페라' 기법을 사용했다.

최후의 만찬에서 예수는 빵과 포도주를 들어서 각각 자신의 몸과 피라고 하고는 제자들에게 나누어주며 "나를 기억하여 이 예를 행하여라"라고 말한다. 가톨릭에서는 이 의식을 기념하는 성체 성사를 미사 중에서 가장 중요한 의례로 여긴다.

영어에서 최후의 만찬은 The Last Supper라고 표현한다. 현대 영어에서 supper는 dinner보다 규모도 작고 격식 없이 먹는 저녁 식사를 가리킨다. 그러므로 예수의 최후의 만찬은 조촐하게 차린 저녁 식사다. 이날 예수는 빵과 포도주 외에 양고기를 먹었다는 설도 있고 물고기를 먹었다는 주장도 있다.

이번 주제어는 '최후의 만찬을 가진 방'을 의미하는 cenacle인데, 이 단어의 어원은 그리스어 hyperôion휘페로이온으로 '높은 곳에 있는 방'이라는 뜻이다. 로마인들은 이 단어를 cenaculum케나쿨룸으로 번역했고, 여기서 cena케나는 저녁 식사를 의미한다. cenacle은 예수가 제자들과 함께했던 만찬실이라는 의미 외에도, 문인이나 특정 집단 동인이 모임을 하는 의미로도 사용된다. 종교적인 모임으로는 Religious of the Cenacle이라는 표현도 있는데, '다락방의 성모회'를 가리킨다. 그리스어에 있던 다락방의 뜻이 여기에 남아 있다.

8월 27일 | Holocaust 홀로코스트

히틀러가 저지른 유대인 학살은 현대사의 최대 비극으로 꼽힌다. 한 가지 흥미로운 사실은 온 세계를 전쟁의 참화 속으로 몰고 간 히틀러가 무력을 통해 정권을 잡지 않았다는 사실이다. 1929년 뉴욕 증시 붕괴로 전 세계가 불황의 늪에 빠지자, 독일 경제는 다른 나라에 비

✛ 아우슈비츠에 수용된 유대인 포로들

해 더 상황이 나빠졌다. 이 틈을 노려 히틀러의 나치당은 1932년 선거에서 제1당의 자리를 차지했고, 마침내 권력을 장악했다. 다시 말해, 히틀러를 총통으로 선출한 사람들은 독일 국민이었다.

대학살로 알려진 홀로코스트holocaust는 1,100만 명의 목숨을 앗아갔다. 그중에는 600만 명의 유대인뿐만 아니라 집시, 슬라브족, 동성애자, 정치범도 포함되어 있었다. 유럽에 거주하던 900만 명의 유대인 중 3분의 2가 홀로코스트로 희생된 셈이다.

본래 홀로코스트는 그리스어 holokauston홀로카우스톤에서 나왔는데, '완전히 불태우다'라는 의미였다. 여기서 불태우는 대상은 제사에 바쳐진 희생물이다. 그런데 고대 그리스의 희생제에서 제물을 완전히 불태우는 경우는 극히 드물었다. 희생물을 태울 때는 동물의 고기 중에서 먹을 수 없는 부분만 태우는 것이 일반적이었기 때문이다. 반면, 이스라엘 민족의 희생제에서는 희생물을 신전에서 완전히 태우는 것이 관례였다. 이런 전통을 초기 기독교에서는 의미 있는 제사 의식으로 간주했다. 예수가 스스로 몸을 바쳐 인류를 대속하고 십자가형을 받아 세상을 떠난 것도 같은 맥락에서 볼 수 있다. 영어의 hecatomb이라는 말도 홀로코스트와 비슷한 뜻으로 사용되는데, 차이점은 hecatomb이 100마리의 황소를 도살한다는 의미에서 나온 말이라는 것이다. 따라서 hecatomb은 '대학살'에, 홀로코스트는 '희생'에 방점이 찍혀 있다.

중세 유럽의 사회는 교회와 재속在俗 영주들이 기독교의 신민들을 다스리고 있었다. 그런데 교회와 세속 세계는 모두 피라미드 구조를 갖고 있었다는 점에서 중세 유럽 사회의 특징을 엿볼 수 있다. 먼저 교회의 정점에는 교황이 있었다. 교황 아래에는 추기경, 대주교, 주교 그리고 일반 사제들이 기독교 세계를 떠받치고 있었다. 세속 사회도 마찬가지였다. 황제는 신성로마제국에 한 명만 있었고, 나머지 왕국들은 왕들이 통치하고 있었다. 하지만 봉건 세계에서 국왕의 권력은 보잘것없었고, 실질적인 통치권은 제후들에게 있었다. 세속의 제후들도 공작,

✝ 중세 사회의 위계 구조
(上: 성직자, 中: 왕과 귀족,
下: 시민과 농민)

후작, 백작, 자작, 남작 같은 서열이 엄격하게 지켜지고 있었다. 그런데 간혹 제후의 위상이 바뀌는 경우가 있었다.

노르망디 공작 윌리엄이 잉글랜드의 왕이 된 사건은 중세 유럽 서열 사회의 단면을 보여준다. 공작은 영어로 duke라고 하는데 프랑스어 duc뒤크가 그 뿌리다. 일반적으로 중세 유럽 사회에서 공작은 왕 다음으로 큰 영지를 소유한 존재였다. 노르망디 공작이었던 윌리엄의 조상도 프랑크 왕국의 샤를 4세와 조약을 맺고 노르망디를 하사받았다. 그런데 노르망디 공작이 잉글랜드 왕국을 정복한 사건이 일어난다. 그때부터 두 왕국의 서열 관계는 복잡해진다. 잉글랜드 왕의 서열이 프랑스 왕의 봉신으로 격하되었기 때문이다. 이후 오랜 기간 동안 잉글랜드 왕은 프랑스 왕의 봉신으로 신하의 예를 갖춰야 했고, 결국 그 앙금은 백년전쟁의 도화선이 되었다.

중세 유럽 사회처럼 피라미드식 위계 구조를 영어로 hierarchy라고 부른다. 이 말은 그리스어 hierarkhia에서 나왔는데, hiera히에라는 '신성한 의식'을 뜻하고, arkhein아르카인은 '통치'를 의미한다. 그러므로 hierarchy는 '신성한 통치'라는 뜻이다. 여기서 나온 말이 '군주제'를 의미하는 monarchy인데, '홀로'라는 mono와 '통치'의 arkhein이 합쳐진 말이다.

8월 29일 | **Phoenix** 불사조

영국 왕조의 역사를 보면 기구한 운명의 주인공도 있고, 역경을 극복하고 위대한 군주로 역사에 남은 주인공도 있다. 전자는 앵글로색슨 왕조의 마지막 왕으로 즉위하고 1년도 되지 않아 노르만 정복의 희생양이 된 헤럴드 2세를 꼽을 수 있고, 후자는 16세기 유럽의 강국 스페인의 아르마다 함대를 격파하고 영국을 강대국의 반열에 올려놓은 엘리자베스 1세를 꼽을 수 있다.

✢ 서양의 불사조 피닉스

  엘리자베스 1세는 1533년 9월 7일 그리니치에서 헨리 8세와 앤 불린 사이에서 태어났다. 그녀가 태어났을 때 아버지는 아들이 아니라 몹시 섭섭해했다고 한다. 그러자 다음에는 아들을 볼 것이라는 희망을 위안으로 삼았다. 하지만 앤 불린은 결국 왕자를 낳지 못했다. 간통죄로 처형됐기 때문이다. 이후 엘리자베스의 앞날은 가시밭길이 되었다. 서녀庶女로 전락해 왕위 계승에서 멀어졌고, 이복동생 에드워드 6세와 이복언니 메리 1세의 즉위를 지켜보면서 극도로 언행을 조심했다. 특히 이복언니 메리 1세는 자신의 어머니가 앤 불린 탓에 죽었다며 원한을 가지고 있었기 때문에, 엘리자베스는 역모죄로 감금되기도 하고 늘 생명의 위협을 받고 있었다. 하지만 메리 1세가 일찍 죽자 엘리자베스는 천신만고 끝에 여왕의 자리에 오른다. 영국 왕조의 군주 중 불사조라고 부를 만하다.

  동양에서는 불사조를 '봉황'이라고 부른다면, 서양에서는 phoenix라고 부른다. 미국의 애리조나주에서 가장 큰 도시 피닉스가 여기서 나온 지명이다. 전승에 따르면, 서양의 불사조는 아라비아사막에 사는데 500년마다 스스로 몸을 불태우고 부활한다고 한다. 이 새를 그리스인은 phoinix포이닉스라고 불렀고, 로마인은 phoenix포이닉스로 옮겼다.

8월 30일 | Bed of Procrustes
프로크루스테스의 침대

신화

아테네의 왕 아이게우스에게는 자식이 없었다. 그는 델포이의 신전에 가서 자식을 얻을 수 있을지 물어봤는데, 아테네로 돌아갈 때까지 가죽 주머니의 끈을 풀지 말라는 신탁을 받았다. 가죽 주머니를 풀지 말라…. 아이게우스는 도대체 가죽 주머니가 무슨 말인지 알 수 없었다. 그는 아테네로 돌아오는 길에 트로이젠에

❖행인을 침대에 눕혀 죽이는 프로크루스테스

들러 잠시 쉰다. 여기서 '가죽 주머니'가 무엇인지 알게 된다. 바로 가죽 주머니에 담긴 술을 의미했다. 결국 아이게우스는 트로이젠에서 술을 진탕 마시고 실수를 저지른다. 트로이젠 왕의 딸과 동침을 한 것이다. 이때 태어난 영웅이 바로 테세우스다.

테세우스는 커서 모험을 즐겼는데, 그가 겪은 모험 중에서 가장 마지막은 프로크루스테스의 침대 이야기다. 프로크루스테스는 아테네 근방 언덕에 집을 짓고 강도짓을 하며 살았다. 그런데 그 방식이 참 잔인하면서도 독특했다. 그는 행인을 잡아다가 자기 집 침대에 누이고는 만약 행인이 침대보다 크면 그만큼 신체의 일부를 잘랐고, 반대로 작으면 신체를 억지로 늘렸다. 그렇다면 몸이 침대에 딱 맞는 사람도 있지 않았을까? 하지만 이 침대에는 눈에 보이지 않는 장치가 있어 누구도 침대에 맞지 않게 침대의 길이가 변했다. 이런 프로크루스테스의 강도짓에 마침표를 찍은 사람이 바로 테세우스였다. 테세우스는 프로크루스테스가 행인들에게 했던 똑같은 방법으로 그를 침대에 눕히고는 신체의 일부를 잘라버렸다.

프로크루스테스Procrustes는 그리스 말로 '앞'을 의미하는 pro-와 '치다'를 뜻하는 krouein크로우에인이 합쳐진 말이다. 프로크루스테스의 침대는 남의 생각을 뜯어고치려는 행위나 남에게 해를 끼치면서 자신의 주장을 굽히지 않는 행위를 가리킨다. 여기서 나온 영어의 형용사 procrustean은 '지나치게 획일적인'이라는 뜻이다.

8월 31일 │ **Exodus** 탈출

✛이스라엘 민족을 이집트에서 탈출시킨 선지자 모세

『구약성경』의 「출애굽기」에는 선지자 모세가 이집트에서 핍박받던 이스라엘 민족을 젖과 꿀이 흐르는 가나안 땅으로 이끄는 과정이 나온다. 이스라엘 민족이 이집트로 끌려간 사연은 한 편의 드라마와 같다. 야곱의 막내아들인 요셉은 이집트에 노예로 팔려 갔지만 우여곡절 끝에 이집트에서 출세한다. 고관이 된 요셉은 이집트와 가나안 일대에 극심한 흉년이 들자 아버지와 형제들을 이집트로 이주시킨다. 이후 이스라엘 민족은 이집트에서 평화롭게 살게 된다. 하지만 이스라엘 민족의 수가 너무 많아지자 위기의식을 느낀 파라오는 이들을 혹독한 건설 현장으로 보낸다. 하루아침에 노예가 된 이스라엘 민족은 이집트에서 고통의 나날을 보내지만, 선지자 모세가 나타나 홍해를 가르고 가나안 지방으로 탈출한다.

하지만 모세가 약속한 가나안 땅에 도착하기 전 이스라엘 민족은 40년 동안이나 방황한다. 여기서 한 가지 흥미로운 사실은 예수도 광야에서 40일 동안 금식하면서 악마의 시련을 뿌리쳤고, 노아의 대홍수도 40일 동안 비가 쉬지 않고 내렸다는 것이다. 왜 40이라는 수가 반복될까? 해답은 고대 메소포타미아 신화에 등장하는 지하수의 신 엔키에게 부여된 수 40에서 찾을 수 있다. 물은 정화의 상징이므로 앞서 언급한 40일 또는 40년은 정화의 시간이라고 볼 수 있다.

모세가 이스라엘 민족을 탈출시킨 사건은 영어로 엑소더스exodus라고 부른다. 집단으로 무리가 탈출할 때 사용하는 말이다. 엑소더스는 그리스 말로 '출구'를 뜻한다. 이후에는 내란을 피해 탈출하는 '난민'을 가리키거나, 주식시장에는 투매하는 '투자자'를 가리킬 때도 사용된다.

9월

September

율리우스력의 일곱 번째 달. 라틴어로 7을 의미하는 septem셉템에
서 나왔다. 고대 로마인은 군신軍神 마르스에 바쳐진 3월을 첫 번째
달로 여겼으므로, September는 일곱 번째 달이다. 하지만 1월이
첫 번째 달이 되면서 September는 9월이 되었다.

9월 1일 | **Furlough** 일시해고

영어에서 9월을 가리키는 September는 라틴어로 7을 뜻하는 septem셉템에서 나왔다. 그런데 왜 9월이 7월처럼 보이는 걸까? 이유는 다음과 같다. 율리우스력에 따르면, 로마인은 3월March을 한 해의 시작으로 삼았다. 3월은 군신 마르스Mars의 달이고, 4월April은 두 번째 달을 의미하는 라틴어 aperilis아페릴리스에서 왔다는 설이 유력하다. 또 다른 설명으로는 4월이 개화開花의 달이므로 '열리다'라는 뜻을 가진 라틴어 aperire아페리레에서 왔다고 한다. 아마도 꽃이 피는 시기를 말하는 듯하다. 5월May은 대지의 여신 마이아Maia에서 나왔고, 6월June은 주피터의 부인 유노Juno의 이름이 붙어 있다. 7월July과 8월

⊹ 〈베리 공작의 달력〉에 나오는 9월

August은 로마의 실존 인물인 율리우스Julius 카이사르와 초대 황제 아우구스투스Augustus의 이름이 붙어 있다. 9월도 본래 로마력에는 일곱 번째 달이었지만, 11월이었던 ianuarius(영어의 January)가 1월이 되는 바람에 지금처럼 아홉 번째 달이 되었다.

프랑크 왕국의 샤를마뉴대제는 September라는 말을 싫어했다고 한다. 그래서 황제는 9월을 '수확의 달'이라고 불렀다. 같은 맥락에서 앵글로색슨족도 9월을 '수확의 계절'을 의미하는 Gerst Monath 또는 '보리를 수확하거나 보리로 맥주를 빚는 계절'이라는 뜻으로 Barley Month라고 불렀다.

9월은 여름이 떠나는 계절이다. 하지만 계절만 떠나는 것이 아니다. 코로나19 팬데믹 이후 전 세계 많은 직장인이 일터를 잠시 떠났다. 이런 휴직을 영어에서는 furlough라고 부르는데, 우리에게 익숙한 단어 leave와 거의 의미가 같다. 영어에서 furlough가 처음 등장한 것은 17세기까지 거슬러 올라가는데, 본래의 뜻은 군인이 일정 기간 복무에서 제외되는 것을 가리킨다.

Speak well of the dead
고인을 칭찬하라

스파르타의 고위 공직자이자 철인이었던 킬론은 그리스 7현인 중 한 사람이다. 킬론은 "너 자신을 알라"라는 말을 한 철인으로 유명하다. 하지만 그에 대한 기록은 별로 남아 있지 않다. 단지 헤로도토스만이 그리스 7현 중 가장 똑똑한 철인이라며 찬사를 보냈다. 흔히 이 경구는 소크라테스가 한 말로 알려져 있지만, 본래 델포이에 있는 아폴론 신전 기둥에 새겨져 있었다고 한다. 킬론은 다음과 같이 말하고 있다.

✛ 퀘이커교도 윌리엄 펜

"특히 잔칫집에서는 혓바닥을 함부로 놀리지 말라. 욕을 얻어먹고 싶지 않거든 이웃에게 악담을 퍼붓지 말라. 여자처럼 뒤에서 흉보지 말라. 행복한 친구보다 불행한 친구를 더 챙겨라. 검소하게 혼례를 치르라. 고인을 욕되게 하지 말라. 노인을 공경하라. 은인자중하라."[23]

킬론의 경구는 21세기를 사는 현대인들에게도 울림을 준다. 르네상스 시대의 격언집에도 이와 비슷한 말이 나오는데, 16세기 영국의 인문학자 리처드 태버너는 1540년에 이 말을 "죽은 사람을 욕하면 피 본다(Rail not upon him that is dead)"라고 번역했다.

미국의 펜실베이니아주의 이름에 들어 있는 윌리엄 펜은 퀘이커교도로 잘 알려져 있다. 퀘이커교도는 기도할 때 몸을 부들부들 떤다고 해서 붙은 이름이다. 그는 킬론의 말 중 "고인을 욕되게 하지 말라"라는 표현을 "고인을 칭찬하라(Speak well of the dead)"라고 바꿔 소개했다. '하지 말라'는 부정적인 경구보다 긍정적인 표현이 사람들의 마음에 더 와닿는 법이니까.

÷ 클로비스 왕의 세례식

우리말에 '옥에 티'라는 말이 있다. 영어에도 똑같은 표현이 있는데, '연고 속의 파리 fly in the ointment'라는 숙어다. 예컨대 "내 여름 휴가의 한 가지 옥에 티라면 그 지역 음식이었다"를 영어로 옮기면 "The only fly in the ointment of my summer vacation was the local food"가 된다.[24]

본래 '연고'를 의미하는 영어의 ointment는 성스러운 것이었다. 지금은 평범한 연고를 의미하지만, 본래 이 단어는 '기름을 붓다'라는 anoint와 뿌리가 같다. anoint는 프랑스어를 통해 영어에 들어왔는데, 어원은 라틴어의 inunguere이눈구에레에 닿는다. 여기서 in-은 '안으로'라는 뜻이고, unguere는 '기름을 바르다'라는 의미다.

고대 문명에서 몸에 기름을 바르는 행위는 건강한 육체를 지켜주는 동시에 신성함을 상징하는 의식이었다. 근동 지방에서는 올리브유를 사용해 이 의식을 진행했는데, 성경에도 '기름을 붓다'라는 말이 자주 등장한다. 본래 팔레스타인은 아열대 지방인 데다가 건조하고 태양과 바람이 강하므로 건강 유지를 위해 몸에 기름을 바르는 것이 필요했다. 하지만 『성경』에는 슬픈 일을 당한 사람은 기름을 바르지 못하게 했다. 기름을 바르는 것은 기쁨의 표시였기 때문이다.

역대 프랑스 왕들은 동부 지방의 랭스에서 대관식을 올렸는데, 프랑크왕국을 세운 클로비스가 이곳에서 세례식을 받았기 때문이다. 대관식의 하이라이트는 옥좌에 오르는 것이 아니라, 랭스 대주교가 행하는 도유식이었다. 중세 프랑스 왕은 기적을 행하는 사람으로 인식되었는데, 기적의 원천이 도유식에 사용되는 향유香油였다. 전설에 따르면, 클로비스가 세례를 받을 때 하늘에서 비둘기가 성스러운 향유가 담긴 유리병을 가져왔다고 한다. 따라서 왕이 도유식에서 기름을 부음받는다는 것은 기적을 행하는 자가 된다는 의미였다.

9월 4일 | **Genericide** 일반명이 되는 과정

아스피린Aspirin은 독일의 바이엘사가 1897년 개발한 해열 진통제의 이름이다. 제조사에 따르면, 아스피린은 고통 완화, 신속함, 신뢰, 상태가 좋아짐 등의 뜻을 지닌다고 한다. 아스피린이란 말은 독일어 acetyl아세틸과 spirsäure슈피르조이어의 합성어인데, 영어로 번역하면 salicylic acid살리실산이라는 뜻이다. 아스피린을

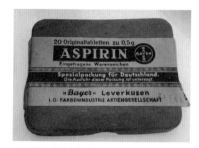

÷ 독일 바이엘사가 개발한 아스피린

소개한 이유는 이 약이 더 이상 특정 약품의 이름이 아니라, 해열 진통제를 의미하는 일반명사가 되었기 때문이다. 이처럼 '일반명이 되는 과정'을 영어에서는 genericide라고 부른다.

지퍼zipper도 마찬가지다. 1893년 시카고에 살던 휘트컴 저드슨은 움직여 여닫을 수 있는 금속 장치를 발명했다. 그런데 이 장치는 실용성이 떨어졌다. 그후 기드온 선드백이 문제점을 개선해 두 개의 금속 이빨이 맞물려 여닫을 수 있는 지퍼를 개발했다. '지퍼'라는 말은 여닫을 때 '지잎zip'이라는 소리가 나서 붙은 이름이다.

현대인이 자주 이용하는 에스컬레이터escalator도 일반명사가 된 경우에 속한다. 1900년 미국의 엘리베이터 제조 회사에 근무하는 찰스 시버거는 움직이는 계단 장치를 만들었는데, 그 이름을 에스컬레이터라고 불렀다. 라틴어로 계단을 의미하는 scala스칼라에 '밖으로'라는 접두사 e-를 붙이고, '행위자'를 의미하는 -ator를 붙여 이름을 지었다. 즉, 에스컬레이터는 '계단으로 사람을 옮겨주는 기계'라는 뜻이다. 이후 엘스컬레이터는 고유한 상품명에서 일반명사가 되었다.

genericide에서 genus게누스는 라틴어로 '종' 또는 '종류'를 의미하고, 이 말의 뿌리를 거슬러 올라가면 인도-유럽어 gene-에 닿는데 그 뜻은 '낳다'이다. 여기서 기원genesis, 성별gender, 발생시키다generate 등 많은 단어가 파생되었다.

9월 5일 │ **Sabbath** 안식일

종교

예루살렘은 유구한 역사의 도시이자 유대교, 기독교, 이슬람교의 성지다. 이 세 종교를 믿는 민족 중 이스라엘 민족과 아랍 민족은 인종상 같은 뿌리에서 나왔다. 이들의 언어가 햄·셈어족에서 나온 것이 그 근거다. 하지만 종교의 차이는 지금처럼 두 민족을 원수지간으로 만들어놓았다.

✛고야의 〈마녀들의 안식일〉

이스라엘 민족의 신화를 담고 있는 『구약성경』의 「창세기」는 고대 메소포타미아에서 찬란한 문명을 일군 바빌로니아의 창조 서사시 『에누마 엘리쉬』와 거의 동일하다. 먼저 『에누마 엘리쉬』에는 첫째 날 신들에게서 빛이 나오고, 다음 날 하늘과 마른 땅을 창조하고, 다음 날 해와 달을 만들고, 마지막으로 인간을 창조했다. 「창세기」도 동일한 순서로 천지를 창조한다. 두 신화의 또다른 공통점은 천지와 인간을 창조하고 신들이 휴식을 취했다는 사실이다.

나중에 신들이 휴식을 취한 날은 안식일로 자리를 잡았다. 기독교에서 안식일은 일요일이지만 유대교는 토요일이고, 이슬람교는 금요일이다. 고대 로마는 기독교를 공인하기 전까지 유대인의 안식일을 금지했다. 그러다가 기원후 321년 기독교를 공인한 콘스탄티누스대제가 일요일을 안식일로 공포했다. 하지만 유대인은 지금도 토요일을 안식일로 지키고 있다.

영어에서 안식일을 가리키는 sabbath의 유래는 마녀사냥이 흉흉했던 중세 유럽까지 거슬러 올라간다. 반유대적인 정서를 지닌 중세 유럽인들은 마녀들의 모임을 유대인의 안식일 풍습과 연결시켰다. 유대인은 금요일 일몰부터 토요일 일몰까지 안식일을 지켰는데, 중세 교회는 이날을 마녀들이 모이는 날이라며 유대인의 전통을 탄압했다. sabbath는 히브리어로 '신이 쉬었다'라는 의미의 shabath에서 나온 말이다.

오디세우스는 배를 타고 고향 이카타로 돌
아가던 도중 많은 괴물을 만난다. 첫 번째 관
문인 좁은 해협에는 두 마리의 괴물 스킬라
와 카리브디스가 지키고 있었다. 스킬라는
본래 님프였는데 바다 괴물인 글라우코스가
짝사랑하고 있었다. 하지만 스킬라는 그 사
랑을 받아주지 않았고, 글라우코스를 남몰래
흠모했던 마녀 키르케의 저주를 받아 괴물
이 되었다. 머리가 여섯 개인 스킬라는 항해
자들에게는 공포의 화신으로 통했다.

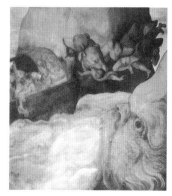

❖ 스킬라(위)와 카리브디스(아래)를 마주친
오디세우스

두 번째 괴물인 카리브디스는 포세이돈의
첫째 딸이었다고 한다. 포세이돈의 극진한 사랑을 받고 자란 카리브디스는 식욕
이 너무 강해 천상의 음식인 암브로시아와 넥타르를 과식했다고 한다. 결국 제
우스는 번개를 내리쳐 그녀를 바다에 빠뜨리고 무엇이든 먹으면 토하는 벌을
내렸다. 카리브디스는 배가 고플 때 바닷물을 모두 먹어치우고 다시 뱉어내는
괴물이 되었다.

해협을 지나는 오디세우스는 선택의 기로에 놓였다. 스킬라를 택할 것인가,
아니면 카리브디스를 택할 것인가? 카리브디스를 택하면 선원과 배를 삼켜버릴
테니 오디세우스는 스킬라 쪽으로 배를 몰았다. 다행히 선원 여섯 명만 목숨을
잃고 일행은 무사히 해협을 빠져나올 수 있었다. 영어에서 between Scylla and
Charybdis는 '진퇴양난'을 뜻하는 관용구다.

인생을 살다 보면 선택의 순간을 맞이한다. 선택의 기준이 최선을 고르는 것
이라면 별문제 없을텐데, 최선이 안 보이면 최악을 피해 차악lesser evil이라도 선
택해야 한다. 오디세우스는 최악의 괴물들을 만났지만, 그중에서도 선원들의 피
해가 더 적은 차악 스킬라를 선택했다. 선거도 마찬가지다. 최선의 후보가 없으
면 최악을 피해 차악의 후보를 선택하는 것이 현명하지 않을까?

1812년 뉴잉글랜드의 어느 성직자가 온
화하고 연무가 낀 어느 가을 날씨를 노래
했다.

❖ 요제프 헤우몬스키의 〈인디언 서머〉

> 두세 주 맑은 하늘이 계속되고
> 공기는 깨끗하기 그지없고
> 구름은 파란 하늘에서
> 반짝이며 떠다니고…
> 이렇게 매혹적인 계절을
> 인디언 섬머라고 부르는데
> 그 이름은 원주민들의 언어에서 나왔다.
> 그들은 이 계절이 위대하고 자애로운 카우탄토위트 신이
> 불어주는 바람에서 나온다고 믿는다…[25]

인디언 서머Indian Summer는 북아메리카대륙에 나타나는 특이한 기후 현상을
말한다. 보통 늦가을에서 겨울로 넘어가기 직전에 얼마 동안 여름이 되돌아온
것처럼 따뜻한 날씨가 지속되는 계절을 가리킨다. 옥스퍼드 사전은 인디언이라
는 말이 들어간 이유를 다음과 같이 설명한다. 이 표현에서 인디언은 다소 경멸
적인 의미를 지니고 있다. 즉 인디언은 정상과 비교할 때 비정상이거나 대용품
이라는 뜻을 지니고 있다는 것이다. 따라서 인디언 서머도 정상적인 날씨가 아
니라 비정상적인 날씨로 간주한다. 인디언 빵은 카사아버 녹말로 만든 빵이지
진짜 빵은 아니라는 설명과 마찬가지다.

다른 해석에서는 이런 기후 현상이 인디언들이 많이 거주하는 지역에서 두드
러졌기 때문에 인디언 서머라는 표현이 만들어졌다고 한다. 후자의 설명은 인디
언에 대한 차별이 빠져 있고, 인디언 서머를 있는 그대로 전달하고 있다.

조너선 스위프트의 『걸리버 여행기』는 어린 시절에 읽은 동화 같은 소설로 기억에 남아 있다. 하지만 실제로 이 소설은 아동을 위한 여행소설이 아니고, 당시 영국의 정치와 사회를 비판하며 인간의 내면과 본성을 통찰한 풍자소설이다.

소설의 줄거리는 소인국과 거인국을 넘나드는 주인공 걸리버의 모험이 주를 이룬다. 첫 번째로 방문한 소인국에서는 사람들이 별 것 아닌 이유로 서로 싸운다. 달걀을 뾰족한 부분부터 깨느냐, 아니면 반대 부분부터 깨

✛ 소인국에 간 걸리버

느냐를 놓고 전쟁까지 벌인다. 걸리버는 자신이 살던 사회에서 벌어지는 일들이 소인국에서도 똑같이 일어나는 것을 보고 크게 실망한다. 이 장면은 당시 영국과 프랑스가 종교적 이유 때문에 벌인 전쟁을 풍자한 것으로 보인다. 이후 걸리버는 거인국에도 가는데, 거기서는 거인처럼 비대해진 인간의 폭식과 낭비를 꼬집는다. 스위프트가 살았던 영국의 왕족과 귀족에 대한 신랄한 비판이다.

『걸리버 여행기』는 소인국과 거인국의 이야기만 알려져 있지만, 원작에서 걸리버는 네 번째 항해를 통해 말[馬]들의 나라인 후이늠스랜드에 도착한다. 걸리버는 이성을 통해 모든 일을 완벽하게 처리하는 후이늠(말)들을 보면서 탐욕과 배신으로 얼룩진 인간 군상에 혐오감을 느낀다. 그는 오랜 항해 끝에 고향에 돌아오지만 아내의 키스에 기절하고 만다. 너무나 오랫동안 역겨운 동물(인간)과 접촉하는 데 익숙하지 못했기 때문이다.

소설 속 주인공 걸리버 같은 사람을 영어로는 misanthrope라고 부른다. 그리스말로 miso는 '혐오'라는 뜻이고, anthropos는 '인간'을 의미한다. 즉 인간을 싫어하는 사람이라는 뜻이다.

✢앵글로색슨족의 왕 알프레드

앵글로색슨족은 6세기에 지금의 독일과 덴마크 남쪽의 유틀란드반도를 떠나 브리튼섬으로 건너왔다. 앵글족Angles은 섬의 동쪽에 왕국들을 건설했고, 색슨족Saxons은 서남쪽에 왕국을 세웠다. 그런데 색슨 왕국은 앵글인의 왕국에 비해 국력이 딸렸다. 이 와중에 바다 건너 데인족이 섬을 침략해 동쪽의 앵글 왕국들을 차례로 무너뜨린다. 이제 '서쪽의 색슨 왕국'이라는 뜻을 지닌 웨섹스 왕국만이 풍전등화의 위기에 홀로 남았다. 그런데 웨섹스에는 알프레드라는 걸출한 왕이 버티고 있었다. 마침내 알프레드는 데인족을 몰아내고 앵글로색슨 왕국을 지킬 수 있었다.

데인족을 몰아내고 잉글랜드의 왕이 된 알프레드는 스스로 '앵글로색슨족의 왕'을 의미하는 Rex Angulsaxonum이라고 칭했다. 중요한 것은 알프레드 자신은 비록 색슨의 왕이지만 앵글족의 왕도 된다고 믿고 있었다. 마찬가지로 알프레드의 손자인 애설스턴도 자신을 앵글족의 왕을 의미하는 Rex Anglorum으로 칭했다. 조상의 이름인 색슨족이 빠진 것이다.

그 배경은 이러하다. 알프레드의 치세 이전에 웨섹스 왕국은 브리튼섬에서 가장 강력한 왕국이 아니었기 때문에 알프레드 왕은 앵글족이 세운 머시아 왕국과 연합해 데인족을 몰아내야 했다. 그러니까 알프레드가 색슨족 앞에 앵글족을 덧붙인 이유는 브리튼섬에서 강력했던 앵글 왕국의 정통성을 계승하기 위함이었다.

앵글족이 살던 지방은 지금의 덴마크 남쪽의 작은 땅이었다. 독일과 덴마크 사이의 지방이 앵글족의 고향이었다. 앵글이라는 명칭은 게르만어로 '좁은 물'을 의미하는데, 독일에서 북해로 뻗은 유틀란드반도가 폭이 좁고 남북으로 길게 뻗어 있어 만들어진 명칭으로 보인다. 이렇게 척박한 땅에서 살던 앵글족이 바다를 건너 브리튼섬의 주인이 되었고, 훗날 대영제국을 건설해 전 세계를 호령하는 민족으로 성장한다.

『신약성경』의 「마태복음」에는 이런 이야기가 전해 온다. 포도밭 주인이 각각 1시, 3시, 6시, 9시에 일꾼들을 고용했다. 당시 유대인들은 해가 뜰 무렵인 오전 7시를 1시라고 불렀으니까, 여기서 말하는 3시는 오전 9시, 6시는 정오, 9시는 오후 3시를 가리킨다. 그런데 포도밭 주인은 11시, 즉 오후 5시에 일터로 들어온 일꾼까지 하루 품삯을 동일하게 지급했다. 그러자 아침부터 포도밭에서 일한 일꾼이 불만을 토로하기 시작했다. 누구는 하루 종일 일했는데, 누구는 몇 시간만 일하고도 일당을 받았으니 불공평하다는

✛포도밭의 일꾼들 우화

것이다. 특히 가장 늦은 시간인 11시에 일하러 온 사람이 불만의 대상이었다. 여기서 마지막 순간을 의미하는 at the eleventh hour라는 관용 표현이 만들어졌다.

이 우화에서 포도밭은 '천국'을, 포도밭 주인은 '예수'를 가리킨다. 마지막 순간에 포도밭에 들어온 일꾼은 최후의 순간에 참회하고 천국으로 들어온 사람이다. 즉, 예수는 마지막 순간이라도 참회한 사람은 천국에 들어갈 수 있다는 메시지를 던지고 있는 것이다.

중세 유럽에도 시간은 로마식 시간에 따라 오전 7시를 1시로 정했다. 이럴 경우 none라고 불리는 9시는 오후 3시를 가리킨다. 수도원에서 신앙생활을 하는 수도사들은 사순절 기간에는 점심을 9시, 즉 오후 3시에 먹었다고 한다. 그러다 보니 오후 3시까지 기다리기가 힘들었을 것이다. 결국 수도사들의 바람대로 9시에 먹는 점심을 정오까지 당길 수 있었다. 이렇게 해서 본래 오후 3시를 가리키던 none는 정오를 가리키게 되었고, 영어의 noon은 이렇게 해서 생겨난 말이다.

9월 11일 | **Ground zero** 그라운드 제로

2001년 9월 11일 화요일 아침, 미국의 방송사는 뉴욕의 무역 센터가 테러 공격으로 무너지는 모습을 생중계했다. 영화에서도 일어나지 않을 법한 테러가 현실에서 일어난 것이다. 현실이 소설보다 더 소설 같은 경우가 있다고 하지 않던가. 9·11 테러 이후 해마다 9월 11일이 되면 희생자들의 추

❖9·11 테러 추모 공원

모제가 뉴욕의 옛 무역 센터 자리에서 열린다. 미국인들은 이 추모 공원을 그라운드 제로Ground zero라고 부른다.

그라운드 제로라는 표현은 제2차 세계대전까지 거슬러 올라간다. 전쟁이 막바지에 접어든 1945년 8월 6일 미국은 히로시마에 Little Boy라고 불리는 원자폭탄을 투하한다. 이 폭탄 하나로 무려 14만 명 이상의 사람들이 목숨을 잃었다. 사흘 후인 8월 9일에는 나가사키에도 원자폭탄을 투하한다. 나가사키에 원폭을 투하한 지 6일 후인 8월 15일 일본 제국은 무조건 항복을 선언하고 제2차 세계대전은 끝이 난다.

그라운드 제로는 본래 지진이나 전염병, 폭발 등으로 가장 심하게 파괴된 지점을 가리켰다. 히로시마에 원폭을 투하하기 전에 미국은 뉴멕시코주에서 인류 역사상 최초로 핵실험을 진행했는데, 이 실험의 암호는 Trinity, 즉 삼위일체였다. 이 실험을 주도한 핵물리학자 오펜하이머는 거대한 버섯모양의 불기둥을 보고 "이제 나는 죽음이 되었다. 세상을 파괴하는 자가 되었다"라고 말했다. 이에 대해 『사피엔스』의 저자 유발 하라리는 "최초의 핵실험 이후 인류는 역사의 진로를 변화시킬 능력뿐 아니라 역사를 끝장낼 능력도 가지게 되었다"라고 말했다. 그라운드 제로에서 zero는 최초의 핵실험을 했던 뉴멕시코주의 장소를 가리키는 코드명이었다고 한다.

9월 12일 | **Croissant** 크루아상

1683년 7월 14일, 오스만제국의 총사령관 무스파타 파샤가 지휘하는 15만 명의 대군이 신성로마제국의 심장인 오스트리아의 빈을 공격하기 위해 빈 외곽에 이르렀다. 1세기 전에도 오스만제국은 빈을 침공한 적이 있지만, 무리한 공격을 벌이다가 실패한 전력이 있었다. 그러나 이번에는 전략을 바꾸었다. 오스만제국의 황제

❖ 초승달 모양의 크루아상

는 빈을 포위하고 항복을 받아낼 작정이었다.

한편 신성로마제국은 1세기 전의 강력한 제국이 아니었다. 병력도 전보다 적었고, 특히 30년 전쟁으로 프랑스나 영국 같은 강국에 비해 국력이 많이 떨어진 상태였다. 그런데 당초 빈을 포위해 아사시키려던 오스만 군대가 작전을 변경해 교전에 응하기 시작했다. 기독교 국가의 유럽 연합군이 빈으로 오고 있다는 소식을 들었기 때문이다. 마침내 1683년 9월 12일 폴란드군이 오스만 군대와 교전을 시작했다. 폴란드 원군의 도움으로 승기를 잡은 신성로마제국의 레오폴드 1세는 폴란드군과 함께 퇴각하는 오스만 군대를 추격하기 시작했다. 결국 오스만 군대는 점령지를 모두 포기하고 귀국 길에 오른다.

빈의 공방전 이야기는 프랑스인들이 즐겨 먹는 크루아상croissant의 탄생으로 이어진다. 1683년 빈이 오스만 군대에 포위되어 있을 때 아담 슈퍼엘이라는 제빵사는 오스만 군대가 공격하는 시점에 경보를 울려 빈의 함락을 막고 조국을 구했다. 그리고 그 승리를 기념하는 의미에서 초승달 모양의 빵을 구웠다. 초승달은 오스만제국의 상징이었다. 이렇게 탄생한 크루아상은 온 유럽으로 퍼져 나갔고, 프랑스를 통해 전 세계에 알려졌다. 지금도 프랑스어에서 크루아상이라는 단어는 빵 외에 '초승달'이라는 일반 명사로도 사용된다.

9월 13일 | **Poor as Job** 매우 가난한

종교

『구약성경』에 나오는 욥은 성실하고 착한 마음으로 하느님을 공경했다. 아들 일곱과 딸 셋을 둔 욥은 양 7,000마리, 낙타 3,000마리, 소 500쌍, 암나귀 500마리를 가진 부자였다. 종도 많이 거느렸고 품행이 훌륭한 사람으로 인정받았다. 하느님은 사탄에게 욥처럼 정직하고 악을 멀리하는 사람은 없다고 말한다. 그러자 사탄은 욥이 바라는 것 없이 하느님을 공경하겠느냐고 반문한다. 그러면서 욥이 가진 것을 모두 빼앗으면 하느님을 공경하지 않을 것이라 확신한다. 결국 하느님은 욥이

✛ 가혹한 시험을 견디고 신앙을 지킨 욥

가진 것을 모두 사탄에게 맡기고 욥의 믿음을 시험해본다.

욥은 사탄이 일으킨 사고와 전염병으로 모든 재산을 잃고 만다. 도적 떼가 들이닥쳐 가축들을 모두 죽이고 자식들까지 몰살시켰다. 그럼에도 욥은 불행을 탓하지 않고 하느님이 주신 것을 하느님이 도로 가져간 것이라고 믿는다. 사탄이 다시 하느님을 만났다. 하느님은 욥만큼 하느님을 두려워하고 악을 거들떠보지 않는 사람은 세상에 없다고 말한다. 하지만 사탄은 인간이란 제 목숨을 건지기 위해서는 내놓지 못할 것이 없는 존재라며 다시 욥을 시험한다. 사탄은 욥이 피부병에 걸리게 했지만, 욥은 하느님을 전혀 원망하지 않았다. 욥의 아내는 남편에게 불행을 내린 하느님을 저주하라고 충동질하지만, 욥은 하느님이 복을 주시듯 재앙도 내릴 수 있다며 아내의 말을 듣지 않는다.

영어에서 아주 가난할 때 '욥처럼 가난하다poor as Job'라고 표현한다. "They were poor as Job but happier than a king"은 "그들은 몹시 가난했지만 왕보다 행복했다"라고 번역된다. 이와 비슷한 뜻을 지닌 '교회의 쥐만큼 가난하다poor as a church mouse'라는 표현도 있다.

인류 역사에서 문명 발전에 결정적인 역할을 한 것 중 가장 중요한 것을 꼽으라면 문자를 들 수 있다. 그런데 문자를 발명한 사람들도 위대하지만, 오래 시간이 지나 고대 문명의 문자를 해독한 학자들은 더 위대하다는 생각이 든다. 이런 점에서 이집트의 상형문자를 해독한 프랑스의 이집트학자 장 프랑수아 샹폴리옹의 업적은 문자학의 시금석이라 할 만하다.

인류의 4대 문명에서 문자를 처음으로 만든 사람들은 고대 메소포타미아 문명의 주인공 수메르인이다. 기원전 3000년경 바

✛ 이집트의 상형문자를 해독한 장 프랑수아 샹폴리옹

빌로니아 지방의 주인이었던 수메르인은 독특한 문자 체계를 발명했다. 그들은 점토판에 예리한 칼로 쐐기 모양의 기호를 새겨 넣었는데, 설형문자란 말도 문자의 모양이 쐐기와 닮아 붙여진 이름이다. 점토판에 창칼로 새겨 넣은 설형문자의 모양은 구조적으로 곡선으로 표현하기에는 어려움이 많았다. 따라서 설형문자는 대부분 직선 모양을 하고 있다.

설형문자의 해독은 독일의 고고학자 게오르그 프리드리히 그로테펜트가 진행했다. 설형문자 해독에 결정적인 단서를 제공한 것은 이란의 베히스툰(오늘날의 비시툰) 마을에 있는 거대한 비문이다. 마치 로제타석이 이집트의 상형문자 해독에 결정적 단서를 제공한 것과 닮았다. 그로테펜트는 10년 동안 연구한 끝에 1847년 이 비문이 고대 페르시아어, 엘람어, 바빌로니아어 세 개 언어로 되어 있고, 페르시아제국의 다리우스 대왕이 거둔 승리를 기념하는 비석이라는 사실을 밝혀냈다.

고고학은 영어로 archaeology라고 하는데, 그리스어로 '옛날' 또는 '처음'을 뜻하는 arché아르케와 '학문'을 의미하는 -logia의 합성어다. 즉 고고학은 사물의 기원을 연구하는 학문이라는 뜻이다.

고대 메소포타미아의 창조 서사시 『에누마 엘리쉬』를 보면 천지 창조의 첫 과정은 혼돈에서 시작된다. 원초적 혼돈을 나타내는 바다의 여신 티아마트가 어둠에 휩싸여 있는데, 바빌론 신화의 주신 마르둑이 바람을 타고 티아마트를 잡으러 가면서 우주가 탄생한다. 고대 메소포타미아인들은 우주가 혼돈에서 탄생했다고 생각했다.

그리스신화의 창조 신화도 비슷하다. 헤시오도스의 『신통기』를 보면 모든 신이 카오스에서 탄생하는데, 카오스chaos는 '혼돈'을 의미한다. 마치 우주가 빅뱅이라는 대폭발에서 탄생했다는 현대 물리학의 이론과 흡사하다.

✥ 코스모스라는 말을 최초로 사용한 피타고라스

『신통기』에 따르면 땅과 하늘, 어둠과 밝음, 낮과 밤 등 올림포스 신족 이전의 원시적 신들은 카오스에서 태어난다. 이후 카오스의 상태에서 질서의 상태인 코스모스cosmos가 생겨난다. 혼돈의 세계에서 질서의 세계로 바뀐 것이다.

우리에게는 고대 그리스의 수학자로 잘 알려진 피타고라스는 코스모스라는 말을 최초로 사용했는데, 그가 말하는 코스모스kosmos는 '우주'를 가리킨다. 즉 모든 별과 행성이 자리를 잡은 질서 정연한 상태를 코스모스라고 불렀다. 이 뜻에서 장식이라는 kosmêtikê코스메티케라는 의미가 생겨났고, 영어로 화장품을 의미하는 cosmetic도 '조화'와 '정돈'이라는 뜻에서 만들어진 말이다.

한편, 카오스에서 나온 어휘도 영어에 많이 남아 있다. 예컨대, 17세기 네덜란드 출신의 화학자 판헬몬트가 기체 상태의 물질을 발견하고 그것을 가스gas라고 명명했는데, 가스라는 말이 바로 카오스chaos에서 나온 말이다.

코스모스는 그리스어 kosmos에서 나온 말로, 우주를 가리키지만 본래의 뜻은 '질서'를 의미한다. 여기서 말하는 질서는 조화로운 우주의 질서를 의미한다.

기원후 476년 서로마제국이 멸망하고 서양의 중세가 시작되었다. 천년 로마의 지식과 성경은 수도사들이 기록했고 수도원의 필경실 scriptorium에서 책으로 제작되었다. 영화나 연극의 대본을 의미하는 script는 '필기하다'라는 라틴어 동사 scribere스크리베레에서 나온 말이다. 수도사들은 원문의 내용을 양피지에 한 자 한 자 옮겨 적었다. 그렇다고 원문의 내용을 그대로 옮긴 것은 아니다. 페이지의 첫 문장을 시작하는 문자(두문자라고 불렸다)는 크고 화려하게 장식했고, 수도사도 서예 솜씨를 최대한 발휘해 필사본을 제작했다. 두문자를 그릴 때 필경사는 연필로 밑그림을 그린 다음 채색했다고 한다.

✛ 중세 성경의 필사본

중세에 책은 종이가 아닌 양피지로 제작되었는데, 한 권의 양피지 책을 만들려면 수백 마리의 양가죽이 필요했다고 한다. 그러므로 책은 교회나 부유한 영주만이 소유할 수 있는 것이었다. 하지만 구텐베르크가 금속활자로 성경책을 인쇄하자 필경사의 고된 작업도 끝이 보였다. 구텐베르크의 인쇄에는 손글씨를 바탕으로 블랙 레터라는 활자체를 활용했는데, 이후에도 유럽의 서적은 대부분 이 서체를 사용했다. 인쇄술의 발달로 유럽에서는 아름답고 화려한 필사본은 자취를 감추게 되었고, 서예로 발돋움할 수 있었던 유럽의 필사본 전통은 서서히 사라졌다.

서예를 의미하는 calligraphy는 그리스어로 '아름다운'을 뜻하는 kallos칼로스와 '글씨'를 뜻하는 graphein그라페인이 합쳐진 말이다. 즉 서예는 '아름다운 글씨'를 의미한다. kallos에서 나온 단어 중에는 재미있는 것도 있는데, 미의 여신 아프로디테처럼 '아름다운 엉덩이를 가진 여인'을 영어에서는 callipygian이라고 한다. 뒤에 붙은 pygē피게는 그리스어로 '엉덩이'를 뜻한다.

9월 17일 | **Hemophilia** 혈우병

의학

19세기 전 세계를 호령했던 대영제국 빅토리아 여왕의 별명은 '유럽의 그랜드마더'이다. 여왕은 생전에 9남매를 보았는데 많은 자녀가 유럽의 왕실과 혼인을 맺어 이런 별명이 생겼다. 맏딸 빅토리아는 여왕과 똑같은 이름을 받았다. 유럽인의 작명 전통에 따라 장남은 아버지의 이름을, 장녀는 어머니의 이름을 받은 것이다.

⁜ 빅토리아 여왕의 딸 앨리스 공주

여왕은 1840년 독일 출신 앨버트 공과 결혼했다. 두 사람은 사촌지간이었다. 그런데 둘 사이에서 태어난 자식들에게 치명적인 질병이 유전되었다. 빅토리아 여왕은 혈우병 보인자였다. 여왕의 딸 앨리스는 독일의 헤센 대공 루트비히 4세에게 시집가서 알릭스를 낳았고, 알릭스는 러시아 로마노프 왕가로 시집가서 니콜라이 2세의 황후가 된다. 그런데 니콜라이 2세의 아들 알렉세이가 생후 6주 만에 혈우병 증상을 보이기 시작한다. 본래 혈우병은 남성에게만 나타나는 유전병이고, 여성은 보인자로 혈우병 유전자만 물려준다. 근친혼으로 태어난 빅토리아 여왕의 딸은 이렇게 러시아 황실에 혈우병을 전했다. 아들의 혈우병을 치료하고자 혼신의 노력을 다한 니콜라이 2세는 결국 동생에게 양위하지만, 오히려 10월 혁명을 야기해 처형되고 만다.

혈우병은 상처에서 나는 피가 멈추지 않는 병이다. 혈우병을 가리키는 hemophilia는 그리스어로 '피'를 의미하는 hemo와 '사랑한다'를 의미하는 philia가 합쳐진 말이다. 이 용어는 1823년 스위스의 의사 호프가 처음 사용했다. 피가 멈추지 않는 현상을 '출혈을 좋아한다'라고 표현해서 만들어진 말이다. 이 말을 일본의 한 의사는 친구를 의미하는 '우友'를 붙여 혈우병이라는 이름을 만들었다. 혈색소를 의미하는 헤모글로빈hemoglobin도 hemo와 적혈구의 단백질 이름인 globin의 합성어다.

서구 민주주의는 고대 그리스의 도시국가에
서 발원했다. 우리는 그리스의 민주주의가
처음부터 지금과 같은 민주주의 정치제도로
자리 잡았으리라 생각하지만 실상은 정반대
였다. 기원전 6세기 아테네의 시민 대부분은
귀족 출신 부자들에게 예속된 노예나 다름없
었다. 그래서 두 계층 사이의 갈등이 심화되
었고, 아테네에서는 폭동의 조짐도 보였다.

이때 등장한 인물이 솔론이다. 아테네 시
민들은 솔론을 아르콘(지도자)으로 추대했는
데, 귀족들은 솔론이 귀족 출신이라는 점에
서 신뢰를 보냈고, 평민들은 솔론의 정의감

✛ 고대 그리스의 민주주의를 발전시킨
클레이스테네스

을 믿었다. 솔론의 개혁은 두 계층으로부터 양보를 얻어내는 것이 목표였다. 먼
저 귀족에게는 정치와 사회 전반에 걸친 기득권의 양보를 요구했고, 빚 때문에
노예가 된 평민을 해방시키려고 노력했다.

이후 솔론의 개혁은 클레이스테네스가 집권하면서 민주주의는 한층 더 탄탄
하게 발전한다. 그는 권력이 '민중'을 의미하는 데모스demos에 있다고 주장했다.
귀족과 부유층은 그의 주장에 거세게 반발했고, 결국 클레이스테네스는 쫓겨나
고 만다. 하지만 결국 아테네와 스파르타의 기득권층은 클레이스테네스의 주장
을 받아들이고 그를 아르콘으로 인정한다. 이렇게 그리스 민주주의는 18세 이
상의 남자에게 참정권을 부여하는 쪽으로 선회한다. 단, 여성은 제외되었다.

민주주의를 가리키는 democracy는 '민중'을 뜻하는 demos와 '규율'이나 '권력'
을 뜻하는 kratos크라토스의 합성어다. 즉 민주주의는 민중의 권력 또는 통치를 의
미한다. 전염병을 가리키는 epidemic도 demos에서 나온 말이다. 본래 전염병은
모든 사람을 감염시키는 공통의 병이라는 의미를 지녔다. epidemic에서 epi-는
'~의 사이에'를 뜻한다.

주요 선진국의 대도시는 그 나라의
경제와 문화의 수도 역할을 한다.
역사적으로 볼 때 도시의 발달은
점진적으로 이루어졌고, 해당 국가
의 역사와 밀접한 관계를 맺고 있

÷15세기경 독일 도시 쾰른의 전경

다. 일반적으로 대도시는 오랜 역사를 가지고 있지만, 미국 뉴욕처럼 짧은 기간
안에 세계 최대의 도시로 급성장한 사례도 있다. 그렇다면 중세 유럽에서는 어
떤 도시들이 중심지 역할을 했을까?

먼저 독일에서 가장 오래된 쾰른을 살펴보자. 쾰른은 동방과 서방을 잇는 도
로가 교차하는 지점에 위치했기 때문에 일찍이 무역의 중심지로 떠올랐다. 쾰른
은 1475년 한자동맹에 가입했는데, 한자동맹은 플랑드르 지방의 도시들을 견제
하기 위한 독일 도시들의 연맹이었다.

16세기까지 한자동맹의 수도인 뤼벡도 중세 서유럽에서 경제적 번영을 누린
도시였다. 발트해 연안에 위치한 뤼벡은 해상 무역의 중심 도시였고, 북유럽에
서 가장 부강한 도시로 자리 잡았다. 14세기에 뤼벡은 독일에서 쾰른 다음으로
큰 도시였다. 지금의 벨기에에 해당하는 플랑드르 지방의 브뤼헤도 중세 유럽에
서 번성한 도시였다. 지금은 인구 11만 명의 작은 도시로 위상이 축소되었지만,
브뤼헤는 유럽 전역에 모직물을 수출해 경제적 번영을 누린 도시였다.

'대도시'를 의미하는 metropolis는 본래 지방이나 국가의 수도를 의미했다.
metropolis에서 metro는 그리스어로 '어머니'를 의미하고, polis는 '도시'를 의미
하므로 metropolis는 어머니 같은 도시, 즉 지역의 중심이 되는 주요 도시를 가
리킨다. 이와 비슷한 말로 megalopolis라는 말도 있는데, megalo는 그리스어로
'크다'라는 뜻이다. 고전 시대에는 아테네, 알렉산드리아, 시라쿠사 같은 고대 도
시들이 megalopolis였다.

신화

고대 이집트신화에는 소베크라는 신이 등장하는데 악어를 형상화한 무서운 신이다. 나일강에서 일하는 사람이나 여행하는 사람은 소베크에게 기도하며 안전을 기원했다. 하지만 잔인하고 교활한 악어는 늘 인간에게 공포의 대상이었다. 악어와 관련해 이런 이야기가 전해진다.

하루는 악어가 어린아이를 물고 강으로 들어갔다. 황망한 아버지는 악어에게 제발 아이를 살려달라고 애원했다. 그러자 악어는 자신의 질문에 올바른 답을 하면 살려주겠노라고 말한다. 먼저 악어가 물었다.

❖ 고대 이집트신화에 등장하는 소베크

"내가 아이를 살려줄 것 같으냐?" 아버지는 그렇다고 대답했지만 악어는 아이를 먹어 치웠다. 아버지가 틀린 답을 했다는 것이다. 두 번째도 악어는 다른 아이를 물고 같은 질문을 던졌다. 이번에는 아버지가 아니라고 답했다. 그러자 악어는 아이를 또 잡아먹었는데, 아버지로서 옳지 않은 대답을 했다는 것이다. 궤변학자들이 자주 드는 예다.

잘 알려진 표현 중에 '악어의 눈물crocodile tears'이라는 말이 있다. 위선적인 행위나 그런 행위를 하는 사람을 가리키는 표현이다. 실제로 악어는 먹이를 먹을 때 눈물을 흘린다고 한다. 하지만 슬퍼서 그런 것이 아니라 생리 구조가 그렇게 되어 있기 때문이다. 악어는 물 밖에서 많은 시간을 보내면 안구가 건조해진다. 그래서 눈물을 흘려 안구를 촉촉하게 만드는데, 이때 사람들은 악어가 운다고 생각한 것이다. 이 표현은 멀리 그리스의 작가 플루타르코스까지 거슬러 올라가며, 중세 유럽에서도 널리 사용되었다. 영국의 문호 셰익스피어도 이 표현을 자신의 작품에서 인용했다.

영어의 crocodile은 라틴어의 crocodilus크로코딜리우스에서 온 말인데, 이 말 역시 그리스어 krokodilos크로코딜로스에서 나왔다. 역사학자 헤로도토스에 따르면 krokodilos는 이오니아 지방 언어로 '도마뱀'을 의미한다고 한다.

자동차의 속도는 킬로미터km와 마일mile이라는 단위를 이용해 측정한다. 그런데 비행기나 선박은 조금 특이하다. 먼저 전투기의 속도는 음속을 기준으로 하는 마하Mach라는 단위를 사용하는데, 1초에 340m 이동하는 거리를 1마하로 정한다. 마하Mach라는 단위 이름은 음속의 원리를 개발한 오스트리아의 과학자 에른스트 마흐Ernst Mach에서 나왔다.

✣ 밧줄에 매듭을 만드는 다양한 방법

노트knot를 영어 사전에서 찾으면 '밧줄의 매듭'이라고 나온다. 그런데 이것이 배의 속력과 무슨 관련이 있을까? 예선에는 배의 속도를 측정할 때 매듭을 이용했다고 한다. 먼저 배의 선미에서 바다를 향해 삼각형 형태의 조각을 밧줄에 매달아 던진다. 밧줄에는 28피트(약 8.5미터)마다 매듭이 있고, 28초 동안 풀려나간 매듭의 수를 세어 배의 속도를 측정했다.

현재 1노트는 1시간에 1,852킬로미터를 이동하는 거리를 가리킨다. 1,852킬로미터라는 거리는 이렇게 나왔다. 먼저 지구 둘레의 거리인 40,000킬로미터를 360도로 나누면, 1도는 111,111미터가 된다. 다시 1도를 60으로 나누면 1분이 되는데, 그 거리가 1.852 킬로미터다. 이 거리를 1해리海里라고 부른다. 1노트는 1해리를 1시간 동안 항해하는 속도를 가리키며, 1,852km/h이다. 예컨대, 10노트의 속도로 가는 배가 있다면, 1시간에 18.52킬로미터 속도로 이동한다는 뜻이다. 미국의 니미츠급 항공모함의 속도는 30노트 이상이라고 한다. 축구장보다 더 큰 항공모함이 시속 56킬로미터로 이동한다니 그 속도가 엄청나다.

영어의 knot는 고대 영어 cnotta에서 나온 말인데, '밧줄에 매듭을 만들다'라는 뜻이다. 참고로 영어에서는 하트 모양으로 만든 매듭을 love-knot라고 부른다. 머리를 틀어 올려 뒤통수에 동그랗게 붙인 헤어스타일도 knot라고 부른다.

9월 22일 | **Idiom** 숙어

언어는 한 민족이 살아온 역사의 발자취를 고스란히 간직하고 있는 저장소다. 그래서 각 민족 공동체의 특징이 잘 녹아 있다. 한국어에는 친족 관계와 관련된 호칭이 다른 언어에 비해 많은 것도 전통적인 서열 중심의 사회였기 때문이다. 에스키모의 언어에 눈[雪]을 가리키는 어휘가 많은 것도 거주 지역과 밀접한 관련이 있다.

✤ 프리츠 반 덴 베르게의 〈연못가의 동네 바보(idiot)〉

숙어idiom는 한 민족의 역사와 문화의 산물이다. 영어에는 spill the beans라는 숙어가 있다. 직역하면 '콩을 흘리다'인데, 의미는 '비밀을 누설하다'이다. 이 표현은 고대 그리스에서 유래했다. 그리스인들은 투표할 때 흰색과 검은색의 콩을 사용했다고 한다. 이때 흰색 콩은 찬성을, 검은색 콩은 반대를 가리켰다. 그런데 투표가 끝나기 전에 콩이 들어 있는 자루를 놓쳐 콩이 쏟아지면 결과가 사전에 알려지므로 그 투표는 무효가 되었다고 한다. 따라서 콩을 흘리는 것이 '비밀을 누설하다'라는 뜻을 가지게 되었다.

또 다른 숙어로 a pain in the neck이라는 표현이 있는데, 이는 목에 생긴 통증을 의미한다. 본래 목이 아프면 만사가 귀찮고 힘든 법이다. 그래서 눈엣가시, 불편한 존재, 골칫거리 등을 가리키는 표현으로 사용된다.

영어로 숙어를 뜻하는 idiom은 그리스어로 '특별하다'라는 의미를 지닌 idiôma이디오마에서 나온 말이다. 같은 뿌리에서 나온 말로는 '특이하다'라는 뜻의 idiosyncratic을 들 수 있고, 특이한 성격이나 별스러운 점을 의미하는 idiosyncrasy도 뿌리가 같다. '바보'를 의미하는 영어의 idiot도 어원이 같은 말인데, idiot가 정신적으로 문제가 있고 아주 특이한 존재를 가리킨다는 점에서 그 의미를 유추할 수 있다.

영국과 프랑스가 116년 동안 벌인 백년전쟁 (1337~1453)은 현대의 시각으로 보면 기이한 전쟁이다. 우리는 영국과 프랑스가 국운을 걸고 격돌한 국가 간 전쟁이라고 생각하지만, 사실 이 전쟁은 프랑스의 발루아 왕조와 영국의 플랜태저넷 왕조가 프랑스 왕위 계승권을 놓고 벌인 일종의 왕조 전쟁이었다.

＋백년전쟁의 영웅 잔 다르크

전쟁 중반까지는 파죽지세의 영국이 프랑스 왕국을 거의 손에 넣은 듯했다. 하지만 성녀 잔 다르크가 혜성같이 등장해 전세를 역전시키고, 랭스 대성당에서 샤를 7세의 대관식을 올려주었다. 하지만 그녀는 동족인 부르고뉴 군사들에게 생포되어 영국군에 팔리는 신세가 된다. 발루아 왕조와 부르고뉴 공작 집안이 견원지간의 원수였기 때문이다.

잔 다르크는 영국군이 점령하고 있던 노르망디의 수도 루앙으로 압송된다. 그리고 역사에 기록된 유명한 종교재판을 받는다. 재판의 골자는 과연 잔 다르크가 신의 계시를 받고 프랑스 왕을 구원하러 왔느냐였다. 그녀는 성녀 마르그리트와 카트린을 통해 하느님의 계시를 받았다고 재판에서 주장했다. 하지만 재판관들은 그것을 증명해보라며 잔 다르크를 궁지로 몰고 간다. 만약 신의 계시를 받았다면 신학적인 명쾌한 논리로 증명하라고 추궁한다. 그러자 글도 제대로 읽지 못하던 잔 다르크는 명쾌한 신학적 논리로 자신이 하느님의 계시를 받았다고 논증한다. 하지만 화형에 대한 공포 때문에 결국 자신의 주장을 철회하고 화형을 당한다.

신학을 의미하는 영어의 theology는 그리스어로 '신'을 뜻하는 theos에서 나온 말이다. 여기에 반대를 의미하는 a-가 붙으면 '무신론자'를 뜻하는 atheist가 된다. 하나를 뜻하는 mono가 붙으면 유일신을 믿는 monotheism이 되고, 로마의 위대한 건축물 pantheon은 '모든'이라는 뜻의 pan-이 붙어 다신교를 믿는 신전을 가리킨다.

인체 공학ergonomics에 맞춰 디자인된 컴퓨터 키보드와 마우스는 컴퓨터를 자주 사용하는 사람들에게 인기가 높다. 인체 공학이란 인간이 다루는 기구나 설비 따위를 인간이 조종하기 알맞게 제작하는 학문을 가리킨다. ergonomics는 '노동'을 의미하는 그리스어 ergon과 '~와 관련된'을 뜻하는 그리스어 -ics가 합쳐진 말이다. 따라서 ergonomics는 일과 관련된 것이라는 뜻으로 해석할 수 있다. ergon의 뿌리는 그리스인의 조상인 인

✛ 고대 로마의 오르간 연주

도-유럽인의 언어까지 거슬러 올라간다. ergon은 인도-유럽어인 werg/worg에서 나온 말인데, 여기서 현대 독일어에서 '일'을 가리키는 독일어 werk와 영어 work가 나왔다.

ergon에서 나온 단어 중 악기 organ오르간도 있다. 이 말은 중세 프랑스어 organe오르간이 영어에 들어온 것인데, 뿌리는 역시 그리스어의 ergon이다. 오르간이 '노동'이라는 의미에서 비롯된 이유는 오르간 소리를 내려면 발로 페달을 밟고 손으로 건반을 누르는 동작이 동시에 필요하기 때문이다. 즉, 오르간에는 신체의 동작이 소리를 만들어낸다는 뜻이 담겨 있다. 이후 organ에는 악기라는 의미 외에 '신체에서 작동하는 기관'이라는 뜻도 생겨난다. 각각의 기관이 맡은 역할을 한다는 점에서 만들어진 뜻이다.

영어에서 '조직하다'라는 뜻의 organize 역시 ergon에서 만들어진 말이다. 이 말의 본래 의미는 '각 기관organ이 하나의 유기체처럼 작동한다'라는 뜻에서 오늘날 영어의 '조직하다' '체계화하다'라는 의미가 생겨났다. 한편, ergon에서 만들어진 서양인의 이름도 있는데 영어의 George가 그 주인공이다. '땅'을 의미하는 그리스어 gê에 '노동'을 뜻하는 ergon이 합쳐진 말로 땅에서 노동하는 자, 즉 '농부'를 가리킨다.

9월 25일 | **Cyber** 사이버

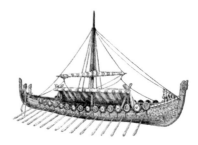

✢ 바이킹의 배 드라카르

서양 문명의 뿌리인 그리스 문명은 해양 민족이 만든 문명이었다. 고대 그리스인은 지중해를 장악하고 있던 페니키아인을 몰아내고 지중해 곳곳에 도시를 건설했다. 프랑스 제2의 도시 마르세유가 그리스인들이 세운 대표적인 식민도시였다.

해양 민족에게 항해 관련 어휘는 다른 민족보다 더 중요한 의미를 지닌다. 중세 유럽을 침탈한 바이킹은 드라카르라는 전함을 타고 바다를 누볐다. 이 배는 바람의 힘을 받아 항해했지만 바람이 없으면 노를 저어 운행했다. 강을 따라 거슬러 올라갈 때 수심이 얕으면 선원들이 배를 머리에 이고 적당한 수심의 강을 찾았다고 한다.

배에서 가장 중요한 항해 장치를 꼽으라면 배의 '키'를 들 수 있다. 고대 그리스인은 선박의 키를 이용해 항해하는 기술을 kubernêtikê쿠베르네티케라고 불렀고, 배의 방향타는 kybernêtes퀴베르네테스라고 했다. 그리스 문명을 벤치마킹한 로마인은 이 말에서 gubernare구베르나레라는 말을 차용했는데, 그 뜻은 '통치하다'였다. 국가를 통치하는 것은 배를 항해하는 것과 마찬가지로 국민을 잘 인도하는 과정이다. 영어에서 '통치하다'의 govern도 여기서 나왔다.

kubernêtikê의 여정은 여기서 끝나지 않았다. 현실 세계에서 사용되던 이 말이 가상 세계가 열린 21세기에 다시 주목받기 시작했다. 현대인에게 친숙한 사이버 대학, 사이버 머니, 사이버 테러에 들어간 '사이버cyber'라는 말이 바로 kubernêtikê에서 나왔다. 앞의 음절 kuber가 cyber가 된 것이다. 의미는 크게 달라지지 않았다. 사이버는 사이버네틱스cybernetics에서 나온 말인데, '배를 잘 조종해 항해하다'라는 뜻이다. 즉, 사이버가 들어간 현대 용어들은 '인간의 지능을 이용해 인간의 행위를 잘 인도하고 실행시킨다'라는 뜻을 담고 있다.

문자가 발명되기 이전 인간은 원시적인 정보 축적의 수단을 만들어냈다. 예를 들어 나뭇가지, 돌무덤, 깃발 등도 정보를 담고 있는 기호 체계의 하나다. 잉카 시대 이전의 원주민이었던 모체족은 메시지를 전달하기 위해 콩을 사용했다는 기록이 있고, 북아메리카 인디언은 조가비나 구슬 띠에 문양을 넣어 메시지를 전달했다. 그중 어두운 색은 엄숙, 장엄, 위험, 적의敵意, 죽음 등을 상징하고 흰색은 행복, 붉은색은 싸움을 상징한다. 또 다른 집단에서는 매듭을 사용해 셈에 활용하기도 했다.

✤ 고대 로마의 두루마리 책 볼루멘

　인류 문명은 문자의 발명과 궤를 같이한다. 문자의 발명 덕분에 인류는 정보를 저장해 후대에 물려줄 수 있었다. 고대 이집트에서는 나일강변에서 자라는 파피루스papyrus라는 풀을 사용해 종이를 만들었고, 그 위에 상형문자로 모든 정보를 기록했다. 영어의 paper가 파피루스에서 나온 말이다. 고대 그리스인은 파피루스를 비블로스biblos라고 불렀는데, 파피루스를 수출하는 항구가 페니키아의 비블로스Biblos였기 때문이다. 영어에서 성경을 의미하는 bible도 이 말에서 나왔다. 프랑스어에서는 도서관을 책을 모아둔 창고라는 뜻에서 bibliothèque라고 부른다. 한편 영어에서는 도서관을 library라고 하는데, 이 말은 라틴어로 책을 가리키는 liber에서 나왔다. 다시 말해, 영어는 도서관을 로마로부터 수입했고, 프랑스는 그리스에서 수입했다.

　로마인은 파피루스로 만든 두루마리 책을 volumen볼루멘이라고 불렀다. volumen은 실린더 모양의 원통에 파피루스를 말아서 만들었는데. 오른손으로 원통을 잡고 왼쪽으로 말린 파피루스를 펼치면서 문서를 읽었다. 이후 volumen은 14세기에 프랑스어에 들어갔고, 다시 영어에 차용되어 책의 사이즈나 분량의 의미로 바뀌었다.

영국과 프랑스의 백년전쟁 초반인 1354년, 에드워드 3세는 아들 에드워드 흑태자黑太子와 함께 프랑스의 기엔 지방을 침공했다. 당시 프랑스 국왕 장 2세는 왕세자 샤를(훗날의 샤를 5세)과 함께 프랑스 중부의 푸아티에로 출정을 나섰다. 하지만 뛰어난 기사 흑태자의 활약으로 프랑스군은 영국군의 상대가 되지 못했다. 결국 장 2세는 생포되는 치욕을 당하면서 런던으로 이송되었다. 한 나라의 국왕이 적국의 인질이 되고 만 것이다. 영국은 장 2세의 석방을 대가로 300만 크라운에 해당하는 엄청난 몸값을 요구했다. 하지만 장 2세는 프랑스 신민에게 지나친 부담을 지운다며 스스로

✛ 스스로 인질이 된 장 2세

런던에 남겠다고 선언한다. 이후 장 2세는 흑태자의 극진한 대접을 받으며 인질 생활을 이어갔다.

그런데 왜 흑태자는 적국의 국왕을 귀빈처럼 대우했을까? 사실 두 사람은 친척이다. 장 2세의 아버지와 흑태자의 외조모가 남매였던 것이다. 백년전쟁은 이렇게 같은 집안 사이에서 벌어진 전쟁이었다.

중세 유럽에서는 수많은 전쟁이 있었는데, 전쟁 비용을 보상받는 가장 확실한 방법은 적을 생포해 몸값을 받아내는 것이었다. 만약 포로가 국왕이면 몸값은 천문학적이었다. 영국의 사자심왕 리처드가 성지에서 돌아오다가 오스트리아에서 생포되었는데, 신성로마제국의 황제는 리처드의 몸값으로 영국 왕실의 2년치에 해당하는 수입을 요구했다.

영어에서 '인질'을 뜻하는 hostage는 hospital, hotel과 어원이 같다. 세 단어가 가진 공통분모는 특정 공간에서 사람들이 머문다는 것이다. 영어의 hostage는 중세 프랑스어 ostage오타주 또는 hostage에서 온 말인데, 본래는 '친절' '환대' '주거지'라는 의미였다. 여기서 '인질에 대한 보상'이라는 뜻이 생겨났고, 지금처럼 '인질'로 의미가 축소되었다.

우주의 나이를 120억 살이라고 하면, 태
양계의 나이는 46억 살이다. 빅뱅이 일
어난 태초의 순간을 1월 1일이라고 한다
면 은하계의 탄생은 5월 1일, 지구의 탄생
은 9월 14일, 생명체의 출현은 10월 9일,
최초의 인간 출현은 12월 31일 밤 10시
30분, 로마제국은 밤 11시 59분 57초, 르
네상스는 밤 11시 59분 59초에 해당한다.
인간의 출현을 우주의 나이에 비교하면
억겁의 순간 중 찰나에 해당한다. 그래도

✛ 달에 착륙한 우주 비행사

인류는 1969년 7월 20일에 인간을 달에 보냈다. 문명을 이루고 발전을 거듭한
인류의 앞날에 새로운 이정표를 세운 순간이었다.

이 무렵 새롭게 등장한 용어로 '우주인'이라는 말이 있었다. 그 시절을 살았던
사람들은 우주인이 무엇을 의미하는지 정확히 몰랐지만 로켓을 타고 우주로 날
아가는 비행사를 의미한다는 것을 나중에 알았다.

영어로 우주 비행사는 astronaut라고 부른다. 이 말은 20세기 초에 만들어졌
는데 여기서 astro는 그리스어로 '별'을 의미하고, naut는 그리스어로 '선원'을 의
미하는 nautes나우테스에서 나왔다. 로마인도 선원을 그리스어에서 차용해 nauta
나우타라고 불렀다. 인도-유럽어에서 '-nau'는 배를 의미한다. 19세기 프랑스 SF
작가 쥘 베른은 『해저 2만 리』에 등장하는 잠수함의 이름을 노틸러스Nautilus라
고 부르는데 이 말도 배와 관련 있다. 우주 비행사를 가리키는 또 다른 말로는
'우주'를 의미하는 cosmos에서 나온 cosmonaut도 있다. 이밖에 '뱃멀미'를 가리
키는 영어의 nausea도 뿌리가 같다.

9월 29일 | **Heroin** 헤로인

의학

마약의 일종인 아편은 19세기에 중국인들을 아
편 중독자로 만든 중독성 물질로 잘 알려져 있으
나, 원래 아편의 원산지는 지중해 연안 지역이다.
중국에서는 아편을 '양귀비'라고 불렀는데, 꽃의
아름다움이 당나라 현종의 황후 양귀비에 비길
정도라고 해서 붙여진 이름이다. 하지만 아름다
운 양귀비꽃에는 독이 숨어 있다.

아편의 역사는 멀리 고대 이집트까지 거슬러
올라간다. 이집트인은 아편의 의학적 효능을 알
고 있었고, 고대 그리스인도 두통이나 천식을 다
스릴 약으로 아편을 사용했다. 중세 유럽에서는

❖독일 바이엘사에서 제조한 헤로인

아편이 만병통치약으로 대접받았다. 19세기에 들어와 유럽의 약학자들은 아편
에서 모르핀을 축출했고, 다시 모르핀에서 디아세틸모르핀이라는 물질을 추출
하는 데 성공했다. 이제 천연 아편에서 합성 아편의 시대로 넘어간 것이다. 새롭
게 추출한 디아세틸모르핀의 진통 효과는 모르핀의 10배 이상이었다.

1898년 디아세틸모르핀을 처음으로 상용화해 약으로 판매한 회사는 독일의
유명한 바이엘사였다. 이 회사는 디아세틸모르핀이 중독성 없는 모르핀의 대체
약품이라고 홍보했다. 그런데 문제는 새로운 진통제의 이름이 너무 어려웠다.
그래서 회사 홍보팀 직원들은 약을 복용한 사람들에게 기분이 어떤지 물었더니
한결같이 기분이 '끝내준다'라는 반응이었다. 마치 영웅이 된 기분이라고 대답
했다.[26] 이렇게 해서 새 약품의 이름은 영웅의 여성형인 헤로인heroin이라는 이
름이 붙게 되었다. 아편을 가리키는 영어 opium은 중국어 아편阿片을 음역한 것
이므로 별다른 뜻은 없다.

9월 30일 | **Bill of exchange** 환어음

경제

영국과 프랑스의 백년전쟁이 끝나자 서유럽 경제는 서서히 회복되었다. 이즈음에는 화폐가 발행돼 교역에서 중요한 역할을 하기 시작했다. 특히 도시에서 발행한 주화가 시골에도 점차 보급되면서 일상생활을 송두리째 바꾸어놓았다. 그런데 상인들은 여러 문제에 부딪힌다. 첫 번째 문제는 많은 돈을 육상으로 운반할 때 생기는 어려움이었고, 두 번째 문제는 나라마다 통화의 단위와 명칭이 달랐다는 것이다. 그렇다면 어떻게 멀리 떨어진 거래처에 상품 대금을 송금할 수 있었을까?

이 문제는 14~15세기에 보편화된 환어음으로 해결할 수 있었다. 구체적인 예를 들어보자. 플랑드르의 브뤼헤에 거주하는 A라는 은행가 겸 상인이 바르셀로나의 B에게 송금하려고 한다(①). 그런데 여기에 브뤼헤에 거주하는 C라는 모직물상이 있다. 그는 바르셀로나의 모직물상 D와 상거래하는 사람이자 D의 채권자다(②). 그러므로 C는 브뤼헤의 A에게 돈을 빌리고(③) 바르셀로나의 D에게 자신의 빚을 A의 거래상인 B에게 대신 갚아달라고 부탁한다(④). 그러면 본래의 목적대로 브뤼헤의 A는 바르셀로나의 B에게 송금한 셈이 된다. 결국 이런 상거래를 통해 환전, 송금, 대출 등을 포함한 다양한 경제 활동이 한 번에 실현되었다.[27]

영어의 bill은 '청구서' '계산서' '지폐' 등 다양한 의미를 지닌 단어다. 본래 이말은 '서류' '목록' '도장'을 의미하는 중세 프랑스어 bille비유에서 왔다. 그리고 이말도 라틴어로 거슬러 올라가면 bulla불라에서 만나는데, 그 뜻은 '도장' '봉인된서류'다. 이후 영어의 bill은 공증된 내용이 들어가는 문서를 가리키게 되었다.

10월
October

고대 로마력에서 여덟 번째 달이었던 October는 8을 의미하는 라
틴어 octo옥토에서 나왔다. 음악에서 8음계를 의미하는 octave나
다리가 8개인 문어 octopus가 octo에서 나온 단어들이다.

작은 도시국가에서 시작한 로마는 막강한 군사력을 바탕으로 지중해의 패권을 차지하고 온 유럽과 아시아를 손에 넣은 거대한 제국으로 성장했다. 잘 훈련된 로마 병사는 길이가 60~70센티미터에 이르는 양날의 검 글라디우스Gladius를 잘 다루었다. '검투사'를 의미하는 글라디아토르Gladiator도 여기서 나온 말이다.

✛ 고대 로마군의 무기 발리스타

창과 방패는 개인용 무기였지만 적의 성을 공격할 때는 공성攻城 무기가 필요했다. 그중에서도 '아리에스'라고 불린 파성추는 적의 성벽을 허물기 위한 장비였다. 긴 통나무 끝을 숫양의 머리로 조각해 붙은 이름이다. 파성추가 성벽을 부수는 무기였다면 공성탑은 견고한 적의 성벽을 공격할 때 사용되었다. 로마군은 제1차 유대 전쟁에서 공성탑을 사용해 예루살렘을 함락시켰다. 이밖에 투석기 같은 무기도 성을 파괴할 때 사용되었다.

로마군이 사용한 무기 중 가장 위력적인 것을 꼽으라면 발리스타ballista를 들 수 있다. 발리스타는 쇠로 된 발사 장치가 달린 큰 활이다. 큰 활을 눕혀놓고 시위를 당겨 큰 화살을 발사하는 무기였다. 작은 수레에 실어 이동할 수 있는 발리스타는 유효 사거리가 400미터에 달했다. 마치 현대전에서 사용하는 로켓포가 연상된다. 발리스타의 파괴력은 화살의 시위를 만든 실에서 나왔다. 동물의 내장으로 만들어 장력이 엄청났다. 1분에 네 발 정도 발사할 수 있었던 발리스타는 적의 갑옷과 방패를 한꺼번에 뚫었다.

현대 무기에도 발리스타의 흔적이 남아 있다. 포물선을 그리며 날아가는 미사일을 탄도미사일이라고 하는데, 영어로는 ballistic missile이라고 부른다. 로마군이 사용하던 발리스타가 현대 무기 중 가장 가공할 만한 위력을 가진 탄도미사일의 이름에 붙어 있다. 여기에 핵폭탄을 정착하면 핵탄두 미사일이 된다.

10월 2일	**Bear** 곰	과학

구석기시대의 유적인 독일의 드라헨
로흐 동굴은 곰의 두개골에 인간의
대퇴부 뼈를 넣은 유물이 발견되어
세상에 이름이 알려졌다. 유럽에 살던
구석기인들은 무슨 의식을 치렀던 것
일까? 드라헨로흐 유적을 통해 학자
들은 유럽인의 조상이 곰을 토템으로
섬긴다는 사실을 유추했다. 사자나 호

÷ 중세 시대의 곰 사냥 장면

랑이 같은 맹수가 서식하지 않은 유럽에서 곰은 최상위 포식자였을 테고, 그런
이유로 구석기인의 숭배를 받았을 것이다. 이러한 현상은 시베리아 지방을 중심
으로 널리 퍼져 있는 곰 숭배 사상과도 일맥상통한다.

중세 유럽인에게 곰은 아주 흔한 동물이었다. 유명한 사냥꾼 드프와백伯과 가
스통 페뷔스는 1387년에 곰의 습관이나 서식지, 사냥 방법 등을 상세히 설명한
다. 농민들, 특히 산에 살던 농민들은 몸집이 크고 힘센 이 동물에 관해 잘 알고
있었다. 꿀을 좋아하고 때로는 공포심을 주던 이 동물을 자주 웃음거리로 만들
었다. 하지만 영주들의 사냥으로 곰의 개체 수가 감소되었다. 영주들은 사냥개
를 훈련시킨 뒤 창을 이용해 많은 곰을 사냥했다. 게다가 겨울잠에서 깨어난 곰
은 기력이 떨어지고 호전성이 약해 상대적으로 공포의 대상이 되지 못했다.

하지만 늑대는 달랐다. 중세에 늑대는 지금보다 비교할 수 없을 정도로 개체
수가 많았다. 늑대는 힘, 교활함, 호전성이 다른 동물들에 비해 뛰어났고 인간과
끊임없이 접촉했다. 광활한 유라시아 침엽수림은 늑대처럼 가볍고 빠른 동물에
게는 더없이 좋은 서식 환경이었다. 늑대는 떼를 지어 며칠 만에 수백 킬로미터
씩 이동할 수 있었으며, 유럽의 길고 혹독한 겨울을 잘 이겨낼 수 있었다.

유럽에는 곰의 이름이 들어간 도시들이 여럿 있다. 독일의 수도 베를린Berlin
은 곰을 의미하는 Bär에서 나왔다. 스위스의 수도 베른Bern도 마찬가지다. 서양
인 남자의 이름 Bernard도 '곰처럼 용감한 자'라는 뜻이다.

『오디세이아』의 주인공은 트로이전쟁 때 성안에 목마를 들여놓고 전쟁을 승리로 이끈 이타카의 왕 오디세우스다. 그리스 진영의 최고 지략가인 오디세우스의 전략 덕분에 끝이 보이지 않던 전쟁은 막을 내린다. 하지만 트로이를 응원한 헤라 여신의 저주 탓에 오디세우스는 고향으로 돌아가는 데 무려 20년이 필요했다.

✤ 페넬로페에게 구애하는 청혼자들

오디세우스가 트로이전쟁이 끝났는데도 돌아오지 않자, 이타카의 남자들은 오디세우스의 부인 페넬로페에게 끊임없이 구애를 보낸다. 하지만 페넬로페는 한 가지 조건을 내건다. 시아버지 라에르테스의 수의를 다 짤 때까지 기다려 달라고 청혼자들에게 부탁한다. 구혼자들은 수의 하나 짜는 데 얼마나 걸리겠느냐며 제안을 흔쾌히 수락한다. 하지만 그것은 페넬로페의 계략이었다. 낮에 짠 직물을 밤에 다시 풀어 그다음 날 다시 짜는 방식으로 약속을 차일피일 미루었다. 그러던 어느 날 우여곡절 끝에 돌아온 오디세우스는 구애자들을 모두 죽이고 페넬로페와 재회한다. 하지만 페넬로페는 20년 만에 돌아온 이 남자가 자신의 남편이라고 확신할 수 없었다. 그래서 오디세우스에게 침대를 옮겨보라고 시험한다. 하지만 오디세우스는 나무를 베지 않고 그 위에 만든 침대를 어떻게 옮길 수 있느냐며 반문한다. 그제야 페넬로페는 오디세우스가 남편임을 확신한다.

페넬로페의 아들 텔레마코스는 아버지의 생사를 알 길이 없는데도 구혼자들의 사랑을 받아들이지 않는 어머니를 '돌의 심장heart of stone'을 가진 사람이라고 말한다. 본래 호메로스는 이 표현보다 '쇳덩이 같은 심장heart of iron'이라는 말을 즐겨 사용했다.

한국의 교원들은 다른 직업군에 비해 정
년 퇴임을 늦게 하는 편이다. 그러다 보니
장기 근속자들이 많아 국가에서 포상을
받는 경우가 꽤 있다. 교육부는 포상 대상
자를 미리 공고해 해당 교원이 훈장을 받
을 자격이 있는지 의견을 수합한다. 포상
대상자의 자질을 사전에 검증하는 것이다.

✢16세기 후반 악마의 변호인 역할을 수행한
교황 식스투스 5세

　이런 전통은 가톨릭에서 뿌리를 찾을
수 있다. 가톨릭에서는 신자 가운데 생전에 모범적인 신앙생활을 하거나 순교한
신자들에게 '복자福者'라는 칭호를 내린다. 복자 중 일부는 성인 후보 명부에 올
리고 전 세계가 존경할 만한 복자를 '성인聖人'으로 시성한다. 그런데 당사자의
신앙심과 생전의 신앙생활에 조금이라도 하자가 있었다면? 이때 등장하는 사람
들이 바로 '악마의 변호인devil's advocate'이다.

　악마의 변호인은 해당 인물이 시성될 경우, 과연 그가 생전에 일으켰다는 기
적이 혹시 사기나 우연이 아닌지, 또는 과학적으로 입증할 수 있는 것인지 반론
을 제기하는 자다. 그렇다고 악마의 변호인을 꼭 가톨릭 성직자가 맡는 것은 아
니다. 교황청은 세속 학자들에게 임무를 위탁하기도 한다. 하지만 성인 후보의
생전 경력과 기적의 상황을 소상하게 알고 있는 사람이어야 한다. 이 과정의 검
증이 워낙 혹독하다 보니 무신론 계열의 인사까지 초빙하는 경우도 있다.

　악마의 변호인이라는 표현은 영어에 들어와 '일부러 반대 입장을 취하는 사
람'이라는 뜻으로 사용되고 있다. 예를 들어 "Here is another devil's advocate
question"이라는 문장은 "여기 정반대의 논리를 따지는 질문이 하나 더 있다"라
고 번역된다.

아일랜드는 무려 800년 동안 영국의
지배를 받았다. 그래서 혹자는 두 나
라의 관계를 견원지간에 비유하기도
한다. 아일랜드는 영국의 지배를 받
았지만 산업혁명의 수혜는 받지 못한
나라, 대기근으로 인구의 3분의 1이

✛ 벽에 quiz라고 낙서하는 리처드 델리

굶어 죽은 나라였다. 하지만 지금은 눈부신 경제 성장을 이뤄 영국보다 잘사는
나라가 되었다.

영국의 지배를 오랫동안 받았음에도 아일랜드에는 그들만의 언어가 존재한
다. 본래 아일랜드인은 앵글로색슨족이 아닌 켈트족의 후손이었기 때문에 영어
와는 다른 언어를 사용하고 있었다. 지금도 아일랜드어는 제1공용어의 자리를
차지하고 있으며, 2007년에는 유럽연합의 공식 언어로 인정받았다. 현재 영어
다음으로 아일랜드어를 사용하는 사람들은 160만 명에 이른다고 한다.

다음은 아일랜드의 수도 더블린에서 전해지는 이야기다. 더블린 극장 매니저
로 일하는 리처드 델리라는 사람이 있었다. 델리는 하루나 이틀 안에 새로운 영
어 단어를 만들 수 있다며 친구들과 내기를 했다. 친구들은 절대 그런 일은 없
을 것이라며 델리를 놀렸지만, 델리는 그날 밤 더블린 시내 곳곳을 돌아다니며
'quiz'라는 말을 벽마다 써놓고 다녔다. 아침에 이 낙서를 본 사람들은 quiz를
보고 그 말이 무엇을 의미하는지 궁금했다. 델리의 의도는 적중했다. 사람들이
quiz의 의미를 모르는 것은 당연했다. 정말 아무 의미도 없었기 때문이다. 하지
만 꼭 단어에 의미를 부여하는 사람들이 있기 마련이다. 사람들은 quiz라는 말
에 '수수께끼'나 '알 수 없는 이상한 것'이라는 뜻을 부여했고, 나중에는 '간단한
시험'이나 '테스트'라는 의미로 정착되었다. 퀴즈가 정식으로 영어 어휘로 기록
된 해는 1836년이다.

학습 능력이 뛰어난 학생을 영어에서는 bright student라고 말한다. bright student의 반대편에 있는 학생은 dunce라고 부른다. 우리말로 번역하면 학습 능력이 다소 떨어지는 학생, 곧 '둔재'를 의미한다. 그런데 이 말은 생각보다 아주 오래된 말이다. 1266년에 태어나 1308년에 사망한 존 둔스 스코투스John Duns Scotus까지 뿌리를 거슬러 올라간다.

✛ 프란체스코회 수도사 존 둔스 스코투스

프란체스코회 수도사인 스코투스는 철학자이자 신학자였다. 스코틀랜드 출신인 스코투스는 형이상학, 신학, 문법, 논리학에 관한 저서로 유명했고, 당시 교황인 보니파스 8세의 총애를 받게 된다. 한편 프란치스코회에서 스코투스의 추종자들은 그를 Duns로 불렀다. 스코투스는 기독교 교부인 토마스 아퀴나스의 '신의 존재에 대한 논증'을 비판했다. 본래 논증이란 원인으로부터 결과를 이끌어내야 하는데, 토마스 아퀴나스는 신의 증명을 결과로부터 원인을 증명하려고 했다며 비판했다.

둔재dunce라는 단어가 중세의 위대한 신학자 둔스Duns에서 나왔다는 사실이 조금 의아하다. 그 이유를 살펴보자. 세월이 흘러 르네상스 시대가 되었다. 전통적인 신학자들은 여전히 스코투스의 신학에 집착했지만, 개신교에서는 그의 신학을 구시대적인 것으로 경멸했다. 그리고 둔스를 추종하는 사람들을 Dunce로 부르기 시작했다. 중세의 철자인 Duns를 근대의 철자법에 맞춰 바꾼 것이다. 이후 Dunce는 다소 지혜가 떨어지고 남들보다 천천히 사리를 이해하는 사람을 가리키는 말이 되었다. 하지만 가톨릭에서 스코투스의 명성은 여전하다. 그는 1993년에 시복되었다.

10월 7일 | **Pension** 연금

『구약성경』의 「열왕기」를 보면, 유대 왕 여호야 긴이 바빌론의 느부갓네살 왕의 포로가 되어 바 빌론으로 끌려가 무려 37년간 옥살이를 한 이야 기가 나온다. 그 후 석방된 여호야긴에게 바빌 론 왕은 매일 먹을 것과 쓸 것을 주었다고 한다. 인류 역사에서 최초로 기록된 종신 연금이다.

서양에서도 연금의 역사는 유구하다. 기원전 5세기에 그리스 군인들이 연금을 지급받았다는 기록이 있고, 고대 로마의 황제들도 공을 세운 군인들에게 퇴직 수당과 연금을 지급하면서 친

✛ 종신 연금 제도를 만든 찰스 2세

정 체제의 안정을 도모했다. 하지만 연금 지출이 지나치게 늘어나면서 로마의 경제에 큰 부담이 되었다. 오늘날 한국이 당면한 연금 고갈 문제가 2,000년 전 에도 있었던 셈이다. 중세로 넘어오면서 연금의 수혜 대상은 군인에서 다양한 계층으로 확대되었다. 성직자, 귀족, 길드 회원, 어린 자녀를 둔 과부에게도 연금 의 혜택이 확대되었다. 영국의 찰스 2세는 네덜란드와의 해전에서 패한 후, 군 대의 사기를 높이기 위해 기본급의 절반을 종신 지급하는 연금 제도를 만들었 다. 한편, 독일의 철혈재상 비스마르크는 1889년에 공적 연금을 도입해 사회보 장제도의 기틀을 마련했다.

영어에서 연금을 뜻하는 pension은 14세기에 등장한 말인데, 중세 프랑스어 로 '지불'이나 '집세'를 의미하는 pension펑시옹에서 나온 말이다. 이 말의 뿌리 는 다시 라틴어로 '매달다' 또는 '무게를 달다'라는 뜻의 pendere펜데레에서 나왔 다. 즉, 물건의 무게를 달아 돈을 지불한다는 것이다. 무게를 나타내는 영어의 pound도 여기서 나왔다.

흥미롭게도 17세기 중반부터 영어의 pension에는 '하숙집'이나 '기숙사'라는 의미가 생겨난다. 프랑스어 pension에 '하숙비를 지불하다'라는 뜻이 있었기 때 문이다. 요즘 한국의 시골에서 쉽게 찾을 수 있는 펜션이 여기서 나왔다. 영어 사전에 실린 pension은 '연금' 또는 '숙박비가 저렴한 작은 호텔'을 가리킨다.

10월 8일 | **Berserk** 난폭한

공포의 양날 도끼를 사용하는 무시무시한 전사, 금발에 파란 눈을 가진 건장한 남자, 인신 공양을 하던 이교도…. 중세 서유럽의 문헌에 기록된 바이킹의 모습이다. 바이킹에게 전사戰死는 영예 그 자체였다. 죽은 전사들의 궁전인 발할라에 들어갈 수 있기 때문이다. 하지만 가해자가 아닌 피해자였던 서유럽인에게 바이킹은 그저 무시무시한 공포의 이교도일 뿐이었다.

+ 난폭한 바이킹

바이킹이 서유럽을 약탈한 이유는 딱 한 가지였다. 재물을 강탈해 부를 축적하는 것. 바이킹은 우선 현지의 상황에 끊임없이 적응했다. 온갖 종류의 수단을 동원하며 현지인들의 재물을 약탈했다. 중세 서유럽을 공포로 몰고 간 바이킹의 습격은 이렇게 시작되었다. 바이킹은 급습 작전을 주로 이용했는데, 수도원처럼 방어 체계가 허술한 곳은 쑥대밭이 되었다. 센강 어귀의 섬에 있던 누아르무티에 수도원은 바이킹의 약탈을 견디지 못하고 836년에 수도원의 설립자인 성 필리베르의 성물聖物만 가지고 수도원을 버리고 나올 정도였다.

난폭한 바이킹의 성향을 잘 드러내는 단어가 영어에도 있다. 영어의 berserk는 언뜻 보기에도 북유럽 냄새가 나는 단어처럼 보인다. 이 말은 바이킹 언어로 '곰'을 뜻하는 bjorn과 '셔츠'를 뜻하는 serkr가 합쳐진 말이다. 따라서 berserk는 곰 가죽을 입고 있는 바이킹의 전사를 의미한다. 다른 설명에 따르면, '벌거벗은'을 뜻하는 berr에서 나왔다고도 한다. 이 경우에는 옷을 입지 않는 전사를 의미한다. 어쨌든 berserk의 본래 의미는 곰 가죽을 입고 있거나 벌거벗은 무서운 전사를 뜻하고, 전투 전에 광란의 상태에 빠진 바이킹을 가리킨다. 예컨대, "People were going berserk with excitement"라는 말은 "사람들이 흥분해 펄쩍펄쩍 뛰었다"로 번역할 수 있다.

10월 9일 | **Nightmare** 악몽

의학

웨스트잉글랜드대학교 연구진의 실험 결과에 따르면, 최근 악몽을 경험했다고 답변한 남성은 전체의 19%에 불과한 반면 여성은 30%에 이르는 것으로 나타났다. 그러면서 여성이 남성보다 악몽을 더 꾸는 이유는 여성호르몬 때문일 수 있다는 설명을 내놓았다. 여성의 신체 사이클에 따른 체온 변화가 생

✛ 헨리 푸셀리의 〈악몽〉

생하고 과장된 꿈을 촉발한다는 것이다. 사실 꿈은 뇌에서 감정을 담당하는 부분인 변연계에서 유발되는 자연스러운 현상이다.

영국의 한 신문은 영국인이 가장 흔하게 꾸는 다섯 개의 악몽을 소개했다. 먼저 낯선 사람이나 괴물에게 쫓기는 꿈이다. 이런 꿈은 지나친 부담을 지고 있는 사람이 자주 꾸는 꿈이다. 두 번째는 이가 빠지거나 부러지는 꿈이다. 누군가와 의사소통이 매끄럽지 않은 경우에 나타난다. 세 번째는 사람들 앞에서 벌거벗고 있는 악몽이다. 이런 꿈은 자신에게 가져야 할 믿음을 새로운 연인에게 너무 많이 주어 나약해졌다는 의미다. 네 번째 절벽에서 떨어지는 악몽은 자신의 세계가 무너지고 있다고 생각할 때 나타나는 꿈이다. 마지막으로 다섯 번째 어디로 가야 하는데 장애물이 막고 있는 꿈은 일을 마무리 짓지 못하고 허둥대는 현실이 만들어낸 꿈이다.

영어에서 악몽을 의미하는 nightmare에서 mare는 독일어에서 여장한 악령 marōn마론이거나 잠자는 사람의 가슴에 내려앉는 도깨비 goblin고블린을 의미한다. 서양인들은 악몽이 당사자의 머리에서 생기는 것이 아니라 악령이나 도깨비가 사람의 가슴 속에 들어와서 생긴다고 믿었다. 한편, 독일어와 네덜란드어가 어원인 nightmare와는 달리 고대 영어에서는 악몽을 nihtgenga라고 불렀는데, niht는 night이고 genga는 '걸어 다니는 사람'이라는 뜻이다.

지금은 프로 권투가 우리나라에서 아주 인기가 많지는 않지만, 1970년대만 해도 가장 인기 있는 스포츠였다. 지금처럼 경제적 번영을 누리지 못하던 시절이라 헝그리 정신으로 무장한 권투 선수는 불굴의 의지를 지닌 영웅이었다. 권투에서 상대방에게 난타당해 정신이 혼미해질 정도로 몸을 가누지 못하는 상태를 그로기groggy 상태라고 한다. 물론 꼭 권투에만 국한된 의미는 아니다. 몹시 피곤하거나 술에 취해서 정신이 혼미한 상태도 그로기라고 말한다.

✛ '그로그 영감'이라 불린 에드워드 버논 제독

　18세기 영국 제독 가운데 에드워드 버논이라는 사람이 있었다. 그는 항상 성글게 짠 교직물의 일종인 그로그램Grogram 천으로 만든 망토를 입고 있었다. 그래서 선원들은 버논 제독을 '그로그 영감Old Grog'이라고 불렀다. 본래 선원들은 술을 많이 마신다. 그중에서 독한 럼주를 많이 마셨는데, 버논 제독은 선원들이 럼주를 많이 마시고 취할까 봐 물과 럼주를 반반씩 섞어 마시도록 했다. 당연히 선원들이 좋아할 리 없었다. 선원들은 물에 탄 럼주를 그로그grog라고 부르기 시작한 것이다. 그 후 grog에서는 술에 취해 혼미한 상태를 가리키는 groggy라는 단어까지 나온다. 지금 이 단어는 육체적으로 정신이 없는 상태뿐만 아니라, 경제와 외교, 안보 분야에서도 사용할 정도로 시사적인 의미도 생겨났다. 예를 들어 "The economy of this country is in groggy situation"이라는 문장은 "이 나라의 경제는 혼미한 상태에 빠져 있다"라고 번역할 수 있다.

| # Genuine 진품의

서양 민족의 뿌리 중 하나인 게르만족의 사회는 가족이 근간이었다. 그러나 게르만 사회의 가족은 같은 인도-유럽족인 로마의 가족 제도와는 차이점이 많았다. 로마의 가족 제도에서는 오직 한 명의 자식만이 아버지를 대신

✤ 고대 로마의 어느 가족

해 가장家長이 될 수 있었지만, 게르만의 가족 제도에서는 전투를 할 수 있는 남자는 모두 발언권을 가지고 있었다. 로마의 가족 제도가 개인적 특권을 보장하고 공동의 정의를 추구했다면, 게르만 사회는 공동 경작지를 소유하고 공동체 고유의 법질서를 유지했다.

로마에서 한 가족을 대표하는 남자는 장자였다. 그런 까닭에 장자는 아버지의 세 이름을 모두 물려받았다. 예를 들어, 가이우스 발레리우스 율리우스라는 귀족의 이름에서, 맨 앞은 개인 이름이고, 두 번째는 가문 이름이고, 맨 뒤는 씨족 이름이다. 그러므로 가이우스 발레리우스 율리우스의 장남은 아버지와 동일한 이름인 가이우스 발레리우스 율리우스가 된다. 오늘날 서양인의 이름에서 장남과 아버지의 이름이 같은 경우도 로마의 작명법과 관련 있다.

로마의 전통에 따르면, 자식이 태어나면 아버지는 자식을 무릎 위에 올려놓고 그 자식이 본인의 친자임을 확인한다. 라틴어에서는 무릎을 genu게누라고 불렀는데, 무릎에서 만들어진 genuinus게뉘누스에는 '타고난', '본성의'라는 의미가 생겨났다. 무릎 위에 아이를 놓고 친자를 확인하던 풍습에서 만들어진 말이다. 무릎에서 만들어진 또 다른 라틴어로는 '종족'이나 '태생'을 의미하는 genus게누스가 있다. 영어에서 '진짜', '진품'을 의미하는 genuine도 라틴어 genu에서 만들어진 말이다.

Bibulous 술고래

로마인은 히브리인처럼 종교에 빠지지도 않았고, 그리스인처럼 사변적인 취향도 갖고 있지 않았다. 로마인은 현실적이고 실용적이었다. 로마인의 언어인 라틴어의 특징에도 나타나듯이 로마인은 매우 논리적이고 이성적이었다. 그래서 로마의 철학자 세네카는 술에 만취하는 것을 늘 경계했다. 물론 그중에는 그렇지 않은 사람들도 있었다.

✥ 반 고흐, 〈압생트가 놓여 있는 카페 테이블〉

유럽의 술 중에 압생트라는 술이 있다. 향쑥이 원료인 이 술은 알코올 도수가 70도에 이르는 독주다. 한때 이 술이 정신착란을 일으킨다고 해서 20세기 초 유럽에서 판매가 금지되기도 했지만, 착란 증상을 일으킨다는 향쑥을 빼고 저알코올 도수인 40도로 다시 판매되기 시작했다. 의학자들은 고흐의 자살 원인도 압생트 중독이라고 주장한다. 고흐의 그림에 유독 노란색이 많이 사용된 것도 마찬가지 이유라고 한다. 고흐를 비롯한 고갱, 헤밍웨이, 에드가 앨런 포 같은 예술가들도 압생트 애호가였다. 어쨌든 압생트가 가난한 예술가들에게 천국에 오르는 비상구를 열어주었는지도 모른다.

영어에서 술고래를 의미하는 bibulous는 라틴어에서 직수입한 단어다. 라틴어의 bibulus비불루스는 '기꺼이 술을 마시다'라는 뜻이었는데, 영어에 들어가서는 '너무 술을 많이 마시는 사람'으로 변신했다. 이 단어와 같은 계열의 단어로는 음료를 뜻하는 beverage가 있다. 이 말은 중세 프랑스어 boivre에서 온 말인데, 인도-유럽어에서 '마시다'라는 어근 poi-와 뿌리가 같다. 여기서 나온 말이 프랑스어를 거쳐 영어에 들어온 potable마실 수 있는이다. 한편 drink는 고유 영어다. 게르만어는 영어와 유사한 동사를 가지고 있는데, 고대 독일어의 trinken, 고대 네덜란드어의 drinka 등이 영어와 같은 계열의 말이다.

10월 13일 | When pigs fly 손에 장을 지지다

서양 중세 역사에서 가장 황당한 죽음을 맞이한 군주를 꼽자면 루이 6세의 아들이자 공동 국왕인 필리프일 것이다. 1131년 10월 13일, 필리프 일행은 파리의 마트루아생장 거리를 지나고 있었다. 노르망디 공국에서 일어난 반란을 제압하러 가는 길이었다. 그런데 갑자기 말을 타고 이동하던 왕의 일행을 향해 돼지 한 마리가 돌진하기 시작했다. 이런 경우를 두고 '저돌적'이라는 표현이 딱 들어맞을 것이다. 돼지는 왕이 탄 말을 들이받았고, 필립 왕은

✤ 돼지가 돌진하는 바람에 목숨을 잃은 필리프 왕

말에서 떨어져 크게 다쳤다. 이 사고로 젊은 왕은 그만 세상을 떠나고 말았다.

영어에서 돼지를 가리키는 말 가운데 어린 돼지는 pig라고 하고 돼지를 통칭할 때는 swine이라고 한다. swine은 서양인들의 조상인 인도-유럽족의 언어에서 나온 말인데, 독일어로는 돼지를 schwein슈바인이라고 말한다. 그런데 영어의 swine은 돼지고기를 의미하지는 않는다. pig도 마찬가지다. 잘 알려진 것처럼 영어에서 돼지고기는 pork라고 한다. 이 말은 노르만 정복 이후 중세 프랑스어에서 온 말이다.

중세 영국에서 돼지고기 섭취는 노르만 정복 이후 일반화되었는데 그 주역은 노르만인이었다. 그러므로 정복자의 언어에서 돼지고기의 명칭이 유래한 것은 당연한 귀결이었다. 물론 앵글로색슨족 농민들도 정복 이전에는 프랑스어와 독일어처럼 가축과 고기를 동일한 명사로 말했을 것이다.

영어의 관용구 중 'when pigs fly'라는 표현이 있다. 절대 일어날 수 없는 일을 두고 하는 말이다. "He will quit smoking when pigs fly"는 "그가 담배를 끊으면 손에 장을 지지겠다"로 번역할 수 있다.

10월 14일 | **Cue** 큐

예술

영화감독이 배우에게 연기를 시작하라는 신호로 "액션!"을 외친다. 드라마 촬영 때는 "큐!"라고 소리친다. '액션'은 그 의미를 유추할 수 있겠는데, '큐'는 도대체 어디에서 나온 말일까? '큐cue'의 유래에 관해서도 여러 가지 설이 존재한다.

셰익스피어는 연극 〈리처드 3세〉에서 주인공 글로스터 백작(훗날의 리처드 3세)이 무대에 등장할 때 cue라고 적었다. 글로스터 백작의 측근 버킹엄 공은 "백작, 마침 잘 맞춰 오셨습니다. 아니었으면 헤스팅스 경께서 백작을 대신해 결정권을 대행하고 대관식에 관해 택일을 선포하실 뻔했습니다"라고 말하는

❖ 연극 〈리처드 3세〉에서 글로스터 백작을 연기하는 배우

데 여기서 셰익스피어는 글로스터 백작의 등장을 'cue(Q)'로 표현하고 있다. 다시 말해, cue는 등장인물이 무대에 정확하게 올라오는 것을 가리킨다. 여기서 Q는 라틴어로 '언제'를 의미하는 quando콴도의 약자이고, 특정 배우가 무대에 등장하는 타이밍을 가리킨다. 그러므로 연극에서 연출자가 "큐!"라고 외치는 것은 정확한 타임에 연기를 시작하라는 주문인 것이다.[28]

cue의 두 번째 의미는 프랑스어로 '꼬리'를 뜻하는 queue큐에서 왔다는 설이다. 이 경우 cue는 연설문의 꼬리, 즉 문장의 끝을 표시한다. 연사는 이 표시를 보고 새 문장이 나온다는 것을 알 수 있다.

cue의 세 번째 의미는 당구 애호가들에게 익숙하다. 당구에서 공을 치는 '긴 막대'를 큐라고 하는데, 이것도 꼬리와 관련 있다.

마지막으로 차례로 줄을 설 때 '줄'을 의미하는 영어 단어가 queue이다. 이 단어에는 '줄을 서다'와 같은 동사의 의미도 있다.

10월 15일 | **Hazard** 위험

인간은 유희의 동물, 즉 '호모 루덴스'라고 불린다. 여기서 말하는 유희는 단순히 논다는 의미가 아니라 정신적인 창조 행위를 가리킨다. 인간이 다른 영장류와 구분되는 가장 큰 차이점이 여기에 있다.

루브르박물관의 이집트관을 가면 고대 이집트 문명을 보여주는 많은 유물을 만날 수 있다. 그중 고대 이집트인이 놀이를 할 때 사용하던 주사위도 볼 수 있는데, 주사위의 역

÷ 세계에서 가장 오래된 고대 이집트의 20면 주사위

사가 얼마나 오래되었는지 잘 보여준다. 로마의 정치인 카이사르도 루비콘강을 건너면서 "주사위는 던져졌다!"라고 말한 것으로 보아 고대 로마인도 주사위 놀이를 많이 한 것으로 보인다.

현대인이 즐기는 골프 용어 중에 해저드hazard라는 말이 있다. 골프 코스에서 작은 연못 같은 장애물을 가리키는 이 말은 본래 '위험'을 뜻한다. 골프공이 연못 속에 빠지면 이보다 더 큰 위험이 어디 있으랴. 해저드의 어원은 아랍어로 거슬러 올라간다. 아랍어로 al-zahr알자르는 '주사위'를 의미했는데, 십자군 원정으로 중동 지방에 간 유럽인들을 통해 서양에 소개되었을 것이다. 해저드 게임은 두 개의 주사위를 던져서 하는 게임이다. 영국의 국민 시인 초서의 『캔터베리 이야기』에도 해저드 게임이 나오는 것으로 보아 이 게임의 역사를 짐작할 수 있다.

이후 17~18세기에 해저드 게임은 영국에서 큰 인기를 끌었다. 물론 돈을 걸고 하는 게임이었다. 지금도 카지노에서 많은 사람이 즐기는 크랩스 같은 주사위 게임이 해저드 게임에서 나왔다. 해저드 게임은 먼저 주사위를 던지는 사람(캐스터)이 나올 수의 합을 제시한다. 캐스터는 5에서 9까지의 수(메인)를 말하고, 상대방이 던진 주사위의 합이 메인 안에 들어가면 상대방의 승리다. 현대 영어에서 해저드는 '위험'을 의미하는 말로 사용된다.

| 10월 16일 | **Euthanasia** 안락사 | 의학 |

1890년 8월 7일, 프랑스 북부의 작은 도시에서 발행되는 일간지에 사건 기사가 하나 올라왔다. "지난 7월 27일 일요일 반 고흐라는 이름의 네덜란드 화가가 오베르 근처의 들판에서 자신의 가슴에 총을 쏘았다. 당시 그는 부상만 입었고 걸어서 숙소로 돌아왔다. 그리고 이틀 뒤에 자신의 방에서 숨을 거두었다."

✣ 십자가 없는 반 고흐의 묘비

후기 인상파의 거장 빈센트 반 고흐의 사망 기사다. 그는 총으로 자살을 시도했지만 뜻을 이루지 못하고 숙소인 라부 여인숙으로 걸어서 돌아갔다. 그러고는 2층의 자기 방으로 올라갔다. 의사들이 탄환을 제거했지만 반 고흐는 상처 감염으로 사망했다. 지금도 많은 사람이 고흐의 무덤을 보러 오베르쉬르우아즈 공동묘지를 찾는다. 그런데 고흐의 무덤에는 십자가를 찾아볼 수가 없다. 고흐가 자살했기 때문에 오베르 교구 신부가 장례 미사를 거부한 것이다. 천재 화가는 이렇게 불행하게 타국에서 생을 마감했다.

기독교 사회인 유럽에서 자살은 죄악시되었다. 하지만 고대 그리스에서는 자살이 널리 용인되었다. 의사들은 고칠 수 없는 병으로 고통받는 환자의 목숨을 거두어주었다. 고대 그리스에서는 환자의 연명을 도와주는 의사보다는 저세상으로 빨리 보내주는 의사가 최고의 명의로 대접을 받았다고 한다. 요즘 한창 논란이 되고 있는 안락사가 고대 그리스에서는 합법이었던 셈이다.

영어로 안락사는 euthanasia라고 부른다. 철자에서 그리스어 냄새가 난다. 그리스어로 eu-는 '좋다'라는 뜻이고, thanatos는 '죽음'을 의미한다. 그리스신화에 등장하는 죽음의 신 타나토스가 여기서 나왔다. 따라서 euthanasia는 '아름다운 죽음'을 뜻한다. 고대 그리스인들이 안락사를 어떻게 생각했는지 잘 알 수 있는 대목이다.

10월 17일 | **Wild-goose chase** 헛수고

셰익스피어의 『로미오와 줄리엣』은 원수지간인 두 가문의 젊은 남녀가 그리는 비극적인 사랑 이야기다. 몬테규 가문의 로미오는 본래 로잘린이라는 아가씨를 사랑하고 있었지만, 그녀가 수녀가 되려고 맹세한 터라 절망에 빠져 있었다. 그 무렵 상사병에 빠져 있던 로미오는 친구 머큐쇼와 함께 원수 집안인 캐플렛 가문에서 열린 무도회에 몰래 들어간다. 이렇게 만난 로미오와 줄리엣은 사랑을 약속하지만, 두 집안의 오랜 싸움은 젊은이들의 사랑으로 해소될 기미가 전혀 보이지 않고 있었다. 그런 가운데 로미오의 친구 머큐쇼는 캐플렛 가문의 티볼트와 결투를 벌이다가 칼에 찔려

＋로미오의 친구 머큐쇼의 죽음

죽고 만다. 머큐쇼는 죽어가면서 몬테규 가문과 캐플렛 가문에 저주를 내린다. 그가 죽기 전 로미오와 나눈 대화에 이런 표현이 나온다.

로미오: 자네, 기지를 막 짜내보게….
머큐쇼: 그야, 그 바보 기러기 쫓기 같은 기지 시합엔 손들었네. 자넨 바보 같은 지혜를 나보다 확실히 다섯 배나 더 갖고 있으니까. 어때, 바보 기러기라고 하니까 입맛이 나나?

머큐쇼는 여기서 기러기 쫓기 같은 기지를 wild-goose chase라고 표현하고 있다. 이 표현은 16세기 영국에서 말을 타고 산을 누비던 경기에서 유래했다. 떼를 지어 말을 타고 이동하는 모습이 마치 기러기들이 선두를 쫓아 이동하는 모습과 비슷했기 때문이다. 이 표현의 뜻은 부질없는 짓을 쫓아다니는 것, 즉 '헛수고'다.

10월 18일 | **Zenith** 정점

요즘은 대기오염이 심각하고 도시의 불빛이 너무 밝아 밤하늘의 별을 보기가 힘들다. 예전에는 서울에서도 은하수가 보일 정도였지만 이미 옛날이야기가 되었다. 밤하늘의 별은 두 종류로 분류된다. 태양처럼 스스로 빛을 내는 '항성'과 금성처럼 항성의 빛을 반사하는 '행성'이 있다. 그런데 밤하늘의 별이 쏟아질 정도로 많았던 고대나 중세 사람들은 행성이 움직이고 있다는 사실을 알아냈다.

✤ 샛별(금성)을 상징하는 신 헤스페로스

태양 주위를 돌고 있는 행성 중에서 금성은 '샛별'이라고 불릴 만큼 밝은 별이다. 해가 뜨기 전이나 해가 진 다음에 동쪽 하늘과 서쪽 하늘에서 지평선 위로 보이는 가장 밝은 별이 금성이다. 화성은 붉은색의 행성이지만 그리 밝지 않아 육안으로 희미하게만 볼 수 있다. 목성은 태양계에서 가장 큰 행성인 만큼 육안으로도 잘 관측할 수 있고, 밝기도 금성 다음으로 밝다. 토성 역시 맨눈으로 관측할 수 있는 행성이다.

천문학 용어 중에 천정天頂이라는 말이 있다. 영어로는 zenith라고 하는데 별이 지상의 관측자 머리 위에 위치한 상태를 말한다. 말하자면, 하늘의 가장 높은 정점에 별이 자리 잡고 있는 상태를 zenith라고 부른다. 이 말은 중세 프랑스어 cenith세니트(현대 프랑스어는 zénith)에서 왔는데, 중세 라틴어의 cenit케니트가 그 뿌리다. 그리고 이 말은 다시 아랍어 samt삼트에서 나왔다. samt는 머리 위에 난 하늘의 길을 말한다. 다시 말해, 별이나 행성이 다니는 길을 가리킨다. zenith는 천문학 용어 외에도 비유적인 의미로 '절정'이나 '정점'을 뜻하기도 한다. "He is at the zenith of his political career"는 "그는 정치 역정의 정점에 있다"라고 번역된다.

10월 19일 | **Design** 디자인

현대 산업의 성패는 디자인이 결정한다. 아무
리 뛰어난 기능을 가진 상품이라고 해도 디자
인이 소비자에게 어필하지 못하면 그 상품은
시장에서 주목받지 못한다. '디자인design'이란
용어는 옷이나 공업 제품, 건물 등 조형 작품
의 설계를 의미한다. 이 말은 프랑스어로 '가
리키다' '표적이 되게 하다'라는 동사 désigner
데지녜에서 나왔는데, 그 뿌리는 다시 르네상스
시대의 이탈리아로 거슬러 올라간다.

÷ 『군주론』의 저자 마키아벨리

르네상스를 대표하는 사상가 마키아벨리는
『군주론』에서 군주의 덕목에 관해 논한다. 그
는 궁수의 비유를 통해 군주가 갖춰야 할 덕목을 말하고 있다. 본래 궁수는 목표
물을 맞히려고 할 때 목표물보다 더 높은 곳을 겨눠야 한다. 더 높은 곳을 맞히
려는 것이 아니라, 높은 곳을 겨눠야 화살이 목표한 곳에 명중할 수 있기 때문이
다. 마키아벨리가 궁수의 비유를 든 것은 군주는 모름지기 위대한 선인들의 행
적을 따라야 한다는 사실을 강조하기 위해서였다. 마키아벨리는 궁수가 노리는
과녁을 "맞히려고 설계한 지점"이라고 표현한다. 그리고 화살이 과녁에 적중한
것을 "설계를 달성하다"라고 표현했다.[29]

이제 디자인의 어원이 어느 정도 풀렸다. 앞서 예로 들은 '목표를 설계하다'라
는 말은 이탈리아어로 disegnare디세나레이고, '설계'라는 명사는 disegno디세뇨다.
우리가 알고 있는 디자인의 뜻이 여기서 나왔다. 영어에 디자인이 들어온 것은
1580년경이다. 당시에는 '마음에 담고 있는 계획'이라는 뜻으로 들어왔는데, 그
의미는 중세 프랑스어 desseign데셍이 제공했다. 물론 이 의미는 마키아벨리가 제
공한 것이었다. 이후 미술에서 디자인이 그림이나 초벌 그림 같은 의미를 지니
게 된 것은 1630년경이다.

한국전쟁 당시 일본 주재 미국 대사였던 윌
리엄 J. 시볼드는 「미국 CIA 한국전쟁 관련
보고서」에서 "일본 경제가 한국전쟁으로 횡
재했다"라고 적었다. 전쟁이 터지자 미군과
유엔군은 전쟁에 필요한 물자와 서비스를 조
달하기 위해 일본을 병참기지로 삼았다. 일
본은 한국전쟁 덕분에 패전의 잿더미에서 전
쟁 이전의 경제 상태로 빠르게 회복할 수 있
었다.

❖영국인들에게 횡재를 안겨준 백년전쟁

한국전쟁이 일본의 외화 수입에 기여한 부분은 결정적이었다. 1952년 일본이
벌어들인 외화 수입의 36.8%가 한국에서 들어왔다. 당시 일본 총리는 일본의
경제 회복을 "천우신조"라고 표현했다. 이후 일본은 연평균 10%씩 경제가 성장
해 선진국 대열에 들어설 수 있었다.

횡재의 역사는 멀리 중세 유럽까지 거슬러 올라간다. 잉글랜드와 프랑스가 격
돌한 백년전쟁에서 전세는 프랑스에 불리하게 전개되었다. 특이한 점은 전쟁의
무대가 프랑스에 국한되었다는 것이다. 전쟁 초기 양국의 해군이 맞붙은 해전에
서 프랑스 함대가 전멸하는 바람에 제해권이 잉글랜드로 넘어갔기 때문이다. 이
후 잉글랜드군은 프랑스를 약탈해 많은 전리품을 잉글랜드로 보냈다. 영국인은
전쟁 덕분에 횡재한 셈이다.

러시아가 우크라이나를 침공한 이래 국제 유가가 폭등했다. 이런 탓에 수많은
사람이 고통을 받고 있는데, 반대로 전쟁에서 횡재한 기업들도 있다. 바로 국제
정유 회사들이다. 유럽연합은 이 전쟁을 통해 막대한 이윤을 남긴 정유사들을
대상으로 195조라는 어마어마한 횡재세를 부과할 것을 검토하고 있다.

영어에서 횡재세는 windfall tax라고 부른다. 횡재라는 windfall이 영어에 처
음 등장한 때는 15세기까지 거슬러 올라간다. 본래 이 말은 '뜻하지 않은 습득'
을 의미했는데, 단어의 구성을 보면 바람이 떨어뜨린 열매라는 말이다. 한자어
횡재橫財에서도 횡橫은 '예상하지 않은'이라는 의미를 담고 있다.

10월 21일 | **Admiral** 제독

역사에 관심을 가진 사람들은 백년전쟁의 무대가 하나같이 프랑스라는 사실에 다소 의아해한다. 당시 국력이 우위에 있던 프랑스는 왜 잉글랜드를 침공해 전투를 벌이지 않았을까? 그 이유는 전쟁이 발발하고 3년 뒤인 1340년 슬로이스해전에서 찾을 수 있다.

✧ 넬슨 제독의 죽음

　1340년 지금의 네덜란드에 위치한 슬로이스 해안에 에드워드 3세가 이끄는 잉글랜드의 함대가 집결했다. 200척의 잉글랜드 함대에는 왕족을 비롯한 비전투원들도 있었다. 적군인 프랑스 함대는 무려 400척이 넘었다. 프랑스군은 잉글랜드 함대가 해안으로 접근하자 교전에 응하는 대신 닻을 내리고 배를 거대한 요새처럼 묶고 적의 공격을 기다렸다. 하지만 이 전략이 패착이었다. 배의 수에서 열세였던 잉글랜드군은 해전을 백병전으로 전환시킬 수 있었다. 결국 변변한 해전을 벌이지도 못하고 프랑스군은 전멸하고 말았다. 이후 프랑스는 백년전쟁 동안 제해권을 잉글랜드에 완전히 내주었고, 모든 전투는 프랑스 본토에서 벌어졌다.

　역사는 되풀이되는 법이다. 슬로이스해전 이후 500년이 지났다. 이번에도 영국과 프랑스가 유럽의 운명을 결정할 일전을 벼르고 있었다. 장소는 스페인 남부의 트라팔가 해안이었고, 주인공은 프랑스의 나폴레옹 황제와 영국의 넬슨 제독이었다. 프랑스와 스페인 연합군은 병력 면에서 우세했지만 명장 넬슨 제독의 전술에 참패당하고 만다. 평생을 전쟁에서 보낸 넬슨 제독은 이미 오른쪽 눈과 팔을 잃었는데, 결국 이 전투에서 상대편 저격수의 탄환에 목숨을 잃는다. 그는 죽기 전에 "저는 제게 주신 임무를 다했습니다"라는 유언을 남겼다고 한다.

　영어로 제독을 의미하는 admiral은 칼리프나 술탄 아래에서 군대를 지휘하는 사라센 사령관에서 나온 말이다. 아랍어로 'amir-al-bahr'는 '바다의 지휘관'이라는 뜻인데, 이 말은 중세 프랑스어에서 amirail아미라유가 되었고, 다시 영어에 들어가 지금의 모습으로 바뀌었다.

고대 로마의 최고 정무관인 집정관이 입은 토가는 자주색의 티리안 퍼플tyrian purple로 가장자리가 장식되어 있었다. 이 옷을 토가 프라이텍스타toga praetexta라고 불렀는데, 집정관의 공복이었다. 이보다 더 화려한 토가로는 금색 줄무늬가 있는 티리안 퍼플의 토가 픽타toga picta가 있었다. 이 토가는 개선장군들이 개선식에서 입었다.

✤ 티리안 퍼플 토가를 입은 유스티니아누스 1세

색은 문화적 상징성을 지닌다. 어떤 색은 지배자만의 전유물이었다. 염색에 필요한 자연 염료를 구하기 어려웠기 때문이다. 그런데 자연에서 찾을 수 있는 염료 중에서 가장 귀한 염료가 있었다. 이 염료는 지금의 레바논에 해당하는 페니키아 해안에 서식하는 뿔소라에서만 추출할 수 있었다. 문제는 염색에 필요한 충분한 염료를 얻으려면 수만 마리의 뿔소라가 필요했다는 것이다. 그러다 보니 뿔소라에서 나오는 자주색의 염료는 로얄 퍼플royal purple 또는 임페리얼 퍼플imperial purple로 불렸다. 뿔소라의 고향인 페니키아의 이름 자체가 '자줏빛의 나라'라는 의미를 지닌다.

티리안 퍼플을 구하는 것이 거의 하늘의 별따기처럼 어려워지자, 로마에서는 사치 금지령을 공포해 자주색 염색을 제한한다. 그러다가 4세기에 이르러서는 사치 금지령이 더 강화되어, 티리안 퍼플은 황제가 입는 토가에만 허용되었다. 자주색에 임페리얼 퍼플이라는 상징성이 부여된 것이다. 이제 자주색 의복을 입는 자가 황제라는 의미였다. 특히 비잔틴제국에서는 티리안 퍼플에 대한 통제가 엄격했다. 그리하여 황제 사이에서 태어난 아이는 '자줏빛에서 태어난 아이'라는 포르피로게니투스porphyrogenitus라고 불렸다. 옷의 색상이 신분을 구분하는 말이 된 것이다. 영어의 퍼플purple이라는 말은 그리스어로 포르피라porphyra에서 나온 말인데, 그 어원은 분명하지 않다. 단지 자주색 염료를 얻는 뿔소라를 가리키던 페니키아어에서 나온 것이라고 한다.

10월 23일 │ Nostalgia 향수

수구초심首丘初心이라는 고사성어가 있다. 여우도 죽을 때는 자기가 살던 굴이 있던 구릉을 향해 머리를 둔다는 말이다. 죽어서라도 고향에 묻히고 싶은 마음을 비유한 것이다. 우리 민족에게도 이런 정서가 있다. 하지만 서양인들은 자신이 지금 살고 있는 곳이 고향이라고 생각하는 경향이 많았다. 다시 말해, 새롭게 이주한 곳을 자신의 고향이라고 생각했다. 게르만족과 바이킹족이 대표적이다. 게르만족은 로마제국이 붕괴하자 대규모로 민족 이동을 시작했다. 독일 지방을 중심으로 살던 게르

+ 그리고리 골드슈다인의 〈노스탤지어〉

만족은 지금의 프랑스, 이탈리아, 영국, 스페인을 지나 멀리 북아프리카까지 이주했다. 바이킹의 민족 이동도 이에 못지않다. 스칸디나비아반도와 덴마크에 살던 바이킹은 서유럽은 물론이고 러시아까지 들어가 자신들의 왕국을 세웠다.

하지만 인간은 고향에 대한 향수가 있게 마련이다. 그런 마음은 언어에 고스란히 투영된다. 영어에서 향수를 뜻하는 nostalgia는 이력이 화려한 단어다. 이 단어의 뿌리는 그리스어로 거슬러 올라가는데, 그리스어로 neomai네오마이는 '집으로 돌아간다'라는 뜻이었다. 이 말은 나중에 nostos가 되고 여기에 고통을 뜻하는 algos가 붙어 nostalgia가 되었다. 그러므로 nostalgia의 원래 뜻은 '고향으로 돌아가지 못해 생긴 병'이다.

1830년대 영어의 nostalgia는 해외에 나가 있는 선원이나 감옥에 갇혀 있는 죄수, 아프리카에서 끌려온 노예의 강렬한 향수병을 표현하는 데 사용되었다. 이런 현상은 남북전쟁에서도 병적인 증세로 기록되었다. 전쟁이 발발한 지 2년 동안 총 2,588건의 향수병 증세가 보고되었고, 그중 13명은 목숨까지 잃었다고 한다. 향수병이 우울증으로 악화된 것이다. 그리움을 참으면 병이 되는 법이다.

『구약성경』의 「신명기」에 다음과 같은 구절이 있다.

"동족에게 이자를 받고 돈을 빌려주어서는 안 된다. 돈이든 곡식이든 또 그 밖의 어떤 것이든 이자를 받아서는 안 된다. 이방인에게는 이자를 받아도 되지만 동족에게는 이자를 받으면 안 된다."

✢ 캥탱 마시의 〈고리대금업자와 그의 아내〉

중세 유럽에 살던 이민족 가운데 유대인은 특히 심한 차별을 받았다. 반유대적 법령에 따라서 토지와 노예를 소유할 수 없었기 때문에 상업과 대금업이 유일한 생존 수단이었다. 유대인은 성경에 따라 이민족에게는 돈을 빌려주고 이자를 받았다. 셰익스피어의 희곡『베니스의 상인』에 나오는 고리대금업자 샤일록이 바로 그런 유대인이다.

325년에 열린 니케아공의회에서 교회는 성직자의 고리대금업을 금지했다. 중세 기독교는 이자를 받고 돈을 빌려주는 행위를 죄악으로 여겼고, 악마에게 영혼을 파는 것이라고 믿었다. 성 제롬은 동족뿐 아니라 이방인에게도 고리대금업을 하지 말라고 경고했다. 이렇게 해서 중세 유럽에서는 유대인만 이자 놀이를 할 수 있었다. 결국 서유럽에서 고리대금업으로 재산을 축적한 유대인은 영혼을 파는 악마에 비유되었지만, 사실 유럽인에게는 필요악과 같은 존재였다.

고리대금업자를 의미하는 usurer의 본래 뜻은 돈을 빌려주는 사람이다. 물론 높은 이율로 돈을 빌려주는 사람을 가리켰다. 이 말은 중세 프랑스어 usurier위쥐리에에서 나왔는데, 라틴어로 돈을 빌려주는 사람을 의미하는 usurarius우수라리우스가 그 뿌리다. 돈은 동서고금을 가리지 않고 경우에 따라 행복과 불행을 가져오는 야누스의 얼굴을 하고 있다.

현재 우리가 사용하는 요일 이름은 로마 문
명의 원천인 그리스가 아니라 멀리 메소포타
미아 지방까지 거슬러 올라간다. 천문학에 조
예가 깊었던 고대 바빌로니아인들은 육안으
로 관찰할 수 있는 수성, 금성, 화성, 목성, 토
성 등 다섯 행성에 태양과 달을 포함해 일곱
날의 이름을 붙였다. 순서는 공전 주기가 가장
긴 토성부터 가장 짧은 수성까지로 정했다. 그
러다가 태양을 일주일의 시발점으로 삼아 지
금과 같은 요일 순서가 되었다.

✛ 천둥과 벼락의 신 토르

이후 바빌로니아인들은 점성술을 다룬 '에
누마 아누 엔릴'에서 금성에는 사랑의 여신 이
슈타르, 화성에는 전쟁의 신 네갈, 목성에는 바빌론의 주신主神 마르둑을 배치했
다. 이 전통이 그리스를 거쳐 로마에 전해져 목성은 로마의 주신 주피터에게, 화
성은 미의 여신 비너스에게 바쳐졌다. 태양의 날이었던 일요일은 로마의 국교
가 기독교로 바뀌면서 '주님의 날'로 바뀐다. 스페인어의 도밍고Domingo, 이탈리
아어의 도메니카Domenica, 프랑스어의 디망슈Dimanche가 모두 주님의 날을 의미
한다.

한편 로마제국을 멸망시킨 게르만족은 요일 이름에 자신들이 섬기는 신을 넣
었다. 대표적인 날이 수요일, 목요일, 금요일이다. 수요일Wednesday는 북유럽 신
화의 주신인 오딘Odin의 날이고, 목요일Thursday은 천둥과 벼락의 신 토르Thor의
날이며, 금요일Friday은 미의 여신 프레이야Freya의 날이다. 그리스신화에서 천둥
과 벼락을 관장하는 신이 주신 제우스(로마신화에서는 주피터)인 것에 반해, 게르
만신화에서는 오딘의 아들인 토르Thor가 천둥과 벼락을 관장하고 농업의 신까
지 군림한다. 영어에서 벼락을 의미하는 thunder가 바로 토르에서 나온 말이다.

10월 26일 | Peter Pan 피터 팬

문학

1904년 스코틀랜드 출신의 소설가이자 극작가인 제임스 매튜 배리는 『피터 팬: 자라지 않는 아이』을 발표했다. 이 작품은 훗날 월트 디즈니사의 애니메이션으로 제작되어 많은 어린이의 사랑을 듬뿍 받았다.

✛ 네버랜드에 사는 피터 팬

줄거리는 잘 알려진 것처럼 네버랜드에 사는 고아들의 대장 피터 팬Peter Pan의 이야기다. 어렸을 때 고아가 된 피터 팬은 요정들의 도움을 받아 네버랜드로 가지만, 결국 엄마가 그리워 집으로 돌아간다. 하지만 집에는 이미 동생이 태어나 있었고 자신을 더 이상 그리워하지 않는다. 이를 본 피터 팬은 다시 네버랜드로 돌아가 모험을 즐기며 영원히 아이로 살아간다.

1983년 미국의 심리학자 댄 킬리는 어른이 되어도 정신적으로 어른이 되지 않는 증후군을 '피터 팬 증후군Peter Pan Syndrome'이라고 불렀다. 이후 피터 팬 증후군은 신체적으로나 사회적으로 어른이 되었지만, 아직 보호가 필요한 아이처럼 정신 상태가 머물러 있는 사람을 가리킨다. 이런 증상은 사회적 관계에서 본인의 책임을 크게 느껴 심리적으로 회피하는 사람들에게 자주 발견된다. 또한 성장 과정에서 실패를 많이 경험하지 않아 성인이 되었을 때 겪을 수 있는 시련과 실패를 두려워하기 때문에 생기기도 한다. 피터 팬 증후군은 경제 분야에도 적용된다. 예를 들어, 중소기업이 중견 기업을 거쳐 대기업으로 성장하는 경우, 기업의 규모에 비해 평가받기를 주저하는 현상을 가리킨다.

콜린스 사전에 등장하는 피터 팬은 '어린youthful' '소년 같은boyish' 외에도 '미숙한 사람'을 뜻하는 immature man이라는 의미도 있다.

10월 27일 | **Malaria** 말라리아

의학

인류 역사에서 질병은 수많은 사람의 목숨을 앗아 갔지만, 역사에서는 뜻하지 않은 결과를 초래하기도 했다. 1350년 이탈리아에서 시작된 흑사병은 전 유럽을 강타해 당시 유럽 인구의 1/3가량이 목숨을 잃었다. 그런데 의외의 결과도 있었다. 일단 흑사병으로 많은 소작농이 목숨을 잃었다. 그 결과 노동력이 절대적으로 부족해졌고, 농업 노동자들이 을에서 갑으로 위상이 바뀌었다. 특히 영국에서는 농민들이 프랑스어를 사용하는 지주들과 영어로 협상하기에 이른다. 수백 년간 우위에 있

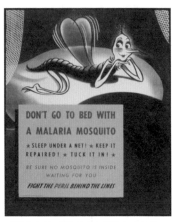

✛ "말라리아모기와 잠자리에 들지 마시오"
제2차 세계대전 당시 말라리아 예방 포스터

던 프랑스어가 흑사병으로 그 자리를 내준 것이다. 사회적 측면에서 보면 농민의 입지가 상승한 것은 낡은 봉건제의 몰락을 의미했다. 경제적인 면에서도 흑사병 이후의 유럽 사회는 근대로 나아가기 위해 현금 기반의 경제로 탈바꿈하고 있었다.

멕시코를 중심으로 번성한 잉카제국이 멸망한 것도 유럽인이 가져온 전염병 탓이었다. 당시 아메리카대륙에는 무려 6,000만 명이 살고 있었는데, 처음 보는 전염병 때문에 인구는 600만 명으로 감소했다. 대표적인 질병은 천연두였다. 원주민들은 천연두에 대한 면역력을 전혀 가지고 있지 않았다.

한 연구에 따르면, 2,000년 전 고대 로마에도 말라리아와 같은 질병이 존재했다는 사실을 유골을 통해 입증했다. 학자들은 유골의 DNA를 분석한 결과 말라리아의 유전자를 발견했다고 한다. 지금은 말라리아가 모기를 통해 감염된다는 것을 알고 있지만, 고대 로마인은 늪지의 나쁜 공기를 통해 감염된다고 생각했다. 사실 늪지의 공기가 아니라 늪지에 서식하는 모기가 감염원이었다. 말라리아라는 말은 이탈리아어로 '나쁜'을 뜻하는 mal과 '공기'를 뜻하는 aria의 합성어다. 음악에서 서정적인 선율을 의미하는 aria도 이와 뜻이 같다.

10월 28일 | **Bidet** 비데

1980년대 중반 필자가 프랑스 유학 시절에 경험한 이야기다. 파리에는 각국의 기숙사 건물이 모여 있는 국제 기숙사촌이 있었는데, 한국은 당시에 독립된 건물이 없었던 터라 남의 나라 기숙사 건물의 일부를 사용하고 있었다. 그런데 당시 기숙사 방에서 난생처음으로 본 물건이 하나 있었다. 방에 설치된 세면대 옆에 변기 모양의 도기陶器가 눈에 들어왔다. 마치 재래식 화장실의 변기 모양처럼 생긴 그 물건의 정체는 바로 비데bidet였다. 여성을 위한 비데를 처음 본 어떤 유학생은 비데에서 빨래를 했다는 웃지 못할 '전설'도 전해진다.

✢ 루이 레오폴드 부아이의 〈비데에 앉아 있는 여인〉

bidet의 철자를 보면 마지막 자음 't'는 발음하지 않는 것으로 보아 프랑스어 냄새가 난다. 실제로 비데는 18세기 초 프랑스 궁정에서 발명된 것으로 알려져 있다. 처음에는 목재를 사용해 이동할 수 있도록 만들었던 비데는 귀부인을 위한 생활 도구였다. 비데라는 이름은 우체국 직원이 타는 작은 파발마를 은유적으로 표현한 단어라고 한다. 당시 비데는 사회적 지위의 표시이자 숙련된 장인이 만든 사치품이었다. 루이 15세의 애첩 퐁파두르 부인을 위해 1751년에 제작된 호화로운 비데는 꽃잎 장식으로 덮여 있었고, 금박으로 치장되어 있었다고 한다.

비데는 위생의 용도를 넘어 에로티시즘의 아이콘으로 자리 잡기도 했다. 19세기 초반에 활동한 프랑스 화가 루이 레오폴드 부아이는 비데에 앉아 있는 여인을 화폭에 담았다. 그림 속의 여인은 작은 말을 닮은 비데에 앉아 있다. 스타킹을 신은 다리도 보이고, 몽환적인 시선은 정면을 응시하고 있다. 오늘날 한국의 집집마다 설치된 비데의 역사가 꽤나 낭만적이다.

10월 29일 | **Entrepreneur** 앙트레프레너

1685년 11월 8일, 브란덴부르크 선제후이자 프로이센의 공작인 프리드리히 빌헬름 1세는 포츠담에서 칙령을 공포한다. 아직 독일의 전신인 프로이센 왕국이 탄생하기 전이라, 프로이센 공작령의 국력은 당시 유럽 최강인 프랑스에 비해 보잘것없었다. 역사는 지나고 나면 당사자

✛ 국외로 이주하는 위그노들

들의 과오나 공적이 드러나는 법이다. 그런 점에서 포츠담 칙령은 프로이센에게는 선진국으로 도약할 수 있는 디딤돌이 되었다.

민저 포츠딤 칙령의 원인 제공자는 딩시 유럽의 절대군주 루이 14세였다. 태양왕은 포츠담 칙령이 공포되기 한 달 전인 1685년 10월에 조부祖父 앙리 4세가 종교의 자유를 보장한 낭트칙령을 폐지한 것이다. 그러자 프랑스의 개신교도인 위그노들은 가톨릭으로 개종하라는 강압을 뿌리치고 국외로 이주해버린다. 이후 20년 동안 프랑스를 떠난 위그노의 수가 무려 1만 4,000~2만 명에 이르렀다. 이 수는 당시 개신교도 전체의 10%이자, 프랑스 전체 인구의 1%에 해당했다. 위그노의 대부분은 프랑스 경제의 중추를 이루고 있던 부르주아 계층이었다. 당시 프로이센의 수도 베를린의 인구는 고작 1만 명도 되지 않았다. 포츠담 칙령 이후 베를린에 이주한 프랑스 위그노의 수는 4,000~5,000명에 이르렀다. 이들 중에는 선진 섬유 산업에 종사하는 장인들이 많았고, 독일은 이때부터 농업국에서 근대 국가로 탈바꿈하게 된다.

역사에서는 종교 박해를 피해 국외로 이주한 위그노를 앙트레프레너 entrepreneur라고 부른다. 신기술과 자본을 가진 창조적 파괴자였던 이들은 당시 프랑스 주변 국가들로 이주해 프랑스의 신기술을 전수했다. 프랑스어 동사 entreprendre앙트르프랑드르는 '기획하다' '꾀하다'라는 의미인데, 여기서 만들어진 말이 '기업'을 의미하는 entreprise(영어의 enterprise)이다. 17세기 유럽의 경제 지도를 바꾼 앙트레프레너는 근대의 혁신가이자 기업가였다.

10월 30일 | **Onomatopoeia** 의성어

스위스의 언어학자 페르디낭 소쉬르는 인간 언어의 특징을 자의적인 기호로 이루어진 체계라고 말한다. 여기서 말하는 '자의적'이란 말은 언어 기호와 그것이 나타내는 의미나 대상과는 아무 관계가 없다는 말이다. 셰익스피어의 『로미오와 줄리엣』에는 "장미꽃을 장미꽃이라고 부르지 않아도 그 향기는 달라지지 않는다"라는 대사가 나온다. 이 말은 장미꽃이라는 말과 장미꽃이라는 대상은 아무런 관계가 없다는 뜻이다.

✥스위스의 언어학자 페르디낭 소쉬르

하지만 인간 언어에도 예외는 있다. 동물의 울음소리를 모방해 만든 의성어(onomatopoeia)가 그것이다. 동물과 관련된 의성어도 언어마다 차이를 보인다. 예를 들어 수탉의 울음소리를 영어에서는 칵-어-두들-두cock-a-doodle-doo, 프랑스어는 꼬꼬리꼬cocorico, 독일어는 키케리키kikeriki, 아이슬란드어는 가깔라구gaggalagú, 북경어는 워워워wowowo라고 부른다. 이렇게 의성어가 차이를 보이는 것은 언어마다 특정 소리가 있고, 동물의 울음소리를 인간의 음성 기관이 따라갈 수 없기 때문이다.[30]

의성어 말고도 시각적, 촉각적, 정신적 감각을 전달하는 말을 의태어라고 부른다. 학자들은 의성어와 의태어를 합쳐 '뜻을 전달하는 말'이라고 해서 표의어라고 부른다. 한국어에는 수천 개의 표의어가 있는데, 이것은 한국어의 대표적인 특징이다. 예를 들어 '감감'은 아득한 모양, '깜깜'은 까맣게 어두운 모양, '빙빙'은 자꾸 도는 모양, '뺑뺑'은 좁은 범위를 자꾸 도는 모양을 구분해 표현한다. 이런 의미의 차이 때문에 외국인에게 무척 낯선 언어로 비친다.

의성어를 의미하는 영어의 onomatopoeia는 그리스어 onomatopoiia오노마토포이아에서 나온 말인데, onomat는 '단어' '이름'이라는 뜻이고, 인도-유럽어의 no-men-(라틴어 nomen, 영어 name)에서 나온 말이다. poiein포이엔은 '만들다' '합성하다'라는 뜻이다. 즉 '이름을 만들다'라는 뜻이다. 영어에서 성명이나 고유명사학을 의미하는 onomastic도 여기서 나온 말이다.

매년 10월 31일은 영미 문화권에서 많은 사
람이 즐기는 핼러윈 데이Halloween Day다. 이
날은 죽은 영혼들이 되살아나기 때문에 귀
신에게 육신을 빼앗기지 않기 위해 살아 있
는 사람들은 귀신보다 더 흉측한 모습으로
변장하고 거리를 누빈다.

÷ 핼러윈의 마스코트 잭오랜턴(호박초롱)

　학자들은 이 풍속이 브리튼섬의 원주민
이었던 켈트족의 축제 '삼하인Samhain'에서 비롯되었다고 말한다. 이 축제는 켈
트 달력의 마지막 날인 10월 31일에 열렸다. 켈트족에게 10월 31일은 한 해의
끝이고 11월 1일은 새해의 시작이었다. 이 축제는 켈트족의 사제 드루이드의 집
전으로 진행되었다. 드루이드는 켈트족의 성직자 집단으로 널리 알려져 있지만,
동시에 법조인, 심판관, 설화구전사, 의료인, 정치자문관이기도 했다.

　이후 브리튼섬이 기독교화되면서 삼하인 축제 역시 기독교의 옷을 입게 된
다. 9세기에 교황 그레고리우스 4세는 11월 1일을 '모든 성인의 날All Saints Day'
이라는 뜻을 가진 Toussaint투생으로 확대시키는데, 한국어로는 '만성절'이라고
부른다. 이날을 가톨릭의 만성절로 삼은 것은 삼하인 축제가 기독교의 품 안으
로 들어왔다는 의미로 볼 수 있다. 일설에 따르면, 가톨릭에서 모든 성인을 모시
는 만성절은 본래 5월이었다고 한다. 그런데 이 무렵은 식량이 부족한 시기이므
로 추수가 끝난 11월 1일에 맞춰 만성절을 정했다는 것이다.

　핼러윈Halloween은 가톨릭의 '만성절 전날'이라는 뜻이다. All Hallows'
Even(ing)이 줄어서 Halloween이 되었다. Hallows는 '성스러운'이라는 뜻이고,
스코틀랜드어에서는 저녁을 의미하는 이브eve를 even이라고 하는데 even에서
'v'가 탈락돼 een으로 축약되었다.

11월

November

라틴어에서 9를 뜻하는 novem노벰에서 유래한 11월은 겨울을 준
비하는 계절이다. novem은 로마신화에서 운명의 실을 뽑아내는
여신의 이름 Nona노나에 나왔는데, 이것은 태아가 엄마 뱃속에서
아홉 달 동안 있기 때문이다.

11월 1일 | **Jargon** 전문 용어

한국은 드라마의 왕국이다. 그런데 의사
들이 주인공인 경우 메디컬 드라마는 한
국 드라마인데도 불구하고 특별히 자막
이 등장한다. 의사들이 일상적으로 사용
하는 전문 용어가 시도 때도 없이 나오기
때문이다. 예를 들어, 심장 종양은 '카디악
튜머cardiac tumour', 자궁 외 임신은 '엑토
픽 프레그넌시ectopic pregnancy', 개흉 심장
마사지는 '오픈 카디악 마사지open cardiac
massage'라고 말하는데, 일반인은 도저히
알아들을 수 없는 용어다.

✛ 문학 작품 중 초서의 『캔터배리 이야기』에서
'jargon'이라는 단어가 처음 등장했다

　전문 용어의 사용은 다른 영역에서도 흔히 볼 수 있다. 비즈니스에서 많이 사
용되는 전문 표현을 보자. drill down은 더 많은 정보를 찾기 위해 관련 텍스트
나 아이콘을 클릭하는 것을 말한다. 드릴로 뚫고 들어가는 동작에 비유한 표현
이다. 낮게 달린 과일이라는 low-hanging fruit이라는 용어도 있는데,[31] 이 표현
은 가장 쉬운 작업이나 쉽게 달성할 수 있는 목표를 가리킨다.

　정치 분야에서도 특정 표현들이 많이 사용된다. 미국 대통령 선거에서 대통령
후보가 확장성이 넓은 파트너를 선택할 경우 balancing the ticket이라는 용어를
사용한다. 여기서 말하는 균형이란 지지자들의 지역과 이념 분포의 균형을 가리
킨다. 즉, 대통령 후보에게 유권자들이 부족한 경우 파트너의 지지자들을 끌어
들여 균형을 맞춘다는 의미다.

　특정 전문 분야의 용어를 영어에서는 jargon이라고 부른다. 본래 jargon은 프
랑스어인데, '알아들을 수 없거나 재잘거리는 말'을 의미했다. 여기서 '쓸데없는
이야기'라는 뜻이 생겨났고, 17세기 중반에 이르면 '특정 집단이나 직업과 관련
된 언어'를 의미하게 되었다. 한편 jargon은 은어나 속어를 의미하는 slang과는
다르다. slang이 단순히 허물없고 사적인 용도의 언어라면, jargon은 특정 집단
의 언어라는 점에서 차이를 보인다.

| 11월 2일 | # Knock on wood!
부정 타지 않게 해주세요! | 문화 |

유학 시절 프랑스 친구 집에 초대를 받아 간 적이 있다. 새해를 맞이하는 모임이라 여러 명이 식탁에서 축하 파티를 하고 있었는데, 집주인이 일행이 몇 명인지 궁금했는지 머릿수를 세었다. 그런데 그날 모인 사람들의 수가 딱 13명이었다. 그러자 집주인이 난감한 표정을 지었다. 하지만 재빠르게 그 친구는 집에서 기르는 개를 가리키며 "14명이네"라고 말했다.

✛ 복수의 여신 네메시스

우리가 '4'라는 숫자를 기피하듯 서양에서는 '13'이라는 수가 금기시된다. 그중에서도 13일의 금요일은 가장 불길한 날이다. 사실 금요일이 불길한 날이 된 것은 성경에서 그 유래를 찾을 수 있다. 예수가 십자가에 못 박힌 날이 금요일이기 때문이다.

영어권 사람들은 한창 자기 자랑을 하다가 아차 싶어서 탁자를 손으로 톡톡 치곤 한다. 이 동작을 knock on wood라고 하는데 영국인들은 knock 대신에 touch를 사용한다. 예를 들어, 어떤 사람이 "나는 지금까지 한 번도 병원에 입원한 적이 없어"라고 말하자마자 탁자를 손으로 톡톡 친다. 자신이 뱉은 말을 바로 후회한 것이다. 그리스신화에 등장하는 네메시스 같은 복수의 여신이 자신을 잡아갈 것 같은 불길한 기운을 날려버리기 위해서다.

그리스신화에서 니오베만큼 불행한 여인도 없을 것이다. 그녀는 일곱 명의 아들딸을 둔 행복한 여인이었지만, 아폴론과 아르테미스의 어머니인 레토 여신을 조롱하고 다녔다. 말이 씨가 되었을까? 레토 여신은 아폴론과 아르테미스를 시켜 니오베의 자식들을 모두 활을 쏴 죽게 만든다. 인간은 신을 넘어설 수도 없고, 신 앞에서는 늘 겸손해야 하는 법이다. 특히 말이 씨가 된다는 말처럼 항상 자신의 언행을 조심해야 한다.

11월 3일 | **Spill salt** 소금을 쏟다

소금은 불과 함께 인류 문명 발달에 중요한 역할을 했다. 고대 이집트에서는 미라를 만들 때 시신을 소금물에 담갔고, 고대 이스라엘에서는 소금을 땅에 뿌려 비옥한 토지로 만들었다. 특히 식품을 저장해 보관하는데 소금은 필수 수단이었다. 그중에서도 북대서양에서 많이 잡히는 대구

⁜ 독일 할레의 소금 공장(1670)

를 염장해 보관하게 된 이후에는 세계사의 흐름마저 뒤바뀔 정도였다.

생선의 염장법은 이미 고대 이집트 시대에 널리 알려져 있었다. 그들은 나일강에서 많이 잡히는 생선을 소금에 절여 햇빛에 말리면 오랫동안 보관할 수 있다는 사실을 알고 있었다. 이렇게 염장한 생선은 지중해 연안 지방에서 널리 유통되었다. 그런데 중세 유럽으로 세계사의 주 무대가 바뀌자 어장의 중심이 대서양으로 옮겨 갔고 대표 어종도 대구로 바뀌었다.

본래 대구는 북대서양에서 많이 잡히는 생선이었다. 특히 바이킹이 거주하는 북해 연안에는 대규모 대구 어장이 형성되었고, 대구는 바이킹의 주식으로 자리 잡는다. 그런데 대구가 너무 많이 잡혀 저장하는 데 문제가 있었다. 이 문제를 해결해준 것이 바로 염장이었다. 이렇게 북유럽의 염장 대구는 이제 바이킹의 식량을 뛰어넘어 주요 교역품으로 자리 잡았다.

대구의 염장을 가능하게 만든 소금은 고대 로마 시대부터 중요한 식품이었을뿐만 아니라, 소금 자체도 중요한 상징성과 의미를 내포하고 있었다. 로마인은 맛과 특성이 변하지 않는 소금을 변함없는 우정, 성실, 맹세의 상징으로 여겼다. 성경에 나오는 '소금의 맹세'도 같은 맥락에서 나온 표현이다.

이렇듯 소중한 소금을 식탁에 쏟는다고 상상해보라. 영어에는 '소금을 쏟다'라는 뜻으로 spill salt라는 표현이 있는데, 이 말은 불길한 전조를 가리킨다. 반면, 포도주를 식탁에 쏟는 행위는 포도주가 물과 섞이지만 않으면 좋은 징조로받아들인다.

11월 4일 | It's all Greek to me!
하나도 모르겠어!

고대 로마사의 격동기인 기원전 1세기 무렵에 등장한 영웅으로는 카이사르와 키케로를 꼽을 수 있다. 두 인물은 로마 공화정에서 뚜렷한 족적을 남겼다. 둘 다 공화정 최고의 실력자인 집정관에 올랐지만, 그 과정은 사뭇 달랐다. 전통적으로 전쟁 경험이 있는 원로원 의원이 집정관을 역임했지만, 키케로는 전투에 한 번도 나간

⚜ 연설하는 웅변가 키케로

경험이 없던 집정관이었다. 다시 말해, 입으로 공화정 최고의 자리에 오른 것이다. 반면, 카이사르는 전형적인 군인이었다. 갈리아 지방을 정복할 무렵 카이사르의 인기는 하늘을 찌를 정도였다. 그런 까닭에 공화파에게 제국을 건설하려는 카이사르는 공공의 적이었다.

셰익스피어는 카이사르를 주인공으로 하는 『줄리어스 시저의 비극』을 집필해 1599년 무대에 올렸다. 이 희곡에는 카스카라는 인물이 웅변가 키케로의 연설을 듣는 장면이 나온다. 그런데 키케로는 라틴어가 아닌 그리스어로 연설하기 시작했다. 그러자 카스카는 "It was Greek to me"라는 대사를 내뱉는다. "마치 그리스어처럼 하나도 모르겠어"라는 말이다.

로마의 식자층은 그리스어를 고전 언어의 전범典範으로 여겼다. 그리스어는 교양과 학문의 척도였다. 카이사르가 이집트의 클레오파트라 여왕과 연애할 수 있었던 것도 그가 다른 로마 지식인들처럼 그리스어를 능숙하게 구사할 수 있었기 때문이다. 클레오파트라 여왕도, 비록 이집트의 여왕이지만 그리스 계통의 프톨레마이오스 왕조의 후손이었다.

현대 영어에서 "What you say is all Greek to me"라는 표현은 "네 말은 도대체 하나도 이해할 수 없어"라고 번역할 수 있다.

정치

11월 5일 │ **Ostracism** 도편추방제

고대 그리스인들은 민주정치의 시금석을 놓은 민족이다. 그런데 고대 사회의 특성상 절대 권력을 잡으려는 자는 항상 존재했다. 이런 경우 참주僭主가 되려는 자를 시민들은 투표로 도시에서 추방했는데, 이 제도를 '도편추방제ostracism'라고 불렀다. 시민들은 정권을 독점하려는 자의 이름을 도편, 즉 도자기 파편에 적었다. 이런 전통은 멀리 고대 이집트까지 거슬러 올라간

+ 도편추방제에 사용된 도자기 파편

다. 고대 이집트에서는 파피루스에 글씨를 적고 그림을 그렸지만, 파피루스는 습기 때문에 보존에 문제가 있었다. 그래서 도자기 파편을 이용해 기록하고 그림을 그린 것이 지금도 전해져 내려온다. 고대 그리스의 도편과 차이가 있다면 이집트의 도편은 단순한 기록의 도구였다는 것이다.

고대 그리스인은 해마다 집회를 열어 국가에 가장 위험한 인물을 도편에 적어 투표했다. 각자는 가장 혐오스럽고 위험한 인물의 이름을 도편에 적어 투표함에 던졌다. 여기서 사용된 도편을 그리스어로 오스트라콘ostrakon이라고 불렀는데, 이 단어는 조개껍데기에서 나온 말이다. 영어로 '굴'을 의미하는 oyster와 그 뿌리가 같다. 현재 영어에서 ostracism은 도편추방제 외에도, 사람에 대한 '배척' 또는 '외면'이라는 뜻으로도 쓰인다. ostracism의 어원은 인도-유럽어까지 거슬러 올라가 ost-r에 이르는데, '뼈'를 의미했다. 여기서 나온 그리스어가 '뼈'를 의미하는 osteon오스테온이고, '굴'을 의미하는 그리스어 ostreion오스트레이온도 그 뿌리가 같다. 영어에서 굴 양식을 ostreiculture라고 하는데, 양식을 의미하는 culture가 뒤에 붙어 만들어진 말이다.

11월 6일 | **Will** 의지

윌리엄William이란 이름은 잉글랜드의 역사와 인연이 깊다. 정복왕 윌리엄 1세는 프랑스 계통의 노르만 왕조를 창건하고, 그의 후손들은 지금의 윈저 왕조에 이어지고 있다. 그래서인지 얼마 전 영국 왕이 된 찰스 3세의 아들 이름도 윌리엄이다.

✛ 영국 왕 윌리엄 3세

명예혁명의 주인공 윌리엄 3세도 잉글랜드 역사 발전에 지대한 공을 세운 인물이다. 그는 아내인 메리 2세와 함께 잉글랜드를 공동 통치했다. 잉글랜드 왕위에 오른 윌리엄 3세는 이후 네덜란드의 장인匠人과 기술자를 대거 영입했다. 특히 네덜란드로 망명한 프랑스의 위그노와 프랑스에 남아 있던 위그노를 적극적으로 받아들였다. 이것은 신교도를 보호하려는 정책이었지만, 이면에는 프랑스 사회의 중추인 위그노를 영입해 영국의 산업을 부흥시키고자 하려는 의지의 표현이었다. 즉, 프랑스의 앙트레프레너를 대거 영국으로 이주시킨 것이다. 베르사유궁전의 가구 제작자인 다니엘 마로 같은 앙트레프레너도 영국으로 이주해 윌리엄 3세를 위해 일했다. 그 결과 영국은 유럽에서 가장 먼저 산업혁명을 완수한 나라가 되었다.

영어의 will은 조동사로 자주 쓰이지만, 명사로는 '의지'라는 뜻도 있다. 여기에 영어의 헬멧helmet을 뜻하는 독일어 helm헬므가 붙으면 빌헬름Wilhelm이라는 독일인 이름이 만들어진다. 이 이름은 노르망디 지방에 들어가 윌롬Willaume이 되었고, 영어에서는 윌리엄William이 되었다. 윌리엄의 뜻은 투구같이 강한 의지를 가진 사람이다. 참고로 파리 지방에서는 윌리엄을 기욤Guillaume으로 불렀다. 영어의 guarantee와 warranty 중 전자는 파리 지방의 프랑스어이고, 후자는 노르망디 지방의 말이다. 영어의 '피호보자'를 뜻하는 ward와 '간수'를 뜻하는 guard도 마찬가지다. 영어에는 철자는 다르지만 의미는 유사한 단어가 많은데, 그 배경에는 프랑스어 수입원이 다르다는 사실이 있다.

11월 7일 | **Gordian knot** 고르디우스의 매듭

서양 정복의 역사에서 마케도니아의 알렉산드로스대왕은 빠지지 않는 위인이다. 기원전 333년 알렉산드로스대왕이 페르시아 원정에 나섰을 때 있었던 일이다. 알렉산드로스대왕의 군대는 지금의 터키 지방인 프리지아의 고르디움Gordium을 지나고 있었는데, 거기서 잠시 휴식을 취하게 되었다. 고르디움에는 유명한 낡은 전차 한 대가 있었다.

✛ 고르디우스의 매듭을 단칼에 잘라버리는 알렉산드로스대왕

본래 이 전차는 고르디우스Gordius라는 농부의 소유였는데, 이 농부는 훗날 프리지아의 왕에 등극한다. 만지는 것마다 황금으로 변하게 했다는 마이다스가 고르디우스의 아들이었다. 제우스는 고르디우스에게 독수리를 한 마리 내려보냈고, 이 독수리는 전차의 멍에 위에 사뿐히 내려앉았다. 이때부터 이 멍에는 황제의 권력을 상징하게 되었다. 이 멍에에 묶인 매듭을 푸는 사람은 아시아의 맹주가 된다는 전설이 내려오고 있었다.

이 소식을 들은 알렉산드로스대왕은 매듭을 풀려고 마음먹는다. 정복자에게는 걸림돌이란 존재할 수 없지 않은가. 하지만 여러 번 꼬여 있는 매듭이 쉽게 풀릴 리가 없었다. 범부凡夫 같으면 포기하지만 알렉산드로스대왕은 달랐다. 칼집에서 칼을 꺼내 단칼에 매듭을 두 동강 내버린 것이다. 신들도 천둥으로 알렉산드로스대왕의 해결책에 화답했다. '고르디우스의 매듭을 자른다cut the Gordian knot'는 순전히 완력에 의해, 또는 규칙을 완전히 무시한 채 문제를 해결할 때 사용하는 표현이다. 영어 문장 "He cut the Gordian knot in difficult situation"은 "그는 어려운 상황에서 일을 단번에 해결했다"라고 직역할 수 있다. 우리 식으로 다시 표현하면 "단칼에 문제를 해결하다"가 적절해 보인다.

11월 8일 | **Cynic** 냉소주의자

문학

5252525252525252525252525252525252525252525252525252525252525252525252525252

안티스테네스는 본래 소크라테스의 제자였다. 그는 아테네 근처에 학원을 차리고 "물욕은 덧 없는 것이니 남의 눈을 의식히지 말고 나만의 덕을 추구하면 그것이 최선이다"라고 가르쳤 다. 아테네의 수많은 젊은이가 안티스테네스의 말에 공감했지만, 대부분의 다른 아테네 시민 들은 그를 독선적인 사람이라고 여겼다.

✢ 견유학파 철학자 안티스테네스

안티스테네스가 차린 학원의 이름은 키노사 르게스Cynosarges였는데, 그리스어로 '개 같은' 이란 의미의 키니코스Cynikos와 발음이 유사했 다. 아테네 사람들은 쾌재를 불렀다. 가뜩이나 마음에 들지 않던 안티스테네스의 학원에 이보다 좋은 이름이 어디에 있단 말 인가? 훗날 아테네 시민들은 안티스테네스의 개 같은 선비들의 무리에게 견유 학파犬儒學派 즉, 키나코스학파Cynikos라는 이름을 붙여주었다. 안티스테네스의 제자인 디오게네스가 훗날 "왜 당신들을 개라고 부르나요?"라는 질문을 받고 다 음과 같이 대답했다고 한다.

> "적선하는 분에게는 꼬리를 치고, 뼈다귀 하나 안 던져주는 사람에게는 왈왈 짖고, 악당 같은 놈은 확 물기 때문이다."

이후 견유학파에서 나온 cynic 또는 cynical이라는 말이 영어에 들어온다. 그 리고 16세기의 극작가 로버트 그린은 cynical을 '원래 마음이 차갑거나, 아니면 자존심 때문에 관심이 없는 태도'라는 의미로 사용한다. 현대인이 가장 먼저 버 려야 할 마음은 '냉소적'이라는 의미의 cynical한 마음일 것이다.

1789년에 7월 14일에 일어난 프랑스
혁명은 세계사의 흐름을 뒤바꾼 역사
적인 사건이었다. 물론 영국에서는 그
전에 청교도혁명이나 명예혁명이 일어
나 군주를 처형했다. 하지만 그 혁명은
귀족이나 부르주아가 중심이었다. 프
랑스혁명은 주체가 일반 민중과 부르
주아였다는 점에서 앞선 혁명과는 분
명히 구분된다.

✛테르미도르의 쿠데타

　프랑스혁명 이후에는 두 개의 변곡
점이 찾아온다. 첫 번째는 1794년 '테
르미도르의 반동'으로 불리는 정변인데, 로베스피에르 같은 과격파의 몰락으로
이어졌다. 두 번째는 1799년 11월 9일에 일어난 '브뤼메르의 쿠데타'로 나폴레
옹은 총재 정부를 전복시키고 스스로 통령consul이 되었다. 고대 로마에서 집정
관으로 불린 consul이 다시 살아난 것이다. 프랑스혁명과 관련된 정치적 사건
에 붙은 낯선 이름들, 즉 테르미도르 또는 브뤼메르는 혁명력에서 나온 달의 이
름이다. 테르미도르Thermidor는 한여름인 7월을 가리키는데, 그리스어로 더위를
뜻하는 thermos테르모스에서 나왔고, 11월을 가리키는 브뤼메르Brumaire는 안개
를 의미하는 프랑스어 brume브륌에서 나왔다.

　쿠데타의 사전적 정의는 군대 등을 이용해 무력으로 정권을 탈취하는 정치적
행위를 가리킨다. 나폴레옹이 일으킨 브뤼메르의 쿠데타가 전형적인 예다. 역사
는 늘 올바른 방향으로 전개되지는 않는 법이다. 프랑스혁명이 반혁명적인 정
변을 야기했으니 말이다. 쿠데타Coup d'État라는 말은 프랑스어에서 나왔다. 본래
프랑스어에서 coup쿠는 '일격'을 뜻한다. 그리고 état에타는 '국가'라는 뜻인데 영
어의 state에 어원을 제공한 말이기도 하다. 그러므로 쿠데타라는 용어는 말 그
대로 국가에 일격을 가하는 정치적 행위를 의미한다. 영어에서는 줄여서 coup
라고도 말한다.

11월 10일 | **Thorn in my side** 골칫거리

종교

『신약성경』의 「고린도후서」에는 다음과 같은
말이 나온다.

> "여러 계시를 받은 것이 지극히 크므로 너무
> 자만하지 않게 하시려고 내 육체에 가시, 곧
> 사탄의 사자를 주셨으니 이는 나를 쳐서 너
> 무 자만하지 않게 하려 하심이니라."

원문에는 자만 대신에 자고라고 적혀 있고,
사탄은 사단으로 표기되어 있지만 독자들의
이해를 돕기 위해서 현대 표현으로 바꾸었다.

✝회심한 사도 바울

이 구절에서 하느님의 계시를 받은 주체는 사도 바울이다. 그는 본래 예수를 믿
는 자들을 앞장서서 박해하던 사람이었으나 예수의 음성을 듣고 회심해 기독교
초기 신앙에 막대한 영향을 미친 인물이 되었다. 회심하기 전 바울의 이름은 '큰
사람'이라는 뜻의 사울이었다. 혹자는 "예수가 없었으면 바울도 없었겠지만, 바
울이 없었다면 기독교도 없었을 것이다"라고 말한다.

사도 바울은 자기가 없는 틈을 타서 교회에 들어간 적대자들과 논쟁을 벌이
고 스스로 성령을 충만하게 받았지만, 그것을 시험하기 위해 하느님이 이교도들
을 자신에게 보냈다고 믿었다. 여기서 이교도들은 팔레스타인인을 가리킨다. 성
경에 나오는 내 육체의 가시는 thorn in my flesh인데, 육체 대신 '옆구리'를 뜻
하는 side라는 말도 함께 사용된다. 즉 영어에서 '옆구리의 가시'는 골칫거리 혹
은 짜증 나게 하는 사람을 가리킨다. "He has always been a constant thorn in
my side"는 "그는 항상 나에게 귀찮은 존재야"라는 말이다.

11월 11일 | **Chapel** 예배당

종교

가톨릭에서 11월 11일은 성 마르티노 축일이다. 영어로 마틴, 프랑스어로 마르탱이라는 흔한 이름은 바로 이 성인의 이름에서 유래한 것이다. 그렇다면 성 마르티노는 어떤 삶을 살았을까?

마르티노는 지금의 헝가리에 해당하는 로마의 속주 사바리아에서 태어났다. 그는 10살 때 부모의 뜻을 거스르고 회심해 예비 신자가 되었고, 밀라노칙령에 따라 기독교를 받아들였다. 15살에는 로마 병사로 징집되어

✛ 망토를 잘라 걸인에게 건네주는
성 마르티노

지금의 프랑스인 갈리아 지방에서 복무했다. 그런데 갈리아 지방에서 군 복무를 하던 마르티노에게 운명을 바꾼 사건이 일어난다.

어느 날 마르티노는 갈리아 지방의 북부에 위치한 아미앵 성문 앞에서 초라한 걸인을 만난다. 걸인을 보자 측은한 마음이 든 마르티노는 몸에 걸치고 있던 망토의 절반을 잘라 건네주었다. 그날 밤 마르티노는 꿈에서 자신이 벗어준 망토를 걸치고 있는 예수를 만났다. 꿈에서 예수는 천사에게 "마르티노가 아직 예비 신자이지만 자신에게 이 망토를 주었다"라고 말했다. 꿈에서 깬 마르티노는 반만 남은 망토를 찾았다. 그런데 망토는 찢어진 모습이 아니라 온전한 모습으로 옷걸이에 걸려 있었다. 이렇게 자신의 신앙심을 확인한 마르티노는 18살에 세례를 받았다고 한다.

마르티노의 망토는 이후 성물이 되었고, 프랑크왕국의 메로빙거왕조 군주들의 기도실에 보관되었다. 이후 성 마르티노의 망토를 관리하는 사제를 카펠라누cappellanu라고 불렀는데, cappa는 라틴어로 '작은 망토'를 뜻한다. 이후 cappellanu는 프랑스어에서 샤플랭chapelain이 되고 영어에서는 채플린chaplain이 된다. 두 단어 모두 '마르티노의 망토를 지키는 자'라는 의미다. 여기서 '망토를 지키는 작은 예배당'을 의미하는 라틴어 cappella카펠라가 만들어지고, 이후에 프랑스어의 chapelle샤펠과 영어의 chapel채플이 나왔다.

11월 12일 | **Etymology** 어원

언어를 연구하는 학자들은 한국어를 일본어와 동일 계열의 언어로 분류한다. 국어학자들은 한국어를 알타이 계통의 언어라고 부르는데, '알타이'라는 지명은 시베리아와 몽골과 카자흐스탄이 만나는 지역에 있는 산맥에서 나온 말이다. 알타이는 터키어와 몽골어로 '금金'을 가리키는 말이라고 한다. 역사학자들은 신라 왕

✛ 나무처럼 여러 갈래로 뻗어 나가는 언어

조에서 박씨와 석씨 다음으로 등장한 김씨 왕조를 황금의 왕조라고 부르는데, 찬란한 신라의 금관이 이들의 고향을 말해주고 있는지도 모른다.

한국어와 일본어를 알타이 언어에 포함시킨다면 두 언어 사이에는 친족 관계를 보여주는 공통점이 있어야 한다. 눈[雪]을 가리키는 영어의 snow와 라틴어의 nivea는 두 단어가 같은 뿌리에서 나왔음을 보여주는 예다. 라틴어에서는 초성의 s가 탈락해 nivea가 되었으므로 두 단어는 친척 간이다. 그렇다면 한국어와 일본어도 이런 사례가 있을까? 물론 있다. 일본에서 섬을 의미하는 도島는 '시마しま'라고 읽는데 우리말의 '섬'과 발음이 유사하다. 받침이 없는 일본어의 특징을 고려하면 알 수 있다. 이밖에도 하늘의 '해'를 일본어에서는 '일日'이라고 쓰고 '히ひ'라고 읽는다. 일본어에서는 조일朝日을 '아사히'로 읽는데, 우리말의 '아침 해'와 유사해 보인다.

말의 뿌리를 연구하는 학문을 어원학etymology이라고 부른다. 이 말은 중세 프랑스어 etimologie에서 나왔는데, 다시 그 뿌리를 거슬러 올라가면 라틴어를 거쳐 그리스어 etymologia에티몰로기아에 닿는다. 한 단어의 진정한 기원을 분석하는 학문을 의미한다. 그리스어 etymos는 '진실'을 뜻하고, -logia는 '학문'을 가리킨다.

살다 보면 누구나 가끔은 화가 날 때가 있다. 현명한 사람은 화가 날 때 10초만 참아보고 그래도 화가 안 풀리면 그때 가서 화를 내라고 조언한다. 고대 로마 인들도 다음과 같은 경구警句를 우리에 게 전한다. "분노를 치유하는 것은 참는 것이다." 라틴어로 "Remedium irae est mora"라고 하는데, remedium레메디움은

❖ 제1차 세계대전 이후 독일의 정권을 잡은 나치스

영어의 remedy의 어원이며, mora모라는 '지체'나 '불이행'이라는 의미로 영어에 그대로 차용되었다.

제1차 세계대전의 패전국 독일은 승전국들에게 1,320억 달러의 엄청난 배상 금을 지불해야 했다. 독일 정부는 해외에서 단기 차입금으로 배상금을 갚아나갔 으나 출구가 보이지 않았다. 이런 정세를 틈타 히틀러가 이끄는 나치스가 정권 을 잡자 해외 자본의 유출이 급증하면서 독일 경제는 파산 직전까지 몰리게 되 었다. 그러자 독일은 채무의 지급유예를 선언해 가까스로 파국을 면했다. 이때 사용된 용어가 바로 모라토리엄moratorium이다. 라틴어의 mora에 '사물이나 행 위를 하는 장소' 또는 중성 명사를 만드는 접미사 -ium이 붙어 만들어진 말이다.

-ium이 붙어서 만들어진 라틴어는 영어에서 흔하게 찾아볼 수 있다. 라 틴어로 '듣다'라는 동사 audio는 우리에게 친숙한 오디오audio의 뿌리인데, auditorium은 '강당'을 의미하고, '물'을 의미하는 aqua에 -ium이 붙으면 '수족 관'을 뜻하는 aquarium이 된다. 마찬가지로 국민의 의견을 수렴하는 국민투표 referendum는 '조사하다' '참조하다'를 뜻하는 라틴어 동사 referre레페레의 중성 동 명사 referendum에서 나온 말이다. '체육관'을 의미하는 gymnasium은 그리스어 로 '체력 운동'을 의미하는 gymnasion에 -ium이 붙어 만들어진 단어고, '경기장' 을 뜻하는 stadium 역시 그리스어로 길이의 단위인 stadion에서 나온 말이다.

11월 14일 | **Mayonnaise** 마요네즈

음식 🍴

어느 집이든 냉장고를 열어보면 마요네즈mayonnaise 소스를 쉽게 찾을 수 있다. 그만큼 마요네즈는 한국인에게도 친숙한 소스로 자리를 잡았다. 마요네즈의 철자를 보면 프랑스어의 냄새가 짙게 풍긴다. 과연 마요네즈는 식도락의 나라인 프랑스가 원조일까? 마요네즈의 어원을 찾아보면 이 소스의 이름은 프랑스어가 맞지

÷ 메노르카섬의 항구 마온

만, 유래는 지중해 메노르카Menorca섬의 항구 마온Mahón에서 유래했다는 것이 정설이다.

1756년 6월 28일 메노르카섬 근해에서는 프랑스-스페인 연합 함대와 영국의 함대가 전투를 벌였다. 최초의 세계대전이라고 할 수 있는 7년 전쟁이 시작된 것이다. 이 전쟁은 신흥 강국 프로이센과 오스트리아, 그리고 영국과 프랑스의 대결로 압축되었는데, 유럽의 강국들이 대부분 참전한 18세기의 세계대전이었다. 특히 영국과 프랑스는 북미 대륙의 패권을 놓고 첨예하게 대립하던 무렵이었으므로 승자가 유럽의 패자를 넘어 북미의 패자로 자리매김할 수 있는 중요한 전쟁이었다.

영국과 프랑스의 해군은 스페인 동쪽의 메노르카섬에서 격돌했는데, 프랑스군이 영국군을 제압하고 메노르카섬의 항구 마온에 입성한다. 당시 프랑스 정계의 일인자 리슐리외 추기경은 섬의 함락을 기념하고자 새로운 소스를 조리장에게 주문한다. 이 소스는 달걀노른자에 우유 버터 같은 식재료를 섞어 만들었다. 그리고 추기경은 원주민들과 이 소스를 나눠 먹고 이름을 '마온 풍의 소스'라는 의미로 '마오네즈mahonnaise'라고 붙였다. 그 후 이 소스의 이름이 기록된 최초의 자료는 1807년에서야 나타난다. 마온에서 마요네즈가 만들어지고 무려 반세기가 지난 시점이다.[32]

11월 15일 | **Misogynist** 여성을 혐오하는 남자

철학

비판철학의 창시자인 독일의 임마누엘 칸트는 프로이센의 쾨니히스베르크에서 태어났다. 쾨니히스베르크는 지금은 러시아의 영토가 되어 이름도 칼리닌그라드로 바뀌었지만, 칸트가 태어난 18세기만 해도 독일의 전신인 프로이센의 땅이었다. 이 도시에서 태어나 죽을 때까지 고향을 떠나지 않았던 칸트는 유명한 일화를 남겼다.

÷ 독일의 철학자 임마누엘 칸트

칸트는 80세까지 완벽한 스케줄에 따라 생활했는데, 특히 매일 정해진 시간에 산책을 했다는 일화는 너무나 유명하다. 그는 새벽 5시에 기상하고 오후 3시 반에는 어김없이 산책에 나섰는데, 시민들은 산책하는 칸트를 보고 시계를 맞췄다고 한다. 하지만 시계 같은 칸트도 산책 시간을 어긴 적이 딱 한 번 있었다. 바로 루소의 『에밀』을 읽다가 시간을 놓쳤다고 한다.

위대한 철학자 칸트도 남녀평등에 관해서는 일종의 편견을 가지고 있었다. 그는 다소 안티페미니스트의 경향이 있었는데, 예컨대 여성은 나약한 존재이므로 남성의 보호를 받아야 한다고 생각했다. 또한 여성은 집안일을 맡고, 남성은 대사大事를 책임져야 한다고 생각했다. 칸트의 여성 경시 또는 혐오증은 계몽사상가 루소에게서도 잘 나타난다. 루소는 『사회계약론』에서 남성은 여성이 단지 성적 만족을 위해 필요하다고 주장했다. 반대로 여성은 자신을 보호해줄 남성이 필요하며, 이를 위해 아내의 역할을 다해야 한다는 것이 루소의 생각이었다.

영어에는 misogynist라는 말이 있는데, '여성을 혐오하는 남자'를 가리킨다. miso는 그리스어로 '증오하다'라는 뜻이며, gyn-은 '여성'을 가리킨다. 의학에서는 산부인과를 gynecology라고 부른다. 사람을 싫어하는 사람은 '인간'을 뜻하는 anthrope에 miso를 붙여 misanthrope라고 부른다.

Analogue & Digital
아날로그와 디지털

11월 16일

문화

1701년 북경에서 선교 활동을 하던 프랑스 신부 부베는 신기한 그림 하나를 입수했다. 『주역』의 64괘를 그린 괘상도였다. 우리나라의 태극기 주위에 그려져 있는 건곤감리 4개의 괘卦도 이 64괘 가운데 속해 있다. 64괘는 긴 막대와 짧은 막대를 최소 6개에서 최대 12개를 조합해 우주, 자연, 인간을 표현할 수 있다. 태극기의 건乾은 하늘, 봄, 동東, 인仁, 부父, 강건剛健을, 곤坤은 땅과 여름을, 감坎은 물, 겨울을, 리離는 불과 가을을 상징한다.

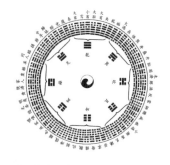

⊹ 『주역』의 64괘를 그린 괘상도

부베 신부는 이 그림을 독일의 철학자 라이프니츠에게 보내주었다. 라이프니츠는 괘상도에서 영감을 얻어 모든 수치를 0과 1의 조합으로 치환하는 방법을 발명했는데, 오늘날 우리가 컴퓨터에서 사용하는 2진법이 이렇게 만들어졌다.

본래 인간은 자연 세계를 아날로그 방식으로 인식한다. 붉은색과 파란색을 보고 두 색상의 차이를 인식할 수 있지만, 동시에 그 중간 색상도 다양하게 감지할 수 있다. 마찬가지로 인간의 감정 중 좋은 감정과 싫은 감정 사이에 또 다른 수많은 감정이 존재하는데, 그 차이는 아날로그적인 차이를 통해 표현할 수 있다. 이런 점에서 디지털 시대에 태어난 신세대는 아날로그 세대의 불분명한 언어를 이해하기 어려울지도 모른다.

영어의 아날로그analogue라는 말은 프랑스어에서 온 말로, 그 뿌리는 라틴어 analogus아날로구스에 닿아 있다. 이 말은 다시 그리스어 analogos아날로고스로 거슬러 올라가는데, '~을 통해' '~에 따라'를 의미하는 ana-와, '비율'을 의미하는 logos로 이루어져 있다. 즉, 아날로그는 비율에 따라 사물을 분간하는 방법을 말한다. 예를 들어, 푸른색의 비율이 조금 부족하면 푸르스름하다라고 말하는 것이 아날로그적 표현이다. 한편, 디지털의 어원은 '손가락'을 뜻하는 라틴어 digitus디기투스에서 나왔다. 디지털 방식을 손가락으로 표시하면 손가락을 하나 펼 때는 1이고, 접을 때는 0이 된다.

11월 17일 | **Wool** 양모

중세 유럽의 제국諸國 영내에서는 다양한 상품과 원료의 무역이 이루어지고 있었다. 프랑스의 보르도산産 포도주는 대부분 잉글랜드로 보내졌는데, 이 땅이 13세기 이후 잉글랜드 왕의 영지였기 때문이다. 포도주와 더불어 당시 가장 중요한 교역품으로는 양모가 있었다. 양모는 추위를 막아줄 의복의 원재료일 뿐만 아니라, 담요, 망토, 튜닉, 드레스, 스카프 등을

❖양털을 깎는 중세 유럽 사람들

만들 때 없어서는 안 될 재료였다. 심지어 추운 지방에서는 속옷조차 양모로 만들어 입었다.

양모는 백년전쟁의 도화선이 되기도 했다. 전통적으로 잉글랜드에서는 질 좋은 양모를 생산해 플랑드르 지방에 수출했다. 그러면 플랑드르인은 양모 모직물을 짜서 유럽 각국으로 수출했다. 당시 플랑드르는 모직 산업 덕분에 유럽에서 가장 부유한 지방이 되었다. 그런데 엉뚱한 곳에서 문제가 터졌다.

전통적으로 플랑드르 지방은 프랑스 국왕이 종주권을 행사했다. 그런데 잉글랜드 입장에서는 플랑드르가 괘씸하기 짝이 없었다. 특히 백년전쟁을 선언한 에드워드 3세의 눈에 플랑드르는 배은망덕한 봉신국이었다. 잉글랜드에서 양모를 수입해 모직 산업으로 부를 축적한 플랑드르가 잉글랜드가 아닌 프랑스의 국왕을 주군으로 섬기고 있었기 때문이다. 이런 이유로 플랑드르는 백년전쟁 당시 고래 싸움에 새우 등이 터진 격이 되었다. 이런 중요한 배경을 가진 양모는 영어에 재미있는 숙어를 남겨놓았다.

영어에서 양모를 뜻하는 wool이 들어간 숙어로는 pull the wool over one's eyes누군가의 눈을 속이다, dyed-in-the-wool철두철미한 같은 표현이 있다. 라틴어로 '양모'는 burra부라라고 하는데 '사무실'이나 '업무용 책상'을 의미하는 프랑스어 bureau뷔로가 여기서 나왔다. 영어도 bureau를 수입해 같은 의미로 사용하고 있다. 양모에서 책상의 의미가 나온 이유는 예전에는 책상을 그 위에 모직 천을 깔고 사용했기 때문이다.

11월 18일 | **Decoupling** 디커플링

21세기 지구촌의 모든 나라는 경제적으로 밀접한 관계를 맺고 있다. 글로벌 경제가 호황이면 각국의 경제에는 파란불이 들어온다. 이런 현상을 경제 용어로 커플링coupling 이라고 말한다. 하지만 각종 경제 지표가 항상 같은 배를 탄 것처럼 움직이지 않는 경우도 있다. 실제로 코로나19가 극성을 부리기

✛스페인 왕국의 은화

시작한 2020년 3월부터 5월까지 미국 국내 지표들이 서로 다른 방향으로 움직였기 때문이다. 이 기간에 미국 노동자 네 명 중 한 명이 일자리를 잃은 반면, 같은 기간 미국의 증시는 무려 32%나 급등했다. 이런 현상을 디커플링decoupling 이라고 하는데, 경제 상황이 탈동조화를 보일 때 사용하는 용어다. 세계 경제의 디커플링 사례는 5세기를 거슬러 올라가면 유럽에서도 찾아볼 수 있다.

1492년 콜럼버스가 신대륙을 발견하자 스페인의 페르디난도 2세는 탐험가들에게 금을 가져오라는 명령을 내렸다. 그 결과 신대륙에서 엄청난 금이 유입되었다. 하지만 금의 유입량이 줄어들기 시작하자 스페인은 금 대신 은을 찾아 나섰고, 엄청난 양의 은이 아메리카대륙에서 스페인으로 흘러들어갔다. 유럽 강국인 영국과 프랑스가 백년전쟁과 장미전쟁으로 허덕이는 동안 스페인은 막대한 은으로 부를 누리게 된 것이다. 그러나 남미에서 유입된 은이 스페인 왕국의 몰락을 가져올 줄은 꿈에도 몰랐다. 많은 전쟁으로 국고가 바닥났고 물가가 뛰어올라 병사들의 임금이 폭등한 것이다. 이후 스페인은 '해가 지지 않는 제국'에서 '빚만 남은 제국'으로 추락한다. 막대한 은의 유입으로 시작된 스페인 경제의 디커플링은 이렇게 끝이 난다.

decoupling은 라틴어로 '반대'를 뜻하는 de-와 '짝짓기'를 뜻하는 coupling에서 나온 말인데, couple의 어원도 프랑스어로 기혼 커플 또는 짝을 맺은 연인에서 나왔다. 이 말도 라틴어까지 거슬러 올라가면 copula코풀라에 이르는데, '밧줄'이나 '연결'을 뜻하는 말이었다.

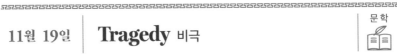

11월 19일 | **Tragedy** 비극

고대 그리스 문학 중 비극의 백미는 소포클레스의 『안티고네』라고 해도 과언이 아니다. 안티고네는 오이디푸스와 이오카스테의 딸인데, 오이디푸스와 이오카스테는 모자간이다. 오이디푸스가 아버지 라이오스를 시비 끝에 살해한 뒤 어머니와 결혼했다는 이야기는 앞서 소개했다. 물론 오이디푸스는 라이오스가 생부生父인 줄 몰랐다.

테베의 왕비 이오카스테는 오이디푸스가 자신의 친아들인 줄 모르고 그와 결혼한다. 게다가 자식까지 낳는다. 인간에게 내려진

÷비극의 여주인공 안티고네

천형天刑 중 이보다 더한 것이 있을까. 이오카스테와 오이디푸스 사이에는 두 명의 아들과 안티고네가 태어난다. 그러니까 안티고네는 오이디푸스의 딸이자 여동생인 셈이다. 안티고네는 외삼촌 크레온의 왕권에 도전하다가 죽은 오라버니 폴리네이케스의 시신을 수습한다. 이에 격노한 크레온은 안티고네를 동굴 무덤에 가둬버린다. 하지만 크레온의 아들 하이몬은 안티고네를 사랑하고 있었다. 결국 하이몬은 아버지 크레온을 죽이고 자기도 스스로 목숨을 끊는다. 비극은 이렇게 끝이 난다.

안티고네Antigone라는 이름은 '거슬러 걷는 자'라는 뜻이다. 그리스어 anti-는 '반대'라는 뜻이다. 그녀가 외숙부 크레온의 명령을 거역하고 오빠의 시신을 수습했던 행동을 보면 이름의 의미가 와 닿는다.

영어의 비극tragedy은 프랑스어를 거쳐 들어왔지만, 뿌리는 그리스어 트라고디아tragodia에 있다. 그리스어로 tragos는 '염소'를 뜻하고, odie는 '노래'를 의미한다. 그렇다면 왜 비극은 염소의 노래라는 의미에서 나왔을까? 여기에는 여러 설이 있지만 풍자 드라마의 주인공이 염소 가죽을 쓰고 공연했다는 설이 유력하다. 이후 풍자 드라마가 비극으로 발전하면서 오늘날과 같은 단어가 만들어졌다고 한다.

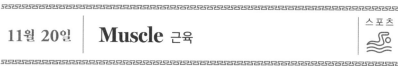

11월 20일 | **Muscle** 근육

고대 로마인들은 구릿빛 피부의 검투사들이 벌이는 경기에 열광했다. 검투극은 본래 이탈리아반도의 원주민 에트루리아인들의 경기였다. 고대 로마의 황제들은 시민의 환심을 사고자 검투극을 자주 개최했는데, 칼리굴라 황제는 로마 시민들에게 황제 즉위

✛ 근육질을 가진 로마 검투사들

첫해에 1년 반 동안 검투사 경기, 전차 경기, 연극 등을 연달아 개최했다. 이쯤 되면 국고가 거의 바닥날 지경이었다.

검투사들이 주인공으로 나오는 영화에서 강철 같은 몸을 보면 입이 다물어지지 않는다. 검투사들은 매일 근력 운동으로 엄청난 근육을 만들고 몸에 지방층을 많이 만들었다고 한다. 그래야만 칼에 베도 치명상을 피할 수 있기 때문이다. 하지만 근육이 많아지면 지방질이 줄어들지 않는가? 그러므로 탄탄한 근육질을 유지하면서도 지방층을 유지하는 검투사야말로 최고의 히어로였다.

라틴어 경구 중 "건전한 육체에 건전한 정신Mens sana in corpore sano"이라는 말이 있다. 흔히 건강한 육체만 유지하면 건전한 정신이 따라온다고 잘못 해석할 수 있는 말이다. 본래 로마의 시인 유베날리스가 한 말인데, '매일 올리브유를 바르며 탐스러운 근육을 만드는 검투사들이 정신까지 건전하면 얼마나 좋을까'라고 생각하며 말한 것이라고 한다.

영어에서 '근육'을 의미하는 단어는 muscle인데, 라틴어의 musculus무스쿨루스에서 나온 말이다. 그런데 musculus는 '작은 생쥐'를 뜻한다. 영어의 mouse도 여기서 나왔다. 생쥐에서 근육이라는 뜻이 생긴 이유는 울퉁불퉁한 근육 속에 마치 생쥐들이 들어있는 것처럼 보였기 때문이다.

1783년 11월 21일 파리의 불로뉴 숲에서 사람을 태운 열기구가 힘차게 하늘로 날아올랐다. 이 기구는 프랑스의 몽골피에 형제가 발명한 것인데, 거대한 기구 속에 공기를 데워 비행하는 방식이었다. 마치 풍등風燈이 날아가는 원리와 같았다. 사실 최초의 열기구 시험 비행은 1783년 프랑스 남서부에 위치한 아노네에서 진행되었고, 같은 해 9월 19일에는 베르사유궁전에서도 루이 16세가 지켜

✛몽골피에 형제의 열기구 시험 비행

보는 가운데 수탉, 양, 오리를 태워 시험 비행에 성공했다. 열기구에 동물을 태운 것은 당시까지 열기구에 대한 안전이 보장되지 않았기 때문이다. 그러다가 1783년 11월 21일, 장 프랑수아 필라트르 드 로지에를 비롯한 세 명의 조종수가 직접 열기구에 올라 마침내 비행에 성공한다. 당시 파리 서쪽의 불로뉴 숲에 묶여 있던 열기구는 밧줄이 풀리자 9킬로미터를 날아 파리의 13구에 안착했다. 하지만 드 로지에는 1785년 열기구를 타고 영불해협을 횡단하는 도중 열기구가 폭발해 목숨을 잃고 만다.

일반적으로 발명품의 고유명사는 일반 명사가 되는 경우가 많다. 앞서 9월 4일에 소개된 Genericide에서 사례들을 살펴봤다. 열기구를 지칭하는 단어는 영어와 프랑스어에서 큰 차이를 보인다. 영어에서는 '더운 공기를 담은 풍선hot-air balloon'이라고 부르지만, 열기구를 발명한 프랑스에서는 발명가의 이름을 따서 '몽골피에르'라고 부른다. 두 나라의 경쟁심이 전혀 다른 단어를 만들었다.

영어에서 '풍선'을 의미하는 balloon은 '큰 공'이나 '풍선'을 뜻하는 프랑스어 ballon빌롱에서 온 말인데, 두 번째 음절이 장음이 된 것은 프랑스어 단어에는 마지막 음절에 힘이 실리므로 영어에서는 이러한 강세를 장음으로 옮겨놓았기 때문이다. 프랑스어로 거실을 의미하는 salon살롱이 영어에서 개척 시대의 술집을 가리키는 saloon이 된 경우도 마찬가지다. 영어의 balloon과 saloon 모두 두 번째 음절에 강세가 놓인다.

Original 오리지널

인류의 고대 문명에서 태양은 방향의 기준점이었다. 태양이 떠오르는 동쪽을 바라보면 태양은 항상 그의 오른편에서 움직인다. 이러한 운동 방향에서 태양이 움직이는 오른쪽에 좋은 의미가 부여되었다는 설이 유력하다. 그 결과 인류가 사용하는 많은 언어에서 오른쪽은 남쪽과 더불어 좋은 의미를 갖게 되었고, 왼쪽은 북쪽과 더불어 안 좋은 뜻을 갖게 되었다.

✛ 이집트의 태양신 '라' 숭배

히브리어에서 semol세몰은 '왼손'과 '북쪽'을 가리키고, yâmîn야민은 '오른손'과 '남쪽'을 의미한다. 아라비아반도 남쪽에 위치한 예멘Yemen은 '남쪽의 나라'라는 뜻이고, 서양 인명 중 벤야민Benjamin은 '오른손의 자식'이라는 뜻이라고 앞에서 이야기했다. 오늘날에도 프랑스 브르타뉴 지방의 일부 주민들은 남쪽 바다를 오른쪽 바다로, 북쪽 바다를 왼쪽 바다라고 부른다. 라틴어에서도 왼쪽을 뜻하는 sinister시니스테르는 프랑스어를 거쳐 영어의 sinister가 되었는데, '해로운' '불길한'을 의미한다. 한자 문화권에서도 '왼쪽으로 옮겨 가다'라는 '좌천左遷'은 관직이나 지위가 떨어지는 것을 말한다.

고대 로마인들은 태양이 뜨는 곳을 오리엔스Oriens라고 불렀다. 여기서 ori-는 '태어나다'라는 뜻인데, 그 주체는 바로 지평선에서 떠오르는 태양이다. 그러다 보니 오리엔스에서 나온 oriental은 자연스럽게 태양이 뜨는 동쪽을 가리키고, 반대로 occidental은 태양이 지는 서쪽을 가리킨다.

'본래의 것'이라는 뜻을 지닌 original 역시 ori-에서 나온 말이다. 이 단어가 중세 프랑스어를 거쳐 영어에 정착한 시기는 14세기였다. 당시 이 단어는 '처음'이라는 뜻이었고, 이 역시 라틴어 originem오리기넴에서 왔다. 라틴어의 본래 뜻은 '시작' '원천' '탄생'이었고, 여기서 현대 영어의 '최초의' '독창적인'이라는 의미가 생겨났다.

11월 23일 | **Xenophobia** 외국인 혐오

역사

기원전 80년, 그리스의 왕 미트리다테스는 그리스에 사는 모든 로마인을 살해하라는 명령을 내린다. 이 명령으로 로마인 8만 명이 학살당했다. 당시 로마는 그리스의 미트리다테스 왕과 여러 차례 전쟁을 벌이고 있었고, 그러다 보니 로마인은 그리스인의 원수가 되었던 것이다. 당시에 로마인은 왜 그렇게 그리스인이 자신들을 증오했는지 의아하다고 말했다.

1002년 11월 23일 잉글랜드의 왕 애설레드 2세는 브리튼섬에 살고 있는 데인족을 척살하라는 명령을 내린다. 덴마크 출신 바이킹인 데인족은 9세기 이후 브리튼섬의 북동부에 정착해 살고 있었는데, 원주민 앵글로색슨족의 시각에서 보

✛ 바이킹 데인족을 혐오해 척살한 잉글랜드의 애설레드 2세

면 침략자였다. 하지만 애설레드의 무모한 결단은 더 큰 화를 불러온다. 이 학살에 분노한 덴마크의 왕 스벤이 쳐들어와 잉글랜드의 지배자가 되었다. 그리고 1016년 스벤의 아들인 크누트는 웨섹스 왕국의 마지막 저항을 제압하고 잉글랜드의 왕위에 오른다. 최초의 데인족 출신 잉글랜드 왕이 탄생한 것이다.

위의 두 사례는 이민족을 혐오해 발생한 대표적인 역사적 사실들이다. 그런데 지금은 어떨까? 과거에 로마인과 데인족에 해당하는 민족이나 국가가 21세기에도 존재하고 있지 않은가? 9·11 테러는 미국의 패권을 혐오한 이슬람 과격파들이 저지른 범죄였고, 미국의 자리는 현재 중국이 물려받는 추세다.

'외국인 혐오'를 뜻하는 제노포비아xenophobia는 그리스어로 '외국의' '이상한'을 뜻하는 xeno-와 '공포'를 의미하는 phobia가 합쳐진 말이다. phobia는 그리스신화에서 전쟁의 신 아레스의 아들 포보스Phobos에서 나온 말이다. 아레스가 아들의 이름 하나는 제대로 지은 듯하다.

11월 24일 | **Oxymoron** 모순어법

한자어 모순矛盾은 중국 고사에서 나온 유명한 말이다. 어떤 방패도 뚫을 수 있다는 창[矛]과 어떤 창도 막을 수 있다는 방패[盾]는 서로 양립할 수 없는 무기다. 영어에서는 모순어법을 oxymoron이라고 하는데, 단어의 구성이 한자의 모순과 동일하다. 먼저 oxy는 그리스어 oxus옥수스에서 나온 말로 '날카롭다'라는 의미다. 영

✛ 스탄치크의 〈무대 뒤편의 슬픈 광대〉

어에서 산소를 뜻하는 oxygen에도 oxy가 들어 있다. 산소에서 oxy는 '시다'라는 뜻이다. oxymoron에서 두 번째 음절인 moron모론은 '둔하고 어리석다'라는 뜻이다. 그러므로 oxymoron은 '날카로운 동시에 둔한 것'이라는 말이므로 한자어 모순과 의미가 같다.

모순어법을 보여주는 영어 문장을 하나 살펴보자. "This was a minor crisis and the only choice was to drop the product line." 이 문장을 우리말로 번역하면 다음과 같다. "이것은 사소한 위기였고, 유일한 선택은 제품 라인을 중단하는 것이었다." 이 문장에는 두 개의 oxymoron이 존재한다. 먼저 사소한 위기가 첫 번째 모순어법이다. 위기는 심각한 어려움이나 중요한 시간으로 정의되므로 위기가 사소하다는 말은 모순이다. 두 번째는 유일한 선택이라는 표현이다. 본래 선택은 둘 이상의 옵션을 의미하는데, 유일한 선택이란 어떤 선택을 말하는가?

하지만 대부분의 영어 사용자들은 모순어법을 언어의 미학으로 받아들인다. 모순어법은 전달하려는 메시지의 효과를 극대화시킬 수 있기 때문이다. 문학에서 사용된 대표적인 모순어법 몇 가지를 소개해본다. awful good끔찍하게 좋은, bittersweet씁쓸하면서 달콤한, cheerful pessimist쾌활한 염세주의자, clearly misunderstood명백하게 잘못 이해한, comfortable misery편안한 빈곤, sad smile슬픈 미소.

11월 25일 | **Humor** 유머

현대인의 가장 중요한 덕목 중 하나는 유머 감각이다. 실력이 좋은 사람이 유머 감각까지 갖추면 앞날이 장밋빛일 가능성이 높다. 우리가 흔히 사용하는 영어의 유머humor는 파란만장한 길을 겪었다. 유머의 출생 순간부터 지금의 의미를 갖기까지의 여정을 따라가보자.

✛ 의술의 아버지 히포크라테스

먼저 중세 영어에서 유머humor라는 말은 지금처럼 유머러스하지 않았다. 영어에 중세 프랑스어 humour가 들어온 시기는 14세기 중반으로 확인된다. 그렇다면 중세 영어에 들어올 당시 중세 프랑스어 humour위무르는 어떤 뜻이었을까? 위무르의 뜻을 이해하려면, 고대 그리스인들이 인체를 구성하는 물질에 관해 어떤 생각을 가졌는지 알아야 한다.

고대 그리스인들은 인체를 구성하는 액체를 네 가지로 구분했다. 검은 액체는 우울한 마음을 갖게 하고, 붉은 피는 낙관적인 감성을 일으키고, 노란 액체는 성마른 성격을 형성하고, 나머지 액체는 침착성을 만든다고 생각했다. 이 이론은 의술의 아버지 히포크라테스가 이미 정립시킨 이론이었다. 그는 이 물질들이 불균형을 이룰 때 몸에 병이 생긴다고 주장했다. humor가 영어에 처음 들어왔을 때 이 말은 '습하고 축축한'을 의미하는 humid와 유사한 의미를 지닌 말로 인정되었다. 그 결과 humor의 초기 의미는 라틴어로 '습기'를 의미하는 umor와 동일시되어 '축축함'이라는 의미로 정착되었다.

영어에 들어간 humor는 습기 외에도 프랑스어에 있던 네 가지 기질, 즉 우울함, 성마름, 침착성, 낙관성을 그대로 물려받았다. 이 기질들이 인간이라는 소우주의 특징이라면, 우주로 확대해 대입했을 때 흙, 물, 공기, 불과 일치한다. 이후 humor는 중세 영어에서 '기질'이나 '성향'이라는 의미로 정착된다. 16세기에 들어와서는 '성향' '공상' '일시적 기분'이라는 뜻으로 점차 변하고, 마침내 1세기 뒤에는 '재미있고 웃긴 기질'을 의미하게 되었다.

고용주와 종업원이 있었다. 종업원은 고용주를 위해 일하고 일주일마다 임금을 받기로 했는데, 현금을 받는 것이 아니라 근처 상점에서 물건을 사면 그 대금을 고용주가 내준다는 계약을 맺었다. 그렇게 일주일이 지났고, 종업원이 찾아와 고용주에게 볼멘소리로 말했다. 상점에서 현금을 주지 않으면 물건을 팔지 않겠다고 했다는 것이다.

÷ 초기의 『탈무드』 인쇄본

그리고 며칠이 지났다. 상점 주인이 와서 말하길 종업원이 물건을 이만큼 가져갔으니 돈을 받으러 왔다고 말했다. 이제 고용주는 어떻게 해야 할까?

이 이야기는 『탈무드』에 나온다. 『탈무드』는 고용주에게 양쪽에 모두 지불하라고 명령한다. 이유는 다음과 같다. 우선 종업원은 상점 주인의 청구와는 관계가 없고, 상점 주인도 종업원과 직접적인 관련이 없다. 애당초 현금으로 임금을 주지 않겠다고 고용주와 종업원이 계약했기 때문이다. 하지만 고용주는 양쪽 모두와 관계를 맺고 있으므로 양쪽에 모두 책임이 있다는 것이다. 어느 한쪽이 거짓말을 하고 있는지도 모르지만, 어쨌든 함부로 보증을 서지 말라는 것이 이 이야기의 핵심 교훈이다.

영어에는 '보증'을 의미하는 단어로 guarantee와 warranty가 존재한다. 두 단어의 사전적 정의는 구분하기 어렵지만, 제품과 관련된 경우에는 차이가 분명히 드러난다. 먼저 guarantee는 소비자의 불만으로 제조사가 수리나 교환 및 환불을 해주는 것이다. warranty는 소비자의 불만이 아닌 제품의 결함으로 제조사가 수리나 교환을 해주는 것을 말한다.

그런데 이 두 단어는 형태가 유사해 보인다. 왜 그럴까? 모두 프랑스어에서 영어로 들어간 말인데, guarantee는 17세기 파리 지방의 프랑스어 모습을 보여주고, warranty는 노르만 방언에서 14세기에 영어에 들어간 말이다. 따라서 warranty가 guarantee의 형님뻘이 되는 셈이다.

흔히 '악당'으로 번역되는 빌런villain은 영화에서 빠질 수 없는 캐릭터다. 미국 영화에서는 최고의 빌런으로 조커를 꼽을 수 있는데, 영화 〈배트맨〉에 등장하는 조커는 혼돈과 광기 그 자체다. 빌런의 원조는 멀리 고대 북유럽인의 신화에서 찾을 수 있다.

÷ 북유럽신화 최고의 빌런 로키

어느 날 주신主神 오딘의 아들 발데르에게 불행이 찾아온다. 발데르는 자신의 생명이 위협당하는 꿈을 꾼다. 그가 신들에게 꿈 이야기를 꺼내자, 발데르의 어머니이자 오딘의 아내인 프리그는 생명이 있거나 없는 모든 존재(불, 물, 금속, 돌, 땅, 나무, 질병, 모든 네 발 짐승, 새, 뱀)에게 발데르를 해치지 말라는 맹세를 받아냈다.

하지만 신들은 악신 로키를 빼먹고 있었다. 로키는 맹세를 받은 만물 중 풀 하나가 빠졌다는 사실을 알아냈다. 바로 겨우살이였다. 신들이 모인 곳에서 던지기 놀이가 한창 진행되고 있었다. 발데르는 무엇을 던져도 작은 상처 하나 입지 않았다. 이때 로키가 신들 뒤에서 아무것도 하고 있지 않던 발데르의 동생인 장님 호드에게 겨우살이 풀을 주며 물었다. "왜 너는 발데르에게 아무것도 던지지 않느냐?" 그러자 호드가 대답했다. "나는 발데르가 어디 있는지도 모르고 무기도 없어요." "너도 다른 사람처럼 던져보아라. 내가 발데르가 어디 있는지 방향을 알려주마. 이 풀을 발데르에게 던져보아라."

이렇게 해서 오딘의 아들이자 우주 최고의 미남 발데르는 겨우살이에 맞아 죽고 만다. 신들은 로키를 쇠사슬에 묶어두지만, 그는 자신의 자식들인 늑대 펜리르와 뱀 요르문간드를 불러낸다. 세상의 종말 라그나로크는 이렇게 시작된다.

villain의 어원은 다소 억울하다. 중세 프랑스어 vilain빌랭에서 왔는데, 본래의 의미는 '농장에 사는 주민'이었다. 이후 '농민'이라는 말로 옮겨지고, '막된 사람' '천박한 사람'이라는 뜻으로 변했다. 오늘날 영어의 villain은 '악당' '악한'이라는 뜻으로, 프랑스어의 vilain은 '비열한' '저열한'이라는 뜻으로 사용된다.

사람의 마음을 상하게 하는 것 세 가지
가 있다. 고민, 불화, 빈 주머니. 그중 빈
주머니가 가장 큰 상처를 입힌다고 유대
인들은 생각했다. "가난이 문을 두드리면
사랑은 창문으로 나간다"라는 말도 많은
사람이 공감하는 말이다. 돈이 인생의 목

✢ 대표적인 안전 자산에 속하는 미국 달러

적이 되어서는 안 되겠지만 돈 때문에 고민하고 다투는 사람들이 참 많다.

프랑스어의 일상 표현 중 C'est assez세 아세라는 말이 있다. 우리말로 옮기면
'충분해' '됐어' 정도가 된다. 이 표현에서 assez아세는 '충분하다'라는 뜻이다. 영
어의 enough로 옮길 수 있다. assez 역시 뿌리는 라틴어에 닿는다. 라틴어 ad
satis아드 사티스가 이 말을 제공했는데, 라틴어의 satis가 '충분하다'라는 뜻이다. 영
어 단어 satisfy가 여기서 나왔다.

영어의 asset는 '자산'을 의미한다. 오늘날 재테크에 빠지지 않고 등장하는 경
제 용어다. 그런데 이 말은 방금 설명한 프랑스어 assez에서 나왔다. 따라서 asset
는 '충분한 자산'이라고 봐도 좋다. 그런데 왜 영어와 프랑스어의 마지막 철자가
다른 걸까? 그것은 중세 프랑스어의 -z는 -ts를 축약한 철자이기 때문이다.

영어의 경제 용어 중에 '안전 자산haven asset'이라는 말이 있다. '천국'을 의미
하는 heaven과 혼동하지 말자. 여기서 haven은 '안식처'나 '피난처'를 의미한다.
달러나 금 같은 자산이 대표적인 안전 자산에 속한다. haven은 고대 노르드어로
'항구'를 가리키던 말이었다. 그러다가 안식처의 의미가 생겼는데, 이는 배를 안
전하게 보호하는 곳이 항구였기 때문이다.

11월 29일 | **Parachute** 낙하산

과학

앞서 열기구는 프랑스의 몽골피에 형제의 발명 품이라고 소개했다. 이번에 소개하는 낙하산도 열기구와 관련 있고, 발명한 사람 역시 프랑스 인이다. 그의 이름은 루이 세바스티앙 르노르 망이다. 때는 1783년이었다. 낙하산은 영어로 parachute라고 부르는데 이 말은 프랑스어가 어원이다. 그런데 영어나 프랑스어에는 para- 로 시작하는 어휘가 상당히 많다.

÷낙하산 실험을 하는 르노르망

먼저 para-에는 '가장자리' 또는 '옆에'라는 뜻이 있다. paraphrase라는 영어 단어는 '다른 말로 바꾸어 표현하다'라는 뜻이다. 본래의 문 장 바로 옆에 있는 비슷한 문장이라는 의미다. 마찬가지로 '편집증'을 가리키는 paranoia는 보통 사람들과 다른 생각을 한다는 뜻에서 만들어진 말이고(noia는 그리스어로 '마음'이라는 뜻), paramilitary는 불법 무장 단체, 즉 정식 군대가 아닌 '사이비 군대'라는 뜻이다.

두 번째의 para는 앞서 소개한 의미와는 관련이 없다. parasol, parachute, paravent 같은 단어들이 여기에 속하는데, 이탈리아어를 통해 영어에 들어온 말 들이다. 여기서 para는 '피하다'라는 뜻이다. 그러므로 parasol은 햇빛을 피하고, paravent은 바람을 피하고, parachute는 낙하를 피한다는 것이다. 영어 사용자들 은 para 다음에 붙은 단어의 의미가 잘 와닿지 않겠지만, 이탈리아어와 형제인 프랑스어로 soleil는 '태양', vent은 '바람', chute는 '추락'을 의미한다. '포물선'을 의미하는 parabola 역시 그리스어로 '옆으로 떨어지다'라는 의미에서 만들어진 말이다.

현대인들은 고대나 중세에 비해 의식주에서 큰 불편을 느끼지는 않지만, 우울증 같은 새로운 질병에 시달리고 있다. 물론 중세 유럽의 왕족 중 성에 유폐된 채 우울하게 일생을 마감한 경우가 가끔 있기는 하다.

❖ 에드바르드 뭉크의 〈멜랑콜리〉

　노르만 왕조의 시조 윌리엄 1세에게는 아들이 셋 있었다. 첫째 아들 로베르에게는 고향인 노르망디공국을 물려주었고, 둘째 윌리엄 2세에게는 잉글랜드 왕국을 물려주었다. 하지만 막내 헨리에게는 물려줄 영지가 없어 많은 돈을 유산으로 주었다. 그런데 윌리엄 2세가 사냥을 나갔다가 의문의 화살을 맞고 절명하게 된다. 함께 사냥을 나갔던 헨리는 곧바로 왕궁이 있는 윈체스터로 달려가 헨리 1세로 왕위에 오른다. 하지만 바다 건너 노르망디에 있던 형 로베르는 장자인 자신이 잉글랜드의 왕이 되어야 한다고 생각했다. 결국 두 형제는 1106년 9월 28일 노르망디의 트랑슈브레에서 전쟁을 벌였다. 승자는 헨리 1세였다. 그런데 패자인 친형을 어찌 죽일 수 있단 말인가? 헨리는 형을 영국의 여러 성에 유폐시켰다. 로베르는 1134년 80세가 넘을 때까지 무려 40년 동안 성에 감금되어 있었으니, 그가 겪었을 우울증은 짐작하고도 남는다.

　'우울'을 의미하는 영어의 melancholy는 그리스어가 어원이다. 앞서 humour에서 소개한 것처럼, 고대 그리스인은 인체의 네 가지 액체가 기분을 결정한다고 생각했는데, 멜랑콜리는 검은 담즙이 원인이 되어 우울감을 야기시킨다고 보았다. 그리스어 melankholia멜랑콜리아는 '검다'를 뜻하는 melas멜라스와 '담즙'을 의미하는 khole콜레가 합쳐져 만들어진 말이다. 참고로 동물의 피부나 눈 등에 존재하는 흑색 또는 갈색 색소를 총칭하는 멜라닌melanin도 어원이 같다.

12월
December

1년의 마지막 달인 December는 라틴어로 10을 의미하는 decem 데켐에서 나왔다. 인도-유럽어에서 10은 dekm-이라고 했는데, 그리스어 deca도 이 말에서 나왔다. 14세기 이탈리아의 작가 보카치오의 작품 『데카메론Decameron』은 100편의 이야기를 열흘 동안 구술한 내용이다.

12월 1일 | **Dutch courage** 객기

국가의 운도 개인의 운처럼 흥망성쇠가 있다. 백년전쟁은 영국과 프랑스가 유럽의 패자 자리를 놓고 격돌한 전쟁이다. 전쟁의 후유증으로 두 왕국의 국력이 쇠락한 틈을 타서 스페인이 유럽의 패자에 오른다. 이후 프랑스는 전통의 강국 자리를 지켰고, 영국과 네덜란드는 새로운 패자의 자리를 놓고 수차례 전쟁을 벌였다.

✥ 영국과 네덜란드의 전쟁(네덜란드의 메드웨이 기습)

17세기에 영국과 네덜란드는 해상 무역의 주도권을 놓고 사사건건 충돌했다. 육식을 주로 즐기는 유럽인에게 없어서는 안 될 향신료의 독점을 놓고 두 해양 강국이 외나무다리에서 만난 것이다. 네덜란드는 동인도, 남아프리카, 신대륙에서 많은 식민지를 개척하며 영국을 앞질러 나아갔다. 네덜란드의 동인도회사가 영국의 동인도회사를 규모 면에서 능가하자, 영국은 네덜란드에 대한 감정이 좋을 리가 없었다. 결국 두 나라는 17세기 후반에 세 차례에 걸쳐 전쟁을 벌인다. 전쟁의 결과는 영국의 승리였다.

네덜란드는 뉴암스테르담이라고 불리던 북미의 식민지를 영국에 양도했고, 이 도시는 지금의 뉴욕이 되었다. 한 가지 역설적인 사실은 앙숙이었던 영국인이 네덜란드의 오렌지공 윌리엄을 명예혁명을 통해 영국의 군주로 모셔 왔다는 것이다. 윌리엄은 퇴출당한 제임스 2세의 사위였고, 무엇보다 개신교도라는 사실이 이방인을 군주로 모셔 오는 데 결정적인 영향을 미쳤다.

하지만 네덜란드에 좋지 않은 감정을 가진 영국인의 정서는 지금까지도 영어에 그대로 남아 있다. Dutch courage는 술을 마시고 허세를 부리는 '객기'를 뜻하고, "It is true, or I'm a Dutchman"은 "사실이야, 그렇지 않으면 내가 손에 장을 지진다"라는 뜻이다. go Dutch라는 표현도 '각자 계산하다'라는 의미이고, Dutch treat는 '각자가 부담하는 회식'을 말한다.

Lion's share 알짜

이란은 인구가 약 7,800만 명이고 면적은 한반도의 8배 가까이 되는 큰 나라다. 고 대 페르시아제국 때는 그리스를 침공해 유럽을 공포에 몰아넣었고, 고대 로마 시 대에는 파르티아제국이라는 이름으로 중 동 지방을 평정했다. 페르시아제국은 고 대 그리스의 라이벌이자 앙숙이었고, 페 르시아제국을 이은 파르티아제국의 황제

÷ 테르모필레전투를 이끈 레오니다스

샤푸르 1세는 에데사전투에서 로마의 황제 발레리아누스를 생포한다. 이후 발 레리아누스 황제는 샤푸르 1세가 말에 오를 때 몸을 굽혀 등을 들이대는 인간 계단으로 생애를 마쳤다고 한다.

고대 그리스를 존망의 위기에 빠뜨린 제국도 페르시아제국이었다. 기원전 480년 그리스 중동부 지역에 위치한 테르모필레에서 100만 명의 페르시아군과 그리스 도시국가 연합군 사이에 전투가 벌어졌다. 할리우드 영화 〈300〉은 이 전 투를 그리고 있다. 기록에 따르면, 그리스군은 정예 병사 300명을 테르모필레에 배치해 페르시아 군대의 공격을 방어했는데, 정예부대의 대장인 레오니다스를 비롯한 300명의 그리스군은 페르시아군의 진격을 막고 장렬하게 전사했다.

레오니다스Leonidas는 그리스어로 '사자의 아들'이라는 뜻이다. 그리스어로 사 자는 레온λεων인데, 이 말에서 라틴어 레오leo가 나왔고, 프랑스어 리옹lion은 영 어의 라이언lion을 제공했다. 사자는 용맹의 상징이다. 따라서 서양에서 사자는 왕실 문장의 단골 아이콘이었고, 지금도 영국 왕실에서는 자신들의 전유물로 삼 고 있다.

영어의 관용적인 표현 중 lion's share라는 말이 있다. 백수의 왕 사자의 몫이 니 당연히 '최고의 부분'을 의미한다. 이솝우화에서 나온 이 표현은 사자가 다른 동물과 함께 사냥에 성공하자 가장 좋은 부분을 먹었다는 데서 유래했다.

12월 3일 │ **Ammonia** 암모니아

고대 이집트의 소년 파라오 투탕카멘은 황금 마스크로 유명하다. 투탕카멘Tutankhamen의 이름 속에는 이집트신화의 아몬Amon 신의 이름(아멘Amen, 아문Amun 등으로도 쓴다)이 들어가 있다. 아몬 신은 '숨겨진 자' 또는 '형상을 알 수 없는 자'라는 뜻을 갖고 있다. 그래서 아몬 신은 다양한 모습으로 나타나곤 한다. 단순히 옥좌에 앉아 있는 인간의 모습으로 표현되기도 하고, 큰 뿔을 가진 숫양의 머리에 몸은 인간의 형상을 하고 있기도 하다. 때로는 아몬 신이 거위의 모습으로 나타나기도 하는데, 거위가 낳은 알에서 생명이 탄생한다.

✛ 고대 이집트신화의 아몬 신

아몬 신은 그리스에 수입되어 암몬Ammon이라고 불렸다. 본래 아몬 신의 신전은 이집트의 멤피스 근처 사막에 있었다고 한다. 신전 근처에는 분뇨를 포함한 오물을 모아두는 통이 있었다. 그 오물통에는 낙타의 소변을 모았는데, 고대 이집트에서는 낙타의 소변을 가열해 소금을 얻을 때 사용했다. 이렇게 얻어진 물질이 염화암모늄Salammoniac이다. 1782년 스웨덴의 화학자 토베른 올로프 베리만은 염화암모늄을 가열해 가스를 추출하는 데 성공한다. 그 물질을 라틴어로 암모니아Ammonia라고 불렀다.

신화 속에서 탄생한 또 다른 화학 물질로는 카드뮴Cadmium이 있다. 이 물질의 이름은 그리스신화 속에 등장하는 테베의 왕 카드모스Cadmus에서 나왔다. 카드모스는 페니키아의 왕 아게노르의 아들이고, 그의 누이동생은 제우스가 납치한 에우로파다. 그래서 왕은 카드모스에게 동생을 찾아오라는 명령을 내리고, 카드모스는 동생을 찾아 먼 길을 떠난다. 이 과정에서 용을 죽이고 그 용의 이빨로 병사들을 만들었는데, 병사들은 태어나자마자 서로 싸우기 시작한다. 카드모스는 싸움을 말리고 그들과 함께 테베를 세우게 된다. 1817년 독일의 화학자는 합성 아연에서 새로운 물질을 발견하고 이 카드모스에서 이름을 카드뮴이라고 불렀다.

12월 4일 │ **Album** 앨범

역사

고대 로마에는 노멘클라토르nomenclator
라는 노예 계급이 있었다. 이 노예들의 임
무는 조금 특이했다. 라틴어로 nomen노멘
은 이름을 뜻하고, 노멘클라토르는 '이름
을 불러주는 자'라는 말이다. 영어로 '호
명하다'를 뜻하는 nominate가 이 말에서
나왔다. 그렇다면 이름을 불러준다는 것
은 무슨 말인가? 이런 경우를 생각해보자.
원로원 의원에 입후보한 클라우디우스는
지금으로 치면 시청 광장 같은 포럼에 매

⊹ 고대 로마의 하얀 게시판 알붐

일같이 유권자들을 만나러 나간다. 하지만 수많은 시민의 이름을 전부 외울 수
는 없다. 만약 몇 발자국 앞에서 어떤 사람이 다가오면 노멘클라토르는 주인 클
라우디우스에게 귀띔으로 그 사람의 이름을 불러준다. 그러면 클라우디우스는
유권자의 이름을 부르며 친밀함을 과시한다.

고대 로마 공화정의 중추는 평민을 대표하는 '민회'와 귀족을 대표하는 '원로
원'이었다. 원로원의 의원 수는 300석밖에 안 되었으므로 원로원 의원이 된다는
것은 가문의 영광이자 정치 인생의 가장 큰 영예였다. 원로원 의원은 선거를 통
해 뽑았는데, 빈 의석수가 해마다 20~30석 정도 발생했으므로 경쟁이 치열했다.

원로원 의원이 되려면 일단 자신의 이름을 알려야 했다. 그래서 포럼 같은 곳
의 벽을 석회나 페인트로 하얗게 칠하고 후보들의 이름을 검은색으로 썼다. 그
러면 시민들은 선거에 출마한 후보자들을 알게 된다. 이 하얀 게시판을 로마인
들은 알붐album이라고 불렀는데, 라틴어의 album은 '하얀색'을 의미한다. 16세
기의 어느 독일 학자는 이 말을 동료들의 서명을 모아놓은 책자라는 뜻의 알붐
아미코룸album amicorum이라고 불렀다. 학창 시절의 추억이 남아 있는 졸업 앨
범은 이렇게 탄생했다. 예전의 LP 음반도 커버가 사진 앨범과 비슷해 보여 '앨
범'이라고 불렀다. 같은 맥락에서 '백색증'을 의미하는 의학 용어 알비노albino도
앨범과 어원이 같다.

12월 5일 | **Bless** 축복을 빌다

『구약성경』의 「창세기」에는 카인과 아벨 두 형제 이야기가 나온다. 형제는 아담과 이브의 자식들이었다. 카인은 농부였고 아벨은 목동이었다. 최초의 농부 카인은 수확한 곡식을 하느님께 바쳤고, 아벨은 자신이 기르는 양의 첫 새끼와 기름을 제물로 바쳤다. 그런데 하느님은 카인의 제물은 받지 않고 아벨의 것만 받았다. 그러자 카인은 시기심에 동생을 죽이고 말았다. 인류 최초의 살인자로 낙인찍힌 것이다. 그렇다면 왜 하느님은 아벨의 제물만 받았을까? 『구약성경』을 신화적 관점에서 해석한다면 히브리 민족은

✢ 루벤스의 〈카인과 아벨〉

유목 민족으로 살아가야지 농사를 지어서는 안 된다는 메시지가 담긴 것이다.

서양인의 조상인 인도-유럽인의 후손들은 희생제를 통해 신에게 제사를 지냈다. 희생제는 양이나 소를 도살해 그 피를 바치는 순서로 진행되었는데, 영어의 '축복을 빌다'를 의미하는 bless가 바로 '피'를 뜻하는 blood에서 나온 말이다.

'피'를 의미하는 고대 영어 blōd는 blēdsian을 제공했는데, 중세 기독교 왕국 이전의 영국에서 이 동사는 '피로 거룩하게 하다'라는 뜻이었다. 방법은 사악한 기운을 없애기 위해 희생 가축의 피를 뿌리는 것이었다. 영국에 기독교가 정착한 뒤에 이 동사는 라틴어 benedicere베네디케레의 대응 단어가 되었는데, benedicere는 '종교적 의식이나 말을 통해 신성하게 하다'라는 뜻이었다. 특히 십자가 성호를 긋는 제스처를 가리키는 말이었다. 그렇다면 라틴어의 뿌리는 어디에 닿아 있을까? 바로 그리스어 eulogein에우로게인까지 거슬러 올라가는데, 이 말은 '남에 대해 좋은 말을 하다' 또는 '칭송하다'라는 뜻이다. 축복이라는 좋은 말이 피에서 나왔다고 생각하니 조금은 오싹해진다.

| 12월 6일 | **Slush fund** 비자금 | 경제 ⑤ |

대부분은 아니지만 일부 기업가들은 세금을 적게 내려고 온갖 수단을 동원한다. 어떤 이들은 자금을 빼돌려 비자금을 조성하기도 한다. 영어에서 '비자금'을 slush fund라고 한다. slush는 고기를 삶고 난 뒤에 걷어낸 기름을 모아둔 것을 말한다. 긴 항해를 마치고 나면 배의 주방장은 이 기름 찌꺼기를 팔아 돈을 챙겼다고 한다. 초기의 비자금은 기름 찌꺼기를 통해 조성된 셈이다. 그렇다고 slush가 주방장의 주머니 속으로 들어가는 것은 아니다. slush는 항해를 함께한 선원들의 공동 몫이었

✛ 기름 찌꺼기를 모으는 배의 주방장

으며, 국가가 충분히 제공하지 않는 악기나 책과 같은 물품을 구매하는 데 사용되었다.

19세기에 들어와 선원의 언어였던 slush는 일반인의 언어 속으로 들어간다. 그렇다고 처음부터 '비자금'이라는 의미로 들어간 것은 아니었다. 단순히 작은 물품의 구매 자금 정도로 사용되었다. 그러다가 1860년대 후반에는 공무원에게 주는 뇌물이나 부패한 선거 운동에 들어가는 돈이라는 뜻으로 사용되기 시작했다. 비자금의 의미가 본격적으로 생겨난 것이다. 이후에도 의미가 계속 확장되어 불법적인 목적으로 사용하는 자금이라는 의미가 추가되었다.

현대인에게 익숙한 펀드fund라는 말은 '자금'이나 '기금'을 의미하는데, 프랑스 fond퐁에서 나온 말이다. 프랑스어로 '바닥' '마룻바닥' '땅바닥'이라는 의미였다. 여기서 상인들의 '물품'이나 '자본'을 가리키는 말이 나왔다. 바닥에 쌓아놓은 물품들이 상인의 자금이었던 셈이다. 프랑스어에 fond을 제공한 라틴어의 fundus푼두스에는 '바닥' '작은 땅' '농장'이라는 뜻이 있었던 것으로 보아, fund에 자금이라는 뜻이 생긴 이유를 짐작할 수 있다.

12월 7일 │ **Breakfast** 아침 식사

중세 유럽 농민 한 명이 하루에 섭취하는 음식을 살펴보자. 600~700그램의 밀과 60~70그램의 햄과 육류는 이미 2,300킬로칼로리에 이르며, 여기에 두 개의 달걀(260킬로칼로리)과 1리터의 막포도주(500킬로칼로리), 그리고 달걀이 없는 경우 대신 먹는 돼지비계를 모두 합치면 필요한 열량이 확보되었다.[33]

❖ 빵과 음료로 식사하는 중세 유럽의 농민들

고대 영어에서 아침 식사를 의미하는 말은 undernmete였다. 여기서 undern은 '아침'을 의미한다. 게르만어의 형제어인 고대 노르드어는 아침을 undorn, 네덜란드어는 onderen이라고 부른다. 물론 다른 게르만어에서는 아침을 영어와 유사한 morgen이라고도 부른다. 여기서 나온 또 다른 고대 영어가 morgenmete로, 아침 음식이라는 뜻이다. 그렇다면 지금 사용하는 breakfast는 어디에서 온 단어일까?

이 단어는 라틴어에서 뿌리를 찾을 수 있다. 그렇다고 라틴어의 형태를 그대로 빌려온 것은 아니고 뜻만 차용했다. 라틴어 동사 disieiunare디스예유나레는 '분리하다'를 뜻하는 dis에 '단식하다'를 뜻하는 ieiunare가 합성된 말이다. 즉, '단식을 풀다'라는 의미다. 밤새 공복 상태를 유지하다가 단식 상태를 깨뜨리는 것이다. 영어의 fast가 단식을 의미하므로 breakfast는 단식을 깨뜨리는 것, 즉 '아침 식사'라는 뜻이다.

한 가지 흥미로운 사실은 라틴어 disieiunare는 프랑스어에 흔적을 남겼는데, 하나는 점심을 의미하는 déjeuner데쥬네이고, 또 하나는 저녁을 의미하는 dîner디네다. 프랑스혁명 전까지 dîner는 오전 9시~10시에 먹는 아침 식사였다가, 점차 그 시간이 늦춰져 오후 4시~5시에 먹는 식사가 되었고, 결국에는 저녁 식사를 가리키는 말이 되었다. 그 결과 프랑스어에서 déjeuner는 점심 식사가 되었고, 앞에 '작다'를 뜻하는 petit프티를 붙여 petit déjeuner는 아침 식사가 되었다.

12월 8일 | Fan 팬

1980년 12월 8일, 비틀즈의 멤버 존 레논이 뉴욕의 고급 주택 다코다 빌딩 입구에서 마크 채프먼이라는 괴한에게 피살되었다. 채프먼은 레논의 광팬이었다. 그전에도 레논의 사인을 받기 위해 다코다 빌딩 앞에서 기다린 적이 있었다. 하와이 호놀룰루에서 채프먼은 경비원 일을 하고 있었는데, 이날은 자신의 아이돌인 존 레논을 살해할 생각으로 뉴욕을 찾은 것이다. 채프먼이 레논을 살해한 동기는 자신의 아이돌이 노래에서 약속한 평화와 평등의 가치를 실천하지 않았다는 것이다.

✛ 광팬에게 살해당한 존 레논

광적인 팬에 의한 테러는 스포츠 세계에도 있었다. 1993년 함부르크 테니스 오픈에서 당시 독일의 여성 테니스 스타 슈테피 그라프의 광팬이 상대 선수인 유고슬라비아 출신의 모니카 셀레스를 경기 중 휴식 시간에 칼로 공격하는 사건이 발생했다. 범인은 자신의 아이돌인 그라프가 셀레스에게 세계 1위 자리를 빼앗기자 범행을 저질렀다고 한다.

광신을 의미하는 영어의 fanatism에는 두 종류가 있다. 먼저 내재화된 광신이 있다. 이 경우 극성팬은 아이돌에 대한 감정을 드러내지 않고, 타인의 시선을 의식하며 아이돌에 대한 열정을 갖는다. 두 번째는 외부로 드러난 광신이 있는데, 아이돌에 대한 열정을 숨기지 않고 표현한다. 존 레논을 살해한 채프먼은 전자에 속한 광팬이었던 셈이다.

스타들에게 열광하는 팬fan은 광적인이라는 의미의 fanatic에서 나왔는데, 이 말의 유래는 멀리 고대 로마 시대까지 거슬러 올라간다. 라틴어로 fanaticus파나티쿠스는 '신에게 미친' 혹은 '신의 영감을 받은'이라는 뜻이고, 이 단어에서 fanatic이 나왔다. fanatic의 줄임말이 fan이 되었다. 하지만 현재 영어에는 '신성한'이라는 뜻은 빠져 있다. 신의 자리에 대중문화의 스타들이 대신 들어온 것이다. 지금도 fanatic에는 광신도의 의미가 남아 있다.

문화의 상징성은 상대적이다. 예컨대, 동
양에서 용은 황제의 상징이자 상서로운
동물이지만 서양에서는 악마의 화신이다.
유럽의 수많은 전승에는 용이 등장하는
데, 대부분 영웅들이 용을 죽이고 과업을
완수한다. 용이 악의 상징이라는 점에서
서양 언어에서 용의 의미는 부정적인 것
으로 사용되는 경우가 많다.

✛악마의 화신인 서양의 용

영어에서 '화나게 만들다'라는 의미를 가진 rankle은 겉모양과는 달리 용
을 가리키는 dragon에서 나온 단어다. 중세 영어에서 rankle은 '곪다'를 뜻했는
데, 중세 프랑스어 rancler랑클레르에서 차용한 단어다. rancler의 철자는 raoncler,
draoncler처럼 다양했다. 이렇게 rancler의 다양한 철자를 보니 dragon과 무슨
관련이 있는 것처럼 보인다. 중세 프랑스어 rancler의 뜻은 '상처를 곪게 한다'는
것이었다. 대부분의 프랑스어가 라틴어에서 나왔듯이 rancler의 어원도 라틴어
dracunculus드라쿤쿨루스다. 라틴어로 '용'을 의미하는 draco의 축소형 dracunculus
는 본래 '작은 뱀'이나 '용'을 뜻했다.

그렇다면 왜 용이 상처를 곪게 하는 동물이 되었을까? 중세 유럽인들은 작은
용을 가리키는 dracunculus가 '종양'이나 '궤양'을 의미한다고 생각했다. 앞서 소
개한 cancer가 게의 모습에서 나왔듯이, 종양이나 궤양도 작은 뱀처럼 보인 것
이다. '곪다' '악화하다'를 뜻하는 영어 동사 fester도 rancle과 유사한 과정을 거
쳤다. 다시 말해, fester의 어원은 라틴어 fistula인데, 이 말도 '종기'나 '궤양'을
의미했다.

12월 10일 | **Dynamite** 다이너마이트

과학

1896년 12월 10일, 이탈리아의 휴양도시에서 유럽 최대의 부호 중 한 명인 알프레드 노벨이 눈을 감았다. 향년 63세였다. 우리에게는 노벨상으로 더 잘 알려진 노벨은 다이너마이트를 발명해 현대 문명 건설에 크게 이바지했으나, 다이너마이트가 전쟁에서 인명을 살상하는 수단으로 전락하자 말년에 마음이 많이 아팠다고 한다.

노벨의 아버지도 유명한 발명가였다. 1850년 그는 아버지의 발자취를 따라 니트로글리세린을 발명한 화학자 아스카니오 소브레로의 연구를 접하게 된다. 노벨은 화

✛다이너마이트를 발명한 알프레드 노벨

약보다 더 강력한 니트로글리세린의 폭발력에 매료되었다. 하지만 니트로글리세린은 액체 상태로 운반할 수 없었다. 조금만 흔들리면 강력한 폭발이 일어나기 때문이다. 실제로 노벨은 니트로글리세린을 안전한 폭발물로 만들기 위해 수많은 실험을 진행했다. 그 와중에 동생 에밀을 사고로 잃기까지 했다. 결국 스톡홀름 시가 노벨의 위험한 실험을 중단시키자, 노벨은 호수 위에 배를 띄워 실험을 계속했다. 마침내 노벨은 규조토라는 물질을 니트로글리세린에 섞어 안전한 폭약을 만드는 데 성공했다.

그렇다면 위험한 물질인 니트로글리세린은 인명을 살상하는 다이너마이트에만 활용되는가? 실제로 이 물질은 협심증 환자를 살리는 약품으로도 사용된다. 협심증의 통증이 올 때 소량을 먹으면 원활한 혈액 순환을 도와 위급 상황에서 벗어날 수 있다. 니트로글리세린의 양면성이 잘 드러나는 대목이다.

노벨은 다이너마이트라는 이름 대신에 Nobel's Blasting Powder노벨의 폭발 파우더라는 이름을 붙이려고 했다. 하지만 그리스어로 힘을 뜻하는 dynamis디나미스가 최종 낙점되었다. 여기서 파생된 영어로는 '역동'을 의미하는 dynamic, dynamism 같은 말들이 있다.

12월 11일 | **Accord** 합의

1789년 7월 14일에 발발한 프랑스혁명은 근대사의 흐름을 송두리째 바꿔놓은 거대한 사건이었다. 우리는 이 혁명으로 프랑스 왕정이 무너지고 당시 국왕인 루이 16세가 단두대에서 처형된 것으로 알고 있다. 하지만 그가 콩코르드 광장에 설치된 단두대에서 처형된 해는 1793년이다.

✛ 루이 16세의 사형이 집행된 콩코르드 광장

1792년 루이 16세는 국외로 탈출을 시도하다가 체포되어 재판에 넘겨진다. 루이 16세에 대한 첫 번째 심문은 1792년 12월 11일에 시작되었다. 검사가 왕을 '루이 카페'라고 명명하자 왕은 즉시 반발했다.

> "카페는 내 성이 아니다. 그건 내 조상의 성이다. … 내가 국민 공회의 재판을 수용한 것은 국민 공회에 굴복해서가 아니라 당신들이 무력을 가지고 있기 때문이다."

국민 공회가 실시한 몇 차례의 투표 결과, 최종적으로 재적 의원 690명 중 찬성 310명(사형 집행 유예에 대한 찬성), 반대 380명으로 루이 16세의 사형 집행을 가결했다. 그런 다음 지금의 콩코르드Concorde 광장에서 1793년 1월 21일 사형이 집행되었다.

그렇다면 '합의'를 뜻하는 영어의 accord는 루이 16세가 처형당한 콩코르드 광장과 무슨 상관이 있을까? 두 단어 모두 '마음'을 뜻하는 라틴어 cor에서 나왔다. 영어의 record는 마음으로 익히다(기록하다)라는 뜻이며, 프랑스어 concorde는 '함께'를 의미하는 전치사 con이 붙어 '함께 마음을 가져가다'라는 뜻이 되었다. 영어의 accord 역시 라틴어 accordare아코르다레에서 나온 말인데, '한마음으로 가다'라는 뜻에서 '합의하다'라는 의미가 만들어졌다. '용기'를 뜻하는 courage는 '마음의 힘'에서 만들어졌다. 현대 영어에서 '핵심'이나 '신조'를 의미하는 core 역시 라틴어 cor코르에서 나온 말이다.

12월 12일 | **Restaurant** 레스토랑

1765년 파리 루브르궁전 근처에 불랑제라는 사람이 수프를 파는 유럽 최초의 식당을 하나 개업했다. 가게의 이름은 레스토랑 혹은 수프 레스토랑이었다. 불랑제의 레스토랑에서 파는 수프는 닭이나 소고기 육수에 양파나 허브, 빵가루를 넣은 걸쭉한 수프였다. 유럽 최초

✚ 유럽 최초의 식당인 불랑제의 레스토랑

의 레스토랑은 이렇게 생겨났다. 그런데 왜 레스토랑에서 파는 음식이 스테이크 같은 요리가 아니라 수프였을까? 레스토랑의 어원을 따라 들어가면 이유를 알게 된다.

서양인들은 몸살이나 감기 등으로 기력이 쇠해지면 수프를 먹으며 힐링하는 전통이 있다. 그런 의미에서 불랑제는 영양 수프를 파는 자신의 가게 이름을 기력을 되찾는 곳을 의미하는 '레스토랑restaurant'이라고 지었다. 레스토랑은 프랑스어의 동사 restaurer레스토레에서 나온 말인데, 이 동사의 본래 '복구하다' '되살리다'라는 뜻이었다. 따라서 떨어진 체력을 되살려주는 음식을 파는 곳이 레스토랑이었던 것이다.

불랑제는 레스토랑의 창문에 라틴어로 다음과 같이 적었다: "Venite ad me omnes qui stomacho laboratis et ego vos restaurabo." 이 말은 "위장이 쓰린 분들이여, 나에게 오시오. 그러면 내가 당신들을 회복시켜주겠소"라는 뜻이었다. 프랑스어에 어원을 제공한 라틴어 동사 restaurare레스타우라레의 미래형인 restaurabo 레스타우라보가 맨 마지막에 있다. 하지만 죽만 팔아서는 이윤이 남지 않을 것을 간파한 불랑제는 다른 음식도 메뉴에 올렸다. 화이트소스를 곁들인 양다리 요리가 그중 하나였다. 그런데 문제가 생겼다. 고기는 정육점 길드의 허락을 받아야만 팔 수 있었던 것이다. 불랑제는 정육점 길드의 경고를 따르지 않았다. 그러다가 정육점 길드와 소송을 벌였고 결국 승소했다. 오늘날 우리가 레스토랑에서 스테이크를 먹을 수 있는 것도 최초의 레스토랑 사장 불랑제 덕분인지 모른다.

12월 13일 │ **Gossip** 가십

현대인의 일상 대화의 주제는 70% 이
상이 타인이나 인간관계 문제라고 한
다. 다시 말해, 대화의 대부분이 남에
관한 이야기라는 것이다. 이런 이야기
를 가십gossip이라고 부르는데, 가십의
사전적 정의는 남의 사생활에 관한 소
문이나 험담, 잡담을 말한다. 카페에서
친구를 만나서 늘어놓는 잡담이 바로
가십이다.

✤ 유진 드 블라스의 〈은밀한 수다〉

　가십의 어원은 매우 뜻밖이다. 두 번째 음절의 ssip은 고대 영어 sibb에서 나
왔는데, 친족을 의미한다. 영어에서 형제자매를 뜻하는 sibling이 여기서 나왔다.
gossip의 첫음절 go는 god에서 d가 탈락한 형태다. 따라서 gossip은 '신이 맺어준
친척'이라는 말이다. 영어에서 대부와 대모를 각각 godfather와 godmother로 부
르는 것도 마찬가지 원리다. 17세기에는 가십에 '출산할 때 어머니를 돌보는 여
성'이라는 의미도 생겨났다.[34] 이후에 '친구' '자주 보는 사람' 등의 의미가 만들
어지고, 이들과 관계된 '이야기'나 '소문'이라는 뜻도 생겨난다.

　가십은 다른 사람의 삶에 대한 정보를 순환시키는 수단 외에도 다른 수많은
기능이 있다. 개인은 가십을 통해 유죄 의식을 느끼지만 동시에 카타르시스도
느낀다. 가십은 개인에게 힘을 주는 동시에 위험성을 내포하기도 한다. 따라서
가십을 제공하는 사람과 그 대상이 되는 사람은 각자에게 이익이 될 수도 있고
해가 될 수도 있다. 가십은 사회적·문화적 기능도 갖고 있다. 인간관계의 신뢰와
공동체 의식을 형성하기 때문이다. 마지막으로 가십은 정치적이다. 개인, 집단,
지역, 국가, 전 세계에 이르기까지 모든 수준의 정치에서 발생한다. 그래서 정치
가가 사석에서 말한 가십이 공적 공간에 공개되면 파괴력은 상상 이상으로 작
용한다.

12월 14일 | **Blue** 파란색

종교

"악마는 파란 유리로 해주세요." 중세 유럽에서 성당의 스테인드글라스를 제작할 때 사제들이 유리 장인들에게 하던 부탁이다. 왜 사제들은 악마를 파란색 유리로 제작해달라고 부탁했을까?

✤ 파란색 옷을 입고 있는 성모마리아

현대인에게 가장 많은 사랑을 받는 색을 꼽으라면 단연 파란색이다. 주식시장의 우량주는 blue chips이고, 영국인 노동자들이 일을 마치고 펍에서 생맥주를 한 잔하는 저녁 시간은 blue hours, 길조로 알려진 파랑새 blue bird도 마찬가지다. 그런데 고대 서양 사회에서는 파란색이 불길한 색이었다. 특히 고대 로마에서 파란색은 야만족의 색이었다. 제국의 국경 밖에 살던 야만족들이 전투에 임할 때 온몸에 파란색을 칠했기 때문이다. 그런 이유로 로마인들은 파란색을 가리키는 단어조차 만들지 않았다. 로마인들에게 파란색은 야만족의 색이자 시체의 색이었을 뿐이다.[35]

파란색이 악마의 색에서 신성한 색으로 변신한 배경에는 성모마리아가 있다. 중세 화가들은 아들의 죽음을 슬퍼하는 성모마리아를 파란색의 상복을 입은 모습으로 그렸다. 이런 이미지는 아들의 죽음을 목도한 어머니의 찬란한 슬픔을 상징했고, 이후 파란색은 더 이상 악마의 색이 아니라 신성한 색이 되었다. 영어의 blue에 '우울하다'라는 의미가 들어가 있는 것도 이런 까닭에서다.

영어의 blue는 중세 프랑스어 blo 혹은 bleu블뢰에서 온 말인데, 프랑스어의 뜻은 '창백한' '색이 바랜' '파란' 등이었다. 영어에 들어온 blue는 13세기에 '하늘색'을 의미하는 말이 되었다. 한편 프랑스어의 bleu도 게르만족의 일족인 프랑크족의 언어 blao에서 나온 말이다.

1922년 11월 4일, 이집트 남부 룩소르 근처에 있는 왕가의 계곡에서 고고학사의 한 획을 긋는 역사적인 발굴이 이루어졌다. 이날 온전히 보존된 파라오의 무덤이 발굴된 것이다. 무덤에서 나온 미라의 주인은 투탕카멘, 바로 18세 소년 파라오였다. '황금 마스크'로 유명한 소년 파라오는 이렇게 2,300년 만에 세상에 나왔다. 그런데 고고학자들은 이 무덤의 주인이 투탕카멘이라는 사실을 어떻게 알아냈을까?

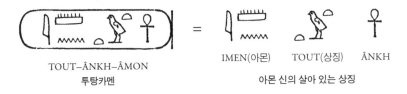

TOUT–ÂNKH–ÂMON
투탕카멘

IMEN(아몬)   TOUT(상징)   ÂNKH

아몬 신의 살아 있는 상징

상형문자는 한자처럼 표의문자기도 하지만 각각의 그림문자에는 음가가 부여되어 있다. 위의 그림은 투탕카멘의 이름을 상형문자의 조합으로 표시한 것인데, 맨 왼쪽부터 문자의 음가는 이러하다. 먼저 타조 깃털은 [i], 밭에 풀이 난 기호는 [m], 물결은 [n], 반원은 [u], 메추리는 [t], 둥근 고리 십자가는 '앙크'라고 불렸다. 그러므로 오른쪽 그림의 상형문자를 왼쪽부터 읽으면 '아몬투트앙크'가 된다. 그런데 여기에 함정이 있다. 이집트의 상형문자에서는 필서의 방향이 좌에서 우로 또는 우에서 좌로 같은 규칙성이 없다. 위의 상형문자 조합에 나오는 이름은 가운데(투트)에서 출발해 왼쪽으로 갔다가(아몬) 마지막 음절을 오른쪽에서 끝난다(앙크). 이렇게 읽으면 투탕카멘이 되고, 뜻은 '아몬 신의 살아 있는 상징'이 된다. 상형문자를 해독한 프랑스의 이집트 학자 샹폴리옹에게 고개가 절로 숙여진다.

미라 상태로 발견된 투탕카멘을 CT로 촬영했더니 다리에 심각한 골절이 발견되었다. 파라오는 이 상처로 감염되어 죽었을 것이라고 학자들은 추정한다. '미라'를 의미하는 영어의 mummy는 페르시아어로 '밀랍'을 의미하는 mum에서 나온 말이다. 이 말은 아랍어를 거쳐 라틴어에 mumia무미아가 되었고, 이후 mummy의 형태로 영어에 들어온다.

12월 16일 | Grand Slam 그랜드슬램

그랜드슬램은 여러 스포츠 종목에서 사용되는 용어다. 특히 이 말이 가장 많이 사용되는 종목은 테니스인데, 세계 대회 중 윔블던, US 오픈, 프랑스 오픈, 호주 오픈을 한 번 이상씩 우승하는 것을 말한다. 골프에서는 마스터스, US 오픈, 영국 오픈, PGA 챔피언십을 모두 우승한 선수에게 그랜드슬램을 달성했다고 말한다. 그랜드슬

❖ 최초의 윔블던 테니스 대회(1877)

램은 세계 스포츠 행사 중에서 하계·동계 올림픽, 남자 축구 월드컵, 세계 육상 선수권 대회를 모두 개최한 나라에도 주어지는데, 한국도 해당한다.

그랜드슬램에서 slam은 '휘스트'라는 카드 게임에서 나온 말이다. 이 게임은 52장의 카드를 사용하는 게임인데, 예컨대 네 명이 게임을 할 때 선의 왼쪽에 앉은 사람부터 카드를 한 장씩 내려놓는다. 그리고 가장 높은 카드를 내려놓은 사람이 네 장의 카드를 모두 가져간다. 이렇게 네 장 한 벌을 one trick이라고 부른다. 카드 게임은 총 13번 진행되고, 13번의 trick을 모두 가져가는 경우를 그랜드슬램이라고 한다. 그러므로 그랜드슬램은 매우 어렵게 승리한 경우를 가리킨다. 테니스의 메이저 선수권 대회에서 평생 1회만 우승하는 것도 하늘의 별 따기인데, 모든 메이저 대회를 한 번씩 우승한다는 것은 휘스트에서 13번을 이기는 것만큼 어렵다는 말이다.

한편 프랑스어에서 건너온 grand는 토박이 영어 big보다 사용 범위가 더 전문적이며, 문화와 관련된 용어에 많이 사용된다. 배심원 중에서 대배심원을 grand jury라고 부르고, 소배심원은 영어의 small에 해당하는 프랑스어 petit를 붙여 petit jury라고 부른다. 피아노의 경우도 연주용 피아노는 big piano라고 하지 않고 grand piano라고 부른다. grand tour라는 표현도 있는데, 이는 과거에 영미권 부유층 젊은이들이 교육의 일환으로 유럽 주요 도시를 둘러보던 여행을 가리킨다.

테니스tennis라는 말은 프랑스어로 "공 받아!"를 뜻하는 "Tenez트네!"에서 유래했다. 이 사실로 미루어 보아, 테니스 경기 규칙과 관련된 용어에도 프랑스어가 들어가 있으리라고 충분히 짐작할 수 있다. 먼저 테니스 경기의 점수 산정 방식은 독특하다. 한 세트는 여섯 게임을 먼저 이기는 사람이 가져간다. 각 게임은 0-15-30-40-60 같은 방식으로 점수가 올라간다. 마치 60진법을 사용하는 시계를 보는 듯하다.

÷17세기 프랑스 궁중 테니스 경기

본래 테니스는 궁정에서 즐겨 하던 실내 스포츠였다. 경기 코트에는 시계가 걸려 있었는데 알다시피 시계는 60진법에 따라 움직인다. 그러므로 시계 판에 15, 30, 45만 적혀 있는 것을 보고 한 포인트가 올라갈 때 15를 단위로 점수를 계산한 것이다. 45는 영어(forty five)와 프랑스어(quarante-cinq) 모두 두 단어라서 발음하기 편한 forty로 바뀌었다는 것이다.

두 선수의 점수가 40 대 40이면 어느 쪽도 한 번에 그 게임을 가져갈 수 없다. 두 번 연속 승리해야 하는데, 이때의 점수를 듀스deuce라고 한다. 이 말은 숫자 2를 의미하는 프랑스어 deux에서 왔다. 즉, 두 선수의 점수가 똑같다는 뜻이다. 정작 어원을 제공한 프랑스어에서는 동점을 의미하는 égalité에갈리테로 용어가 바뀐 것을 보면, 영어가 옛날 전통을 더 잘 보존하고 있는 셈이다. 영어 deuce에는 17세기 이후에 '불운'을 의미하거나, '도대체' '제기랄'과 같은 의미로 구어에서 사용된다. "What the deuce are you doing?(도대체 무슨 일을 하는 거야?)" 이 문장에서 영어 deuce는 악마를 의미하는 devil로 옮길 수 있다. 프랑스어로 신을 의미하는 수는 1인 데 반해 악마는 2로 상징되기 때문이다. 따라서 2를 의미하는 deuce에 '악마' 또는 '제기랄'이라는 의미가 생겼다. 끝으로 테니스에서는 0을 사용하지 않고 love를 쓰는데, 가장 설득력이 있는 설명으로는 달걀을 의미하는 프랑스어 l'œuf뢰프의 발음이 영어의 love가 되었다는 설이 있다.

12월 18일 │ **Obsession** 강박관념

만약 여러분이 살고 있는 도시가 코로나19로 인해 강제로 봉쇄되었다고 하자. 실제로 중국에서는 코로나 초기에 도시 전체가 봉쇄된 적이 있다. 집 안에서 수주일, 아니 수개월을 나오지 못한다면 사람들은 대부분 정신적인 압박에서 벗어나지 못할 것이다. 생필품이 아니라 식수와 식량이 절대적으로 부족하다면 상황은 최악이다.

✛ 백년전쟁 당시 칼레 성 포위 공격

　중세 유럽의 도시들은 성벽으로 둘러싸여 있었다. 성을 점령하는 쪽이 전쟁의 승자가 되지만, 내성과 외성의 이중 방어벽을 친 요새 성을 함락하기란 쉽지 않았다. 먼저 성벽에 사다리를 놓고 올라가 성을 함락하는 전술이 있었지만 인명 피해가 너무 컸다. 물론 공성루를 제작해 성을 공격하는 방법도 있었다. 아니면, 성벽 지하에 터널을 뚫고 성안에 들어가는 방법도 있었다. 하지만 상대편도 반대편에서 터널을 뚫고 저항하면 이 방법도 쉽지는 않았다. 그래서 공격하는 쪽에서는 성을 포위하고 장기간 대치하는 전략을 택하는 경우가 많았다. 수개월 또는 1년 동안이라도 포위를 풀지 않고 적이 항복할 때까지 기다리는 것이다. 실제로 백년전쟁 당시 잉글랜드의 에드워드 3세는 프랑스의 칼레 시를 포위하고 1년 동안 대치했다. 결국 식량과 물이 바닥난 칼레 시민들은 에드워드 3세에게 항복하고 도시를 내주고 만다. 1년 동안 갇혀 있던 칼레 시민들의 정신 상태가 어땠을지 짐작하고도 남는다.

　영어에서 '강박관념'을 가리키는 obsession은 '성을 포위하다'라는 라틴어 동사 obsidere오브시데레에서 나온 말이다. 이 동사는 '~를 향해'를 의미하는 전치사 ob-에 '앉다'를 뜻하는 sidere가 합쳐져 만들어졌다. 즉, '앉아서 포위망을 풀지 않는다'라는 뜻이다. 그런데 군대가 성을 포위할 수 있듯이, 악마도 인간의 마음을 포위하거나 묶을 수 있다. 이렇게 되면 인간의 머릿속은 온통 강박관념으로 가득 채워진다. 이후 obsession에서 '악마'라는 의미는 빠지고, 단순히 심리적인 강박관념을 가리키는 말로 뜻이 바뀌게 된다.

중세 유럽에서 손님을 초대해 함께 즐기는 연회는 귀족만의 전유물이었다. 연회에는 다양한 요리가 순서 없이 나오기도 하고, 한꺼번에 모든 요리가 나오기도 했다. 육류는 큰 덩어리를 잘라서 내왔는데, 연회의 손님들은 엄지와 검지를 사용해 고기를 먹었다. 중세에는 아직 포크가 일반적으로 사용되지 않았다. 육류 중 가금류는 높은 계층의 사람들이 선호하는 고기였다. 새들은 하느님이 있는 곳과 가까운 동물이라고 믿었기 때문이다.

✛중세 유럽 귀족의 연회

연회의 식탁에는 멧돼지, 산토끼, 잉어, 뱀장어, 멧돼지 등의 요리가 번갈아 올랐으며, 같은 재료라 할지라도 다채롭게 요리를 만들었다. 반대로 농민들의 식단은 말 그대로 보잘것없었다. 단지 몇 가지 식사와 수프가 고작이었다. 농민들은 빵도 검은 빵만 먹을 수 있었던 반면, 귀족들은 흰 빵을 먹을 수 있었다. 검은 빵은 얼마나 단단한지 도끼로 내리쳐 잘라야 하는 경우도 있었다고 한다. 귀족은 자신들이 흰 빵을 먹는 이유가 고상하고 연약한 소화 기능 때문이라는 해괴한 논리를 내세웠다.

서양 요리는 흔히 '코스 요리'라고 한다. 그런데 프랑스에서는 앙트레entrée가 애피타이저를 가리키지만, 미국에서는 메인 코스 요리를 말한다. 앙트레가 미국 영어로 들어온 시기는 19세기인데, '입장'을 뜻하는 영어의 entry처럼 식사가 시작되는 음식을 가리켰다. 그런데 뉴욕의 고급 프랑스 레스토랑에서는 무려 15가지의 코스 요리를 팔았다고 한다. 그 코스 가운데 앙트레는 세 번째에 나오는 음식이었다. 대개 소스를 뿌린 고기 요리였는데, 생선과 육류 요리 사이에 나왔다. 하지만 대공황과 금주법 시대를 지나면서 미국의 음식 문화에도 변화가 일어났다. 코스 요리가 간소화된 것이다. 이후 앙트레는 메인 코스 앞에 먹는 요리가 아니라 메인 코스 자체가 되었다.

12월 20일 | **Malice** 악의

역사

기원후 1세기 로마제국에 한 여인이 있
었다. 여인의 이름은 아그리피나. 그녀
는 첫 남편 사이에서 네로를 낳았다. 폭
군의 대명사인 그 로마 황제 네로다. 그
런데 그의 어머니도 평판이 좋지 않았
다. 두 번째 남편인 파시에누스 크리스
푸스도 독살되었다는 소문이 돌았다. 그
녀는 남편이 죽자 곧바로 재혼한다. 상

✛어머니 아그리피나를 살해하는 네로 황제

대는 클라우디우스 황제였는데 자신의 삼촌이었다. 클라우디우스 황제는 절름
발이에다가 말도 더듬는 추남이었다. 주변 사람들은 그녀의 결혼을 의심스러운
눈초리로 바라보았다. 결국 클라우디우스도 어느 날 좋아하는 버섯을 먹은 뒤
절명한다. 사람들은 아그리피나가 황제를 독살한 것이라고 생각했다.

드디어 아들 네로가 16세에 황제에 올랐다. 그녀는 섭정을 하려 했지만 네로
는 완강히 반대했다. "사람은 고난은 함께할 수 있지만 권력은 나눌 수 없다"라
는 누군가의 말이 딱 맞았다. 결국 두 모자간의 갈등은 증오로 변했다. 네로가
어머니 아그리피나를 살해하기로 마음먹은 것이다. 첫 번째 계획은 강물에 익사
시키는 것이었다. 하지만 그녀는 헤엄쳐 가까스로 살아 나왔다. 결국 네로는 근
위병을 보내 그녀를 살해하기로 작정한다. 근위대가 아그리피나의 거처에 들이
닥치자 그녀는 자신의 배를 가리키며 "황제가 이곳에서 나왔으니 여기를 찔러
나를 죽여라!"라고 외쳤다고 한다. 또 다른 일설에 따르면 교수형에 처해졌다고
도 한다.

라틴어 경구에 "사악한 일을 꾸미는 데는 여자가 남자를 압도한다"라는 말
이 있다. 아마도 아그리피나 같은 여인을 가리키는 것 같다. 라틴어에서 '악한'
을 의미하는 malus말루스는 영어에 많은 어휘를 제공했다. 예를 들면, malice악의,
malaise불안감, malevolent악의 있는, dismal음울한, malady심각한 문제, 병폐, nonmalignant
악의가 없는 같은 단어들이 있다.

12월 21일 | **Jovial** 아주 쾌활한

신화

그리스신화의 주인공 제우스는 많은 자식을 낳았다. 고대 사회에서 가부장의 임무를 지나치게 충실히 수행한 가장의 모습을 잘 보여준다. 흔히 제우스의 부인은 헤라로 알려져 있지만, 사실 헤라는 두 번째 부인이다. 첫 번째 부인은 메티스라는 여신이었다. 메티스는 아주 지혜로운 신이었다. 이런 부인을 두려워한

✤제우스의 머리에서 태어난 아테나

제우스는 메티스를 자신의 뱃속에 넣어버린다. 결국 메티스는 제우스 때문에 신의 세계에서 사라지고 말았다.

사실 제우스가 메티스를 삼켜버린 이유는 그녀가 나을 자식이 아버지를 능가할 것이라는 신탁이 있었기 때문이다. 실제로 메티스는 임신 중이어서 제우스는 졸지에 대리모, 아니 대리부가 되었다. 출산이 다가오자 제우스는 머리가 깨질 듯이 아팠다. 결국 제우스의 머리를 깨고 완전무장한 여전사가 나왔는데 그녀의 이름은 아테나다. 머리에서 나왔다는 것은 어머니인 메티스를 닮은 '지혜의 여신'이라는 의미였다. 투구와 창을 들고 나왔다는 것은 '전쟁의 여신'이라는 뜻이었다. 신화학에서 제우스가 메티스를 삼켰다는 것은 고대의 모계 사회를 부계 사회가 정복했다는 뜻으로 해석할 수 있다. 또 제우스가 아테나를 낳았다는 것은 여성이 가지고 있던 출산의 능력까지 남성의 손아래 들어갔다는 의미다.

고대 로마에서 제우스는 유피테르Iuppiter로 불렸다. 철자 'J'는 근대에 발명된 문자이므로 로마 시대에는 제우스를 Iuppiter로 적었다. 로마인들은 신들을 동물에 비유해 섬기곤 했는데, 아마도 토테미즘의 흔적인 듯싶다. 예를 들어, 제우스는 붉은 황소, 헤라는 암송아지에 비유되었다.

제우스의 이름에서 나온 영어 단어 가운데 jovial이 있는데, 이 단어에는 '아주 쾌활한'이라는 뜻이 들어 있다. 가장 큰 행성이자 '신들의 제왕'의 이름이 들어간 행성 자리에서 태어난 사람은 천성이 유쾌하고 명랑한 사람이라고 믿었기 때문이다.

12월 22일 | **Tense** 시제

언어

북아메리카에 사는 호피족의 언어에는 시제의
개념이 없다. 우리의 사고방식으로는 언어에 시
제가 없다는 것을 상상할 수도 없지만, 호피족은
전혀 문제없이 동작을 표현한다.[36] 호피어에서
는 동작의 사실성이 표현법의 기준이 된다. 다시
말해, 어떤 동작이 화자의 눈앞에서 완료되었는
가, 아니면 그 동작이 일어나지 않았는가에 따라

✛ 북아메리카의 호피족

시제가 구분된다. 영어와 호피어를 비교하며 호피어의 동작 표현법을 알아보자.

영어의 he ran과 he runs는 호피어로 wari라는 표현으로 그 형태가 동일하다.
그것은 두 동작 모두 화자의 면전에서 막 완료되었거나 현재 일어나고 있다는
점에서 호피족에게는 동일한 동작이기 때문이다. 그러나 화자가 과거의 기억
을 더듬어 he ran이라고 말한다면 그들은 era wari라고 표현한다. 마찬가지로 he
will run은 warkini로 표현된다. 두 동작 모두 화자의 앞에서 실제로 일어난 동작
이 아니기 때문이다. 영어에서는 lightning이 명사로 분류되지만 호피어에서는
파도, 불꽃, 유성流星, 연기, 맥박 등과 같은 명사는 동사로 표현된다. 이러한 단
어들은 잠깐 동안 지속되는 동작으로 간주되는 것이다.

영어에는 크게 세 가지 시제가 있다. 현재, 과거, 미래 시제가 있는데 다시 세
분화해 완료와 진행으로 구분하면 총 12개의 기본 시제가 나온다. 프랑스어는
영어보다 더 많은 동사의 시제를 가지고 있다. 프랑스어 동사가 어려운 것은 인
칭마다 동사의 어미가 다르기 때문이다. 하지만 서양 문명의 뿌리인 라틴어의
시제는 상상을 초월한다. 라틴어는 20개가 넘는 시제가 존재하고 형태도 인칭
마다 다르다. 게다가 이런 특징은 능동태의 동사에 국한된다. 수동태에도 동일
한 시제가 존재하기 때문에 실제로 라틴어의 시제는 40개 이상이 된다.

영어에서 '시제'를 뜻하는 tense는 중세 프랑스어 tens탕스에서 나왔다. 중세 프
랑스어의 발음은 현재 영어의 tense와 동일하다. 그런데 프랑스어는 tens의 어원
을 밝혀주기 위해 라틴어 철자법에 따라 temps으로 바꿨다. 이 단어가 라틴어의
tempus에서 유래했다는 사실을 보여주고자 철자를 과거형으로 되돌린 것이다.

12월 23일 | Grease one's palm 뇌물을 쓰다

기원전 2~1세기에 로마는 하나의 도시 국가에서 세계적인 제국으로 엄청난 발전을 이루었다. 쏟아져 들어오는 부로 인해 로마는 '부에 대한 광적인 열망'이 지배하는 도시가 되었다. 시인 오비디

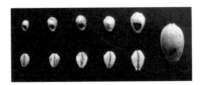

✛ 기원전 18~16세기 중국의 조개껍질 화폐

우스는 이런 세태를 한탄했다. 명예가 사라진 세상에서 이제 돈이 최고가 되었다. 뇌물이 횡행해 돈만 있으면 관직을 살 수 있었고 사람들은 권력자에게 모여들었다.[37] 이렇게 로마제국은 서서히 몰락의 길로 접어들고 있었다.

뇌물의 역사는 멀리 고대 이집트까지 거슬러 올라간다. 당시 이집트 왕조는 뇌물이 공정한 재판을 왜곡한다고 규정하고, 처벌을 면할 목적으로 뇌물을 살포하는 행위를 단속했다. 뇌물을 부정한 선물로 보는 인식은 동양에서도 마찬가지였다. 뇌물의 한자 뇌賂를 보면 뇌물의 유래를 알 수 있다. 뇌는 조개 패貝에 각기 각各을 결합해 만든 조어로, '개별적으로 유통되는 재화'란 뜻이다. 조개껍질이 화폐로 통용되던 시절, 공적으로 유통되지 않고 사적으로 오가는 조개껍질이 있었으니 이는 몰래 주고받는 선물, 즉 뇌물이었다.

영어에서 '뇌물'을 가리키는 bribe는 본래 훔친 물건을 의미했다. 이 말은 중세 프랑스어 bribe브리브에서 온 말인데, '선물' '조각' '걸인에게 준 빵 조각'을 의미했다. 뇌물이 걸인이 적선을 통해 얻은 물건에서 비롯되었다는 사실이 흥미롭다.

영어에는 grease one's palm이라는 표현이 있는데 직역하면 '누군가의 손바닥을 기름으로 칠한다'라는 뜻이다. 예컨대, "You didn't grease his palms enough"라는 말은 "뇌물을 충분히 주지 않았군"이라는 뜻이다. '기름을 치다'라는 표현이 '뇌물을 주다'를 의미한다는 것은 한국어 사용자도 충분히 이해할 수 있다.

12월 24일 | **Buffet** 뷔페

일본 여행을 하다 보면 '바이킹'이라는 이름이 들어간 식당을 자주 볼 수 있다. 식당에 들어가 보면 우리가 잘 아는 뷔페식 레스토랑이다. 왜 일본에서는 뷔페 레스토랑에 중세 서유럽인을 공포에 몰아넣은 바이킹의 이름을 붙였을까?

먼저 고향 스칸디나비아반도를 떠나 서유럽 약탈에 나섰던 바이킹들의 식사를 생각해보자. 배를 타고 원정에 나선 바이킹은 다른 부족과 만날 경우, 준비해 간

✛스웨덴의 뷔페식 식사 **스뫼르고스보르드**

음식들을 한곳에 모아놓고 식사를 했다는 설이 있다. 오늘날의 뷔페 레스토랑과 같다. 또 다른 설에 따르면, 약탈한 음식들을 고향으로 가져와서 큰 널빤지에 모두 모아놓고 식사했다는 설도 있다.

이러한 식사 전통은 지금도 스웨덴에 남아 있다. 스웨덴 사람들은 이런 종류의 상차림을 스뫼르고스보르드Smörgåsbord라고 부른다. 스뫼르고스smörgås는 '샌드위치'를 의미하고, 여기에 '식탁'을 의미하는 보르드bord를 붙여 만든 말이다. 스뫼르고스보르드는 스웨덴 요리에서 뷔페 형식의 식사를 가리킨다. 전통적인 스웨덴의 스뫼르고스보르드는 차갑고 뜨거운 음식 둘 다 포함된다.

바이킹의 이름이 뷔페 요리에 들어간 그럴듯한 역사적인 배경을 확인했지만, 막상 그 명칭은 스웨덴어로 잘 알려지지 않았고, 프랑스어 buffet뷔페로 세상에 알려졌다. 본래 프랑스어 buffet는 '찬장'이라는 뜻이다. 그런데 찬장은 음식을 보관하는 가구이므로 여기서 뷔페에 '음식'이라는 의미가 생겨났다. 지금도 프랑스어에서는 열을 가한 뜨거운 요리를 buffet chaud뷔페 쇼라고 부르고, 햄이나 샐러드같이 열을 가하지 않은 차가운 요리는 buffet froid뷔페 프루아라고 부른다. 프랑스에서 뷔페는 본래 열차 안이나 정거장에 서서 간단히 먹을 수 있게 마련된 식당을 의미했는데, 나중에 영미권으로 퍼지면서 지금의 뷔페로 정착되었다.

12월 25일 | **Hooligan** 훌리건

오늘날 유럽에서는 영국과 이탈리아, 스페인이 최고의 프로 축구 리그를 운영하고 있지만, 1980년대만 해도 독일의 분데스리가가 유럽에서 가장 수준 높은 축구 리그로 인정받았다. 1985년 벨기에 브뤼셀의 에이젤(영어로는 헤이젤) 경기장에서 유러피언컵 축구 결승 경기가 벌어지고 있었다. 결승에 올라온 팀은 잉

⁜에이젤 축구 경기장 대참사

글랜드의 리버풀과 이탈리아의 유벤투스. 유럽의 양대 리그를 대표하는 전통의 강팀이었다. 현재 챔피언스 리그의 결승전을 제3국에서 하는 것처럼 당시에도 그렇게 진행되었다.

당시 에이젤 축구 경기장에 원정 온 영국의 서포터들 속에는 광적인 응원으로 악명을 떨친 훌리건이 많았다. 경기가 시작되자 양 팀의 서포터들은 서로에게 돌팔매질을 하는 등 일촉즉발의 위기 상황으로 치달았고 결국 서로 충돌하기에 이른다. 하지만 유벤투스의 팬들은 영국의 서포터들이나 훌리건의 상대가 되지 못했다. 결국 출구를 찾아 도망가던 유벤투스 서포터들과 일반 관중들이 한꺼번에 몰리자 경기장의 콘크리트 벽이 붕괴하는 사고가 일어나고 말았다. 이 참사로 39명이 사망하고 600명의 부상자가 발생했다. 이후 영국 클럽팀은 5년 동안, 리버풀은 7년 동안 국제 대회에 참가할 수 없었다.

영국의 광적인 축구 서포터를 훌리건hooligan이라고 부르는데, 이 말의 어원은 분명하지 않다. 훌리건이라는 말이 처음으로 나타난 해는 1890년대로, 정확한 기록은 1898년 여름 경찰 조서에 등장한다. 이해에 런던 거리에서 폭동을 일으킨 젊은이들을 가리켜 훌리건이라고 했다는 설이 전해진다. 또한 옥스퍼드 사전에 따르면, 1890년대 뮤직홀 노래에 나오는 난폭한 아일랜드 가족의 성姓에서 유래했다는 설도 전해진다.

비행기에 승객들이 탑승하고 이륙하기 직전에 기장은 다음과 같이 안내 방송을 한다. "Cabin Crew: Prepare for take-off!" 우리말로 번역하면 "승무원 여러분 이륙 준비!" 이 말이 떨어지면 비행기는 활주로를 박차고 하늘로 솟구친다. 여기서 cabin은 배나 비행기의 '선실'이고, crew는 '승무원'을 말한다.

✛ 신성로마제국의 용병 부대 란츠크네이트

1524년 10월 프랑스의 프랑수아 1세는 4만 명의 대군을 이끌고 밀라노 원정에 나선다. 1개월 만에 밀라노를 함락한 프랑스군은 밀라노 근처의 파비아로 방향을 바꾸었다. 하지만 신성로마제국의 영지였던 이곳은 합스부르크 왕국의 병력 9,000명이 결사 항전으로 버티고 있었다. 파비아 수비군은 말과 당나귀, 개와 고양이까지 잡아먹으면서 지원군이 온다는 희망을 버리지 않고 버텼다.

마침내 신성로마제국의 카를 5세는 자국의 용병 부대인 란츠크네이트를 스위스로 보내 프랑스 군대 내의 스위스 용병을 이탈하게 했다. 적군의 교란을 노린 것이다. 마침내 신성로마제국의 군대는 프랑스군의 방어선을 뚫고 이탈리아 진입에 성공했고, 파비아에서 대승을 거둔다. 프랑스군의 패배는 최악이었다. 화승총 부대에 포위된 프랑수아 1세는 결국 포로가 되어 마드리드로 압송되는 치욕을 겪었다. 이탈리아를 놓고 벌인 당시 유럽의 최강국 신성로마제국(스페인 포함)과 프랑스의 전투는 이렇게 끝이 났다.

비행기 승무원 이야기를 하다가 전쟁 이야기로 화제를 바꾼 이유는 승무원을 의미하는 crew의 어원이 증원군에서 나왔기 때문이다. crew는 중세 프랑스어 crue크뤼에서 나온 말인데 '증가하다'라는 동사 crestre크레트르에서 나온 말이다. 앞서 소개한 초승달에서 croissant이 '모양이 커지는 달'이라는 단어도 crestre와 뿌리가 같다.

1822년 12월 27일, 파리의 아카데미 프랑세즈 강당에서 32세인 이집트학의 권위자 장 프랑수아 샹폴리옹이 학술 발표를 앞두고 있었다. 발표 주제는 당시까지 해독되지 않고 있던 고대 이집트 문명의 상형문자 해독에 관한 것이었다. 이집트의 상형문자는 이집트와 밀접한 관계를 맺고 있던 고대 로마제국이 기원후 476년에 멸망한 뒤로 유럽인들에게는 잊힌 문자가 되었다. 사람들은 상형문자가 표의문자일 것이라고 짐작만 할 뿐 정확한 음가와 의미는 알지 못했다.

✛ 대영박물관에 전시된 로제타석

상형문자 해독의 단초는 나폴레옹의 이집트 원정이 제공했다. 프랑스군은 이집트 원정에서 로제타라는 마을에서 검은색 현무암 비석을 발견했다. 로제타석이 세상에 알려지는 순간이었다. 프랑스군은 이 돌을 파리로 운반해 가져가고 싶었지만, 영국과 오스만 연합군이 계속 공격하는 바람에 로제타석을 버리고 철군했다. 이렇게 해서 로제타석은 루브르박물관이 아니라 대영박물관에 소장되었다. 하지만 비문의 탁본은 이미 많은 학자들의 손에 들어가 있었다. 문제는 누가 이 탁본의 내용을 가장 먼저 해독하느냐였다.

영국과 프랑스의 이집트 학자 간에 비문의 해독을 놓고 치열한 경쟁이 벌어졌고, 마침내 장 프랑수아 샹폴리옹이 상형문자의 해독에 성공한다. 그는 상형문자가 그림문자이자 표의문자라는 사실을 넘어 음절문자라는 새로운 사실도 밝혀냈다. 샹폴리옹의 업적이 없었다면 소년 파라오 투탕카멘의 이름은 영원히 세상에 알려지지 않았을 것이다.

상형문자象形文字를 가리키는 영어의 hieroglyph는 한자가 의미하는 것처럼 그림문자라는 뜻이 아니다. 그리스어로 hieros히에로스는 '신성한'이라는 뜻이고, glyph글리프는 '새기다'라는 의미다. 따라서 상형문자는 '신성하게 새긴 문자'라는 뜻이다. 실제로 로제타석에 파라오의 이름은 타원형 매듭 모양 속에 들어가 있는데, 이 고리가 파라오의 신성을 지켜주고 있다.

12월 28일 | **Kinesitherapy** 운동 요법

예술

1895년 12월 28일 파리의 한 카페에서 인류 역사상 최초의 무성영화 시사회가 열렸다. 오페라좌 옆에 있는 Café de la Paix라는 카페에서 뤼미에르 형제가 50초 분량의 짧은 영화를 최초로 상영했다. 〈열차의 도착〉이라는 제목의 이 영화는 열차가 역 플랫폼에 들어오는 장면을 촬영한 것이었는데, 사

✛ 최초의 무성영화 〈열차의 도착〉

람들은 기차가 스크린을 뚫고 나오는 줄 알고 혼비백산했다고 한다. 이후 뤼미에르 형제의 무성영화는 시네마토그래피cinematography라는 이름이 붙었다.

시네마토그래피라는 말은 '움직이다'를 의미하는 그리스어 kinein키네인과 글씨나 그림을 뜻하는 그리스어 graphikos그라피코스의 합성어다. 그러므로 cinematography는 '움직이는 그림'이라는 의미다. 정지 상태의 사진을 연속적으로 보면 인체의 눈에는 그림이 움직이는 것처럼 보이는 원리다.

영어에는 cinema 말고도 movie라는 단어가 영화를 가리킨다. 전자가 그리스어에서 왔다면 후자는 라틴어에서 나와 프랑스어를 통해 영어에 들어온 말이다. 본래 movie는 moving picture의 준말인데 동사 move는 중세 프랑스어 movoir모부아르에서 차용한 말이다. 여기서 만들어진 명사가 동작을 의미하는 motion이다. 감정을 의미하는 emotion 역시 '밖으로 감정을 표출하다'라는 말에서 나온 단어다.

병원에는 kinesitherapy라는 과가 있다. 이 용어는 앞서 소개한 그리스어 kinein키네인과 치료를 뜻하는 therapeia테라페이아가 합쳐진 말이다. 영화에서는 kinein의 k가 c로 바뀌었지만 kinesitherapy는 그리스어 형태를 잘 간직하고 있다. 운동 치료를 받는 곳과 영화를 감상하는 장소의 어원이 같은 셈이다.

12월 29일 | **Irony** 아이러니

반어反語 또는 역설逆說로 번역되는 '아이러니irony'는 표현의 효과를 높이기 위해 실제와는 반대로 하는 말을 가리킨다. 예를 들어, 인색한 사람이 친구에게 아주 작은 동정을 보이자 "참 많이도 준다"라고 말하는 식이다.

╋ 모파상의 『목걸이』 초판에 실린 삽화

아이러니는 문학 작품에서 극적 효과를 나타내기 위해 활용되는데, 특히 상황적 아이러니가 자주 활용된다. 상황적 아이러니란 특정 상황에서 예상과 결과가 정반대로 나타나는 경우를 가리킨다. 독자들은 특정 상황에서 어떤 일이 일어날 것이라고 예상하지만, 작가는 독자들이 예상하는 것과 정반대의 상황을 만든다. 『로미오와 줄리엣』에서 줄리엣은 아버지가 패리스와 결혼하라고 강요하자, 로렌스 수사를 찾아가 죽은 것처럼 보이는 약을 만들어달라고 부탁한다. 줄리엣이 약을 마시고 죽었다는 소식은 로미오에게도 전해졌다. 누워 있는 줄리엣을 본 로미오는 비통한 마음에 독약을 먹고 스스로 목숨을 끊는다.

프랑스의 단편 작가 모파상의 대표 작품인 『목걸이』도 상황적 아이러니를 잘 보여준다. 주인공 마틸드는 사치와 허영을 좋아하는 젊은 여자다. 어느 날 그녀는 파티에 초대받는데 입고 갈 마땅한 옷이 없었다. 남편은 없는 살림에 드레스를 사주지만, 옷에 어울리는 보석까지는 사줄 수가 없었다. 결국 부부는 친구에게 다이아몬드 목걸이를 빌려 파티에 참석한다. 하지만 마틸드는 파티에서 목걸이를 잃어버리고 만다. 부부는 엄청난 빚을 내 비슷한 목걸이를 사서 돌려주지만 이후 10년 동안 부부의 생활은 비참하기 그지없다. 마침내 빚을 다 갚고 목걸이를 빌려주었던 친구를 우연히 만난다. 그런데 친구는 빌려준 목걸이가 모조품이었다고 말한다.

영어의 아이러니irony는 그리스어 eironeia에이로네이아가 어원이다. '은폐' 또는 '모르는 척함'을 의미한다. eironeia는 소크라테스가 즐겨 사용하던 수사법이었는데, 상대방에게 정보나 지식을 구하는 척하면서 그를 공격하는 수사법이다.

영국의 역대 왕 가운데 리처드 3세만큼 악명 높은 왕도 없을 것이다. 그는 영국 왕위를 놓고 랭커스터 가문과 내전을 벌인 요크 가문 출신의 마지막 왕이었다. 그런데 리처드 3세가 왕이 된 과정은 세인의 비난을 받았다. 그의 형 에드워드 4세가 일찍 죽자 왕위는 당시 12세의 에드워드 5세가 물려받았다. 그전까지 리처드 3세는 조카의 섭정을 맡고 있었다. 그런데 에드워드 5세의 어머니가 중혼重婚 문제로 정통성에 문제가 생기자, 에드워드 5세는 서자의 처지가 되고 말았다.

✛ 잉글랜드의 리처드 3세

이 틈을 노려 리처드 3세는 왕위를 찬탈했다. 얼마 뒤에 조카인 에드워드 5세와 그의 동생이 런던탑에서 살해되었다는 소문이 퍼졌다.

이후 영국 왕위는 리처드 3세를 보스워스전투에서 무찌른 헨리 7세에게 넘어가고 새로운 왕조인 튜더 가문이 문을 연다. 셰익스피어는 튜더 왕조의 엘리자베스 1세로부터 후원을 받아 『리처드 3세』를 발표한다. 이 작품에는 리처드 3세가 기형적인 외모를 가진 추악한 악인으로 묘사되어 있다.

2012년 가을 영국의 레스터시의 주차장에서 공사를 하는 도중 유골 하나가 발견되었다. 유전자를 감식해본 결과 유골의 주인은 보스워스전투에서 사망한 리처드 3세였다. 그런데 생전의 모습이 셰익스피어가 작품에서 묘사한 것처럼 꼽추는 아니었다. 단지 허리가 굽은 척추측만증을 가진 사람이었다. 사람들이 생각했던 것만큼 기이한 모습의 군주가 아니었던 것이다.

영어로 '기이한', '기괴한'을 뜻하는 weird는 고대 영어 wyrd에서 나온 말인데, 본래의 뜻은 운명이었다. 이 말은 운명의 세 여신을 가리키기도 했는데, 운명을 정하는 여신, 운명의 길이를 재는 여신, 운명을 자르는 여신을 가리켰다. 리처드 3세의 기이한 운명은 이렇게 21세기에 밝혀졌다. 그는 억울한 죽음에 대한 보상을 저승에서는 받았을까?

12월 31일 | **Hyperborea** 하이퍼보레아

신화

그리스신화에는 바람의 신도 등장한다. 바람의 신 중에는 서풍의 신 제피로스와 북풍의 신 보레아스가 유명하다. 제피로스는 부드러운 미풍의 신이다. 바람을 불어 프시케를 에로스의 섬으로 보내주기도 했다. 하지만 제피로스가 남녀의 사랑을 맺어주는 좋은 역할만 한 것은 아니다. 그는 미소년 히아킨토스를 사랑했는데, 히아킨토스는 아폴론을 더 사랑

✥ 티탄 신족 중 하나인 히페리온

하고 있었다. 질투심에 사로잡힌 제피로스는 아폴론이 던진 원반에 바람을 불어 히아킨토스의 머리에 명중시켜 죽였다. 한편 보레아스는 북풍의 신으로 겨울을 가져온다. 그는 머리털이 얽혀 있고 수염이 난 노인으로 묘사된다.

제우스를 비롯한 올림포스 신족이 등장하기 전에 신들의 세계를 호령한 티탄 신족 중에는 히페리온Hyperion이라는 신도 있었다. 이 신의 이름은 '하늘을 건너가는 자'라는 뜻이다. 여기서 생겨난 hyper라는 말은 '초월하다', 즉 '한 곳에서 다른 곳으로 건너가거나 옮겨준다'라는 뜻으로 사용되었다. 인터넷 용어인 하이퍼텍스트는 다른 곳에 있는 텍스트를 연결시켜준다는 의미다.

고대 그리스인들은 히페리온에서 나온 hyper와 북풍의 신 보레아스boreas를 합성해 하이퍼보레아hyperborea라는 단어를 만들어냈다. 이 단어는 북풍 너머 사는 사람들의 나라를 뜻한다. 고대 그리스인은 하이퍼보레아에서 1년은 하루라고 보았다. 거기서는 해가 1년에 한 번 뜨고 지기 때문이다. 이런 이유로 그 지방에 사는 사람들은 그리스인들보다 360배 더 산다고 생각했다. 식량도 부족하지 않기 때문에 사람들끼리 갈등과 폭력도 없었다고 한다. 한마디로 지상낙원이었던 셈이다. 실제로 북극 지방에서는 여름 내내 밝은 밤이 계속되는데, 우리가 흔히 알고 있는 백야白夜 현상이다. 신화가 허구의 이야기들만 모아놓은 것이 아니라는 주장에 공감이 가는 대목이다. 영어에서 '북풍' 또는 '북녘'을 의미하는 boreal도 북풍의 신 보레아스에서 나온 말이다.

미주

1 조현설,『문신의 역사』, 살림출판사, 2003년, 12쪽.

2 조르주 장, 김형진 옮김,『기호의 언어, 정교한 상징의 세계』, 시공사, 2007년, 114쪽.

3 Craig M. Carver, *A History of English in its own words*, HarperCollinsPublishers, 1991, p. 136.

4 셰익스피어, 신정옥 옮김,『뜻대로 하세요』, 전예원, 1990년, 116쪽.

5 Susie Dent, *Word Perfect: Curious Coinages and Etymological First Aid for Every Day of the Year*, Hachette UK company, 2020, p. 114.

6 스티븐 단도 콜린스, 조윤정 옮김,『로마의 전설을 만든 카이사르 군단』, 다른세상, 2010년, 35쪽.

7 Merriam-Webster, *Webster's Word Histories*, Springfield, Massachusetts, 1989, p. 155.

8 앞의 책, p. 31.

9 로베르 들로르, 김농섭 옮김,『서양 중세의 삶과 생활』, 새미, 1999년, 145쪽.

10 Merriam-Webster, 같은 책, p. 198.

11 Susie Dent, 같은 책, p. 82.

12 마이클 매크론, 이희재 옮김,『이것이 서양 문명이다』, 황금가지, 2003년, 99쪽.

13 https://www.etymonline.com/search?q=cousin

14 Craig M. Carver, 같은 책, p. 75.

15 앞의 책, p. 116.

16 안트 앤더슨, 이상원 옮김,『아침식사의 문화사』, 니케북스, 2016년, 77쪽.

17 http://news.bbc.co.uk/2/hi/health/241864.stm

18 로베르 들로르, 같은 책, 55쪽.

19 Joel E. Cohen, *How Many People Can the Earth Support?* W. W. Norton & Company, New York, 1996, p. 135.

20 제롬 카르코피노, 류재화 옮김,『고대 로마의 일상생활』, 우물이있는집, 2003년, 89쪽.

21 우어줄라 하인첼만, 김후 옮김,『독일의 음식문화사』, 니케북스, 2021년, 10쪽.

22 Craig M. Carver, 같은 책, p. 51.

23 마이클 매크론, 같은 책, 141쪽.

24 최용식,『문화를 알아야 영어가 산다』, 넥서스, 2005년, 147쪽.

25 Susie Dent, 같은 책, p. 287.

26 마크 포사이스, 홍한결 옮김, 『걸어 다니는 어원 사전』, 월북, 2011년, 166쪽.

27 로베르 들로르, 같은 책, 274쪽.

28 Craig M. Carver, 같은 책, p. 99.

29 https://www.hani.co.kr/arti/opinion/column/1010853.html

30 가스통 도렌, 김승경 옮김, 『바벨』, 미래의창, 2021년, 47쪽.

31 https://examples.yourdictionary.com/examples-of-jargon.html

32 앙리에트 발테르, 박정섭 옮김, 『서유럽의 언어들』, 서강대학교출판부, 2022년, 196쪽.

33 로베르 들로르, 같은 책, 47쪽.

34 https://historynewsnetwork.org/article/156627

35 미셸 파스투로, 고봉만 역, 『파랑의 역사』, 민음사, 2017년, 47쪽.

36 김동섭, 『언어를 통해 본 문화 이야기』, 신아사, 2013년, 54쪽.

37 임용한·김인호, 『뇌물의 역사』, 이야기가있는집, 2015년, 199쪽.

※ 이 도서는 한국출판문화산업진흥원의 '2023년 우수출판콘텐츠 제작 지원'
사업 선정작입니다.

1일 1페이지 영어 어원 365

1판 1쇄 발행 2023년 10월 25일
1판 9쇄 발행 2024년 11월 18일

지은이 김동섭
발행인 박명곤 **CEO** 박지성 **CFO** 김영은
기획편집1팀 채대광, 김준원, 이승미, 김윤아, 백환희, 이상지
기획편집2팀 박일귀, 이은빈, 강민형, 이지은, 박고은
디자인팀 구경표, 유채민, 윤신혜, 임지선
마케팅팀 임우열, 김은지, 전상미, 이호, 최고은

펴낸곳 (주)현대지성
출판등록 제406-2014-000124호
전화 070-7791-2136 **팩스** 0303-3444-2136
주소 서울시 강서구 마곡중앙6로 40, 장흥빌딩 10층
홈페이지 www.hdjisung.com **이메일** support@hdjisung.com
제작처 영신사

ⓒ 김동섭 2023

"Curious and Creative people make Inspiring Contents"
현대지성은 여러분의 의견 하나하나를 소중히 받고 있습니다.
원고 투고, 오탈자 제보, 제휴 제안은 support@hdjisung.com으로 보내 주세요.

현대지성 홈페이지

이 책을 만든 사람들
기획·편집 박일귀 **디자인** 임지선